나홀로 최고의 비즈니스 무역 이야기

이문영 지음

중앙경제평론사

중앙경제평론사
중앙생활사

Joongang Economy Publishing Co./Joongang Life Publishing Co.

중앙경제평론사는 오늘보다 나은 내일을 창조한다는 신념 아래 설립된 경제 · 경영서 전문 출판사로서 성공을 꿈꾸는 직장인, 경영인에게 전문지식과 자기계발의 지혜를 주는 책을 발간하고 있습니다.

나홀로 최고의 비즈니스 무역 이야기

초판 1쇄 인쇄 | 2012년 2월 22일
초판 1쇄 발행 | 2012년 2월 27일

지은이 | 이문영(Moon Young Lee)
펴낸이 | 최점옥(Jeomog Choi)
펴낸곳 | 중앙경제평론사(Joongang Economy Publishing Co.)

대   표 | 김용주
책 임 편 집 | 정두철
본문디자인 | 이여비

출력 | 국제피알 종이 | 타라유통 인쇄 · 제본 | 삼덕정판사

잘못된 책은 바꾸어 드립니다.
가격은 표지 뒷면에 있습니다.

ISBN 978-89-6054-085-9(13320)

등록 | 1991년 4월 10일 제2-1153호
주소 | ㈜100-826 서울시 중구 다산로20길 5(신당4동 340-128) 중앙빌딩 4층
전화 | (02)2253-4463(代) 팩스 | (02)2253-7988
홈페이지 | www.japub.co.kr 이메일 | japub@naver.com | japub21@empas.com
♣ 중앙경제평론사는 중앙생활사 · 중앙에듀북스와 자매회사입니다.

▶홈페이지에서 구입하시면 많은 혜택이 있습니다.

※ 이 도서의 국립중앙도서관 출판시도서목록(CIP)은 e-CIP 홈페이지(www.nl.go.kr/cip.php)에서 이용하실 수 있습니다.(CIP제어번호: CIP2012000457)

머리말

먼저 이 책이 나오게 된 것이 깊은 고민의 산물이라는 것을 밝히고 싶다. 부족하고 실수투성이인 한 사람으로서 어쭙잖은 경험을 공유하겠다는 결심을 하는 것은 결코 쉽지 않았기 때문이다. 그럼에도 불구하고, 무역이 선사한 매력에 매료되어 이후로 계속 무역과 살을 맞대고 살아가게 된 지금의 시간을 생각하며 처음 이 책을 출간했던 당시 용기를 다시금 떠올린다.

어릴 적부터 나의 꿈은 균형을 갖춘 아시아인으로 성장하는 것이었다. 한국, 미국, 일본, 중국을 어우르는 문화적 이해도를 갖추고 싶었다. 실제로 운이 좋아 이 모든 나라에서 체류하며 공부할 기회를 얻었다.

현재는 중동 사우디아라비아에서 중소규모의 건설 프로젝트를 턴키(Turnkey:건설업체가 공사를 처음부터 끝까지 모두 책임지고 다 마친 후 발주자에게 열쇠를 넘겨주는 방식)로 수주하는 사업을 하고 있다. 물론 주된 사업구성은 모두 아시아 국가들과의 무역에 기반을 두고 있고 이는 기술도입 및 건설과정에서의 모든 인력까지 파견하는 부분을 포함한다.

중동 산유국들은 산업 구조상 제조업이 많지 않기 때문에 무역의 중요성이 피부에 더욱 와 닿게 마련이다. 최근 들어서는 자국 생산 품목 및 산업을 늘리려는 움직임이 활성화되고 있지만 그럼에도 여전히 이곳에서 무역은 핵심적인 산업 기능을 담당하고 있다.

이 책은 한국에서 공익근무 중에 도서관에서 읽었던 무역 서적들과 당시 회사 운영 경험을 포함해서 3년 동안 나와 주변의 많은 분들이 무역을 둘러싸고 겪었던 대부분의 일을 기록한 결과물이다. 아울러 당시 무역거래를 주도하여 의미 있는 액수의 아르바이트를 할 수 있었던 내 경험도 덧붙였다.

현재 중동에서 내가 경험하는 무역 환경은 당시와 비교했을 때 많은 것이 달라졌다. 품질을 강조하는 미국과 일본, 중동에서의 탄탄한 입지를 바탕으로 거의 모든 분야에서 치열한 접근을 보여주는 유럽, 낮은 가격을 무기로 다가서는 중국에 맞서야 한다. 이곳에 진출해 있는 나와 한국의 많은 파트너사들은 고품질에 균형 잡힌 가격의 한국 제품을 내세워 오늘도 그들과 치열한 전쟁을 치르고 있다.

다행히 한국 기업에 대한 높은 평가와 그간 한국인들이 이룩한 높은 성과가 크게 평가되어 이곳에서 한국인들의 재능 발휘 기회는 갈수록 더 많이 주어지고 있는 것이 현실이다. 최근에는 80년대 한국 기업들이 사우디에서 수행한 도로 및 기간산업의 품질이 지금 봐도 얼마나 우수한지 심심찮게 회자되곤 한다. 무역을 통해 더 많은 한국 기업의 중동 진출을 돕고자 하는 것은 이제 내게는 지상 목표가 되었다.

2003년 당시 미국에서 유학 생활을 하다가 군복무 차 한국으로 귀국했던 나는 무역에 관한 경험과 지식이 없었다. 당시 나는 미국에서 법학대학원에 진학하여 변호사가 되어 활동하겠다는 막연한 꿈에 사로잡혀 있었다. 그러나 한국에 와서 아시아를 더 배워야 한다는 새로운 비전을 가지게 되었는데 이는 전적으로 무역에 대해 가진 관심으로 갖게 된 것이었다.

작은 관심으로 촉발된 무역에 대한 열정은 이후 나를 열사의 사막으로까지 이끌었다. 당시 무역에 대해 가졌던 흥미에 대해 나는 지금도 깊이 감사하고 있다. 좌충우돌에 일자무식으로 시작해서 지금은 무역을 통해 하루하루를 살아가는 한 사람으로서 다른 사람과 이 책을 통해 이러한 경험과 꿈을 나눌 수 있다면 그보다 더한 영광은 없을 것이다.

이문영

Contents

part 1
미국 유학생활 : 다국적 인맥 쌓기와 공동창업

유학생활의 명암 · 19
  새로운 세상, 새로운 친구들 · 20
  일찍이 깨달은 과소비의 교훈 · 22
  우정에는 국경이 없더라 · 25
  위기의식, 그리고 인생의 포트폴리오 짜기 · 29

유학생 신분으로 공동창업을 하다 · 34
  부푼 꿈을 안고 창업의 설계도를 그리다 · 36
  여성 수영복 전문 인터넷 쇼핑몰 준비 · 41
  난관에 부딪친 웹사이트 구축작업 · 44
  순조로운 출발을 하다 · 48
  9 · 11테러의 충격과 상황의 급변 · 52
  활짝 피우지 못한 꿈, 그러나 소중한 경험 · 57

백인 사회 내부로 · 61
  라피더스 부부와의 소중한 인연 · 62
  대니얼 할아버지에게 받은 경제교육 · 75

part 2
귀국과 창업 : 병역을 수행하며 보바숍 오픈

낮선 고국에서 다시 적응하기 · 83

소박한 신고식 · 83

고국에서 맺은 이국의 인연들 · 84

도서관에서 공익근무를 시작하다 · 87

군복무의 중요성을 실감하다 · 87

도서관 공익근무는 인생의 큰 행운 · 88

독서수치를 설정하여 매일 꾸준히 책을 읽다 · 89

일상의 소중한 친구, 개 이야기 · 92

보바 혹은 버블티 음료 이야기 · 95

추억 속의 보바 · 95

보바의 진수를 다시 맛볼 순 없을까 · 99

창업 준비작업 · 101

미국 친구들에게 정보를 요청하다 · 102

거래회사로 타이완의 HD그룹을 선정하다 · 106

난관을 헤처나가기 위한 수입거래 협상 · 108

예상치 못한 문제들 · 108

식품가공업자를 소개받다 · 111

신분의 한계와 새로운 출구 · 114

가족에게 타이완 방문을 부탁하다 · 114

동생과 어머니, 타이완으로 출국 · 117

식품업체 선정의 어려움 · 119

보바제조 노하우를 전수받기 위한 동생의 2차 방문 · 122

보바 익스프레스 수입협상을 시작하다 · 125

회사 이름을 결정하고 웹사이트 구축 · 125

지루한 수입협상 시작 · 126

의사소통 방법의 개선과 협상의 진전 · 129

끝없이 터져나오는 협상의 복병들 · 132

사업의 더딘 진행과 슬럼프 · 135

수입가격과 제조공정 문제 · 141

영어만으로는 부족하다 · 149

협상과정에서 느낀 소통의 중요성 · 149

다시 시작한 중국어 공부 · 152

중국어 선생님에게 들은 이런저런 중국 이야기 · 155

차츰 배움의 효과를 얻다 · 156

공익근무 중에도 해외여행이 가능하다는 희소식 · 160

동생의 성공적인 현지 업무 수행 · 160

수입절차는 모두 마무리되었으나 · 162

공익근무 중에도 해외여행이 가능하다는 희소식 · 165

타이완 출장준비 · 167

파란만장한 타이완 방문기 · 170

드디어 타이완에 발을 내딛다 · 170

사업 파트너이자 좋은 친구 크리스를 만나다 · 172

이국땅에 오자마자 맞이한 난처한 상황 · 175

짧은 휴식과 빡빡한 일정의 재점검 · 177

HD그룹 본사 방문과 미팅 · 180

한류의 영향은 비즈니스에도 유리하게 작용한다 · 182

보바의 원산지에서 보바의 진면목을 보다 · 184

유력한 사업 파트너 미스터 탕을 만나다 · 186

흥미진진했던 타이완 유람기 · 187

방문 목적을 성공적으로 마무리짓다 · 190

이런저런 에피소드, 그리고 귀국 · 193

part 3

무역의 어려움과 세계화의 필요성

타이완 기업과의 마지막 절충작업 · 201

합의사항을 구체적인 실행으로 옮기는 어려운 과제 · 201

식품수입 절차를 밟다 · 203

곳곳에 숨어 있는 마지막 복병들 · 205

수입통관을 위한 준비작업 · 207

첫 매장을 오픈하고 새 도메인을 얻다 · 211

인터넷 사이트 오픈과 검색엔진 등록 · 211

'버블티'의 한글 도메인을 얻기 위한 눈물겨운 노력 · 213

무역거래의 전반적인 과정을 경험하다 · 218
　무역을 시작할 때 필요한 사전작업 · 218
　계약서를 작성할 때 주의해야 할 사항 · 220
　실수를 통해 배운다 · 225

첫 무역거래를 통해 배운 점 · 229
　악조건도 호조건으로 바꿀 수 있다 · 229
　모든 위험 가능성에 미리 대처해야 한다 · 230
　솔직한 대인관계는 무역거래의 필수요소 · 232

세계화에 동참하기 · 234
　세계화에 대한 공부는 항상 진행형 · 234
　세계화는 내 삶의 방향을 알려주는 나침반 · 238
　세계화를 실생활에 적용하다 · 240
　세계화의 이면, 투기성 핫머니와 국제금융 · 242
　상품의 제조 · 유통에 얽힌 이야기 · 244
　그러나 거스를 수 없는 세계화의 거대한 물결 · 246

part 4
두 걸음 앞으로 나가기 위해 한 걸음 물러서다

보바 익스프레스 매장설립과 시행착오 · 251
　중복되는 상표가 없는지 확인한 후 브랜드 이름 결정 · 251
　특허청에 상표를 등록하는 방법 · 252

보바 익스프레스 상표등록 후 본격적으로 영업 시작 · 256
보바 익스프레스의 차별화 전략과 원가절감 · 259
전문성과 경험부족으로 인한 시행착오 · 261

점점 다가오는 위기상황 · 267
부정적인 상황인식은 문제해결의 독이다 · 267
이론과는 다른 현실의 위기상황 · 269
계속되는 매출부진으로 무기력에 빠지다 · 271

실마리가 보이지 않는 프랜차이즈의 꿈 · 274
비관의 늪에 빠지지 않으려는 몸부림 · 275
매출부진의 원인과 해결책 모색 · 277
매출부진을 타개하기 위해 초기 전략 수정 · 279
심리적 · 체력적으로 탈진 · 283

위기탈출의 해결책을 찾다 · 286
대량 유통으로 사업의 방향전환을 모색 · 287
본점 영업의 새로운 탈출구 · 292
작지만 알찬 효율을 추구하다 · 295
보바 익스프레스의 미래에 대한 구상 · 298

보바 익스프레스의 위기와 아쉬운 결별 · 303
정식 법인 설립의 필요성 제기 · 303
회사의 위기극복 노력과 결별 · 304
보바 익스프레스와 완전한 이별 · 305

실패로부터 깨달은 교훈, 그리고 휴식 · 308
승리의 진정한 의미를 깨닫다 · 308

part 5
어제의 내가 오늘의 나를 만든다

새로운 도전 · 313

　다시 무역거래를 주도하다 · 314

　친구들이 큰 힘이 되다 · 316

　과거의 경험을 토대로 시행착오를 줄이다 · 317

무역거래의 시작 : 계약서 작성 · 320

　계약서 작성은 시간을 두고 신중하게 · 320

　지급보증과 대금지불 방식 · 323

　운송방법과 가격조건 · 325

외국어 능력은 무역의 필수조건 · 327

　외국어는 인생행로에 엄청난 기회를 제공한다 · 329

　외국어는 적립식 펀드처럼 매일 꾸준히 불입해야 한다 · 331

　외국어는 결코 노력을 배신하지 않는다 · 335

　외국어는 시야를 넓혀주고 꿈을 이뤄준다 · 338

어느새 평범한 일상으로 다가온 무역 · 341

　거래선 다변화와 정보전달 체계 구축 · 341

　환율에 관한 노하우 · 344

　원가계산은 꼼꼼하고 정확하게 · 346

　지나친 자신감은 오히려 일을 그르친다 · 350

수입은 철저한 사전작업이 필수 · 352

상품통관의 노하우 · 354

무역에서도 인간관계가 중요하다 · 356

해외 업체 직원들은 좋은 친구이자 선생님 · 356

무역주기 확보는 중요한 철칙 · 358

비즈니스에서 가장 중요한 일은 좋은 사람을 만나는 것 · 359

고소득과 만족감을 동시에 주는 일 · 362

적은 시간을 투자하여 큰돈을 벌다 · 362

보수책정도 신뢰를 바탕으로 · 364

무역은 새로운 기회를 제공한다 · 366

성공에 대한 인식의 변화 · 370

성공은 결과가 아닌 과정에 있다 · 371

'깨끗한 시력'을 확보 · 374

더 나은 미래를 향한 끊임없는 날갯짓 · 377

변화를 두려워하지 않고 꿈을 키워간다 · 378

Part 1

미국 유학생활 :
다국적 인맥 쌓기와 공동창업

유학생활의 명암

2000년 LA에서 유학생활을 하던 나는 넬리(Nelly)나 2PAC의 힙합을 즐겨 듣고 법학대학원에 진학해 국제변호사가 되기를 원했던 평범한 학생이었다. 사실 난 기업가가 되기를 바랐지만 그러한 길로 직접 진입할 수 있는 방법이나 구체적인 비전을 갖지 못했기 때문에 법학대학원에 입학하여 변호사 시험을 통과한 후 안정된 환경에서 기업법 분야로 활동하겠다는 생각만 하고 있었다. 정직하게 고백하면 그러한 생각을 좀더 치밀하고 현실적으로 실천하지는 못한 채 유학생활이 후반부로 흘러갈수록 현실에 안주하는 습관에 젖어들고 있었다. 심각하게 고민할 일이었지만 당시의 나는 '내가 안이해졌군. 옛날엔 안 그랬는데……' 라는 생각에 자신을 자책하는 것이 전부였다.

겉으로 보기엔 온건하고 성실하게 노력하는 젊은이라는 인상이 외부에 알려진 내 모습이었으나 내면적으로는 그와 정반대되는 내용의 위기를 겪고 있었다. 지나치게 다른 사람들의 눈을 의식했고 스스로를 위한 노력은 오히려 줄어들고 있었던 것이 진짜 내 모습이었다. 미국 생활 초기에 가졌던 긴장감이나 열정도 예전 같지 않았고, 오랜 고민 끝에 정한 전공(정치학)에 대한 확신도 없어졌다. 미래의 진로를 두고 내 안에는 여러 갈래로 겹겹이 벽이 쌓이는 듯했다. 그러한 것은 스스로를 제대로 응시하지 못하는 현상으로 이어지곤 했다. 자신이 치유하기 어려운 내적 부상을 입었다는 느낌을 갖기도 했는데, 그것은 교통사고로 인한 내상 같은 것이었다. 교통사고를 당하면 외적으로 별탈이 없더라도 소위 골병이 든다고들 하지 않는가.

그런데도 당시의 나는 누군가에게 자신의 모자란 부분을 지적당할 때면 앙칼지게 반응하곤 했다. 에이브러햄 링컨의 말처럼 "열심히 공부하고 준비하겠다. 그러면 내게도 기회가 올 것이다"는 생각은 그저 머릿속에서만 맴돌 뿐이었다. 그나마 법학대학원이라는 목표가 어지러운 자아의 교통난을 정리하는 신호등 역할을 해주었지만, 그런 식으로 꿈을 전개했다가는 나중에 살인적인 경쟁이 빗발치는 기업법은 고사하고 훨씬 낮은 차원의 법률활동이나 하게 될 것 같은 위기감이 들곤 했다. 어쩌면 그보다 못할지도 모르겠다는 것이 더욱 솔직한 생각이었다.

새로운 세상, 새로운 친구들

캘리포니아는 기후가 좋아서인지 상당수 사람들이 학교를 졸업하고도 유학 이후 그냥 눌러사는 경우가 많다고 한다. 나는 그렇게 하지 않겠다고 다짐하고도 결국은 그렇게 될 것 같다는 생각 속에 전형적인 캘리포니아 사람이 되어가고 있었다. 친한 미국 친구들은 내게 '엔젤리노(Angelino, 로스앤젤레스 사람을 뜻함)'가 되어가고 있다고 말하곤 했는데, 정작 난 미국에 살고 싶은 생각이 없었기 때문에 학위만 마치면 한국을 포함한 아시아로 떠날 것이라는 꿈을 떠올리곤 했다. 내게 있어 미국은 왠지 사람을 흡수해버리는 블랙홀 같다는 느낌이었고, 때때로 그러한 것은 마력처럼 느껴졌다. 넘치는 활력과 남의 눈을 의식하지 않아도 되는 자유, 사랑하는 세계 각국의 친구들이 있다는 사실은 언제까지나 나를 LA땅에 묻어버릴 것 같다는 생각이 들게 했다.

어떤 동기인지 명확히 알진 못했지만 유학을 마치면 꼭 한국으로 돌아가거나, 적어도 한국과 가까운 중국 내지는 일본에 살고 싶다는 생각을 자주 했다. 미국에서도 항상 거주지역을 차이나타운이나 일본인들이 많이 사는 곳으로 택하곤 했다. 아시아 문화에 대한 관심과 기호가 남다른 덕분에 많은 일본인이나 중국인 친구들을 사귀고 그들 언어로 소통하고자 노력했으며 흥미롭고 재미난 세계를 경험하곤 했다.

확실히 LA는 매력적인 곳이다. 그곳은 섹시한 몸매에 탱크탑을 걸친 여자와도 같다. 다채로운 문화들이 용광로처럼 하나로 섞여 돌아가는 도시이자 구석구석을 둘러보면 새로운 나라와 문화를 곧잘 발견할 수 있는 곳이 LA이다. 한국에선 꿈꾸지도 못한 많은 것이 그곳에선 가능하다. 예를 들면 일본타운에 가서 일본인들과 대화를 나눈다든지, 차이나타운에 가서 중국인들과 거나하게 떠들며 술을 마신다든지 하는 일 말이다. 그곳은 도시 전체가 하나의 멋진 스테이지 같다. 그곳을 떠난 지 상당한 시간이 지난 지금도 나는 다양성이 공존하는 LA를 사랑한다.

고교시절 유학을 가기 전의 나는 주어진 일만 성실히 잘 하면 된다고 믿는 단조로운 사람이었다. LA는 그런 내게 활력을 불어넣고 좀더 삶을 즐기도록 바꾸어주었다. 나는 절친한 친구인 성진과 션, 폴과 함께 수업이 없거나 한가한 날이면 산타모니카 해변가에서 시간을 보냈다. 다른 유학생들과 달리 나는 여기저기로 자주 이사를 하는 편이었는데, 주된 동기는 역시 외국어나 외국 문화를 경험하기 위해서였다.

보다 가까운 곳에서 중국어를 공부하고 싶어 아예 타이완 사람들이 모여 사는 곳으로 이주해서 1년 가량 살기도 했고, 상당한 시간을 중국인들이 거대한 타운을 구성한 몬터레이 파크(Monterey Park)에서 보내기도 했다. 그곳에 갈 때마다 중국어를 좀더 사용하기 위해 한국인과 중국인 사이에서 태어난 사람인 것처럼 이야기하곤 했는데, 그로 인해 자연스레 그들과 중국어로 대화할 수 있었다. 또한 당시 〈가을동화〉로 대표되던 갑작스러운 한류열풍 덕분에 내가 한국인이라는 사실이 알려져 과거보다 더 많은 환대를 받기도 했다. 그 시절 사귄 중국, 타이완, 홍콩 친구들은 지금까지도 변함없는 소중한 벗이 되었고 중요한 비즈니스 파트너가 되었다.

일찍이 깨달은 과소비의 교훈

미국에 있을 때 내가 저지른 가장 큰 사고는 부모님을 속여 대형 BMW를 사서 몰고 다닌 것이었다. 나는 당시 타고 다니던 시보레사의 '루미나(Lumina)'를 헐값에 처분해버리고 합리적인 가격에 나온 중고 BMW 735를 사서 몰았다. 그 사건이 발각된 이후 여기저기서 평생 들을 욕을 다 들었다. 친남매처럼 나를 대해준 타이완 출신의 스테파니와 맨디 자매 역시 내가 BMW를 사는 것을 진작 알았더라면 기를 쓰고 말렸을 거라며 나무랐다.

지금 생각하면 정말 어이없는 일지만 당시의 나로선 그러한 주변의 비판을 이해할 수 없었다. 내 사생활인데다 남에게 피해를 끼치는 일도 아니라고 생각했던 탓이다. 수업을 들으러 가거나 쇼핑하러 갈 때면 한참 동안 주차장에 서서 검은 빛깔에 광택이 나던 BMW를 흐뭇하게 바라보곤 했다. 그러나 주변의 우려가 현실로 드러나는 데는 많은 시간이 걸리지 않았다. 내 험한 운전으로 인해 그 BMW는 로스앤젤레스 한복판 윌셔 길(Wilshire Blvd)의 보도블록에 아랫부분이 긁혀 파손되고 일부 오일이 새는 바람에 엄청난 수리비 청구서가 고지된 것이다. 그것을 감당할 능력이 없었던 나는 결국 BMW를 초기 구입가의 1/3에 팔아야 했다.

내가 그 BMW를 탄 기간은 정확히 한 달 반이었다. 그 차를 구입한 가격과 이후 관리비용을 1달 반인 45일로 계산하고 하루 평균 차를 사용한 시간을 2시간으로 환산하여 전반적인 금액을 산출해보니, 20살의 나이에 엄청난 비용을 길바닥에 뿌리는 사고를 저질렀다는 사실을 절감했다. 이 일은 일생일대 땅을 치며 후회했던 최악의 해프닝이 되었지만 동창들 사이에선 내 이름이 더욱 알려지는 계기가 되기도 했다.

BMW를 몰다가 월셔 길에서 당한 사고로 인해 나는 한동안 부모님의 신뢰를 잃었고, 학교에선 친한 사람들 사이에서 놀림감이 되었다. 어제까지 BMW를 타고 오던 녀석이 갑자기 오늘 버스를 타고 오는 것을 본 친구들은 나를 볼 때마다 킥킥거렸다. 그로 인해 큰돈까지 날려버렸으니 거의 모든 것을 잃은 셈이었다. 우연이긴 하지만 학과성적도 그때 처음으로 떨어졌고, 어머니처럼 모시던 라피더스 부인도 한동안 나를 안쓰럽게 봤으니, 그 모든 위기를 스스로 자초한 꼴이 되었다.

지금 생각해보면 그것도 하나의 경험이기도 하지만 내가 겪었던 최악의 해프닝임에는 틀림없다. 능력이 안 되는 상황에서 과욕을 부릴 경우 어떤 일이 일어나는지 거액을 지불하고 배운 셈이다. 그 덕분인지 나는 그 이후 함부로 고액의 물건을 사는 일이 거의 없었던 것 같다. 레이건 대통령이 행정부 수반일 때 미리 지출해놓은 정부지출이 나중에 클린턴 정부가 갚아야 할 미래적인 채무가 된 것처럼, 나는 그 시절 지출한 돈이 지금까지도 마음에 채무로 남아 있고 앞으로도 그 시절의 빚을 오랜 기간 갚아야 한다. 어쨌든 과소비나 내 형편에 맞지 않는 충동구매를 하는 습관은 20살에 완전히 없어졌다.

나는 미국에서 위험한 일도 적잖이 겪었다. 유학 초기에 대형 교통사고를 두 번이나 겪었고, 청년부 친구 차를 타고 교회에 가는 길에 신호를 무시하고 돌진한 닛산 승용차에 측면 충돌을 당하는 바람에 팔이 부러져서 한동안 엄청나게 고생해야 했다. 그 때문에 기말고사를 볼 때 한 팔로만 작은 책상에 모든 걸 고정한 채 글을 써야 했고, 매일 밤 제대로 잠을 이루지 못했다. 스티븐 코비가 얘기했듯이 갑자기 생명을 위협받는 일을 겪으면 인생의 우선순위가 달라진다는 근본 패러다임의 전환을 이때 경험하게 되었다.

하루는 새벽 4시에 누가 아파트 문을 두드려서 나가보니 경찰이 두 명 서 있었다. 눈을 부비고 쳐다보자 내 방문 앞에 노란 테이프가 붙어 있었다. 알고 보니 윗집에서 누군가 살해되었는데 우리 아파트에서 지목된 용의자 5명 안에 내가 들어갔다는 것이다. 나는 "2주 전 목요일 오후 8시쯤 무얼 하고 있었느냐?"는 얼토당토않은 질문에 "잠을 잤나? 밥을 먹었나? 어쨌든 집에 있었을걸요"라면서 진땀을 흘리며 답변을 해야 했다.

알고 보니 우리 아파트 매니저인 멕시코인이 날 "체격이 건장하고 터프해 보인다"면서 경찰들에게 위험인물 후보자로 추천했다는 것이다. 그 사실을 내게 일러바친 사람은 매니저와 사이가 좋지 않은 아랫집 이웃이었다. 나보다 훨씬 인상이 안 좋은 그가 추천되지 않은 이유를 도저히 알 수 없었다. 곧장 매니저에게 들이닥친 나는 "빌어먹을! 당신 때문에 새벽에 무슨 일을 겪었는지 알기나 해!"라면서 입씨름을 벌였다. 재미있는 것은 그의 영어실력이 서툴러서 치열한 말다툼을 벌이면서도 정작 서로가 뭐라고 하는지 거의 알아듣지 못했다는 것이다.

결국 얼마 지나지 않아 내가 그 아파트에서 이사 나옴으로써 그와의 인연은 끝나게 됐지만 고운 정 미운 정 다 들어서인지 우리는 코미디 영화의 엔딩 신처럼 서로를 껴안고 작별인사를 했다. 그것은 마치 이종격

투기에서 신나게 싸워놓고 승부가 끝나면 서로 안고 격려해주는 것과 같았다. 약간 우스꽝스러웠지만 우리 아파트 몇몇 주민은 그 장면을 감동적인 것처럼 흐뭇하게 쳐다보았다. 실제로 그 매니저는 내가 못 찾을 수도 있던 아파트 보증금을 찾을 수 있도록 끝까지 도와주었다. 그의 도움이 아니었다면 찾지 못했을 것이다.

우정에는 국경이 없더라

근본적으로 사람을 좋아하는 성격이었기 때문에 나는 학교 안팎으로 친구가 많았다. 한국인 친구도 많았지만 주로 일본이나 중국, 타이완, 홍콩 쪽이나 미국인 친구들이 더 많았다. 때로 그러한 사교성은 부작용을 일으키기도 했다. 나는 일부 아이들에 의해 '먹고 유학생'으로 오인되기도 했고, 일부 클럽에서는 쾌활한 성격의 나를 끌어들이고자 온갖 행동을 일삼았다. 어떤 사람은 매일 집으로 전화를 해서 왜 내가 자기네 클럽에 합류해야 하는지 지겹도록 설명하곤 했다. 어떤 클럽은 임원선거가 있다고 놀러오라고 하기에 갔더니 나를 중요 임원 후보인 것처럼 소개하는 바람에 난처함을 겪기도 했다.

친구들과 어울리는 것은 좋았지만 그룹을 형성하여 폐쇄적으로 어울리는 분위기는 딱 질색이었기 때문에 나는 그런 제의들을 모두 거절했다. 나는 특별히 원칙을 지켜야 하는 관계의 사람들이 아니라면 다양한 대인관계를 지향하는 편이었고, 되도록이면 제한되지 않는 폭넓은 관계를 즐겼다. 솔직히 의견을 나누고 자아를 교류할 수 있는 관계에서 더 많은 것을 배울 수 있다고 믿었기 때문에 가식적인 관계는 되도록 갖지 않았다. 그리고 상대에게서 배울 점이 있다고 느껴질 때는 내가 감탄하거나 감동하는 만큼 솔직하게 그를 칭찬하곤 했다. 어떤 만남에서든 공통적으로 깨달은 것은, 약간의 관심만 있으면 그를 통해 무언가를 배울 수 있다는 것이다. 그러한 사실은 내가 경험한 모든 인간관계에 소중한 의미를 부여했고, 진정으로 대인관계를 즐기도록 만들었다. 물론 그러기 위해서는 알량한 자존심이나 우월감 따위는 버려야 한다.

나는 유학생활의 중요한 목적이 공부이긴 하지만 그렇다고 방에 틀어박혀 공부만 하는 유학원칙 따위는 없다고 생각했다. 오히려 무한한 가능성이 주어지는 주변 환경을 내 나름대로 확실히 활용해야 한다고 생각했고, 그러한 곳에 많은 미래 투자기회가 숨어 있다고 믿었다. 되도록 다양한 나라의 사람들과 관계를 맺는 것을 습관화했고, 만나는 국가의 사람마다 그 나라의 경제나 인기 비즈니스, 유행이나 부동산 등에 대해 질문을 퍼붓곤 했다. 일부 국가의 친구들은 그런 나를 이상하게 여기기도 했지만, 조국에 대해 자긍심을 가지고 있는 사람들은 본인들이 아는 한도에서 자세하게 내 질문에 답해주곤 했다. 나중에 한국에 돌아와 공익근무 중에 독학으로 경제·경영을 공부하면서 그때 그들에게서 들은 말이 얼마나 실감나는 경제적 소스였는지 절감하곤 했다.

한국과 같이 IMF사태나 유사 통화위기를 겪은 국가 출신 학생들은 그러한 위기로 인해 자국 경제에 파급된 중요한 효과에 대해 이야기하다가 서로의 국가가 너무도 비슷해져버렸다는 사실에 놀라곤 했다. 그것은 세계화라는 공통된 주제로 그후로도 오랫동안 우리의 단골 논의 주제가 되었다. 우리는 자국이 겪은 세계화로 인한 문화적 파급보다는 그로 인한 경제적 변화나 이후 투자기회가 어떻게 변하겠느냐는 식의 제법 어른스러운 대화를 나누었다. 일부 동남아시아 출신 친구들은 그들 가족 소유의 회사나 부동산이 1997년 태국발 통화위기 발발시 엄청난 가치하락을 겪어야 했고, 해외 자본가들이 헐값으로 그들의 회사와 토지를 무한대로 사들였다며 분개하곤 했다.

우리는 종종 IMF가 미국을 위한 JP모건이나 골드만삭스식의 투자은행이 아닌가 하는 의문에 직면하곤 했는데, IMF의 대주주가 결국 미국인 점을 보면 그 또한 어쩔 수 없는 일이 아닌가 하는 생각에 도달하곤 했다. 나 역시 1997년 아시아 외환위기에 대해 할 말이 많은 편이었는다. 당시 나는 미국에서 유학 도중 원화환율 급상승 쇼크 및 기타 환경변화로 인해 아쉽게 유학을 접고 한국으로 돌아가야 했기 때문이다.

내 오랜 친구 중에는 중동 사람들도 있었는데 그들을 통해 이슬람교가 과격하기만 한 종교라는 편견을 상당 부분 버릴 수 있었다. 나는 이슬람교의 포교방식이나 의미에 대해서 무지했을 뿐 아니라 그들에게 원리주의적인 색채가 배어 있다고 생각했다. 그러나 내가 아는 대부분의 이슬람 교도들은 모두 좋은 사람이었다. 안타깝게도 9.11테러가 발발한 이후 그 친구들은 학교에서 상당히 눈치를 봐야 했다.

당시 학교 도서관에서 만난 친구 중 가장 인상 깊었던 알렉스(Alex)는 키가 160센티미터 정도로 작고 앙칼진 눈매를 소유한 친구였다. 그는 말로만 듣던 티베트 사람이었는데 무려 4개 국어를 거의 완벽하게 구사하는 대단한 친구였다. 나는 그 덕분에 티베트에 대해 관심을 갖게 되었고, 달라이 라마를 포함하여 다양한 티베트 관련 정보를 접할 수 있었다. 또한 늑대를 이긴다는 개, 티베트산 마스티프에 대해서도 관심을 갖게 되었다. 지금 내가 티베트에 대해 가지고 있는 관심은 전적으로 알렉스와의 만남에서 비롯된 것이다.

학교 안팎으로 유학생 사회에서 가장 주목받는 모임으로는 인도네시아 출신 화교그룹이 있었다. 그들은 대단히 유복한 환경 출신으로 점성을 띤 화학물질처럼 강하게 뭉치는 습관이 있었고, 수업을 듣거나 밥을 먹거나 외출할 때도 늘 함께 다녀서 한눈에 알아볼 수 있었다. 알고 보니 호주나 캐나다 등 거의 모든 지역에서도 그렇게 뭉쳐다니는 경향이 있다고 한다. 내가 본 그들은 하나같이 렉서스나 벤츠를 몰 정도로 재력을 과시했으며, 일부 아이들은 20살도 안 된 나이에 큰 수영장이 딸린 집을 매입하여 학교를 다닐 정도로 놀라운 배경을 자랑했다. 인도네시아가 경제위기를 겪을 때도 이들의 그러한 생활양상에는 큰 변화가 없었다. 오히려 몇몇 친구들은 만일 자국의 화폐가 97년 아시아 경제위기 이전처럼 고정환율 제도를 통해 더 많은 달러와 교환될 수 있었다면 페라리(Ferrari)나 램보르기니(Lamborghini)를 탔을 거라며 아쉬운 표정을 짓기도 했다.

인도네시아를 포함한 동남아시아 전역에서 화교에게 집중된 부(富)는 워낙에 유명한 이야기지만(4%에 불과한 중국인이 인도네시아 전체 경제를 통제한다고 알려져 있다. 이보다 더 보수적인 관측으로는 3%의 화교가 인도네시아 전체 부의 75%를 장악했다는 시각도 있다) 이 친구들은 97년 경제위기로 인해 자국 화폐인 루피아화가 달러 대비 2,400배로 뛰고 6개월 후 무려 1만 6,000배까지 솟아올랐을 때조차 정작 본인들은 큰 경제적 불편함을 겪지 않았다며 자랑했다. 그러나 외환위기 몇 달 후 발생한 이슬람 교도들의 폭동으로 인해 중국인 화교집단에서 1,000명 이상의 희생자가 났다는 사실을 이야기할 때는 매우 슬픈 표정을 짓거나 비참하다는 이야기를 했다. 그들은 1965년 인도네시아에서 일어난 쿠데타의 대규모 희생자도 화교들이었다는 사실을 이야기해주었다.

사실 나는 화교그룹을 대단히 존경하는 편이었다. 메릴 린치의 수석부사장인 진 테럴이 16세기 척박한 풍토와 어려운 여건의 영국에서 오히려 많은 예술과 탐사, 그리고 경제가 성장한 과정을 이야기한 것과 마찬가지로, 2,500만 명에 달하는 화교그룹은 20세기 초 중국 본토의 정치적인 불안정을 피해 외국으로 떠난 이후 토지소유조차 허용되지 않던 극도의 배타적인 환경을 철인적으로 극복하고 큰 성공을 이룩해낸 대단한 사람들이다. 다만 내가 만나는 화교 아이들은 그러한 프런티어 정신보다는 부유한 현실에 그저 안주하는 친구들이 많은 편이라 조금은 아쉬웠다.

나는 동남아시아에 지대한 관심을 가지고 있었기 때문에 그러한 정보들을 취재하듯 취득했고, 나중에 경제서적을 통해서도 그러한 사실을 생생하게 확인할 수 있었다. 그들이 경험한 이야기들은 언젠가 내게도 소중한 미래적 자산이 될 것 같았다. 어차피 국경이야 의미가 없고 인생이 어떻게 펼쳐질지 아무도 모르는 것 아닌가. 내가 가진 다양한 인간관계는 생방송 뉴스처럼 새롭고 생동적인 소식들을 매일 선사했다. 그것을 가능케 해준 것은 외국어였다.

나는 한국, 중국, 일본의 문화적 다양성을 균형 있게 갖춘 아시아인이 되고 싶다는 오랜 꿈이 있었기 때문에, 1998년부터 영어 이외에 일본어와 중국어를 주요 외국어로 선택했고, 학과공부에 포함되지 않더라도 그 언어에 많은 시간과 노력을 투자했다. 그것은 단순한 언어공부를 떠나 일본과 중국, 타이완, 홍콩 및 각국 화교에 지대한 관심을 갖는 직접적 계기가 되곤 했다. 현재 내가 갖게 된 소중한 친구들이 거의 모두 그 라인에 걸쳐 있는 걸 보면 역시 젊을 때 유망한 외국어만큼 믿을 만한 투자대상은 드문 듯하다.

위기의식, 그리고 인생의 포트폴리오 짜기

LA에서의 환상적인 경험 속에서도 시간이 흐를수록 나는 꿈 많은 한국 유학생에서 무덤덤한 LA 교민처럼 변해가고 있었다. 학과공부에 매달리며 중국어와 일본어 실력이 늘어가는 것은 여전히 즐거운 일이었지만 10대에 이어 20대를 미국에서 시작하며 가졌던 초창기의 뜨거운 열정은 오히려 식어가고 있었다.

당시 가장 심각한 고민은 내가 더 이상 뜨겁지 않다는 것이었다. 갈수록 투지가 엷어지는 듯한 안팎의 분위기가 싫었지만 그마저 무뎌지고 있었고, 법학대학원에 들어가 변호사가 되겠다는 길 하나만 고집하는 자신의 모습이 그다지 다이내믹하고 활기차지 못하다는 생각에 항상 불만족스러워했다. 이는 기업으로 치면 단 하나의 예상수익원에 사력을 다하는 셈인데, 만일 그 수익원이 잘못된다면 기업 자체가 총체적인 위기상황에 돌입할 수 있듯이 스스로가 너무도 단조로운 목표 속에 살고 있다는 것을 증명하고 있었다.

물론 상대적으로 안정적인 직업 또는 진로를 지향하는 것으로 인식되었던 탓에 부모님이나 주변 사람들은 변함없이 나를 응원해주시는 편이었다. 그럼에도 불구하고 실제 변호사 업계가 얼마나 치열하고 무서운 분야인지 항상 듣고 보던 내게는 스스로가 얼마나 안이한지 확실하게 느껴졌다. 심지어 더 나은 법학대학원에 가는 데 필요한 좋은 GPA(평점)를 좀더 쉬운 방법으로 받기 위해 편입대상 대학을 하향 조정하기도 했다.

증권 포트폴리오에 비유하자면 나는 대단히 단조로운 포트폴리오를 가진 것과 같았고, 그에 따라 거대한 베타(β, 증권시장 전체의 변동에 대한 개별자산 수익률의 민감도를 의미하며, 근본적으로 '체계적 위험 수치'를 뜻한다)를 안고 있는 상황처럼 보였다. 아무것도 변하지 않을 듯싶은 그런 상황에서 베타가 높으면 어떤 아이디어로 다변화를 꾀한다 해도 결국 변함없는 거대한 위험을 안게 되는 결과와 같다는 것이 내 불안한 믿음이었다. 그대로 갔다가 무거운 현실의 벽에 부닥치는 일이라도 발생한다면 나 역시 시간이 흐른 후 "인생이 다 그런 거지"라며 푸념을 늘어놓을지도 모르겠다는 생각이 들었다. 그것만큼 두려운 일은 없었다.

그럼에도도 불구하고 당시의 나는 자신이 대단히 집중적인 성장 포트폴리오를 지향하고 있다고 자위했다. 그것이 안정을 빌미로 한, 실은 자신에게 맞지 않는 진로일지도 모른다는 생각이 이따금씩 들긴 했지만 여전히 법학대학원 진학은 가장 명쾌한 진로로 여겨졌다. 어쩌면 그것은 진정한 '안정'보다 훨씬 소극적인 '신변안전 지향적'인 진로설정에 가까웠으므로, 나는 나중에 필사즉생의 각오로 법학대학원에서 성공을 거두지 못한다면 그 동안의 유학이 모두 실패할지도 모른다는 위기의식에 자주 사로잡혔다. 엘리어트 레이턴이 《국경 없는 의사회(MSF)》에서 말하듯, 내게는 "모호함과 후회가 없는 행동, 무심한 삶과의 과감한 단절, 자신의 내부를 들여다보고 어떤 일을 할지 결정하는 것"이 절실히 필요해 보였으나 그러한 해답은 끝끝내 나오지 않았다.

고등학생 때는 좋은 대학교에 진학하는 것, 대학생이 되어 현실적인 문제들을 알게 되자 안정적인 직업으로 선회하려는 등의 행동은 일관적이지 못한 내 열정과 비전을 단적으로 보여주고 있었다. 나는 비즈니스와 금융을 포함한 경제·경영의 전반적인 면에 열정을 가지고 있었지만 그러한 꿈을 구체화하는 방법을 알지 못했고, 대학에서는 경영학이나 경제학이 아닌 나만의 흥미분야를 공부해보고 싶다는 모호한 의견을 가지고 있었다. 개인적으로 나는 경제나 경영을 단지 학습과목으로 삼는 것만이 좋은 경영인이 되는 길은 아니라는 강한 확신을 가지고 있었는데 그것은 지금도 변함이 없다. 또한 학교 코스를 신뢰하면서도 그에 따라 이후 인생 진로가 학점처럼 수월하게 풀려나가지는 않는다는 사실을 알고 있었다. 학교교육이 보증하는 것이 생각보다 빈약하다는 사실은 항상 내게 위기의식의 도화선으로 남아 있었다.

벨 에어(Bel Air)의 라피더스 부인은 이런 내 고민을 잘 이해해주는 사람이었다. 그녀는 내 눈을 열어주기 위해 현역 비즈니스에서 활동하고 있는 사람들과 만남의 기회를 주선해주기도 했고, 유명한 사람들의 성공담과 실패담을 내게 들려주기 위해 애썼다. 라피더스 부인의 노력에도 불구하고 앞날에 대해 명확하고 구체적인 비전을 세우지 못하는 현상은 변함이 없었다. 나말고도 많은 유학생들이 그러한 고민에 쫓기고 있다는 생각이 들었다. 유학을 하다 발견한 스스로의 적성분야나 처음부터 원했던 전공보다, 큰 금액을 들여 공부하는 것이니 안정적이거나 전문적인 전공이나 직업을 지향하게 되는 일은 국내나 해외나 마찬가지였기 때문이다.

유학을 마친 후 결국 전문직으로 근무하게 된다 해도 그러한 근무여건을 동일하게 갖춘 채로 국내에 돌아오기는 쉽지 않기 때문에 외국에 그대로 묻히기가 쉽다. 나 역시 안정적이고 전문적인 직업을 지향하여 최종 목표를 국제변호사로 설정했지만 국내에서 국제변호사의 입지가 생각보다 약하다는 사실을 알고 나선 더욱 큰 고민에 빠졌다. 한국의 법률시장이 개방된다 해도 그러한 근본적 입지에는 큰 변화가 없을 것 같았기 때문이다. 아시아 지역에서 국제변호사로서 기업 관련 업무를 지향한다는 것은 정작 변호사 자체로서의 프리미엄은 크게 살리지 못할 것 같다는 생각이 들었고, 법학대학원에서 보내야 할 수년의 세월이 아까울 것 같았다. 사실 통상적인 개념의 국제변호사는 어디까지나 미국 변호사이기 때문에, 결국 미국을 떠나지 못하거나 언젠가 다시 돌아와야 할 듯싶었다. 그것은 결과적으로 아시아에서 살고 싶은 내 꿈과는 거리가 있는 것이었다.

스스로가 원하는 것을 찾기 위해 나는 모험적으로 전공을 다섯 번이나 바꾸었지만, 그 과정에서 오히려 너무 생소한 수업을 듣는 일이 생겨 이전까지 완벽하게 유지하고 있던 학점이 떨어지는 일을 겪었다. 성적표를 볼 때마다 겁없이 새로운 전공에 도전했던 시도를 후회하곤 했다.

생소한 부분에 도전하길 좋아하는 내 성격은 어쩔 수 없는 것 같았다. 노력이 부족한 점도 있었겠지만 성적표에서 일부 학점이 번지 점프하는 장면을 지켜보면서 안 되는 것에 도전하는 것은 때로는 정력낭비로 이어질 뿐이라는 사실을 실감했다.

그러한 과정을 거치며 점차 변질되어가고 있던 내 유학생활은 군대를 가라는 아버지의 권유에 의해 1년쯤 후 강제적으로 종료되었다. 그러잖아도 LA에서 나른한 기분을 주체하지 못하던 나는 차라리 그것을 다행으로 여기고 홀가분한 마음으로 귀국했다.

유학생 신분으로 공동창업을 하다

미국에서 나는 처음으로 비즈니스를 경험하게 되었다. 절친한 친구인 션 장(Sean Chang)은 흥미로운 세계로 나를 끌어들였다. 머리가 무척 좋은 션은 나보다 한 살 어린데도 본능적으로 비즈니스에 영리한 방법으로 집착할 줄 아는 멋진 근성을 지니고 있다. 그는 타이완 명문 고등학교인 재신(再興)학원의 잘 나가던 학생회장 출신으로, 금품이 판을 치던 학생회 선거판에 가장 가난하게 출마하여 큰 표차로 당선된 멋진 추억을 가지고 있다. 이후 그는 타이완 전역을 돌아다니며 모교의 농구팀 활동을 독려하고 응원하는 등 학교 안팎으로 열정적인 활동을 펼쳤다.

션은 중국과 타이완에 걸쳐 대단한 인맥을 자랑했으며, 홍콩의 대형 스타인 장학우(張學友)와도 친분을 유지하고 있었다. 그는 장학우를 타이완 학교축제에 초청할 계획을 세우고 실제로 추진하기도 했으나 행정당국의 반대로 무산되는 정치적인 사건의 중심에 서기도 했다. 그는 그 일을 추진하면서 홍콩에서 연예기획사 임원 대접을 받았다며 흥미로운 표정으로 자랑했는데, 홍콩을 비롯한 중화권에선 연예인을 접촉하는 일이 한국이나 일본에 비해 훨씬 쉽다는 얘기도 해주었다.

그는 내게 습작성 사업계획서를 보여준 적이 있었다. 그것은 중국에서 싼 원가에 책을 수입하여 미국에서 온라인으로 판매하는 비교적 간단한 내용의 사업이었다. 션은 중국과 타이완에 유통로 및 취급인들을 이미 접촉해놓은 상황이었고, 미국에서의 판매망 개척에 대한 아이디어를 구상하고 있었다. 그는 수업 도중 갖가지 아이디어를 담은 메모를 내게 보내곤 했는데, 그러한 메모가 이후 상당히 많이 쌓이게 되었다. 그것들은 하나같이 큰 골격에 속한 작은 뼈들처럼 촘촘하게 이뤄진 기획안들이었고 한장 한장이 뜨거운 열의로 가득 차 있었다.

나는 매순간 신선한 충격을 받았지만 불행히도 션은 사업 착수자금 1만 달러를 마련하지 못해 서랍 속으로 그 기획안을 접어넣어야 했다. 사실 그도 자신이 그 사업을 할 것이라 생각하진 않았던 것 같다. 그런데 몇 개월 지나지 않아 그의 기획안과 흡사한 내용의 사업을 동부의 한 중국인이 실행하여 무려 500만 달러에 이베이에 매각한 일이 보도되었다. 나와 션의 가족을 포함한 많은 사람들이 그 사실에 대단히 놀랐다. 아마 션 자신도 크게 놀랐을 것이다. 그는 두고두고 그 일을 과감히 착수하지 못한 자기 자신을 탓했다.

션의 가족은 모두 나와 가족 같은 사이였는데, 두 살 위인 션의 누나 샤론(Sharon)은 타이완 법대 출신으로 현 타이완 총통인 천수이벤의 아들과 동창생이었다. 그녀는 나를 의자에 앉혀놓고 정확한 발음으로 중국 노래 부르는 법을 가르쳐주기도 했다. 나는 구관조가 된 듯한 기분이었지만 샤론 덕택에 이후 중국 노래를 연습하는 습관을 들였기 때문에 몇 년 후 타이완의 노래방에 가서도 뒤지지 않는 최신 레퍼토리를 과시할 수 있었다. 샤론은 내가 있을 적에 미국으로 건너와 펜실베이니아 대학교 법학대학원 LLM 코스(Legum Magister, 국내 법학학사 취득자나 국내 법조인이 미국의 법학대학원에서 24학점 가량 이수하면 미국에서 변호사 시험을 치를 수 있는 제도)를 마친 후 현재 샌프란시스코에서 변호사로 활동하고 있다. 션의 가족은 본래 상하이 출신인데 타이완으로 이주하여 생활했기 때문에 상하이와 타이페이, 그리고 미국에 걸쳐 친척이 아주 많았다. 어떤 때는 차이나타운에서 우연히 마주치는 사람이 알고 보니 친척인 경우도 있다고 했다. 샤론은 친척들이 너무 많아 이름이나 얼굴이 헷갈린다며 투덜대곤 했다.

부푼 꿈을 안고 창업의 설계도를 그리다

션이 그의 첫 사업으로 나를 끌어들인 것은 그가 20살, 내가 21살 때였다. 당시 미국은 '닷컴 열풍'이라는 타이틀과 함께 인터넷 사업이 들끓기 시작하는 시기였지만 인터넷 쇼핑은 그다지 활성화되지 않은 상태였다. 온갖 종류의 홈페이지가 보안장치도 없이 난립하고 쇼핑몰 또는 벼룩시장이란 이름을 달고 등장했으며, 곧 그러한 사업형태가 오프라인 사업 중심의 현대 기업구조마저 바꿀 것이라는 분석이 사회적으로 퍼져나갔다. 당시 미국의 대기업들도 이에 대비하여 제각기 온라인 판매망 개척에 엄청난 예산을 쏟아부었다고 한다. 션이 구상했다는 사업 역시 다름아닌 인터넷 의류 쇼핑몰이었다.

'인터넷 쇼핑'이 자연스러워질 것이라는 션의 예측은 지금 보면 대단히 정확한 판단이었지만 당시에는 사람들이 과연 입어보지도 않고 옷을 인터넷에서 구매할 것인가에 대해 내부적으로 갑론을박이 펼쳐졌다. 옷은 여전히 오프라인 매장이 대세일 거라는 의견이 다수였다. 당시만 해도 한국은 인터파크를 필두로 다양한 분야에서 인터넷 쇼핑이 활성화되고 있었지만 미국은 전혀 그렇지 못했다. 내가 체감하기에도 불안하게 느껴질 정도로 션의 계획은 과감했다. 션은 과거에 자기가 범한 실수가 모두 과감성 부족에서 기인한 것이라고 생각한 듯 매사 파워 넘치는 불도저처럼 행동했다.

나는 아는 모든 사람들에게 해당 계획을 이메일로 보내어 의견을 구했지만, 소수의 사람을 제외한 대부분의 사람들에게서 부정적인 답변을 받았다. 또 '인터넷을 통해 옷까지 거래할 수 있을 만큼 전자상거래가 발전할 수 있을까?' 라는 질문을 하루에도 몇 번씩 자신에게 해야 했다. 션은 전자상거래가 앞으로 더욱 발전할 수밖에 없으므로 온라인 쇼핑몰을 주된 산업으로 간주하고 오프라인 매장을 세우듯 과감히 자본을 투자하여 임하는 것이 바람직하다고 주장했다. 나는 사람들의 인식이 충분치 않은 상황에서 선행 투자기간이 너무 길어질 수 있다며 단기적인 수익을 만들어낼 오프라인 유통과 병행할 방법을 찾아야 한다는 입장이었다. 옷을 입어보지도 않고 온라인에서 구매한다는 소비자 의식전환 문제는 그만큼 간단해 보이지 않았다. 이 문제는 션과 나 사이에서 매우 뜨거운 논쟁거리가 되었다.

당시 한국에선 사회적으로 벤처 기업가가 신랑감 후보 1위로 꼽힐 정도로 벤처기업을 밀어주는 분위기가 팽배해 있었다. 물론 당시의 그런 분위기는 명확한 논리를 갖추지 못한 개념투자(다른 합리적 요소를 생각하지 않고 오직 개념에 매달려 투자하는 행위)적인 생각이었다. 투자에도 유행이 있다는 버튼 맬키얼(Burton Malkiel)의 말처럼 그것은 단지 유행적인 사고에 불과했지만, 그 당시만 해도 신경제를 열어가는 하나의 열쇠처럼 인식되었다. 어쨌든 그러한 사고가 유행에 불과할 수 있다는 사실을 몰랐기에 나 역시 그것이 벤처 사업가로서의 출발이 되지 않을까 하는 꿈을 가졌던 것이 사실이다. 션과 내가 20살을 갓 넘긴 대학생이라는 사실은 그러한 꿈을 더욱 특별하게 만들었다. 사실 우리는 해당 사업의 미래성을 냉철하게 검증하기보다 우리 자신이 그로 인해 훨씬 특별한 존재가 될 것이라는 기대심리에 이끌려 행동하는 경향이 있었다. 우리는 마치 신랑감 1위가 된 것처럼 행동했다.

선은 할리우드에 거주하는 재력가인 그의 이모인 루비 슈(Ruby Shu)의 지원을 받고 있었는데, 그녀는 이 온라인 쇼핑몰 프로젝트의 기본 아이디어 발안자였다. 루비는 단돈 50달러를 들고 미국에 건너와 크게 자수성가한 사업가였으며, 인터넷이 주도하는 신경제 열풍에 지대한 관심을 가지고 있었다. 그녀는 어떤 대가를 치르고라도 인터넷이라는 새로운 무대에 발을 내딛어야 한다는 생각을 하고 있었다. 루비 슈의 아파트 건너편에는 주윤발이 거주하던 아파트가 있었고, 루비의 집에 갔을 때 나는 처음으로 7,000만 원짜리 침대를 두 개나 보았다.

그녀의 애완견이 사는 집은 금으로 치장되어 있었는데, 아마도 그 개집이 당시 선과 내가 살던 집보다 더 비쌀 거라는 생각이 들었다. 나와 선은 "우린 개만도 못한 놈들이네"라면서 킥킥거리며 농담을 던졌다. 그 집은 미국의 호화 인테리어를 소개하는 잡지에도 나올 정도로 멋진 구성으로 짜여져 있었다. 루비는 선과 나를 차이나타운의 고급 식당으로 초대하여 자기의 계획을 설명했다. 왜 내가 선의 파트너로 선정되었는지 궁금했는데, 그 이유는 오래 전 내가 재미삼아 만들었던 플래시 동영상이 루비의 눈을 끌었기 때문이라고 했다. 선은 내가 17살 때 출판했던 책을 들고 가서 루비와 그녀의 남편 데이비드에게 내 소개를 했고 자신과 마음이 잘 맞을 것 같다며 끈질기게 이야기했단다. 중요한 건 당사자인 나도 모르는 사이에 그녀석이 혼자 일을 벌였다는 것이다. 선은 지금까지도 그 일에 대해선 일언반구도 없이 의미심장한 미소만 흘릴 뿐이다.

루비는 밥을 먹으면서 속사포처럼 사업에 대한 설명을 토해냈다. 그것은 간단히 추려서, 하나의 아이템을 통해 시장을 테스트하고 이후에는 중국에서 고급 의류를 수입하여 판매하는 종합 인터넷 쇼핑몰로 키워낼 생각이라는 것이었다. 우리는 초기의 시장 테스트 작업을 수행하는 요원인 셈이었는데 대단히 짜임새 있는 계획이라는 생각이 들었다.

루비의 시나리오와 비전에는 빈틈이 없었을 뿐 아니라 션은 이미 그러한 옷을 수입할 루트까지 꿰뚫고 있었다. 또한 루비는 초기 자본금을 활용해 우리가 웹사이트를 구성하도록 하고 실제 판매를 이뤄내면 이후 매출액의 일정 퍼센트와 함께 회사의 지분을 상당 부분 션과 나에게 할당하겠다는 이야기를 했다. 나는 그러한 이야기에 그저 놀랄 따름이었다. 결국 우리는 시장의 초기 테스트 작업을 수행함으로써 회사의 자본 참여자가 된다는 이야기였다.

그럼에도 불구하고 당시 나는 전공에 대해서 개인적으로 고민하고 있었고, 그런 고민이 눈앞에 다가온 사업기회보다 훨씬 더 본질적이고 중요한 이슈로 생각되었다. 그 사업에 참여하면 학업과정에 부정적 영향을 받게 될 것이 확실해 보였다. 션의 사업이 그러한 위험을 충분히 상쇄해줄 만큼 매력이 있는 것 같진 않았다. 나는 인터넷 쇼핑이 나에게 생소한 만큼 IT감각이 아시아인보다 섬세하지 못한 미국인들에게도 마찬가지일 거라고 생각했다. 하지만 션은 미국이란 시장의 크기를 인터넷 시장의 성장률에 대입하면 충분한 숫자의 구매자를 찾을 수 있을 거라고 주장했다. 그는 나름의 공식을 가지고 있었다. 통계적인 차원에서의 인터넷 인구와 향후의 발전도를 고려하면 인터넷 쇼핑이 갈수록 활성화될 것이라는 미래적 차트를 그려 제시한 것이다.

그의 나이가 당시 20살에 불과하다는 것을 고려하면 그것은 비범한 시도였다. 내게는 마치 블랙-숄즈 옵션가격 모델(Black & Scholes Option Pricing Model, 1970년 초에 피셔 블랙과 마이런 숄즈에 의해 개발된 가격결정 모형으로 옵션의 이론가격을 계산하기 위해 개발되었

다) 이론만큼이나 심오해 보였다. 그럼에도 불구하고 결과적으로 그것은 증권브로커나 채권거래인이 흔히 보여주는 기술적인 분석시도 내지는 단순한 수학공식에 불과했다. 나는 복잡한 그래프나 단순공식에 의거한 기술적인 예측 시도는 결코 미래를 제대로 예상해낼 수 없다고 믿었다. 그러한 데이터는 제약적일 뿐 아니라 좀더 중요하거나 결정적일 수 있는 개인의 열정이나 비전 같은 주관적 요소를 담고 있지 못한 경우가 허다하다고 생각했기 때문이다. 나는 차라리 취보(醉步)형으로 아무렇게나 포트폴리오를 짜서 투자하는 랜덤워크 이론(효율적 시장가설 이론 중 하나로 주가의 변동이 독립적이며 과거의 주가와 현재의 주가, 미래의 주가와 아무런 상관 없이 무작위라는 뜻을 담고 있다)이 정교한 기술적 투자 이론보다 낫다고 믿을 정도로 기술적으로 미래를 예측하는 시도를 신뢰하지 않는 경향이 짙었지만, 탄탄하게 짜여진 션의 놀라운 브리핑 능력과 정보력에는 감탄하지 않을 수 없었다. 묘한 질투심이 느껴졌지만 그에게서 많은 것을 배우고 있다는 것을 인정하지 않을 수 없었다.

션과 나는 모든 논의에 보다 쉬운 말을 사용해야 했지만, 종종 자신들도 잘 알지 못하는 기술적인 용어들을 사용하는 바람에 본질을 흐리고 샛길로 빠지는 일이 잦았다. 어쨌든 션은 충실한 부연설명과 함께 온라인 쇼핑몰의 발전방향을 설득력 있게 제시했고, 그의 시장전망 및 사업계획안은 나를 설득하는 데 확실히 큰 효과를 발휘했다. 아닌게아니라 당시의 닷컴 열풍은 대기업들의 주가에도 영향을 미칠 정도로 강력했다. 인터넷을 통한 신경제 열풍은 지금 보면 하나의 강렬한 경향에 불과했지만, 당시에는 새로운 현실 같았다. 겨우 약관의 나이인 션과 나는 그러한 것을 예측할 만큼 성숙하지는 못했다. 우리의 머릿속에서 예측된 미래는 대부분 긍정적인 분위기에 젖어 있었고 신경제 열풍이 수그러들지 않을 거라는 전제하에 존재했으므로 밑빠진 독에 물을 붓는 결과가 일어날 수도 있으리라는 것 역시 알지 못했다.

우리는 닷컴 열풍이 어느 정도 과열된 지점에서 사업 시작을 논의한 셈이었지만 인터넷 사업이 무엇이든 적은 비용으로 거대한 이윤을 창출할 거라는 전망을 전폭적으로 신뢰하기 시작했다. 실제로 인터넷 사업은 매우 많은 부분에 있어 사업의 진입장벽을 엄청나게 낮춰놓았고 진정한 자유경쟁을 가능케 했다. 우리처럼 어린 학생들에게도 공정하고 좋은 기회가 되어주는 것이 바로 인터넷이었다.

나는 당시 닷컴 기업을 통해 절약되는 물류비나 운영비를 예상한 보고서들을 살펴볼 기회가 있었는데, 그것은 확실히 생활의 여러 면에서 닷컴 기업이 신경제를 창출할 것이라는 예측을 담고 있었다. 시간이 흐르고 닷컴 열풍이 꺼지자 TV에 나온 한 분석가가 당시 IT 주식의 매수와 매도를 활발히 수행하기 위해서 자기네 증권사에서도 인터넷과 연계한 신경제 관련 보고서가 지나치게 쏟아진 감이 있다고 말하는 걸 들은 적이 있다. 아이러니하게도 그러한 보고서들이 션과 나에게는 희망의 원천이 되었던 셈이다. 며칠 밤이 걸린 심사숙고 끝에 나는 션의 계획에 합류하기로 결정함과 동시에 닷컴 열풍에 편승하기로 했다. 그것도 죽을 힘을 다해.

여성 수영복 전문 인터넷 쇼핑몰 준비

다음날 아침 일찍 션은 내 방문을 두드렸다. 그가 올 것을 알고 있었기 때문에 나는 일찍 일어나서 인터넷 벅스 뮤직을 통해 한국 노래를 듣고 있었다. 션과 나는 우리집 소파에 걸터앉아 대화를 시작했는데, 이야기를 듣고 난 후 놀라지 않을 수 없었다.

나는 우리가 무슨 아이템으로 온라인 쇼핑몰을 가동할지에 대해선 잘 모르고 있었다. 그것은 루비가 션과 논의하여 결정한다고 했고, 당시 내 중국어 실력도 형편없던 터라 그들의 논의과정을 잘 알아듣지 못할 것이었기 때문에 나는 그냥 맘 편하게 뭐가 결정되든 열심히만 하면 될 거라고 생각하고 있었다. 다만 나는 소비자의 신뢰를 얻을 수 있는 폴로나 기타 고급 브랜드를 저렴하게 유통할 수 있는 방안이 있다면 그러한 브랜드를 취급하는 것이 좋겠다는 의견을 피력했다. 그런 브랜드를 취급하면 기본적으로 소비자에게서 어느 정도의 신뢰를 안고 출발할 수 있다고 믿었기 때문이다. 그것은 내가 이메일을 통해 얻은 중요한 조언에서 나온 아이디어이기도 했다.

어쨌든 그 이후 나는 판매종목의 결정과정에는 개입하지 않기로 했다. 루비가 워낙 의류분야에 지식이 많다고 생각했기 때문에 나보다 그녀가 훨씬 더 현명한 판단을 할 거라고 믿었던 것 같다. 루비는 외부인력을 고용하여 웹 쇼핑몰을 열 경우 미화 3만 달러 정도 들 것으로 예상된다고 말했는데, 그 이야기를 우리에게 한 이유는 나와 션을 통해 그보다 더 저렴한 비용으로도 같은 효과로 시장을 측정해볼 수 있을 것이라는 의견 때문이었다. 3만 달러면 당시 환율로 3,600만 원이라는 큰돈이었다. 우리는 실제 유통 취급품목만 확보된다면 그만큼 돈을 들이지 않고도 외부에서 인력을 고용하는 경우보다 훨씬 더 잘 해낼 자신이 있었다. 루비의 남편인 데이비드 슈는 상하이에서 중소기업협회의 회장을 지내고 있었으므로 루비는 중국을 통한 의류 거래망 확보에는 어려움이 없을 거라고 했다.

"그래, 우리의 첫 취급품목이 뭐로 결정난 거야?"라는 내 질문에 션은 우물쭈물거리다가 "아……스……윔웨……얼……(수영복)"라며 더듬거리며 답했다. 이어서 다시 물었다. "음…… 수영복? 개인적으로 그건 좀 그런데…… 그리고?" 션은 답했다. "음…… 비키니, 탱키니, 원피

스……." 나는 이내 그에게 대꾸했다. "뭐야, 그것들은 다 수영복 아
냐?" 션은 머리를 긁적거리며 말했다. "응, 다 수영복이지. 아, 맞다. 남
자 수영복은 없어. 다 여자 수영복이야."

"뭐야!!?" 뒤통수를 한대 얻어맞은 기분이었다. 한국의 아는 친구들
에게 조언을 구하면서 벤처기업을 하게 되었다고 은근히 큰소리를 쳐놓
은 상황이었다. 나는 온라인 쇼핑몰에 관한 조언을 구하면서 마치 매킨
지사(McKinsey & Company)의 컨설턴트라도 된 양 유식한 용어들을 사
용했는데 하루아침에 맥도널드가 되었다. 한국과 외국에서 내게 다양한
조언을 건네준 친구들이 알게 되면 뭐라고 할까! 내가 보낸 이메일이
모두 스팸 처리되어 버렸으면 좋겠다는 생각이 들었다.

인터넷을 통한 수영복 장사라니. 생애 처음 시작하는 사업참여가 수
영복 세일즈라니! 갑자기 해변가에서 팬티만 입고 수영복 장사하는 내
모습이 떠올랐다. 당시 우리는 '카즈야'라는 일본 친구의 특이한 패션
을 두고 해변가에서 팬티 입고 수박 장사하는 사람 같다고 놀린 적이 있
었는데 그의 심정을 이해할 수 있을 것 같았다.

충격을 뒤로 한 채 우리는 이미 루비와 사업을 시작하기로 합의했으
니 더 이상의 갑론을박 없이 미국의 유명한 가전상점인 베스트 바이
(Best Buy)로 향해서 웹 작업을 수행할 컴퓨터를 골랐다. 우리는 컴퓨터
를 고르는 데 3시간이 넘게 걸렸다. 당시에는 LCD 모니터도 별로 전시
되어 있지 않았던 탓에 우리는 소니사의 트리니트론(Trinitron) 평면 모
니터와 함께 당시 컴퓨터 중 최고가였던 바이오(VAIO) 컴퓨터를 구입
했다. 매우 빠른 속도의 완벽한 복사기와 스캐너, 팩스 등 모든 전자제
품이 우리의 공간을 채워나갔다. 션은 전자제품에 대해 상당한 기호를
가지고 있었기 때문에 우리의 작은 사무실은 각종 전자제품들이 뿜어내
는 빛으로 인해 환상적인 분위기마저 연출되었다. 션은 당시 흔하지 않

던 PDA까지 구입하여 그것을 통해 인터넷을 다운로드하는 놀라운(?) 재주까지 보여주었다. 나와 친구들은 선이 PDA를 리모컨으로 사용하거나 네비게이션 기능을 보여줄 때마다 앵무새처럼 손뼉을 짝짝짝 쳐대곤 했다.

우리는 사무실 공간으로 선의 아파트 거실을 사용했는데 그곳의 특징은 의자가 대단히 많았다는 것이다. 그 작은 아파트에 의자가 무려 21개나 있었다. 나는 인터넷을 통해 이 의자들부터 처분해야 한다고 농담을 했고, 선은 수영복을 팔아 이익이 나면 더 많은 의자들을 사들일 거라며 너스레를 떨었다. 어쨌든 우리의 사무실은 최첨단 장비들로 채워졌다. 아마도 당시 수영복 판매업체로서는 가장 호화 장비를 갖춘 사무실이 아니었나 싶다. 물론 우물 안 개구리인 우리의 관점에서.

난관에 부딪친 웹사이트 구축작업

우리의 회사명은 '스윔웨어네이션(Swimwearnation)'으로 정해졌다. 그것은 내 동생 가영이의 아이디어였는데 처음에는 '수영복공화국(Swimwear Republic)'으로 하려다가 '힙합 네이션(Hip Hop Nation)'이라는 단어에 착안하여 수영복국가로 정했다.

우리는 좀더 저렴한 호스팅 서비스를 받기 위해 타이완의 한 업체의 도움을 받았고, 각자 저렴한 가격별로 다양한 나라의 서비스를 받았다. 모든 것이 순조로울 듯싶었고 우리가 많은 능력을 갖춘 것처럼 여겨졌다. 당시는 html이나 플래시를 다룰 줄 아는 사람들이 많지 않았기 때문에 우리는 더더욱 자신의 능력을 과신하곤 했다.

그러나 이런 우리의 기대와는 달리, 사무실로 돌아온 우리를 기다리는 것은 그 동안 상상도 해본 적 없는 초고강도의 업무량과 무지막지한 컴퓨터 지식, 끊임없는 아이디어와 턱없이 모자라는 시간뿐이었다. 특히 웹 결제부분과 보안장치, 그리고 자바 스크립트나 포토샵이 요구하는 기술은 우리의 능력을 훨씬 뛰어넘는 범주였다. 선과 나의 표정은 굳어가기 시작했다. 우리는 루비가 돈을 주고 외부에서 끌어올 기능을, 돈을 아껴 그보다 더 훌륭하게 구현해야 하는 역할을 맡고 있었다. 하지만 선과 나의 부족한 컴퓨터 실력으로 인해 당장 해결해야 할 현실적 문제들이 닥쳐온 상태였다. 그것을 커버하기 위해 돈이 들어갈 상황이었는데, 문제는 그것을 커버한 이후 구현된 우리의 실력이 이제껏 투자한 시간과 돈만큼의 가치를 제대로 지닐 것인가 하는 점이었다. 시간은 적었고 우리의 실력이 고무줄처럼 늘어나기를 바라는 것은 비현실적이었기 때문이다.

우리는 온라인 쇼핑몰 구축을 너무 쉽게 생각한 것이다. 당시 우리는 취미로 인터넷을 즐기는 사람치곤 뛰어난 편이어서 쉬운 자바 스크립트나 애플릿도 다루고 있었지만, 창조적으로 스크립트를 작성하거나 MySQL을 포함한 여러 다른 시스템과 사이트를 연동하는 문제에 대해서는 까막눈에 가까웠다. 특히 웹에서 신용카드 결제를 위해 베리사인(Verisign) 같은, 기업에서 받아야 하는 필수 웹 보안 서비스에 대해서도 뒤늦게 알게 되었다. 그것은 우리의 온라인 쇼핑몰 구축이 생각보다 상당히 늦어질 가능성을 의미하는 신호였다. 선과 나는 급히 몇몇 프로그램을 맡아 공부를 해야 했다. 선은 웹 결제부분을 맡았고 나는 포토샵을 포함한 나머지 부분을 맡았다. 그것은 대단히 고통스러운 과정의 시작이었다. 특히나 마음이 급한 경우 일이 더 안 되지 않은가. 나와 선은 갈수록 모르는 부분이 속출하는 바람에 속으로 비명을 질러댔다.

당시 미국에서 일반적인 웹사이트 제작비용은 상당히 높았다. 내가 아는 친구들 중에도 그 일로 돈을 버는 경우가 있었는데, 그 중 한 녀석은 대학생 신분으로 한 달에 2만 달러(한화 2,400만 원) 가량을 벌어들이기도 했다. 훗날 그는 쇼핑몰의 공동 운영자로 지분을 할당받고 한 달에 5만 달러 이상을 벌어들이는 놀라운 능력을 발휘하기도 했다. 그가 단순한 웹사이트 제작자가 아니라 실제 상업적인 감각을 지니고 있지 않았다면 불가능했을 것이다. 당시 미국에선 그러한 일거리를 얼마든지 찾아낼 수 있었다. 우리도 시간이 나고 실력이 되면 꼭 웹사이트 제작 분야에 뛰어들자고 했을 정도로 웹사이트 시장은 넓어 보였다. 사실 모두가 인터넷의 힘을 제대로 인식하지 못하는 상황에서 무차별적으로 웹사이트를 만들어내는 분위기였으므로 그것은 당연해 보였다. 웹사이트 쇼핑몰을 개설하겠다는 우리조차 시장성에 대해 헷갈렸으니 말이다.

내가 아는 러시아 꼬마는 15살의 나이에 한 미국 회사의 웹사이트를 만들어서 월별로 운영비를 받는 야무진 취미를 과시하기도 했다. 부끄러운 일이었지만 선과 나를 주전자에 넣고 펄펄 끓여 혼합시키거나《드래곤볼》에 나오듯 퓨전 합체를 했어도 우리가 그들의 실력에 턱없이 못 미친다는 것이 안타까운 현실이었다. 그때 가장 두려웠던 것은 루비가 사업에 투입한 돈이 결국 무모한 두 젊은이에게 엉터리 컴퓨터 사교육만 시키는 일로 결론날지도 모른다는 사실이었다. 만일 우리가 제대로 된 웹사이트 창출에 실패한다면 루비의 새로운 시도는 끝장나는 것이었다. 그로 인한 자책감이나 실망감은 상상하기도 싫었다.

선과 나는 서로의 모자라는 부분을 허심탄회하게 털어놓고 밤새 구르며 웃기도 했는데, 누가 보면 우리가 미친 줄 알았을 것이다. CNN의 창업자 테드 터너(Ted Turner)는 "스스로가 작게 느껴질수록 미친 짓을 해야 한다"는 멋진 말을 남겼지만, 우리는 미친 짓으로 인해 스스로가 너무 작게 느껴져버리는 정반대의 경험을 하고 있었다. 기술적인 어려움으로 인해 우리는 자신에게 크게 실망했고, 그와 별도로 재정 스케줄에 따라 루비에게서 우리의 통장으로 옮겨지는 투자금은 천근만근의 중

압감을 선사했다.

우리에게는 또 하나의 걸림돌이 있었는데, 그것은 바로 루비의 딸인 웬디(Wendy)였다. 웬디는 눈매가 루시 리우(Lucy Liu, 〈미녀 삼총사〉에 출연한 동양 여배우)를 닮은 강한 인상을 가진 여자였는데 우리를 처음 만났을 때부터 끝까지 팔짱을 풀고 있는 모습을 보기가 어려웠다. 그녀는 조카인 션이 자신의 부모로부터 지나친 신뢰를 받고 있다고 생각한 듯했다. 어느 날 션을 가족 저녁식사에 초대해선 부모에게 그들이 죽으면 남은 재산은 100% 자기 몫이 맞지 않느냐고 물어봤다고 한다. 션은 그 자리에서 경악해버렸단다.

우리는 갈수록 예상치 못한 문제들에 휘말렸는데 그 중에는 루비의 여행이 너무 잦다는 것도 있었다. 일례로 루비는 우리와 중요한 미팅을 하기로 정해놓은 날 갑자기 친구를 만나겠다며 러시아로 출국해버린 적이 있는데, 그로 인해 우리는 당일 입금받아야 할 자금을 웬디에게서 받아야 하는 상황에 봉착하기도 했다. 웬디는 아침에 션을 불러 돈을 건네겠다고 하고선 갑자기 밤늦게 오라는 등 변덕을 부렸고, 결국은 며칠 후에야 돈을 주는 식의 장난을 쳤다.

그러한 일들로 인한 스트레스 역시 장애가 되었다. 그렇게 생각하고 싶지는 않지만 당시 웬디는 우리의 실패를 바라고 있었던 것 같다. 특히 션에 대한 부모의 신뢰가 실망으로 바뀌기를 상당히 바라는 것 같았다. 제3자인 내가 봐도 그럴 정도였으니 당사자인 션은 난감한 입장에서 벗어날 길이 없었을 것이다. 그런 어려운 상황에서도 우리는 눈앞에 닥친 웹사이트 구축이 워낙 급했기에 각자에게 맡겨진 일을 서둘러 완수해야 했다. 당시 이미 여름이 시작되던 시기였으니 하루 빨리 웹사이트를 오픈해야 할 임무를 띠고 있었다. 지나친 피로로 인해 션이 의자에 걸터앉아 졸고 있을 때면 나는 힘내라며 꽃무늬 비키니 하의를 그의 머리에 뒤집어씌우곤 했다.

얼마 지나지 않아 우리는 웹사이트를 구축하기 위한 몇 개의 도안을 완성해냈다. 기본적인 틀과 구성은 내 머리를 통해, 세부구조를 포함한 기술적인 부분은 션의 머리를 통해 우리는 서로의 도안을 조화시켰고, 이것은 몇 개의 웹사이트가 되어 탄생했다. 우리는 개성적인 심벌과 회사명 디자인 등을 마쳤고, 오프라인에서 실제 물건의 유통을 담당하고 있던 더글러스에게 연락하여 온·오프라인에서 영업활동을 동시에 수행할 시스템을 대강 완성해냈다.

나는 시간이 날 때마다 웹사이트의 사용성(Usibility)을 연구한 서적을 반복해서 읽으며 우리의 웹사이트가 현재 기능적으로 어떠한 상태인지 끊임없이 평가했다. 그럼에도 불구하고 갈수록 부딪치는 기술적인 장벽은 극복하기 어려운 장애물이었다. 자바 스크립트를 포함한 일부 기술은 기본을 확실히 이해해야 제대로 구사할 수 있는데, 우리는 마음이 급한 나머지 기본을 무시하다가 결정적인 부분에서 막히곤 했다. 이러한 문제가 발생하면 그것을 극복하기 위해 또다시 며칠 밤을 새는 중노동이 계속 반복되었다. 그러나 그것도 기본부터 착실하게 연마하는 식의 해결이 아니라 임기응변식 해결이었다.

순조로운 출발을 하다

어느덧 그 해의 6월이 끝나가고 있었다. 우리의 비즈니스 론칭은 당초 목표였던 6월 중순을 이미 넘어간 상태였다. LA의 뜨거운 햇살만큼이나 우리의 마음도 타들어갔다. 6월의 마지막 주, 우리는 더글러스로부터 스윔웨어네이션의 수영복을 착용한 모델 사진을 건네받을 수 있었다. 그가 채용한 모델은 모두 5명이었는데, 2명의 사진을 제외한 나머지 3명은 나이가 많아 보였다. 나는 탄력 있어 보여야 할 수영복들이 나이 든 모델들의 이미지와 겹쳐 너무 늘어져 보인다는 의견을 이야기했고, 더글러스는 그 모델들도 왕년에는 알아주던 사람들이라며 자부심을 표시했다. 나와 션은 그가 지나치게 자기 취향만 고려해 사진을 찍었다며 투덜거렸다. 더글러스가 그 사진작업을 완수하는 데 6월 초부터 무려 3주 남짓한 시간이 걸렸으므로 우리는 하는 수 없이 그가 준 사진들을 사용하기로 했다.

우리는 웹 결제부문을 끝내 해결하지 못하고 있었기 때문에 결국 외부에서 서비스를 받기로 했다. 우리의 웹 결제부문을 해결한 사람은 비컨(Beacon)이라는 키가 작고 통통한 중국인이었다. 우리는 그의 도움을 받아 비교적 손쉽게 웹 결제 시스템을 장만할 수 있었으나 그 과정에서 비컨의 인건비를 포함하여 총 3,000달러의 돈이 소요되었다. 비컨은 의외로 간단한 일을 해준 것이나 마찬가지였지만 우리에게는 미국의 시스코 시스템스 못지않은 훌륭한 IT회사의 직원처럼 느껴졌다.

비컨을 고용한 일을 제외하고 우리는 당초 루비의 의도대로 상당히 적은 돈을 사용했고 루비가 입금했던 금액 중 많은 돈이 남았다. 우리는 그 금액을 전액 루비의 통장으로 다시 입금했고 그 동안 집행한 자금의 내역을 1센트까지도 낱낱이 밝힌 도표를 우편으로 송부했다. 루비는 아주 흡족해했다.

우리는 당시만 해도 수영복 판매 사이트들이 차용하지 않았던 방식, 즉 수영복 하나를 사면 다른 하나를 무료로 주는 'Buy One, Get One Free'를 메인 판매정책으로 채택했다. 그것은 1992년 미 대선에서 빌 클린턴 대통령 후보가 자신의 부인인 힐러리 로댐 클린턴을 돋보이게 하기 위해 내세웠다가 구설수에 몰리기도 했던 것과 같은 표현이었다. 우리는 야후닷컴 및 기타 검색엔진을 통해 거의 모든 수영복 판매 사이트를 돌아봤지만 그런 정책을 메인으로 채택한 곳은 한 곳도 발견하지 못했다. 일부에서 다량의 수영복을 살 경우 한 장씩 더 주겠다는 배너가 걸린 곳은 있었지만 선과 나는 현실성이 없다고 봤다. 그 한 장을 공짜로 받기 위해 대여섯 장씩 수영복을 살 고객은 없다고 생각했기 때문이다. 수영복은 단일 고객에게 대량 판매가 가능할 것 같지 않았다.

우리는 저렴한 가격에 하나만 사면 다른 디자인의 수영복을 무료로 주는 시스템을 차용했으므로 쇼핑몰의 운영에 상당한 자신감을 가졌다. 중국에서 직통으로 물건이 건너와 우리의 원가수준은 다른 미국 회사에 비해 월등히 낮았으므로 한 장 가격에 두 장을 판매해도 적절한 이익을 거둘 수 있었다. 선은 곧 야후닷컴을 포함한 몇몇 주요 검색엔진과 쇼핑몰 광고협의를 진행했다. 광고에 소요되는 비용은 매우 비쌌지만 검색포털 사이트들에서 광고를 하기로 합의했다. 그것은 당시 가장 일반적인 형태의 인터넷 광고로 지불가격에 대해 일정 수의 클릭을 보장받는 홍보방식이었다. 하지만 같은 IP에서 인터넷을 사용하는 유저가 한 번에 다량의 클릭을 해버리면 우리의 광고는 무용지물이 되기 쉬웠다.

쇼핑몰 운영 초기였던 7월 중순, 우리는 꽤 괜찮은 성과를 올렸다. 초기에 꿈꾼 것처럼 활발한 판매는 아니었지만 그래도 첫 쇼핑몰이 그만한 출발을 할 수 있었던 것은 상당히 인상적이었다. 우리는 나중에 큰 쇼핑몰을 출범시키기 위해 시장의 초기 테스트 역할을 담당한 것이었고, 학업을 병행하며 해낸 성과치고는 매우 만족스러운 일이라고 생각했다. 한 가지 아쉬웠던 점은 좀더 빨리 그 일을 시작하지 못했다는 것이다. 사실 그 일을 처음 예정대로 7월 초에 시작하지 못한 것은 여름을 제대로 겨냥하지 못했다는 점에서 보면 중요한 실패가 될 수 있는 요인이었다. 때문에 나는 우리의 능력부족으로 인해 근본적으로 회사에 손실을 끼쳤다는 생각을 가지고 있었다. 역시 그 일은 더욱 빨리 수행되었어야 했다.

우리는 쇼핑몰 운영뿐 아니라 더글러스를 통해 외부 유통도 시도했고, 더글러스는 그 부분에서 상당히 잘 해주었다. 그는 대량으로 물건을 파는 것에 익숙한 사람이었으므로 때로 우리가 웹을 통해 판매하는 것보다 많은 물량을 한 번에 판매하곤 했다. 중국인들의 장사수완은 정말 놀라웠다.

우리의 온·오프라인 연동 마케팅은 꽤 괜찮았고, 상당 부분 루비에게 인정받을 수 있었다. 다만 루비가 처음에 세웠던 비전처럼 우리의 웹사이트를 종합적인 의류 브랜드를 총괄하는 웹사이트로 승격시킨다면 이후 우리의 역할이 없어질지도 모른다는 위기감이 들었다. 기술적으로 우리가 도달할 수 있는 한계는 스윔웨어네이션 홈페이지를 셋업하는 수준에 그쳤기 때문이다. 우린 돈을 주고 비컨에게서 도움을 받았다는 것을 루비에게 말하지 않았기 때문에 우리의 실력은 이미 오래 전에 밑천이 드러난 거나 마찬가지였다. 어쨌거나 경위와 상관없이 실제 쇼핑몰의 기능을 구현해냄으로써 우리는 소기의 목적을 달성했고, 나중에 증자 형식을 거쳐 우리의 홈페이지가 종합의류 쇼핑몰로 거듭난다면 그때는 확실히 주주로서의 역할을 행사하자고 다짐했다.

션과 나는 LA 옆의 차이나타운인 몬터레이 파크의 오케이 카페(Ok Cafe)에서 새벽까지 술을 마셨다. 성취감에 젖은 우리는 큰 소리로 떠들어대며 맘껏 웃었다. 루비 역시 마이애미에서 열리는 수영복 패션쇼에 참석차 묵고 있던 플로리다의 호텔에서 우리를 격려하는 전화를 해주었다. 우리는 전량 중국으로부터 물건을 유통받고 있는데 루비가 플로리다의 고급 수영복 패션쇼에 참석하는 것은 좀 앞뒤가 안 맞는 이야기 같다며 어리둥절해했다. 어쨌든 우리는 주어진 일을 완수했고 벅찬 보람을 느낄 수 있었다.

9 · 11테러의 충격과 상황의 급변

2001년 9월 11일 새벽 6시, 황급히 전화가 울렸다. 션이었
다. 녀석의 목소리에는 평소의 침착함이 결여되어 있었다. 나는 순간적
으로 무언가 심상치 않음을 직감했다. 션은 당장 TV를 켜보라고 했다.
TV를 켜자 고층빌딩에서 연기가 나는 장면을 방송하고 있었다. 화면
자체는 대수롭지 않아 보였으나 마이크를 잡고 있는 앵커우먼의 목소리
에는 다급함이 묻어나왔다. 션은 무언가 큰일이 터질 것 같다며 흥분
반, 우려 반의 목소리로 이야기했다.

나는 설마 사태가 그렇게까지 확대되겠느냐며 졸린 눈으로 대꾸했으
나 이내 비행기 하나가 세계무역센터로 돌진하는 장면이 방송되자 눈이
번쩍 뜨였다. 얼마 되지 않아 TV의 거의 모든 채널 하단에 '공격받는
미국(America Under Attack)' 이라는 끔찍한 문구가 나오기 시작했다. 왠
지 모르게 앞으로 나 같은 유학생들의 생활이 지금보다 더 힘들어질 수
있겠다는 직감이 들었다. 그러잖아도 부시 대통령이 취임 초기부터 당
시 후보였던 앨 고어 전 부통령보다 외국인에 대해 보수적인 입장을 취
했기 때문에 유학생으로서 심기가 불편해지는 느낌이 든 적이 있었다.

훗날 밥 우드워드 기자의 《공격 시나리오(PLAN OF ATTACK)》라는
책에서 부시 행정부가 테러를 포함하여 다가오는 위험에 적극적으로 대
처하고자 안보정책을 바꾸는 과정을 자세히 읽고 당시의 상황을 더 잘
이해하게 되었다. 9 · 11테러는 수많은 가정(Assumption)을 통해 위험
을 적극적으로 헤지하고 필요할 경우에는 선제공격도 불사해야 한다는
도널드 럼스펠드 미 국방장관의 의견을 거의 예언수준으로 탈바꿈시켜
준 계기가 되었다.

학교에 가자 넓은 카페테리아에 이미 사람들이 모여 있었다. 내 예상
과 달리 그들은 매우 차분했다. 중앙에는 못 보던 커다란 TV가 두 대

있었고 볼륨은 최대한 높여 있었다. 흐느끼는 사람들도 있었다. 확실히 9 · 11테러는 우리 모두에게 큰 충격을 선사했다. 세계 경제의 중심에 위치하여 미국의 국력을 상징하던 거대 빌딩 두 채가 자살 테러로 인해 무참하게 구멍이 뚫린 장면은 영화가 아닌 명확한 현실이었다. 그 광경을 생방송으로 지켜보던 사람들은 할 말을 잃었다. 곧이어 세계무역센터 중 한 빌딩이 굉음과 함께 결국 땅으로 주저앉는 장면이 펼쳐졌고, 나를 포함한 많은 사람들이 머리에 양 손을 올리며 비명을 질렀다. 일부 속없는 미국 백인 틴에이저들은 하이파이브를 나누며 웃기도 했으나 아무도 그들에게 호응하지 않았다. TV에는 비극적인 테러 현장과 브라운관에 비친 모두의 경악한 표정이 동시에 겹치고 있었다.

그것은 내가 미국에서 겪은 가장 충격적인 일이었다. 나는 재빨리 환율을 포함하여 내 생활여건에 어떤 변화가 일어날지를 살피기 위해 많은 유학생 친구들과 이야기를 나누었다. 미국이 경제를 안정시키고자 최선을 다할 것이기 때문에 당장 환율상 큰 변동이 있을 것이라 생각되진 않았지만, 과거 IMF 위기 때 미국에서 고등학교를 다니던 도중 지나치게 높아진 환율에 직격탄을 맞고 유학을 포기한 경험이 있는 나는 또 한 번 그러한 사태가 발생할 가능성이 있는지 알아봐야 했다.

학교 도서관에 들어가 인터넷을 샅샅이 뒤지며 각종 경제지표 변동이나 예상정보를 훑었다. 또한 9 · 11테러가 외국인이 저지른 것이라는 인식이 미국인들에게 박혔으니 유학생 신분인 우리도 부정적인 영향을 받을 것이라는 생각이 들었다. 팔레스타인의 하마스를 비롯한 회교 국가들의 무장단체들이 9 · 11테러를 반기며 각자 자기들의 소행이라고 주장하는 장면이 방송되었고, 또 다른 비행기가 LA로 날아오다가 격추되었다는 이야기도 있었다. 몇몇 일본 친구들은 9월 11일 당일 오후 비행기가 LA 다운타운으로 날아올 것 같다며 이웃 동네인 버뱅크(Burbank)

로 황급히 도망가기도 했다.

그날 방송은 미국의 호황기조가 이 테러로 인해 부정적 영향을 받게 될 것이 확실하다는 보도를 내보냈고, 곧 FOMC(Federal Open Market Committee, 연방공개시장위원회, 연방준비제도이사회 산하 단체로서 미국 12개 연방준비은행의 통화·금리정책을 결정하는 기구)를 통한 FRB(연방준비제도이사회)의 금리변동이 있을 거라는 성급한 예측이 각 채널을 통해 줄을 이었다. 환율을 포함한 경제 전반에 중대한 변화가 있을 것 같다는 예상기사가 속출했고, 주식시장 역시 큰 타격을 받았다. 미국 경제의 호황주기가 이 사건으로 인해 끝날 것이라는 분위기가 형성되는 것 같았다.

나는 그러한 사건을 가까이에서 경험할 기회를 갖게 된 것에 흥분했지만 미국 경제에 큰 흔들림이 없길 바랐다. 다행히도 부시 대통령을 포함한 미 행정부의 입장은 경제에 미치는 타격을 최소화할 만큼 강경해 보였지만, 대통령의 담화는 결국 미국민들을 위한 이야기이므로 이후 미국의 대외정책이 지나치게 강경한 방향으로 흐를 것이라는 예상은 나를 매우 우울하게 했다. 북한도 분명히 그로 인해 부정적인 영향을 받게 될 것이기 때문이다. 분단관계로 인해 코리아 디스카운트(Korea Discount) 현상을 겪고 있는 한국도 그러한 영향에서 자유롭지 못할 것이 확실해 보였다.

나는 클린턴 행정부 시절 좀더 나아지는 북-미간의 관계를 열광적으로 반겼고, 매들린 올브라이트의 방북을 비롯한 외교적 변화가 우리 나라에 긍정적인 영향을 미칠 것이라는 생각에 뿌듯해했다. 이제 그 모든 것은 김종필 전 자민련 총재가 TV에 나와 가끔 하던 말처럼 '결딴' 나게 생긴 판이었다. 내가 인식하기에 9·11테러는 결코 단순한 남의 집 일이 아니었다. 그것은 한국의 밝은 외교적 미래에도 구멍을 뚫어놓았고,

그로 인해 우리 마음속의 작은 희망들도 상처를 입은 것 같았다.

조직범죄 전문 저널리스트인 구로이 분타로가 1996년에 출판한《세계 테러와 조직범죄》에서 인용했던 미 국무부 자료에 제시된, 1986년 이후 전 세계 테러가 지속적으로 감소하고 있다는 통계가 떠올랐다. 그 책에서 구로이는 한 개인이 더욱 거대한 범죄를 저지를 확률은 갈수록 높아지고 있다고 예측했는데, 그러한 것이 극대화되어 나타난 것이 9·11테러였다.

9·11사태 이후 평소 알고 지내던 이슬람 친구들에게서 많은 이야기를 듣게 되었는데 그것은 이슬람 문화에 대해 자세히 배우는 계기가 되었다. 내게 많은 걸 가르쳐줬던 친구들은 주로 이란이나 터키 출신이었다. 그들을 통해 이슬람교가 다수파인 수니파와 소수파인 시아파로 나누어져 있으며, 수니파는 전체 신도의 약 90%를 차지한다는 것 또한 배우게 됐다. 일반적으로 시아파는 수니파에 의해 차별받고 있으며 원리주의적 성향이 수니파에 비해 상당히 강하게 나타난다고 한다.

구로이 분타로에 따르면 이슬람교는 곧 그들 사회의 모든 규범을 의미하며, 당초 이슬람 원리주의는 '이슬람에 따르는 사회를 창조' 한다는 순수한 사회운동이었으나 소수 과격 무장투쟁파가 "이슬람의 적을 죽이자"라고 외치며 급성장하는 바람에 서구 기독교 사회에 의해 위험한 테러주의자들로 낙인찍혔다고 한다. 본래 이슬람에 근거한 사회를 창조하고자 했던 이들의 사회운동은 '이슬람 복고운동' 이라는 용어로 정의되어 있었으나, 미국을 포함한 서구세력의 주도로 '이슬람 원리주의' 라고 명명되어 정착되었다. 이것이 우리가 알고 있는 테러 위협자들을 연상시키는 '원리주의' 라는 단어가 탄생하게 된 과정이다.

분타로에 따르면 테러의 사상적 배경은 매우 다양하다. 간단히 보면 이슬람을 위해 싸우는 것을 성전으로 보는 관점과 그 싸움에서 죽는 순교가 가장 존귀하다는 관점이 기본이 된다고 한다. 특히나 이란의 국교이기도 한 시아파 이슬람은 그 교의에서 순교를 중시하는 특이한 사상적 배경을 내포하고 있다고 한다. 바로 여기서 이교도의 침략자나 그들과 결탁하는 자들을 죽여도 좋다는 사고방식이 파생되었고, 대상은 성지 예루살렘을 점령한 이스라엘과 악의 사회의 지배자인 미국, 그리고 그들과 유착하는 아랍의 세속정권을 주된 테러 대상으로 하고 있다는 것이다.

나는 많은 이슬람인들과 대화를 나누며 그들에 대해 비교적 많이 알게 되었다. 만일 그렇지 못했다면 이슬람 세력은 모두 테러리스트라고 오해했을 것이다. 다행히도 내 주변엔 좋은 이슬람 신도들이 많았다. 9·11테러는 그러한 서방세계의 갈등을 그대로 드러냈을 뿐 아니라 많은 충격과 교훈을 안겨준 사건이었다.

9·11테러에 이어 미국을 뒤숭숭하게 만든 탄저균 테러가 이곳저곳을 휩쓸기 시작하자 과거에는 전혀 경험하지 못한 일들이 생겼다. 예를 들면 항상 다니던 길에 있는 건물에서 탄저균 비슷한 물질이 발견되면 그 주변 도로가 일제히 통제되는 등의 일 말이다. LA공항에서는 그러한 일이 자주 발생했다. 나는 미국에 오는 가족이나 친구들을 마중하기 위해 공항에 자주 가는 편이었는데 과거보다 몇 배는 많아 보이는 경찰들과 보안요원들이 거의 모든 곳에 진을 치고 있었다. 그 당시 미국 어디서든 설탕가루 같은 것을 가지고 장난을 쳤다면 탄저균 테러범으로 오인되어 가장 무거운 형벌에 처해진다는 이야기가 나돌 만큼 9·11테러의 여파는 엄청났다.

그 동안 이어져 왔던 주변 환경이나 미래가 크게 바뀌고 있다는 사실을 실감할 수 있었다. 나는 9.11테러로 촉발된 변화에 지속적으로 관심을 가졌기 때문에 이후 한국에 돌아와서도 에릭 로랑 기자의 《부시 가

문의 전쟁》이나 밥 우드워드의 《부시는 전쟁 중》 등을 통해 당시의 사회 분위기와 테러의 배경을 다시금 이해하려고 노력했다.

나는 할리우드 영화처럼 테러범들이 결국엔 진압되는 것이라고 믿어 왔지만, 9·11사태가 있기 전에는 그러한 대규모 테러가 실제로 성공할 수도 있다는 사실을 몰랐다. 9·11테러는 중동뿐 아니라 코소보나 아프가니스탄, 소말리아나 르완다 등에서 일어나는 비극적인 일에 대해서도 관심을 환기시켰다. 르완다의 후투족과 투치족의 비참한 분쟁을 자세히 기록한 자료를 접할 때는 머리가 흔들리는 충격을 받기도 했다. 뉴욕 주 상원의원이자 영부인이었던 힐러리 로댐 클린턴은 자서전인 《살아 있는 역사(Living History)》에서 남편의 대통령 재임시절 아프리카의 비극적 현장을 방문한 후 미국이 그곳에 평화를 안겨주기 위해 더 많은 노력을 기울이지 못한 것을 안타깝게 생각한다는 내용을 기술하기도 했다.

한국에 돌아와서 본 매튜 매커너히 주연의 영화 〈사하라〉에서 아프리카의 독재자로 분한 흑인 연기자가 "아무도 아프리카에 대해 상관하지 않아(Nobody cares about Africa)"라고 말하는 걸 들었을 때 나도 모르게 고개가 끄덕여졌던 이유는 아마도 그때 알게 된 아프리카의 비극적 현실 때문이었을 것이다. 그러한 관심들 역시 9·11테러에 대해 가진 관심에서 비롯된 것이었다.

활짝 피우지 못한 꿈, 그러나 소중한 경험

우리의 작은 회사인 스윔웨어네이션은 테러로 인해 확실히 부정적 영향을 받았다. 9·11테러가 발생한 당일 우리의 매출은 제로였다. 물론 그것은 말이 되는 이야기였다. 미국이 외부에서 공격을 받고 있다는 'America Under Attack'이라는 문구가 모든 TV 프로그램에 대문짝만하게 찍혀 있는 판에 누가 수영복을 두 개씩이나 산단 말인가?

고층빌딩이 즐비한 LA의 다운타운은 테러로 인해 심대한 경제적 타격을 입었는데, 그곳은 바로 더글러스가 그 동안 수영복을 대량으로 판매해온 곳이었다. 그는 그 유통망을 거의 다 잃었다. 그곳에는 '잡아 시장'이라고 불리던 한국인 시장이 있었는데 내가 아는 많은 사람들도 그곳에서 가게를 운영하고 있었다. 그들 모두가 형언하기 힘들 정도로 타격을 입었다. 친구의 아버지 역시 그곳에 오픈했던 가게들이 모두 망하는 바람에 친구가 학업을 계속하지 못하는 안타까운 일이 벌어지기도 했다.

선과 나는 9·11사태에 관한 서로의 정치적 의견을 이야기하는 대신 스윔웨어네이션이 온·오프라인에서 시기적으로 큰 장애와 맞닥뜨렸다고 판단했고, 적극적으로 전개하려던 시장확대 방침을 유보해야 한다는 결론에 도달했다. 더글러스는 가을 시즌이 오기 전에 시행하려던 수영복 대량 할인판매 계획을 일찌감치 접었다. 그는 이 사업 자체에서 발을 빼는 듯한 행보를 보였는데 얼마 지나지 않아 그것은 사실로 드러났다. 그러나 누구도 그를 탓할 수 없었다. 그는 자신의 이익을 추구할 권리가 있기 때문이다. 다만 그가 우리를 만나서 직접 그런 의견을 전달했다면 더 좋았을 것이란 생각이 들었다. 그는 말없이 스윔웨어네이션에서 하차했고 우리가 그 사실을 알아차리는 데에는 시간이 걸렸다.

며칠 후 선은 내게 또 다른 소식을 전했다. 루비의 친척 중 세계무역센터에 사무실을 낸 엘리트 변호사가 9·11사태로 인해 사무실과 직원을 포함하여 모든 것을 다 잃고 파산을 신청해야 할 상황에 몰렸는데 루비에게 SOS 신호를 보냈다는 것이다. 우리는 마침 스윔웨어네이션의 장래 진로를 두고 루비와의 미팅을 계획하고 있었다. 조금 황당했지만 루비는 일방적으로 그 미팅을 취소하고 당일 비행기로 뉴욕으로 떠났다. 루비는 상당 기간 그곳에 체류하며 사촌을 돕기 위해 동분서주했다고 한다. 물론 그것은 충분히 아름다운 일이었지만 루비가 스윔웨어네이션을 종합 쇼핑몰로 승격시키겠다는 비전을 계속 갖고 있는지 어떤지 확인할 길이 없어서 우리는 답답했다.

선과 나는 일단 사태를 그냥 지켜보기로 했으나 가을이 다가오고 있어 스윔웨어네이션을 잠시 접는 것이 좋겠다는 의견에 도달했다. 이후 우리는 당분간 온라인 쇼핑몰에서 한 발 물러나 학과공부에 전념했다. 그 동안 많이 지친 것도 사실이고 9·11사태로 인해 어수선해진 미국 내부의 분위기에서 수영복 세일즈를 시도한다는 것은 생뚱맞아 보였고, 수영장을 찾을 사람이 있을 것 같지도 않았다.

장기적으로 쇼핑몰 승격을 노리는 경우 우리의 작은 회사는 나중에 새로운 모습으로 경기회복과 함께 재기할 것이라 믿었지만 그러한 판단은 결국 루비의 몫이었다. 확실한 것은 스윔웨어네이션을 통해 우리가 단기적인 수익을 거두는 것은 힘들어졌다는 것이다. 또한 루비는 거의 한 달 가량 LA에 돌아오지 않았기 때문에 우리의 쇼핑몰이 종합의류 쇼핑몰로 거듭날 확률은 갈수록 불투명해졌다. 션은 루비와의 전화통화에서 사업을 장기전으로 끌어갈 비전을 느끼지 못했다고 말했다. 그것은 션과 내가 처음에 약속받았던 주식을 할당받지 못하게 되었다는 것을 의미했다. 내가 보기에도 루비는 뉴욕의 가족문제로 거의 정신이 없었다.

그럼에도 불구하고 션과 나는 그 일로 인해 한 번도 루비를 원망하지 않았다. 어쩌면 우리가 루비가 원한 만큼 일을 잘 해내지 못한 것일 수도 있다고 생각했다. 물론 우리는 루비가 초기에 정한 목표를 무리 없이 달성했다고 믿었고, 그녀가 초기의 비전대로 계속 지원할 경우 다음 단계를 향해 내달릴 준비도 해둔 상태였다. 어쨌든 루비 덕분에 새로운 경험을 한 것도 사실이기에 나는 아직도 그녀에게 감사하게 생각하고 있다.

스윔웨어네이션은 이후 웬디의 손으로 넘어갔는데, 회사명을 '히드라 스윔웨어(Hydra Swimwear)'로 변경하고 다른 주소로 자리를 옮겼다. 그런데 벌써 몇 년이 지났는데도 히드라 스윔웨어는 정상 영업을 하고 있는 것 같지 않았다. 상대가 웬디라서 그 이유를 물어볼 수도 없다.

그 이후 나는 인터넷 사업 쪽과 인연을 맺을 기회가 거의 없었고, 그 당시 공부했던 것도 상당 부분 잊어버린 채 다시 평범한 일상으로 돌아와 학과공부에 매달렸다. 반면 선은 계속 인터넷 쇼핑몰 분야를 연구하고 연습한 끝에 실제와 똑같이 만든 자동차 미니어처 모델을 판매하는 웹사이트를 열기도 했다. 그와 나는 지금도 통화할 때면 9월 11일 새벽 주고받았던 질문을 떠올리곤 한다.

"뉴욕에서 빌딩에 구멍이 뚫렸다고? 그게 우리와 무슨 상관이야?"

백인 사회 내부로

LA는 내게 마음의 고향 같다. 사실 나는 그곳의 한인 타운 분위기를 그다지 좋아하지 않는다. 왠지 모르게 편협하게 뭉쳐 있는 듯한 느낌을 지워버릴 수가 없다. 물론 이것은 상당히 논쟁적인 이슈다. 다만 나는 유학생으로서 더 다양한 국적의 사람들과 격의 없이 어울리고 싶었고 그것을 실천하기 위해 항상 노력했다. 내가 LA를 사랑하는 이유 또한 그곳에서 그것이 가능했다고 믿기 때문이다.

나는 고교시절부터 미국에서 백인사회를 경험할 기회를 상대적으로 많이 가졌다. 그것은 순전히 운이 좋아서였다. 고교시절 브라질계 일본인의 집에서 하숙을 했는데 그녀는 미국 생활 초기에 몇몇 집에서 가정부 생활을 했다고 한다. 그 집에는 이따금씩 과거에 그녀를 고용했던 백인들이 방문하곤 했는데 나는 우연한 계기를 통해 그들과 친해지게 되었다. 그들은 내가 지나치게 자신감 넘치고 건방져 보여서 마음에 들었단다. 사실 그렇게 보일 의도가 없었음에도 불구하고, 나는 미국에 간 지 얼마 되지 않아 영어로 부드럽게 의사전달을 하지 못한 것이 자신감 넘치고 오만한 사람으로 인식되는 계기가 되었다. 어쨌든 과정에 상관없이 그것은 좋은 인연의 시작이 되었다.

라피더스 부부와의 소중한 인연

그때 알게 되어 고교시절부터 나를 아들처럼 아껴주신 라피더스(Lapidus) 부부와 가족 이상의 친분을 유지했다. 그들은 LA의 부촌인 벨 에어(Bel Air)에 거주하는 쾌활한 백인 부부였다. 안타깝게도 친할아버지 같던 대니얼 라피더스 씨는 2001년 90세의 연세로 돌아가셨다. 그는 박스포장 사업에서 LA 랭킹 1위를 달렸던 사람으로 비즈니스에 다양한 형태의 심리학을 응용하는 유능한 사람이었다. 그는 박스를 펼쳐 보이며 단 하나의 색깔이 박스의 이미지를 어떻게 변화시키는지 실감나게 보여주었다.

또한 그는 LA에서 카세트 테이프 재생기 사업을 가장 처음 시도한 사람이었다. 그는 아주 오래된 카세트 테이프 재생기를 자랑스럽게 보여주었고, 나는 눈이 동그래진 채 그것을 응시했다. 이후 나는 한동안 CD가 아니라 카세트 테이프로 음악을 듣곤 했는데 순전히 그 오래된 재생기를 이용해보기 위해서였다. 그의 부인인 크리스티나 라피더스는 그러다 고장나면 A/S도 못 받는다며 호들갑을 떨곤 하셨다.

생전에 바다낚시를 즐겼던 대니얼 할아버지는 종종 나를 자신의 요트에 태우고 바다에서 낚시하는 법을 가르쳐주곤 하셨다. 그는 몇몇 약국(Drugstore)의 소유주들과 함께 바다에서 온갖 동작을 선보이며 내게 낚시를 가르쳐주셨다. 일단 그 낚시에서 가장 중요한 건 미끼를 던지는 '폼'이었다. 나는 메이저리그 투수를 흉내내어 릴을 던지다가 그게 아니라는 지적을 듣고 릴을 걷어올려 다시 던지곤 했다. 나는 낚시를 정말 열심히 배웠고 시간이 흐를수록 제법 폼이 나게 즐겼지만 단 한 번도 진짜 물고기를 낚아보지는 못했다. 뭔가 걸린 것 같아 걷어올리다 보면 뺑

한 표정의 물고기 모양인 내 미끼(Bait)만이 외롭게 떠올랐다. 그를 지켜보던 내 표정도 미끼와 비슷한 표정이 되곤 했다.

항구로 돌아오는 길에 라피더스 씨는 물고기를 못 잡았을 경우 사람들에게 둘러댈 말을 가르쳐주었는데, 내 낚시일정은 항상 그런 말을 주변 사람들에게 전하는 것으로 끝나곤 했다. 이를테면 "오늘 물고기 많이 낚았어?"라고 누가 물으면 "참 평온한 하루였어요"라고 대답하는 것 말이다. 내가 바다에 나가는 날은 모두 평온하기만 한 날이었으니 크리스티나 라피더스는 "맨날 바다만 갔다 오면 그놈의 평온 타령이냐, 그럴 거면 요트 타고 바다까지 뭐하러 나가냐"고 나를 놀려댔고, 나는 "평온하지 않은 날 좀 맞아보려고 바다에 나가는 거죠"라고 대꾸했다.

대니얼 할아버지께서 돌아가셨을 때 우리는 바다에서 그를 추모하는 모임을 가졌다. 그곳은 할아버지 생전에 함께 낚시를 즐기던 곳 근처였다. 그는 조금 더 멀리 가면 몸 길이가 6m에 달하는 청상아리(Mako Shark)가 살고 있다고 얘기하곤 했다. 우리는 그가 창설 멤버로 참여했던 마리나 델 레이 요트클럽(Marina Del Rey Yaught Club)에 돌아와 그를 아는 모든 사람들과 함께 그를 추모했다.

내가 '양어머니'라고 부르기도 하는 크리스티나 라피더스 씨는 LA에서 산타 모니카(Santa Monica)로 이사했을 때 우리 집에 와서 내 속옷까지 정리해주셨을 정도로 나를 끔찍히 아껴주셨다. 라피더스 부인은 폭넓은 인간관계를 자랑하셨는데 현존하는 세계 최고의 테너 루치아노 파바로티와도 젊을 적 저녁식사를 하셨고(어떤 관계로 만났는지는 지금까지도 말씀해주시지 않는다) 엘비스 프레슬리를 만나보기도 했다. 엘비스는 그녀에게 "뭐 원하는 거 있어요?"라고 물었는데 그녀는 "아무것도 없어요! 그냥 당신의 팬이에요!"라고 소리질렀단다. 라피더스 부인은 그때 자기가 원하던 차나 집의 이름을 대지 못한 것을 지금까지도 후

회한다고 했다.

　라피더스 부인은 조지 클루니의 고모이자 재즈계의 스타인 로즈마리 클루니와도 친분이 있었으며, 본인도 젊을 적에 할리우드 영화회사에서 여성으로는 드물게 고위직에 재임했다. 그녀가 해준 유명인에 대한 이야기 중 가장 인상 깊었던 것은 바로 〈웨스트 윙(The West Wing)〉의 주연배우인 마틴 신(Martin Sheen)에 관한 이야기였다. 마틴 신은 역시 할리우드의 잘 나가는 배우인 찰리 신(Charlie Sheen)의 아버지이기도 하다. 라피더스 부인은 마틴 신의 열렬한 팬이었는데 그와 개인적으로 자주 예배를 같이 드렸다고 한다.

　하루는 라피더스 부인이 참석한 기도모임에서 마틴 신이 눈물을 뚝뚝 흘렸다고 하는데 그 사연이 참으로 기막혔다. 어느 날 자택에서 보니 아들인 찰리 신이 마약을 하더라는 것이었다. 그는 한참을 고민하다가 경찰에 신고하여 아들을 잡아가도록 했다고 한다. 그 일이 있은 직후 마틴 신은 라피더스 부인이 참석한 기도모임에서 아들의 이야기를 털어놓으며 쉴새없이 눈물을 흘리고 통곡을 했단다. 라피더스 부인을 포함한 모든 사람들이 그런 그를 보며 눈물을 참을 수가 없었다고 한다. 그런 이야기는 내게 매우 생생하고 놀라운 것이었다.

　라피더스 부인은 내 생일축하 파티에 친구인 버지니아와 실비아를 초대하기도 했는데 버지니아는 에미상을 세 번이나 수상한 할리우드 스타일리스트였다. 그녀는 내가 동경하던 액션 스타인 이연걸과 함께 일했는데 그가 영어를 잘 못 해서 자기를 포함한 몇몇 멤버가 영어 욕을 가르쳐야 했다는 이야기부터 타이라 뱅크스(Tyra Banks)나 실베스터 스탤론(Sylvester Stallone) 등 여러 할리우드 스타의 이모저모에 대해 흥미로운 이야기를 해주었다. 버지니아에 따르면 처음 봤을 때 겸손함에 수줍어하기만 하던 이연걸의 영어 욕솜씨는 날이 다르게 발전해갔다고 한다.

라피더스 부인은 내가 그녀에게 의존하기를 바라셨다. 아들이 있긴 했지만 너무 바쁜데다 멀리 살았기 때문에 나와 보내는 시간이 훨씬 더 많았다. 그녀의 집이 내가 다니던 학교에서 가까웠기 때문에 나는 시간이 남을 때면 벨 에어로 가서 낮잠을 자거나 밥을 먹곤 했다. 나와 함께 한 몇 년간 라피더스 부인은 매우 '한국적인' 사람이 되었다. 한국 드라마를 보시기도 했고, 심지어 내가 그녀의 친구들이 모인 크리스마스 파티에 참석하여 밥을 먹다가 배가 불러 음식을 남기자 그것을 포크와 나이프로 긁어 먹기도 하셨다. 한번은 한국인 슈퍼마켓에서 사오셨는지 싱크대 위에 짜파게티가 놓여 있어 어리둥절하기도 했다.

반면 라피더스 부인과 함께 하는 시간이 많아질수록 내 미국 생활은 더욱더 미국적인 경험이 되었다. 그녀는 미국에 왔으면 철저히 미국 문화를 경험해볼 줄 알아야 한다며 가는 모든 곳마다 나를 동석시켰다. 또한 틈이 나는 대로 내게 증권과 주식, 재산과 주변에서 발생했던 분쟁에 대해 가르쳐주곤 했다. 사실 라피더스 부인은 재산분쟁으로 인해 어려운 일을 겪고 있었는데 나는 이 일에 대해 심리적으로 그녀의 중심을 잡아주는 역할을 하곤 했다. 그녀는 항상 내게 특별한 사고의 기회를 마련해주곤 했는데, 개를 좋아하는 지금의 취미 역시 일정 부분 라피더스 부인에게 전수받은 것이다. 라피더스 부인은 개를 보자마자 어떤 견종과 어떤 견종이 혼혈된 것 같다는 의견을 비교적 정확히 낼 정도로 개에 대해 해박했다. 그러나 순종견을 고집하기보단 유기견을 키우길 선호하는 특별한 기호를 가지고 있기도 했다.

라피더스 부인이 내 생일파티에 초대했던 또 다른 친구 실비아는 노마 진(Norma Jean), 즉 마릴린 먼로가 데뷔할 때 첫 헤어 드레서였다고 한다. 그녀는 마릴린 먼로와 젊었을 때 찍은 사진을 자랑스럽게 보여주었다. 얼마 후에 나를 자기 집으로 초대했는데 며칠 후 라피더스 부인과 함께 실제로 그 집을 방문한 나는 깜짝 놀랐다. 그녀의 집은 온갖 종류의 나비로 도배되어 있었다. 거실에 위치한 높은 등에도 큰 나비 모양의 헝겊이 매달려 있었고, 소파, 침실, 화장실까지 모든 곳이 나비로 덮여 있었다. 벽지는 무섭게도 붉은색 계통이었고 커튼도 검붉은색이었다. 친구들과 그곳으로 공포체험 MT를 가도 될 것 같다는 생각이 들었다. 그녀의 침실 바로 옆 한쪽 방에는 마릴린 먼로를 기리는 방이 있었는데 그곳은 유일하게 나비 장식이 없는 곳이었다. 내가 그 이유를 묻자 실비아는 마릴린 먼로를 기리는 곳이자 그녀만을 위한 곳이기 때문에 자기의 기호를 강조하지 않았다고 했다. 라피더스 부인은 내게 마릴린을 위해 다행스런 일이라고 말하며 킥킥거렸다.

그 방엔 값이 꽤 나갈 만한 먼로의 사진들이 있었고, 먼로가 실비아와 함께 촬영한 사진들도 있었다. 우리가 어딜 가나 졸졸 따라다니던 실비아의 강아지는 '이노우이'라는 이름의 독특한 잡종개였는데, 이 조그만 개가 사납기로는 투견 못지않았다. 종아리를 두 번이나 물린 나는 그 버릇없는 이노우이를 한스 아스케나시의 저서 《카니발리즘(Cannibalism)》에서 미국의 식인종 인디언 부족으로 알려진 '이로쿼이(Iroquois)'라고 불렀다.

한번은 라피더스 부인과 함께 과일을 사러 브렌트우드(Brentwood)에 있는 파머스마켓(Farmer's Market)에 갔다가 할리우드의 유명 영화배우인 클레어 데인즈와 바로 눈앞에서 마주친 적이 있었다. 실제로 본 그녀는 그다지 미인은 아니었다. 그러나 고등학교 때 교복 입고 극장 가서 입 벌리고 본 영화 〈로미오와 줄리엣〉의 여주인공이 바로 눈앞에 있다는 사실은 남다른 감회였다. 불과 몇 년 전 나는 교복 입고 방과후 학교 근처의 영화관에서 당신을 보았다고 말해주고 싶었지만 데인즈는 그녀를 알아보는 여러 사람들과 인사를 나누고 있었다. 어쨌거나 풋풋한 시절 기억 속의 주인공이 눈앞에 서 있다는 것은 놀라운 일이었다.

라피더스 부인은 절친한 친구인 수재너 코브리츠(Susana Kobritz)도 내게 소개시켜주었다. 수재너는 대단히 솔직한 사람이었다. 그녀의 남편인 리처드 코브리츠는 1988년 북미에서 큰 인기를 끌었던 〈외계인 국가(Alien Nation)〉를 제작한 멋쟁이였다. 그는 여전히 영화에 대해 식지 않는 애정을 가지고 있었고, 할리우드에서 영화감독과 제작자들만 모이는 모임에 내가 가족 자격으로 참석할 수 있도록 배려하기도 했다. 또한 리처드는 멋진 파란색 벤츠 SLK를 몰고 다녔는데 나보고 타보라며 키를 던져주기도 했다.

수재너는 자신의 딸인 머랜다(Miranda)와 아멘다(Amanda)도 내게 소개해주었는데, 머랜다는 하버드 출신의 엘리트로 한때는 민주당 대통령 경선후보였던 빌 브래들리의 캠프에서 일하기도 했다. 머랜다의 도움으로 나는 당시 민주당 대통령 선거 최종 후보로 선출된 앨 고어의 수락연설을 직접 보고 들을 수 있는 영광을 맛보기도 했다. 나는 연설 몇 시간 전 테이블에서 회의를 하고 있는 고어를 발견하곤 몰래 사진을 찍으려다 주변 사람들에게 들키기도 했다. 고맙게도 앨 고어는 사진을 찍으라며 포즈를 취해주었으나 내가 카메라 셔터를 늦게 누르는 바람에 상당히 오랫동안 눈을 뜨고 있어야 했다. 아마 1분만 더 늦게 눌렀으면 그의 붉어진 눈에서 눈물이 흘렀을지도 모른다.

라피더스 부인은 저렇게 유명한 사람은 그냥 지나쳐주는 것이 더 세련된 매너라고 타일렀지만 나는 앨 고어가 훗날 대통령이 되면 직접 찍은 그의 사진을 소유해야 한다며 우겼다. 그 자리에는 레슬러 출신의 제시 벤추라(Jesse Ventura) 미네소타 주지사도 있었는데, 라피더스 부인은 그가 생각하는 바와 달리 잘못된 것들이 입에서 튀어나온다(Wrong things come out of his mouth)며 내게 귀띔을 해주었다. 그곳에는 앨 고어를 닮은 몇몇 사람도 있었는데 라피더스 부인은 그들이 보안을 위한 의도적 짝퉁이라고 이야기해주었다.

머랜다의 동생인 아멘다는 처음 만날 당시 풋풋함이 묻어나는 고등학생이었는데 발레를 취미로 하는 성숙한 친구였다. 그녀는 1960년대 미니스커트를 처음 선보인 전설적인 모델 트위기(Twiggy)를 동경하는 패션 마니아이기도 했다. 나는 한때 아멘다의 연애상담을 하면서 지금 만나는 남자는 나이가 너무 많지 않느냐는 식의 충고를 하다가 그 상담이 어머니인 수재너의 사주에 의한 것이라는 사실을 들키는 바람에 눈총을 받기도 했다(수재너는 내게 거나한 저녁을 차려주며 그 일을 부탁했다). 나는 아멘다보다 2살 많을 뿐이었지만, 수재너는 나를 어른으로 생각했는지 자녀교육과 관련하여 많은 이야기를 해주었다.

나중에 아멘다를 몇 번 더 만났는데 그녀는 빠르게 어른이 되어가고 있었다. 나는 그녀와 산타모니카 쇼핑몰에서 사탕을 먹다가 길을 걷던 김태정 전 법무장관 부부를 보고 그녀를 데리고 가서 인사를 하기도 했다. 평소에 좋아하던 분이어서 나는 정중하게 허리 숙여 인사를 했는데 옆에 선 아멘다가 사탕을 문 채 한쪽 손을 흔들며 김 전 법무장관에게 "하이~" 하는 걸 보고 깜짝 놀란 적이 있다. 그러나 아멘다가 거부감 안 주는 귀여운 포즈로 인사한 것이니 김 전 법무장관도 그런 미국식 인사에 큰 불편함을 느끼진 않았을 것 같다는 생각이 들었다.

라피더스 부부는 복잡한 재산승계 문제를 안고 있었는데 놀랍게도 겨우 20살을 갓 넘긴 내게 이 문제를 진지하게 논의하고 토론했다. 나는 정말로 많은 것을 배웠다. 특히 라피더스 부인은 주식 소유와 그에 따른 배당 및 각종 이자율에 따른 소득에 대해 이야기하셨는데 그것은 그분이 생활비를 벌어들이는 가장 중요한 수단이기도 했다. 남편 대니얼이 돌아가시자 라피더스 부인은 남편이 생전에 투자하고 관리했던 여러 가지 주식과 펀드 내용을 모두 파악해야 했는데, 그것은 엄청난 서류업무였기 때문에 나는 이따금 그 일을 도와드렸다.

때로 라피더스 부인의 집에 변호사가 와서 일을 거들기도 했는데, 우리 모두가 발견한 것은 생전의 대니얼 할아버지가 정말 다양한 내용으로 투자를 해왔다는 것이다. 그는 부인도 다 알지 못할 만큼 많은 회사와 펀드에 주주로서 참여해왔다. 그에 따른 배당소득과 은행이자, 그리고 세금문제를 정리하는 작업으로 인해 라피더스 부인은 몸살을 앓기도 했고, 그 과정에서 5만 달러의 세금이 추가로 부과되는 일이 일어나기도 했다. 라피더스 부인은 변호사를 고용하여 소송을 제기하기도 했으나 결국 일부 세금은 물어야 했다.

90세의 대니얼 할아버지께서 오랜 시간 동안 그 모든 일을 아주 간결하고 쉽게 관리해오셨다는 사실은 실로 감탄할 만했다. 매번 나는 전혀 알지도 못하는 서류들을 정리했지만 그로 인해 뮤추얼 펀드(Mutual Fund)나 기타 다양한 종류의 펀드에 대해 공부할 기회를 가진 것은 엄청난 행운이었다. 학교에서 쉬는 시간마다 경제용어들이 적힌 종이를 들고 계속 공부하거나 주위 사람들에게 물어보았다. 칠레 출신 한국인 친구이자 고교 동창인 대니얼은 그런 나를 어리둥절하게 쳐다보곤 했으나 그 자신이 얼마 후 주식에 소액을 투자하여 200달러 가량의 차익을 얻기도 했다. 나는 녀석에게 '투기꾼'이라는 별명을 붙여주었다.

라피더스 부인은 내게 지대한 영향을 끼쳤다. 그녀는 벨 에어 주변에서 내게 운전도 가르쳐주었고 영어도 가르쳐주었다. 내 영어 말투는 지금도 상당 부분 라피더스 부인과 비슷한 면이 있다. 라피더스 부인은 한국의 역사와 문화에 대해 내게 많이 들어서 그런지 과거 식민지배 때문에 일본에 피해의식까지 느껴진다고 했다.

유학 초기 멀게만 느껴졌던 백인과 그만큼의 가족적 우애를 지닐 수 있었던 것은 미국에서 내가 경험한 가장 소중한 일이라고 느껴진다. 라피더스 부인은 햄버거를 사먹으라며 돈을 쥐어주시는 것은 물론, 큰 파티나 모임에 참석할 때면 어김없이 나를 대동하셨다. 내가 라피더스 부인을 어머니처럼 모시고 효도한 것은 사실이지만 그녀가 내게 베풀어준 사랑의 크기가 너무도 커서 나뿐 아니라 주변인들조차 어리둥절하게 만들곤 했다.

라피더스 부인이 내게 준 중요한 가르침 중 하나는 기도하는 습관이었다. 보통 나는 큰 일이 있거나 교회 예배시간, 또는 잘못을 회개해야겠다고 느껴질 때만 거창하게 기도를 했다. 그런데 라피더스 부인은 사다리를 타고 올라가 전구를 교체할 때도 짧게 기도하고, 음식이 맛있게 되도록 요리 도중에도 짧게 기도를 하곤 했다. 그러한 자유로운 기도습관은 기도에 대해 내가 가지고 있던 다소 딱딱한 느낌의 고정관념을 타파했다. 라피더스 부인의 기도는 하루에도 몇 번씩 이어졌고, 그러한 기도는 내가 아는 한 대부분 이뤄졌다.

라피더스 부인은 우리가 지극히 평범하게 여기는 일조차 잘못되면 생활에 큰 타격을 줄 수 있다는 점을 항상 인지하고 있었고, 생활이 평범하게 유지되는 것에 매우 감사하는 습관을 가지고 있었다. 나는 일상의 평범함에서 그만큼의 감사함을 발견하는 경험을 해본 적이 없었기에 당시엔 그녀의 이야기가 와닿지 않았으나 지금은 충분히 수긍하고 있다. 그 덕인지 내 생활에서도 항상 어느 정도의 위기의식과 감사함이 공존하고 있는 것 같다.

나는 어릴 적부터 돈에 대해 약간의 도덕적·관념적 거리감을 두고 있었는데, 라피더스 부인은 이것이 생활의 언어와 같다는 점을 계속 가르쳐주었다. 그녀는 돈은 꿈이 담겨 있는 언어일 수도 있고, 보다 직접

적으로는 꿈의 목표일 수도 있다고 이야기했다. 또한 돈을 많이 벌게 해
달라고 기도하는 것은 건강한 목적을 가지고 있는 한 당당한 일이라고
하셨다. 그리고 그녀는 숙제를 포함하여 내 일을 제대로 하지 않은 상태
에서는 다른 일이 의미가 없다며 항상 내가 주어진 주제에서 이탈하는
일이 없어야 한다는 점을 강조했다. 나는 그런 이야기를 귀가 닳도록 들
었기 때문에 아무리 중요하거나 재미있는 모임이 있더라도 내 일을 하
지 않은 상태에서는 참석하지 않았다.

라피더스 부인은 젊은 만큼 자신에게 투자할 공간을 찾아서 아낌 없
이 투자해야 한다는 사실을 항상 강조했다. 그녀는 시간을 돈처럼 여기
라고 강조했고 지금 내가 투자할 수 있는 분야, 운동, 외국어, 전공 등
모든 부분이 현재의 젊음과 그로 인해 시작될 미래와 결부되어 측정될
경우, 당시의 내가 생애 가장 비싼 1분을 살고 있을지도 모른다는 말씀
을 항상 해주셨다. 그러한 이야기들은 그녀가 나를 정말로 사랑하지 않
으면 할 수 없는 말들이었다.

그밖에 나는 장을 보러 갈 때도 가까운 한국 마켓에 가는 대신 일부러
조금 먼 중국 마켓이나 일본 마켓을 택했다. 중국 마켓에 가는 것은 가
까운 LA의 차이나타운으로 갈 경우 40분 가량 걸렸고, 알라메다
(Alameda) 거리에 걸쳐 있는 리틀 도쿄(Little Tokyo)의 일본 마켓으로
갈 경우는 30분 정도 걸렸다. 중국인들로 100% 뭉쳐 있다는 느낌이 드
는 또 다른 차이나타운인 몬터레이 파크로 갈 경우는 고속도로를 타고
도 30분 가량 걸렸다. 보통 그곳에선 내가 원하는 상품이 약간 비싼 경
향이 있었고 거리상으로 기름값과 시간이 더 들어갔지만, 라피더스 부
인과 나는 물건을 사며 나눌 수 있는 외국어 대화시간에 지불하는 비용
이라고 생각했다(라피더스 부인은 그러한 방법으로 스페인어를 연습했

다). 내가 중국인인 줄 알고 자연스럽게 웃으며 자국어로 농담을 건네는 직원을 마주하는 것은 매우 흥분되는 일이었다. 나는 스스로에게 부여한 중국인 내지는 일본인의 역할을 최대한 자연스럽게 구사하면서 마치 그 나라에 있는 듯한 기분을 느꼈고, 그것은 외국어 실력의 향상을 돕는 계기가 되었다. 가끔 내가 대답을 서투르게 할 때면 그들은 내가 미국 태생 자국인인 줄 알았기 때문에 더 자세히 설명해주곤 했다.

당시 한국에선 요즘처럼 중국이 다크호스로 느껴지진 않았던 듯싶다. 요새처럼 위안화 평가절상 문제로 중국 이웃 나라의 환율이 파도처럼 밀려 움직이는 일도 없었고, 단지 그럴 것이라는 미래적 예측이 있었을 뿐이다. 그러나 나는 그보다 일찍 미국에서 일상생활을 통해 중국의 잠재력을 분명히 느낄 수 있었다. 특히 차이나타운 인근이나 내부를 출입할 때면 중국인들이 경제적·문화적으로 급성장하고 있다는 느낌이 들곤 했다.

아닌게아니라 멕시코에선 이미 중국의 급성장으로 인해 직접적인 피해를 보기 시작한 상태였다. 멕시코는 1965년부터 마킬라도라(Maquiladora), 즉 관세와 부대비용을 감면해줌으로써 외국 회사들이 자국에 공장을 지을 수 있도록 허용하는 정책을 시행했고, 그에 따라 수많은 외국 회사들이 인건비가 싸고 미국과 가까운 멕시코 북부에 공장을 지어 운영하고 있었다. 그러나 중국이 더 나은 조건으로 이들을 유혹함에 따라 그곳에 있던 외국 회사들이 2002년부터 공장을 중국으로 이전하기 시작한 것이다. 대표적인 예가 2002년 6월에 가전업체 필립스(PHILIPS)가 1,000명 가량을 해고하고 중국으로 공장을 이전한 사례이다. 중국의 잠재력은 아시아보다 북미 지역에서 더욱 맹렬히 드러나고 있었다.

중국인은 외국 문화를 심하게 좋아하는 편이다. 중국에서 전해오는 말 중에 "외국의 달은 중국의 것보다 더 둥글다(外國的月亮比中國的圓)"는 말이 있는데, 그것은 중국인들이 외국 문화를 지나치게 숭상한다는 뜻을 담고 있다. 확실히 일리 있는 말이다. 친구들과 내가 자주 가던 차이나타운의 한 카페는 시끌벅적 활력이 넘치는 곳인데 한국 가수들의 노래가 더 많이 나왔다. 끊임없이 몰려드는 사람들 중 플라이 투 더 스카이의 노래를 따라하거나 알고 있는 사람들이 상당하다는 사실에 그곳에 간 친구들과 나는 의아해하면서도 기분이 좋았다. 한국인이라는 이유로 우리가 어느 정도의 프리미엄을 누릴 수도 있겠다는 생각이 들기도 했다. 중국인들의 잠재적인 경제력과 거대하게 뭉쳐 뿜어져 나오는 발전욕구를 보니 그것은 단순한 문화적 경향이 아니라 확실한 직접투자 대상이라는 믿음이 생겼다.

나는 그후로도 친구들과 시간만 나면 차이나타운을 드나들었다. 그 와중에 중화권의 유명 가수인 저우제룬(周杰倫, Jay Chou)이나 차이린(蔡依林, Jolin Tsai)의 노래를 따라 부르거나 최신 개봉영화의 목록을 줄줄이 읊어대는 것은 자연스러운 현상이었다. 나와 친구들은 각자 차를 타고 운전할 때면 저우제룬의 최대 히트곡이자 당시 LA를 뒤덮었던 〈開不了口(입을 열 수가 없네요)〉나 〈愛在西元前(기원전의 사랑)〉 등을 어설프게 따라 불렀다. 나와 함께 차이나타운에 다녔던 친구들은 모두 중국과 홍콩, 타이완의 문화적·언어적 마니아가 되었다.

나는 남는 시간을 이용해 일본어 공부도 계속했다. 기초 일본어는 미국에 가기 전 한국에 있을 때 공부했고 이후로도 일본인들과 대화를 나눌 때를 제외하곤 그냥 혼자서 공부했다. 주로 일요일 오후처럼 나른하고 특별한 일이 없을 때 일본어를 공부하거나 일본 TV를 봤다. 아이스크림을 사먹으러 리틀 도쿄에 가거나 음반을 구경하러 갈 때면 물건을 살 것도 아니면서 점원에게 일본어로 이것저것 묻곤 했다. 또한 주변의 아저씨나 아줌마들도 좋은 대화상대가 되었는데 역시 일본인이라 그런지 중국인에 비해 대화가 격식 있고 짧았던 것 같다. 이렇게 굳이 현지인들이 생활용품을 사는 곳에 출입한 이유는 유학생들끼리 모이면 거의 영어만 쓰게 되기 때문이다. 일본어나 중국어로 대화를 시도해도 결국은 영어로 대화가 끝나는 경우가 대부분이었다. 1년 후에는 아예 일본 가게들이 쭉 늘어선 소텔 거리(Sawtelle)로 이사를 갔다.

LA는 여러 모로 내게 긍정적인 영향을 끼쳤다. LA에서 나는 벨 에어의 사람들과 여러 국적의 친구들을 만나면서 지금의 유학생활이 단순한 학업에 그쳐서는 안 된다고 확신하게 되었다. 그것은 나중에 내 삶을 다양한 방향으로 이끌어갈 직접적이고 적극적인 투자 포트폴리오 구성이었다. 학과공부를 열심히 하면서도 단지 공부를 위한 공부가 되어선 안 된다는 점을 자각했고, 항상 투자적 관점에 입각한 초심을 잃지 않아야 한다고 다짐했으며, 필요에 따라서는 주어진 길로 가지 않아야 할 때도 있다는 것을 믿게 되었다. 다양한 개성이 용광로처럼 들끓는 LA는 그 자체로도 여러 가지 배울 점이 많았다.

과거 베벌리힐스에서 고교생활을 할 시절에는 그러한 것을 모른 채 공부만 했다. 당시의 나는 동부로 유학을 가지 못했다는 점 때문에 버릇처럼 스스로를 자책하곤 했다. 중학생 시절 홍정욱의 《7막 7장》을 읽고 한창 동부에 대한 동경에 젖어 있던 터라 서부에서 공부하는 내 처지가 근본적으로 맘에 들지 않았다. 거리마다 힙합이 넘치고 물질만능 사상에 젖은 듯한 LA에 적응하는 데에는 이후로도 많은 시간이 걸렸다. 그 과정은 내게 많은 변화를 야기했지만 나는 점차 그 과정을 즐기게 되었다. 내 자신이 아시아에서 활약하기를 원한다는 것을 알게 되었고, 중학생 시절 혼자 공부한 영어가 나중에 내 삶을 거대하게 바꾸어놨듯이 아시아의 주요 언어인 일본어와 중국어에도 적극적으로 투자해야겠다는 확신을 갖게 되었다.

대니얼 할아버지에게 받은 경제교육

라피더스 부인과 함께 지내면서부터 경제적인 감각을 일찍부터 가져야 한다는 것도 알게 되었다. 그녀는 평온한 일상을 누리는 것처럼 보이면서도 매사 철저한 절약과 저축을 통해 모든 종류의 경제적 위험에 철저히 대비하는 편이었다. 그녀의 아들인 그레고리 라피더스는 하버드 법대 출신의 변호사였는데, 캘리포니아의 또 다른 부촌인 말리부(Malibu)의 큰 저택에 살고 있었다.

사실 이 집의 구입과정에 대해 그의 아버지인 대니얼 할아버지는 종종 부정적 의견을 내놓곤 했다. 그런 호화로운 집은 수중에 그것을 살 만한 돈이 운용 가능한 범주에 있을 때 사야 하는데 그의 아들은 자신의 고정자산 한계를 벗어나는 소비행태를 자주 보인다는 것이었다. 그는 아들의 고정자산에서 비롯되는 소비의 한계범위가 겉으로 보이는 것보다 아주 작을 것이라고 생각했다. 그리고 나중에 무슨 일이라도 발생하면 그것이 곧바로 잠재위험의 현실화로 이어질 수 있다는 것이 대니얼 할아버지가 우려하시는 바였다.

대니얼 할아버지는 누구나 경제적으로 자신의 한계기준을 솔직히 인식할 줄 알아야만 생산적인 경제활동을 제대로 시작할 수 있다고 믿었다. 그것은 뛰어난 두뇌의 소유자인 아들 그레고리가 듣기에는 지나치게 보수적인 의견이었을지도 모른다. 그러나 실제로 대니얼 라피더스 주위에는 한때 큰 재산을 축적했다가 지나친 소비를 비롯한 오판을 저지르는 바람에 경제적인 안정을 잃은 사람들이 적지 않았다. 대니얼 할아버지는 그 사람들이 돈을 잃었을 뿐 아니라 한때의 생산적인 마인드 또한 잃었다고 지적했다. 게다가 가장 위험한 내재 리스크는 대부분의 경우 자신의 내부에 있다고 이야기했다.

그는 내게도 초심을 잃으면 언젠가는 급작스럽거나 완만한 부도를 불러일으킬 수 있다는 충고를 잊지 않았다. 더욱 무서운 것은 그러한 일이 일어난 후에도 자기에게 어떤 일이 있었는지 그 원인을 제대로 알지 못할 수 있다는 것이다. 그는 자기 내부의 일은 너무도 쉽게 핑계와 변명으로 덮을 수 있으므로 언제나 냉정하게 자기 자신을 평가해야 한다면서 굳은 표정을 짓곤 했다.

중학생 시절부터 경제보다는 정치에 훨씬 더 관심을 가져온 나로서는 대니얼 할아버지의 그러한 이야기들이 다소 생소했으나 그는 내가 정치보다는 경제나 외국어에 더 많은 관심을 가져야 한다고 생각했다. 나는 벨 에어를 방문할 때마다 졸음을 참아가면서까지 그의 이야기에 귀를 기울였고, 시간이 흐를수록 그의 이야기에서 이전보다 훨씬 더 흥미로운 주제를 많이 찾아내곤 했다.

대니얼 라피더스 씨는 재산관리의 기본은 언제나 변함이 없다고 생각했다. 나는 훗날 도서관에서 그레이엄-도드 이론(증권평가에 내재가치라는 개념을 최초로 시도한 이론)을 포함한 가치투자 이론을 공부하면서, 대니얼 라피더스 씨가 정확히 그러한 원칙들에 입각하여 살았음을 알게 되었다. 실제로 그에게서 가치투자의 창시자인 벤저민 그레이엄의 이야기를 종종 듣기도 했다. 대니얼 할아버지는 차트로 가득 찬 기술적 투자 이론들을 이해하지도 못할 뿐더러 그에 기반한 미래예측을 신뢰하지도 않는다는 이야기를 항상 잊지 않았다. 그는 현실과 기본을 중시하는 투자만이 진정한 투자라고 강조했다.

물론 당시 어린 나는 기본 투자가 무엇인지도 몰랐기 때문에 그저 고개만 끄덕일 뿐 별다른 의견을 제시하지 못했다. 그는 나를 이해시키기 위해 눈을 크게 뜨고 손을 천천히 사용하며 설명하곤 했다. 그러나 내가 대니얼 할아버지의 말씀을 이해하는 데에는 이후로도 몇 년이 더 걸렸다. 그는 자신이 투자했던 몇 가지 부동산과 사업 또한 일부는 성공하고 일부는 실패한 사례를 처음부터 끝까지 완벽하게 들려주었다.

그 중 현재의 집을 물색하여 구입한 후 착실하게 관리했고, 그 결과 지금은 500만 달러(약 50억 원)의 가치를 갖는 집이 되었다고 했다. 또한 오래 전 페이퍼 박스 제작회사를 500명 고용규모로 키운 후 1,200만 달러(약 120억 원)에 매각했다는 사실도 알려주었다. 회사를 매각할 당시의 액수를 현재 가치로 환산할 경우 2,500만 달러에 가까울 것이라는 의견도 이야기했는데, 생각해보니 그 회사를 팔 때 매각을 중재한 투자금융회사에 지나치게 많은 수수료를 지불한 것 같다며 투덜거리기도 했다. 또한 제너럴 일렉트릭의 전설적인 CEO 잭 웰치와 IBM의 루이스 거스너는 투자은행을 배제하고도 얼마든지 훌륭한 M&A를 추진할 수 있는 사람들이라며 은퇴 전 자신도 그러한 시도를 해보지 못한 것이 아쉽다고 말했다.

회사 매각과 동시에 은퇴한 대니얼 할아버지는 이후 다양한 곳에 돈을 투자했고, 이자소득 및 주주 배당소득으로 생활했는데 그러한 과정에 대해서도 자세히 이야기해주었다. 그는 저축의 중요성을 강조하면서도 자신은 MMF(Money Market Fund, 투자신탁회사가 고객의 돈을 모아 단기 금융상품에 투자하여 수익을 얻는 초단기 금융상품)나 뮤추얼 펀드에 돈을 많이 투자하는 경향이 있었는데 그로 인해 은행 금리보다 상당히 높은 수준의 이익을 거두고 있었다.

당시 미국에서 막 뜨고 있던 흑인 힙합 뮤지션 넬리(Nelly) 역시 뮤추얼 펀드에 투자하여 많은 돈을 벌었다며 인터뷰에서 자랑하곤 했다. 실제로 미국의 가계 금융자산 구성은 현금·예금의 비중은 단 13%에 지나지 않고, 투자상품의 비중이 주식·채권 등 장기적으로 70~80%에 이른다고 한다(한국은 그에 비해 현금·예금 자산이 60%에 가깝고, 가까운 일본 역시 55% 정도로 비슷하다). 대니얼 할아버지는 장난기 넘치는 목소리로 인플레이션은 그 동안 살아오면서 충분히 경험했으니 끝날 때도 됐고 혹시라도 디플레이션이 닥칠까봐 미리부터 고정 소득으로 먹고 살 준비를 단단히 해놓았다며 농담을 던지곤 했다(디플레이션이 닥치면 재화와 서비스 가격이 내려가므로 은행 이자를 포함한 고정소득 생활자들의 구매력이 상승한다). 그는 비즈니스에 있어 심리학의 중요성을 매번 강조했는데, 그것은 아무리 비즈니스가 기술적으로 진보하더라도 인간의 기본적인 심리나 본성은 변하지 않는다는 뜻을 내포하고 있었다.

그는 각종 불우이웃이나 전 세계 결식아동을 위한 성금을 기탁하는 일에도 적극적이었으며, 입버릇처럼 4초에 한 명꼴로 아이가 굶주림으로 죽는다는 이야기를 해주었다. 그는 1초에 전 세계에서 소모되는 군사비가 4만 달러이고 교육비는 6만 달러 가량 지출된다는 통계를 보여주기도 했는데, 그런 주제로 내게 수수께끼를 내기도 좋아하셨다. 이를테면 1분에 소모되는 무슨 내역의 비용이 얼마일 것 같냐는 것이었다. 사실 나는 그런 질문에 올바르게 답할 자신이 없었기 때문에 어림잡아 대답하곤 했다.

대니얼 할아버지는 갓 한국에서 건너온 19살의 내게 많은 가르침을 주셨다. 그는 내가 20달러어치의 외식을 할 때도 "그렇게 많은 돈을 쓰다니!"라면서 의식을 제대로 가지라고 나무라셨다. 대니얼 할아버지에게 크지 않은 액수가 대체 얼마인지 모르겠지만, 그가 돌아가시고 난 지금은 갈수록 그를 이해하게 된다. 좀더 복잡한 주제로 다양한 이야기를 그와 해보지 못했다는 사실이 안타깝다.

대니얼 할아버지에게서 들은 가장 기억에 남는 이야기이자 앞으로도 잊지 못할 교훈은, 그가 틈만 나면 인용했던 앨런 그린스펀의 "저축은 부를 창조하고 소비는 부를 파괴한다"는 말이다. 대니얼 할아버지는 그것을 황금률로 생각했다. 그는 그것이야말로 절대적으로 변함없고 앞으로도 바뀌어선 안 될 필수적인 삶의 태도라고 믿었다. 그는 각종 선물·옵션을 비롯한 일확천금성 또는 도박성의 경제적 기회는 순간적으로 큰 성공을 이뤄내는 듯싶지만, 장기적으로 보면 완전한 자기 소유의 이득이 되지 않을 가능성이 크다고 말하곤 했다.

언제나 그의 결론은 안정적인 저축습관과 작은 돈부터 다스리는 정신 상태를 끝까지 유지해야 한다는 것으로 끝났다. 효과적인 각종 펀드의 중요성을 설파하는 것 또한 빠뜨리지 않았다. 나는 대니얼 할아버지가 돌아가시고 3년이 지나서야 그와 같이 저축하는 습관을 들이게 되었다.

고정자산 위주로 검소한 생활을 하며 재산을 공격적으로 모으고 생활의 경제적 리스크를 점차 헤징해나가야 한다는 그의 지적은 이후 내 주변에서 사실로 드러났다. 그의 아들은 예기치 못한 일로 갑작스레 경제적 어려움을 겪어야 했는데 그로 인해 파산에 가까운 타격을 입었다. 대니얼 할아버지의 지적대로 고정자산 위주로 차곡차곡 생활했다면 그러한 상처를 겪지 않았을 텐데 하는 생각이 든다. 물론 그는 그러한 타격에 굴하지 않고 다시 희망차게 출발했고 지금은 훨씬 더 나은 진전을 이룩해내고 있다.

대니얼 할아버지의 지적은 아이러니하게도 내 사례를 통해서 극대화된 상태로 확인되었다. 나는 그 일을 겪은 후 창피해서 죽을 지경이었다. 고정자산도 형성하지 못한 내가 부모님을 속여 BMW를 몰고 다닌 것이다. 한 달 반도 안 돼 예기치 못한 사고로 BMW가 파손되자 생활 자체가 마이너스 예산으로 직행하는 큰 피해를 입었다. 그것은 아무런 기반 없이 지어놓은 탑이 한순간에 무너지는 일이었다. 라피더스 부인은 내게 "대니얼 할아버지에게 받은 경제적 교육을 완전히 반대로 이행했다"며 나무랐다. 물론 그 일을 통해 얻은 교훈이 없는 것은 아니었지만 지불한 비용이 너무도 컸다.

국방의 의무를 해결하기 위해 한국으로 돌아오기까지 나는 라피더스 씨 가족과 많은 시간을 보냈다. 그들과 함께 보낸 시간은 지금까지도 내게 가장 큰 고정자산이 되고 있다. 대니얼 할아버지는 자신이 내게 매우 중요한 내적 자산이 될 거라는 사실을 아셨을지 모르겠다. 당시 나는 편입하기로 한 대학들에 합격한 상태였으나 군복무를 위해 모든 스케줄을 뒤로 미뤘고 한국으로 돌아가기 위해 빠르게 모든 것을 정리했다.

귀국하던 날 성진이는 어머니의 고급 승용차를 몰고 와서 나를 LA 공항까지 태워다주었는데, 도중에 라피더스 부인이 울먹이는 목소리로 전화를 걸어왔다. 그녀는 "우리 한국인 아들, 군대 가서도 꼭 건강하고 연락 자주 해라"며 가슴 찡한 메시지를 전달했다. 운전석에서 어깨를 들썩거리며 큰 볼륨으로 음악을 듣던 성진이는 내가 웬 백인 여자하고 통화한다는 사실을 알고 "그 백인 여자에게 내가 꼭 한 번 만나서 데이트하고 싶어한다고 전해줘!"라며 자못 심각한 표정으로 외쳤다. 나는 그의 말을 라피더스 부인에게 그대로 전했고, 울음 속에서 터져나온 그녀의 웃음은 무거웠던 분위기를 잠시나마 유쾌하게 풀어주었다. 덕분에 나는 넉넉한 마음으로 한국에 돌아올 수 있었다.

Part 2

귀국과 창업 :
병역을 수행하며 보바숍 오픈

낯선 고국에서 다시 적응하기

나는 귀국하여 부모님이 계신 지방으로 오게 되었다. 부모님은 좀더 자연친화적인 삶을 동경하셨고 실제 그곳으로 이사하여 뜻을 실천하셨지만 아들이 미국 유학 도중 귀국할 것이라고는 생각하지 않으셨던 모양이다. 새로 지은 우리 집에는 내 방이 없었을 뿐 아니라 처음 가보는 동네였기 때문에 주변은 그저 낯설기만 했다.

안락하고 사적인 집 공간과 자연적인 주변 환경은 나름대로 큰 기대감을 주었지만, 익숙한 LA의 불빛과 물처럼 흘러야 할 베이스 섞인 힙합이 없는 내 첫날밤은 왠지 정서불안으로 이어질 듯한 예감이 들었다. 모르는 학교로 전학 가서 맞는 첫 소개시간과도 같은 느낌이었다. 다행스럽게도 나는 오랜 시간 겪어온 아파트 생활에 진력이 나 있었기 때문에 주택 생활에 큰 흥미를 가지고 있었고 주변 분위기는 스스로 만들어가면 되겠다는 긍정적인 결론을 내렸다.

소박한 신고식

귀국한 지 며칠 되지도 않아 나는 말썽을 일으켰는데 그것은 전혀 의도치 않았던 것이다. 어머니 차를 몰고 밤에 드라이브를 나갔는데 지나친 음악 볼륨과 과속으로 인해 누군가 나를 신고했고 다음날 차주인 어머니께서 관할기관에 경고를 받은 것이다. 어머니는 나를 나무라시면서 그런 경고를 받은 것은 처음이라며 어이없어 하셨다. 철없는 행동을 한 것처럼 느껴져서 부모님께 죄송했지만 그날 밤에는 그저 아무도 없는 밤 도로에 드라이브를 하러 나간 것뿐이었다.

나는 그 동안 부모님께 말로만 들었던 풍산개 장비와도 첫 대면을 하게 되었다. 당시 우리 집에는 두 마리의 개가 있었는데, 하나는 당당한 풍채의 풍산개 장비였고 다른 하나는 훨씬 작은 덩치의 발바리 용용이었다. 나는 그 둘이 어울리지 않는다며 매몰차게 용용이를 다른 곳으로 보내버렸는데 얼마 지나지 않아 후회했다. 일반적으로 잡종개는 훨씬 더 건강하고 똑똑한 유전자를 가지고 태어난다고 하는데, 실제로 용용이는 볼품없는 외모에 비해 대단히 지능적이고 똑똑했기 때문이다. 하지만 엎질러진 물은 어쩔 수 없었다. 아버지께선 내가 군에 입대함과 동시에 용용이는 우리 집에서 제대했다는 농담을 하셨다.

고국에서 맺은 이국의 인연들

귀국 이후 내가 개인적으로 가장 우려했던 것은 그 동안 다져온 외국어 실력이 퇴보하지 않을까 하는 것이었다. 그러한 고민은 얼마 지나지 않아 현실로 나타났다. 나는 절친한 사이인 존 비브랜즈(John P. Viebrantz)를 만나서 당구를 치거나 맥주를 마실 때가 아니면 거의 영어를 사용하지 않았다. 내 생활은 외국어를 자연스럽게 사용하고 배워나가던 이전의 환경과는 크게 다른 양상을 띠었고, 그로 인한 외국어 실력 퇴보는 당연해 보였다. 물론 그 와중엔 과거처럼 외국어에 열정을 갖지 않았던 내 책임이 가장 컸다. 다만 군 입대를 앞둔 시점이어서 무언가를 특별히 열심히 하고 싶다는 생각이 없었던 것 같다.

귀국 초기 나와 많은 시간을 보냈던 존은 상당히 특별한 사람이었다. 그는 뉴멕시코 출신으로 미국의 아이비리그 콜롬비아 대학교를 졸업하고 뉴멕시코 법대를 마친 후 30년간 변호사 활동을 하며 뉴멕시코 주 정부의 법률고문으로 활약하다가 한국인 아내를 따라 한국에 와서 살게 된 미국인이었다.

그는 내게 포켓볼을 처음으로 가르쳐준 사람인데, 공 하나가 구멍으로 빨려들어갈 때마다 그 상황에 들어맞는 정치나 경제 또는 문화 관련 이야기를 해주는 재주가 있었다. 그는 공이 모두 들어갈 때쯤이면 우리의 대화로부터도 멋진 결론을 이끌어내곤 했다. 내 포켓볼 실력은 아직까지도 볼품없지만 존과 나누는 '포켓볼 대화'는 항상 유쾌하게 끝났다. 그는 미국에서 변호사 활동을 하며 가난한 의뢰인들에게는 수임료를 안 받기도 했는데, 그로 인해 형편이 넉넉지 못한 의뢰인들이 줄을 잇는 바람에 하마터면 자기가 의뢰인들보다 더 가난해질 뻔했다며 우스갯소리를 하곤 했다.

존과 만나거나 장비와 운동을 나가는 걸 제외하면 딱히 할 일이 없던 나는 집 근처의 중국어 학원에 등록해서 다녔다. 그리고 그곳에서 강사를 하고 있던, 나중에 나와 중요한 동료이자 친구가 된 김영 선생님을 만났다. 그녀는 중국 라오닝 성(遼寧省) 출신으로 대학에서 역사를 전공한 후 방송국 기자로 활동하다가 언어에 관심이 많아 한국으로 온 당찬 중국 여성이었다. 나는 미국에서 타이완 사람들과 어울렸기에 억양이나 성조가 상대적으로 평이한 중국어를 구사했는데, 좀더 억양이 강한 중국 대륙 스타일로 바꾸고 싶었다. 그녀는 그런 나의 희망을 현실로 이루는 데 큰 도움을 주었다.

또한 나는 일본어 공부에 대한 욕심으로 몇몇 일본인을 곳곳에서 찾아내기도 했지만 그들은 모두 한 가지 공통적인 문제를 안고 있었다. 일본어 프리토킹 수업을 제의하기 위해 각각 한 사람씩 만났을 때 그들 모두 아이가 3명 이상이거나 또는 갓 아기를 낳은, 아니면 바로 얼마 전에 낳은 아이가 있는 상태였다. 모두 가정사에 바빠 도저히 시간을 낼 수 없는 상태였다. 또한 일본인 남자는 한 명도 찾을 수 없었다. 실망한 나는 별의별 방법을 다 동원했고, 심지어는 일본어로 나와 한 시간 대화해주는 조건으로 두 시간 동안 애를 봐주겠다는 식의 엉뚱한 방법까지 생각해냈다. 그러나 결국 그러한 아이디어들은 모두 불발되었고 이후 만나는 일본인들조차 같은 상황에 처해 있기는 매한가지였다.

친구들에게 농담조로 내가 일본인의 삼신할매라도 되는 것 아닌지 모르겠다는 푸념을 늘어놓기도 했다. 그 문제가 이후 2년 넘게 지속되자 나는 만나는 일본인이 신혼인지, 아이가 몇 명인지도 대략 알아맞힐 수 있는 경지에 이르렀다. 나중에 알아본 바에 따르면 그들은 모두 통일교 재단을 통해 한국인과 결혼했다는 공통점을 가지고 있었고 나이대도 비슷했으며, 아이들이 아주 어리거나 많다는 특징을 가지고 있었다. 어쨌든 적절한 일본어 회화상대를 찾던 나의 시도는 계속 벽에 부딪칠 뿐이었다.

도서관에서 공익근무를 시작하다

공익근무의 시작과 함께 나는 종종 서울로 올라가 친구들을 만나곤 했다. 상당수의 친구들이 군복무 문제에 걸려 있었다. 나는 비슷한 상황에 처한 친구들과 이전보다 훨씬 자연스레 군복무 관련 이야기를 나누곤 했는데 결론은 무조건 가야 한다는 것이었다. 군복무를 피하는 것은 많은 종류의 대가를 평생에 걸쳐 치러야 한다는 것을 의미했다. 사실 나 역시 앞으로 보내야 할 2년이 넘는 세월이 막막했지만 그래도 이미 훈련소 과정을 마친 터라 입대를 망설이고 있던 친구들보다는 한결 나은 편이었고 누구에게든 속시원히 군대에 가라는 말을 해줄 수 있었다.

군복무의 중요성을 실감하다

유학생에게 있어 군대문제는 해외에 나가 있는 동안 적지 않은 압력으로 작용한다. 나도 한때 입대를 최대한 미루기 위해 군대가 연기되는 최종 연령인 만 28세까지 딸 수 있는 학위를 다 따고 최대한 버텨야 하지 않을까 하는 농담을 한 적이 있었다. 아버지께서는 목적과 과정이 일치하지 않는 그와 같은 사고방식을 비판하곤 하셨다. 나는 어차피 군대는 꼭 가야 한다는 생각을 해온 지 오래되었지만, 그런 생각을 해보지도 않은 채 이역만리에서 맘 편히 지내던 친구들은 귀국하자마자 군대에 대한 체감온도가 갑자기 높아지는 바람에 심리적인 통증을 호소했다.

미국의 일부 친구들은 영주권이나 시민권을 획득하여 군대를 가지 않아도 되었지만 그들은 2달 이상 한국에 체류하기가 어렵게 되었다. 나는 이 문제를 두고 해외 거주 교민들이나 학생들과 심각한 고민을 나눠왔기 때문에 미국에서 같은 지역에 살았던 가수 유승준이 군대를 가지 않겠다는 결정을 내렸을 때 어느 정도는 이해할 수 있었다. 유승준의 음악은 그야말로 LA를 대표하는 스타일의 '일상생활 필수 섭취요소'였는데, 그의 노래가 더 이상 길거리나 카페에서 나오지 않게 되자 왠지 모르게 생활에서 바람 빠진 기분을 느끼곤 했다. 그런 그가 군대문제로 인해 국내 활동이 크게 좌초되는 것을 보고 당시 유학생들이나 일부 교민들은 그러한 문제가 얼마나 심각한 결과로 이어질 수 있는지 크게 체감했다. 나 역시도 그 때문에 군대를 좀더 빨리 가야겠다고 다짐했던 것 같다.

도서관 공익근무는 인생의 큰 행운

도서관에서 공익근무를 할 수 있었던 것은 내가 세상에 태어나 가장 복 받은 일 중 하나였다. 공익근무를 마칠 때까지 나는 적지 않은 양의 책을 읽을 수 있었다. 이후 회사설립을 포함해 모든 일이 그곳에서 근무하지 않았다면 불가능했을 것이다. 내가 원하거나 필요로 하는 정보는 그곳에 꽂힌 수만 권의 책 속에 이미 있었다. 너무도 환경이 완벽했기 때문에 관련된 책을 찾아 읽기만 하면 웬만한 해답을 구할 수 있었다.

나는 도서관에서 시간이 나는 대로 틈틈이 오전에 책을 정리했고 이후론 신문을 읽었다. 하루에 읽는 평균 신문 수는 3~4개 정도 되었는데 〈매일경제〉를 포함해 각 신문의 경제섹션은 빠짐없이 읽었다. 《부자 만드는 경제기사》의 저자인 이상건 기자가 지적하듯 "신문기사는 세상을 이끌어가는 것이 아니라 시장에 맞장구를 치는 존재"이므로 경제섹션의 정보를 모두 신뢰할 수 있는 건 아니었다.

적절한 신뢰도를 찾기 위해선 각 기사에 부여하는 신뢰가중치의 무게중심을 잡아야 했고, 그러기 위해선 끊임없이 기사를 찾아 읽으며 내공을 쌓아야 했다. 특히 우리나라의 언론은 출입처 시스템으로 되어 있기 때문에 종합적인 판도에서 기사가 씌어지기보단 각 출입처별로 기사가 구분되는 경향을 띠므로 내공을 쌓지 않으면 전체적인 그림을 보기가 어렵다. 어쨌든 경제 일간지를 포함하여 끊임없이 간행물이나 정보지를 읽는 일은 매우 즐거웠다.

독서수치를 설정하여 매일 꾸준히 책을 읽다

도서관 근무가 어느 정도 익숙해지자 나는 '독서수치' 라는 것을 설정하여 생활에 반영했다. 하루의 독서수치가 '1'이란 하루에 1권의 책을 읽는다는 것이다. 나는 현실적으로 1의 수치를 달성하기 어렵다고 판단하여 0.7로 목표수치를 설정했는데 이는 하루에 책 한 권의 70%를 읽는 것을 의미했다. 150쪽 이하의 독서자료는 0.5권으로 가정했기 때문에 그런 책은 다 읽어도 독서수치가 0.5에 그쳤다.

이후 나는 무슨 일이 있어도 0.7 이상의 수치를 달성하기 위해 물불을 가리지 않았다. 0.7의 독서수치는 공부나 연구가 아니라 외부 세상과 효율적으로 호흡하는 의사소통이자 물 속에서의 산소탱크 같은 것이었다. 수치를 달성하지 못한 날은 마치 숨을 제대로 못 쉰 듯한 느낌에 매우 고통스러웠다.

또한 경제나 경영지식은 복근처럼 여러 근육들이 얽혀 하나의 아름다운 근육을 형성하듯 다양한 차원의 지식을 쌓아야 한다고 생각했기 때문에 꼭 필요한 책은 어떤 일이 있어도 지정된 날에 스케줄에 따라 읽었다. 독서수치를 산출할 때 책의 총 페이지 수는 크게 괘념치 않았기 때문에 500페이지의 책이라도 독서수치를 달성하려면 무조건 70%에 해당하는 350쪽까지 읽어야 했다. 거기서 얻은 0.7~1.5 사이의 숫자는 큰 의미가 있었다. 그것은 내가 책으로부터 멀어지지 않도록 하는 브레이크의 역할을 했을 뿐 아니라 과거에 비해 여러 모로 더욱 성장할 기회를 부여했다.

독서수치를 실천하기로 한 첫달 내 독서수치는 0.8에서 1.4 사이를 오르내리다가 주말에 책을 많이 읽을 수 있었던 덕에 최종적으로 1.0이 조금 넘었다. 이는 1권 이상씩 30일을 읽었다는 이야기로 한 달간 32권 정도의 책을 읽은 것이 된다. 책을 읽는 것은 스스로가 얼마나 빈약한 지식과 경험 속에 살고 있는지 깨우쳐주었다. 읽을수록 나란 사람이 보잘 것없이 느껴졌다. 일본 드라마 〈드래곤 사쿠라〉의 주인공 사쿠라기 켄지 변호사는 극 중 "엄동설한을 견디는 것은 자신이 얼마나 약한지 아는 것이다"라는 명언을 남겼는데, 책을 읽는 것은 지식이 모자란 내게 겸손해야 한다는 각성을 불러일으키곤 했다.

공익근무를 마치며 나는 평균 1.3의 수치를 얻었다. 이는 독서수치를 설정한 후 하루 1.3권의 책을 읽었다는 이야기다. 그 결과 도서관에서 읽은 책은 총 508권이 되었다. 초기부터 독서수치를 적용했다면 2년 2개월 동안 $\{(365 \times 2) + 60\} \times 1.3 = 1,027$권의 책을 읽었어야 했으나 실제 성과는 그 반에도 못 미쳤다.

이는 다시 총 독서수치로 환산하면 도서관 근무와 회사창업을 병행하며 2년 2개월 동안 하루에 0.64권의 책을 읽었다는 결론이 된다. 나쁜 건 아니지만 더 높은 수치를 달성할 수도 있었다고 생각했기에 아쉬움이 뒤따랐다. 그리고 내가 경제, 금융, 회계 쪽으로 편중된 독서성향을 가지고 있는 편이라 보다 다양한 분야의 책을 읽어보지 못한 것도 아쉬운 부분이었다. 소설도 주로 외환이나 채권거래 관련 월스트리트 소설이나 범죄서적을 많이 읽은 편이었고 역사·여행서적이나 애견서적 역시 어느 정도 읽은 편이었다.

책을 꽂는 일은 도서관 근무 중 가장 힘든 작업이었지만 좋은 점도 있었다. 책을 꽂으면서 그 주변의 책을 훑어볼 수 있다는 것이다. 책이 산더미처럼 쌓였을 때는 다시 꽂는 것이 매우 싫증났지만 좀더 재미있게 그 일을 즐기기 위해 책 10권 꽂을 때마다 푸시업을 30회 한다든지 하는 식으로 여러 이벤트를 만들었다.

결국 나는 책을 꽂으며 양서를 발견하거나 운동을 할 수 있었다. 물론 사람들이 들어오는 소리가 들릴 때면 푸시업을 하다가도 벌떡 일어나거나 시치미를 떼야 했다. 가끔 책을 꽂으러 갔다가 땀을 흘리고 오는 나를 보고 직원들이 매우 힘들게 일한 줄 알고 깜짝 놀라거나 칭찬을 해주기도 했는데, 내가 책을 꽂으며 운동하는 것을 알고 있던 일부 중학생 이용자들은 그럴 때마다 킥킥거리기도 했다.

도서관은 군복무를 위해 귀국한 나를 완전히 바꾸어주었다. 책을 끊임없이 읽는 것만큼 사람을 강하게 만들어주는 건 없는 것 같다. 새로운 이해의 틀과 좋은 사고모델은 고집 센 자아를 이기고 멋진 길로 나아갈 수 있는 힘을 제공한다. 빛나는 벤츠와 BMW 모델도 딜러숍에만 전시되어 있는 것은 아니었다.

그보다 멋진 사고모델과 지식들이 도서관에 전시되어 있을 뿐 아니라 공짜로 제공된다. 자신만의 비즈니스 포트폴리오를 계획한다면 도서관을 다니는 것만으로도 MBA보다 더 효율적인 비즈니스 습득코스를 거칠 수 있다. 독서를 통해 나는 책 한 권 이상의 교훈과 감동을 자주 만났고, 책에서 얻은 교훈을 실생활에서 실천하여 혁신적이고 발전적인 경험을 직접 체험하기도 했다. 어쩌면 도서관의 최대 고객은 바로 나였던 셈이다.

일상의 소중한 친구, 개 이야기

한국에 돌아온 후 중요한 취미생활이 되어버린 것 중 개와의 산책 또한 빠질 수 없다. 공익근무를 시작한 지 몇 개월 후 사촌동생을 통해 귀여운 진돗개 암컷 '여포'를 한 마리 얻게 되었는데 이녀석은 대단히 영특하면서도 애정이 넘치는 명견이었다. 진돗개의 충성심과 고집은 역시 듣던 대로였다. 나는 종종 여포를 데리고 가까운 곳으로 산책을 나가곤 했다. 여포는 주로 들고양이를 보면 공격하려 했는데 달리는 모습은 그레이 하운드(Greyhound, 시속 70km까지 달리는 이집트 원산의 수렵견) 못지않게 우아하면서도 빨랐고 판단의 순간에 임박해서는 언제나 번득이는 기지를 보여주었다.

여포와 장비의 공통적인 문제는 역시 야성이 지나치게 강하다는 것이었다. 실은 내가 그러한 본능을 계속 자극한 탓도 있었다. 특히 잘 짖지 않는 특성을 지닌 풍산개 장비는 다른 동물을 보는 순간 별다른 준비동작 없이 곧바로 물어버리는 경향이 있었지만 내가 자꾸 나무라자 시간이 지날수록 그러한 습관이 줄어들었다. 녀석들과의 산책은 하루 일정 중 가장 중요한 일이 되었고, 나는 그들을 더 잘 이해하기 위해 개에 관련된 자료를 찾아 읽곤 했다.

애견 관련 자료 중에서 가장 인상 깊고 감동적으로 읽은 것은 오스트리아의 비교행동학자이자 노벨상 수상자인 콘라트 로렌츠(Konrad Lorenz)의 동물 비교행동에 관련된 책들이다. 비교행동학자인 콘라트 로렌츠의 열렬한 광팬이었던 나는 그가 남긴 자료는 다 사서 읽었을 뿐 아니라 진정으로 그를 존경했다. 심지어 그의 이름이 언급되거나 참고 자료로 쓰였다는 자료나 TV 프로그램까지도 모두 빼놓지 않고 찾아보았다. 만일 그를 좀더 일찍 알았다면 그처럼 살기 위해 진로를 바꿨을지도 모른다는 생각이 들었다.

콘라트 로렌츠는 그의 명저인 《인간은 어떻게 개와 친구가 되었는가》를 통해 "가장 손쉽게 인류 이전의 낙원으로 되돌아가는 길은, 아직도 분명히 어느 정도는 그런 세계에 속해 있는 개에게 다가서는 것이다. 변화된 외모 때문에 자연의 풍경을 망치지 않을 수 있고, 야생동물처럼 보이면서도 나와 충실하게 동행할 수 있는 개를 내가 필요로 하는 것도 바로 그런 이유에서이다"라는 명언을 남겼고, 개와의 유대에는 지상 어떤 생물과의 유대보다도 공고한 '영원함'이 있다고 강조했다. 그는 이외에도 개에 대한 의견을 솔직하고 철학적으로 기술했는데 그것은 애견가인 내게 메가톤급의 공감을 불러일으켰다. 야생동물을 먼저 길들인 후 자연적 습성을 관찰하는 그의 연구방식을 나도 틈만 나면 따라해보는 습관을 들이게 되었다.

캐나다의 심리학자인 스탠리 코렌(Stanley Coren)이 오랜 시간의 연구를 통해 출간한 《개와 대화하는 법》도 내 애견사랑을 훨씬 더 효율적으로 돕는 훌륭한 지침서가 되어주었다. 그는 개의 짖는 소리와 몸짓을 패턴별로 빠짐없이 분석하여 일반적 의미를 기술했고, 대부분의 경우 그의 관찰사항은 (내 경험에 있어서도) 거의 들어맞았다. 그것은 그가 연구한 방식을 따라 나도 내 개를 더 연구할 수 있는 새로운 기회를 부여했다. 나는 어설프지만 이후 개들의 신호를 적절히 통역할 수 있는 흥미로운 경험을 하게 되었다.

　사람이 아닌 다른 생물과 이만큼의 우정과 의리를 교류할 수 있다는 것은 정말 큰 축복이다. 《앞 못 보는 하얀개 이야기》를 저술한 세키 도모유키의 말처럼 역시 개와 사람이 만나면 어디에나 있는 흔한 이야기가 아닌, 한 편의 아름다운 드라마가 탄생하기 때문이다. 미국을 떠날 때 나는 젊음과 더불어 많은 것을 잃게 되지 않을까 고민했지만 개와의 우정만으로도 충분히 많은 것을 얻었다고 느낄 만큼 개들을 통해 풍족한 경험을 하게 되었다. 그러한 것은 한국에 돌아오지 않았다면 경험하지 못했을 것이다. 군복무를 위해서였지만 한국에 돌아온 것은 여러 모로 행운이었다.

보바 혹은 버블티 음료 이야기

한국에 돌아와 맞는 첫 장마기간 동안 나는 거의 외출도 못 하고 집에만 틀어박혀 있었는데, 그 기간 동안 많은 생각을 했다. 과거 일본 드라마에서 〈아메노유메(雨の夢, 비의 꿈)〉라는 말을 들은 적이 있는데, 실제로 내리는 빗줄기 속에서 기분이 좋아지는 경험을 처음으로 하곤 했다. 당시 안부를 묻던 미국의 친구에게 닭살 돋게도 '비에 꿈이 섞여 내려올 듯한 기분'이라며 느끼한(?) 근황을 전하기도 했다. 일본식 사고를 좋아하는 편은 아니지만 왠지 그 해 장마철은 그런 느낌을 간절히 믿고 싶은 기분이 들었다. 또 각 나라의 멋진 생각들을 진열대에 늘어놓고 그때그때 상황에 맞춰 가져보고 싶은 생각도 들었다. 그렇다면 정해진 방법으로만 느끼지 않아도 될 것 아닌가.

추억 속의 보바

조용히 시간을 보내며 공익근무를 수행하는 동안 무언가이가 빠진 듯한 느낌이 자주 들곤 했다. 그것은 문화적인 것 같기도 했고 물질적인 것 같기도 했다. 나는 듣고 싶은 음악을 마음껏 듣고 일과

후 운동도 즐기는 등 원하는 생활에 거의 제약을 받지 않았으나 자꾸 무언가 허전하다는 생각을 떨칠 수 없었다.

얼마 후 미국에서 귀국한 동생과 함께 이야기를 나누다가, 그것이 미국에서 자주 마시던 보바라는 것을 깨달았다. 보바는 한국과 캐나다에선 버블티라고 불리기도 하는데, 나는 코리아타운과 차이나타운에서 친구들을 만날 때마다 그것을 마시곤 했다. 보바는 본래 1981년 타이완의 타이중(臺中, 타이완의 중부 도시)에서 비롯된 것으로, 1990년대 후반 미국에 상륙한 후 내가 있던 서부지역을 필두로 엄청난 돌풍을 일으켰다. 보바는 본래 주스에 쫄깃쫄깃한 타피오카 펄(Tapioca Pearl)을 넣는 음료로 '젠주나이차(珍珠奶茶)'라고 불리기도 한다. 씹는 맛이 보통이 아니어서 내가 학교를 다니던 당시 미국에서 보바는 폭발적인 인기를 끌었다. 캘리포니아는 그야말로 보바 왕국이라 불릴 만큼 쇼핑몰과 거리에 빠짐없이 보바숍이 들어서는 중이었다.

보바는 본래 음료에 들어가는 타피오카 펄을 지칭하는 용어였는데, 생긴 모양이 여성의 유두와 동일하다고 하여 중국어로 유두를 의미하는 '뿌오바'라는 발음으로 불리게 되어 이내 음료 자체를 지칭하는 말이 되었다. 보바는 열대지방의 카사바 전분에서 추출되는데 저칼로리, 무(無)지방, 무콜레스테롤로 씹는 사람에게 포만감을 제공하면서도 칼로리가 낮아 LA에서 대표적인 다이어트 식품으로 각광받았다.

남자들은 보바의 원래 의미를 알게 된 후 야릇한 농담을 즐기기도 했다. 한번은 보바숍에서 친구들과 이야기를 나누고 있는데 인도네시아 화교가 우리 옆 테이블에서 "이야, 여기 아름다운 보바들이 많네!"라며 웃음을 터뜨리는 장면을 보기도 했다. 우리 테이블의 어떤 친구는 보바를 함부로 씹는 것이 아니라며 야릇하게 혀로 감아올리기도 하여 우리 모두는 "우웩~"하며 기겁을 했다. 나중에 모두들 그에게 '혀 놀리는 솜씨'가 보통이 아니라며 장난을 쳤는데, 그는 그때 선보였던 퍼포먼스가 와전되어 알려지는 바람에 좋아하던 여자로부터 변태 취급을 받는 비극적인 사고를 겪기도 했다.

캘리포니아에서 보바의 영향력은 실로 대단했다. 인기가 가장 높은 곳은 차이나타운과 몬터레이 파크였고, 다음으로 코리아타운이 꼽혔다. 차이나타운과 몬터레이 파크야 중국인들이 뭉쳐 사는 곳이니까 그렇다 쳐도 코리아타운이 그렇게 보바 열풍에 휩싸이는 것은 놀라웠다. 당시 내가 살던 산타 모니카(Santa Monica)와 LA 전역에서 잘 나가는 보바숍으로는 UCLA와 우리가 살던 소텔 거리에 위치한 고급 보바숍인 릴랙세이션(Relaxation)과 전 세계적으로 가장 강한 체인망을 소유하고 있던 롤리컵(Lollicup), 그리고 우리가 가장 즐겨찾던 타피오카 익스프레스(Tapioca Express) 등이 있었다. 이 모든 가게들이 코리아타운에 들어서는 데에는 불과 몇 주밖에 걸리지 않았다. 그 중 코리아타운에 가장 빨리 진출한 것은 타피오카 익스프레스였다. 나는 평소 장을 보러 가던 코리아타운 플라자(Koreatown Plaza) 지하 음식코너에서 이를 발견하고 반가워서 동생과 소리를 질렀다.

이후 보바는 엄청난 속도로 코리아타운 전역으로 퍼지기 시작했고, 얼마 지나지 않아 코리아타운 중심가의 거의 모든 블록이 보바숍으로 뒤덮었다. 보바 로카(Boba Loca), 보바 딜라이트(Boba Delight) 등 한국인의 자체 브랜드도 등장하기 시작했으며, 이미 LA에서는 커피 한잔이나 차 한잔 대신 '보바 한잔'이라는 말이 유행하기 시작했다. 나와 동생이 다니던 한인교회에서도 청년회 모임이 끝나면 근처의 보바숍으로 직행하곤 했다.

보바를 정말로 즐기면서 마실 수 있는 공간은 역시 내게는 몬터레이 파크에 위치한 타피오카 익스프레스나 티 스테이션(Tea Station)이었다.

그곳에 가면 중국인 친구들이 보통 6시~8시 사이에 모여들곤 했는데, 우리는 시끄러운 음악을 함께 들으면서 저렴한 가격의 보바 한잔을 마시며 다양한 대화를 나눌 수 있었다. 나는 그곳에서 9·11테러 때 버뱅크로 피난(?)갔던 마모루를 비롯하여 친한 일본 친구들도 많이 만났다. 그들은 나와 비슷하거나 다른 이유로 그곳에 모여들었지만 누군가를 만나고 함께 즐기기 위해 온 목적은 동일했다. 그것은 보바라는 하나의 상품을 통해 아시아인들이 결집할 수 있는 훌륭한 기회가 되었다. 금요일 밤이면 우리가 즐겨찾던 매장은 외부까지 손님들의 줄이 길게 이어졌다.

몬터레이 파크의 보바숍들이 매력적이었던 또 다른 이유로, 매장에서 한국, 일본, 중국, 타이완, 홍콩의 노래가 모두 흘러나온다는 점도 한몫했다. 친구 폴과 함께 그곳을 방문했다가 나도 못 들어본 한국 그룹인 god의 신곡이 매장에 퍼져 흐르는 것을 보고 왠지 으쓱했던 기분을 느꼈다. 처음 거기에 갔던 폴은 놀라움을 금치 못했다. 미국에서 8년 가량 생활하며 그러한 광경을 별로 목격하지 못했다는 것이다.

매장 관리자들은 적지 않은 한국인들과 일본인들이 매장을 찾는다는 사실을 알고 있었는지 한국과 일본의 최신 곡을 중국 곡보다 더 많이 틀곤 했다. 그러나 나중에 타이완에서 경이로운 천재 뮤지션, 저우제룬(周杰倫)이 등장한 이후로는 차이나타운의 모든 매장이 그의 음악을 경쟁적으로 틀어댔기 때문에 한국 곡을 많이 듣기는 힘들어졌다. 그래도 아직 벽에 〈가을동화〉나 〈겨울연가〉의 포스터가 붙어 있거나 한국 배우들의 사진이 늘어갔으므로 한류 자체의 위상에는 변함이 없다는 것을 알 수 있었다.

공통되는 화제를 제외하곤 남처럼 느껴졌던 중화권 사람들이 한국 문화에 큰 관심을 갖기 시작하자 나는 진정으로 우리 모두가 아시아라는 큰 배에 탑승한 듯한 기분이 들어 뿌듯했다. 또한 차이나타운에서 어떤 음식점이 맛있다고 소문이 나면 순식간에 엄청난 수의 고객들이 몰려들어 가게에 남아도는 공간이 없어지는 현상을 종종 목격하고 중국이 얼마나 잠재력 있는 나라인지 확신하게 되었다.

보바의 진수를 다시 맛볼 순 없을까

한국에 돌아와서 유학시절 만난 친구들과 대화하면서도 심심찮게 튀어나오는 화제는 보바였다. 우리는 서로를 통해 괜찮은 보바숍을 수소문해보았지만, 보바가 한국에서 버블티라는 이름으로 이미 유행하다가 끝나버렸다는 이야기를 듣곤 했다. 특히 명동에 3층짜리 대형 매장이 들어섰다가 얼마 지나지 않아 문을 닫았다는 것 또한 친구를 통해 들을 수 있었다. LA에 체류해본 경험이 있거나 LA에 다녀온 사람은 상당수가 보바 비즈니스를 제대로 해보고 싶다는 생각을 했을 것이다. 내가 만난 거의 모든 LA 출신 교민이나 유학생들도 그러한 이야기를 하곤 했다.

실제로 한국에서 친구들과 찾아가본 보바숍들은 맛이 영 아니었다. LA와는 천차만별이었다. 나뿐만 아니라 연락이 닿는 모든 유학생 친구들도 같은 말을 했다. 나와 친구들은 그야말로 크게 실망해야 했다. 또한 가격은 한 잔에 6,000원이 넘거나 그나마 싼 것도 4,000원~5,000원 사이였기 때문에 쉽게 마시기도 힘들었다. 우리는 모두 한마디씩 했다. "외국보다 가격이 비싸다니…… 대체 우린 어디로 유학을 갔다 온 거야? 지금까지 이렇게 비싼 가격에 맛없는 음료를 보바라고 알고 마신 거야?"

우리는 얼굴을 찡그리며 그런 대화를 나눴다. 한 보바숍에선 주인이 직접 와서 원료 조달가가 워낙 비싸기 때문에 가격대가 그렇게 높을 수밖에 없다고 말해주었다. 그만큼 비싼 원료를 쓰고 있다면 원료를 아끼려는 시도 역시 있을 것이라는 생각이 들었다. 역시나 우리의 잔에 담긴 음료는 여기저기 결핍된 불완전한 원료로 이뤄져 있었다. 그런데도 한 잔에 5,000원이 넘는 가격을 지불해야 한다니! 친구들이 전화로 보바에 대해 불평하던 이유를 충분히 알 수 있었다.

집으로 돌아온 후 문득 그런 생각이 들었다. 이곳에서 보바 사업체를 차리면 어떨까? 어차피 보바의 종주국은 타이완이나 중국일 것이고, 나는 미국에서 차이나타운을 주무대로 놀던 사람이 아닌가. 보바 사업체를 구상하기 위해 중국과 타이완에 인맥을 구축하는 일은 그다지 어렵지 않을 것으로 여겨졌다. 또한 중화권과 관련된 사업을 해보고 싶었던 과거의 꿈이 보다 빨리 이뤄질지도 모른다는 성급한 생각마저 들었다. 나는 곧바로 션에게 전화를 걸었다.

창업 준비작업

미국의 션은 마침 뱅크 오브 아메리카(Bank of America)에서 아르바이트를 하고 있었다. 그는 막 UCLA를 졸업하고 대학시절 하던 아르바이트를 계속하는 중이라고 했다. 나는 그에게 한국에 돌아와 겪은 일을 대략 이야기했고, 보바 사업체를 설립한다면 보통 어떠한 것들이 필요하고 요구될지에 대해 의견을 구했다. 그는 이내 정보를 수집하여 내 질문에 답변해주겠다고 했다.

전화를 끊고 나서 곰곰이 생각해보니 이 일이 가능할 것이란 느낌이 자꾸 들었다. 필요한 물건은 타이완에서 수입하고 매장 설립과 본사 구축을 이쪽에서 하면 의외로 간단할 듯싶었다. 물론 나중의 경험에 따르면 일은 그렇게 간단하지 않은 걸로 판명났지만, 당시의 나로선 그런 어려움을 예상할 길이 없었을 뿐더러 어렵게 생각하고 싶지도 않았다. 나는 미국에서 루비를 통해 중화권의 낮은 원가 및 비용을 잘 활용하면 사업에서 큰 지렛대 효과를 벌 수 있다는 말을 많이 들어온 터라 실제로 그런 시도를 할 수 있을 것 같다는 조심스러운 희망을 가졌다.

미국 친구들에게 정보를 요청하다

선이 정보를 전달하기 전까지 나는 이쪽에서 할 수 있는 일을 다 하기로 했다. 어쩌면 선이 무언가 내가 알지 못하는 것을 근거로 이 사업이 불가능할 것이라는 의견을 내놓을지도 모르는 일이었다. 그래도 나는 일단 사업자금의 확보와 구체적인 사업계획서를 작성했다. 계획이 좌초되더라도 준비는 마쳐놓아야 할 듯싶었다.

나는 일단 웹사이트를 구축할 수 있는 베이스를 확보하기 위해 얼마 전 육군훈련소에서 만났던 컴퓨터 전공자 봉학이에게 연락을 취해 사업에 대해 설명하고 홈페이지를 통해 그러한 것들을 표현할 수 있겠냐고 물었다. 그는 어떤 말이든 굉장히 빠르게 이해하는 재능을 가졌는데, 그러한 재능은 부족한 내 묘사능력이나 표현력을 효과적으로 메워주는 열쇠가 되곤 했다. 그는 선이 신호를 보내면 곧바로 내가 구상하는 웹사이트를 만들어낼 수 있는 준비상태에 돌입했다.

이외의 준비작업으로는 그 사업의 목표와 수익을 창출할 분야의 정의, 그리고 마지막으로 그 모든 것의 종합적인 진행과정과 일정표 작성이 있었다. 사업의 목표는 프랜차이즈 시장확보와 원료 유통시장 확보였고, 프랜차이즈 및 원료 유통시장에서 창출 가능한 예상수익 발생처는 노트에 일일이 기록했다. 당시 원료가격은 우리가 사먹었던 보바숍 주인이 말했듯이 매우 비싼 가격으로 이뤄져 있을 테니 가격 합리화가 우선되어야 한다고 썼다. 물론 타이완이나 홍콩으로부터 수입이 가능하다는 것을 전제로 조달가격도 알지 못하는 상황에서 쓴 것이니 그러한 목표에 100% 자신이 있는 것은 아니었다.

또한 보바제조법과 원료 구입과정에 대해 무역서적을 참조하여 소요될 비용구조를 낱낱이 적었고, 그에 부과되는 세금의 종류와 비율도 관할기관에 문의하여 모두 기록했다. 미리 사업의 구조를 예상해보는 것은 다소 부정확한 정보가 있더라도 전반적인 양상을 예측할 수 있다는 점에서 중요하다고 생각했다. 도서관에서 일하고 있던 나는 프랜차이즈와 국제무역 서적을 누구보다도 쉽게 접할 수 있었다. 일하다가 틈나는 대로 읽는 지식들은 적지 않은 도움이 되었다. 미술감각은 부족했지만 모든 보바숍의 웹사이트를 그대로 인쇄한 후 적절히 모방하고 보다 대중성을 띠는 방향으로 로고를 디자인했으며, 회사명은 잠정적으로 보바 팩토리(Boba Factory)라고 정했다. 너무 앞서가는 느낌이 들긴 했지만 가게의 분위기를 미리 구성해보는 차원에서 매장에 틀어놓을 DVD 프로그램이나 배경음악 또한 구상해보았다. 또한 이 모든 것을 종합적으로 체크하고 평가하는 개인적인 평가서를 만들어 벽에 붙였다.

미국에 있는 또 다른 친구들에게 보바숍에 가면 닥치는 대로 사진을 찍어서 보내달라고 요청했다. 그들은 하루에도 2~3번씩 전화하여 닥달하는 내 극성을 이기지 못하고 며칠 안 되어 수십 장의 사진을 인터넷으로 공수해주었다. 그들은 나를 돕기 위해서가 아니라 내게서 벗어나기 위해서 사진을 보낸다며 농담을 하기도 했다. 나는 어떤 일이 있어도 내게서 절대 벗어날 수 없다며 우스개 협박을 담은 이메일을 답신으로 보냈다.

그들이 보낸 자료를 토대로 몇몇 인기 매장의 인테리어나 기본 구조를 파악할 수 있었는데, 그것은 곧바로 우리 매장의 첫 예비 모델이 되었다. 일부 관찰력 있는 친구는 세세하게 매장의 구조를 그려서 보내주기도 했다. 이 친구는 가게의 사장이 버젓이 카운터를 보고 있는 와중에 간 크게 여기저기를 살피며 그렸다고 한다. 아르바이트 직원이 다가와 혹시 경찰이냐고 묻기까지 했다는데, 그 친구는 "난 이 짓을 해야만 한다"고 답했다고 한다. 나는 그 얘기를 듣고 박장대소를 터뜨렸다.

한국에서의 본사 및 매장출범 준비는 그렇게 진행되어가고 있었다.

불완전한 면이 많았지만 모든 일은 불과 며칠 만에 빠르게 이뤄졌고, 나는 그 정도 선에서 국내에서의 준비를 마쳤다. 이제 미국의 션에게서 전화를 받을 차례였다.

며칠 후 션에게서 연락이 왔다. 나는 션을 포함하여 많은 외국인 친구들과 논의하고 상의하느라 밤 6시 퇴근 이후에는 전화통을 붙들고 있었다. 하지만 정작 션은 바쁜 일이 있는지 연락을 잘 받지 않았다. 이후 물어보니 그는 부모님이 계신 샌프란시스코에 도착했고 가족간에 일이 있었다고 했다.

그는 LA에서 샌프란시스코까지 5시간도 채 안 걸렸다고 자랑하면서 내가 이전에 그곳에 차를 몰고 갔을 때 8시간이 걸렸다는 사실을 꼬집었다. 그러나 LA에 돌아와서 다시 내게 전화를 건 션의 목소리는 풀이 죽어 있었는데 그 이유를 안 후 나는 웃지 않을 수 없었다. 녀석은 갈 때와 똑같은 속도로 밟고 돌아오다가 고속도로 경찰(Highway Patrol)에게 걸린 것이었다. 벌금만 무려 우리 돈으로 30만 원 가량 나왔다고 한다. 경찰은 그를 잡자마자 "우리가 당신을 잡는 데 시간이 얼마나 걸렸는지 아느냐"며 성질을 부렸다고 한다. 션이 얼마나 쩔쩔맸을지 안 봐도 알 수 있었다. 그는 이후 샌프란시스코에 갈 때마다 느림보라며 놀려댔던 나처럼 항상 8시간 걸려서 갔다.

예상대로 션은 내가 요청한 것들에 대해 거의 하나도 빠짐없이 조사해주었다. 그는 정보를 그대로 전달하는 로이터 통신이라기보단 더욱더 자세하고 분석적인 정보를 첨부하는 블룸버그 통신에 가까웠다. 그러나 전화로 통화하는 것은 비용도 많이 드는데다 듣는 내용을 잊어버리기가 쉬워서 나는 그에게 모든 내용을 이메일로 보내달라고 부탁했다. 한 시간도 안 되어 웬만한 단편소설만큼의 이메일이 도착했다. 그 메일을 읽는 것은 실로 가슴 뛰는 일이었다. 나는 그가 애써준 결과가 매우 만족스러웠고 뿌듯했다.

그가 보내온 모든 정보는 세세히 정리되어 있었고, 각각 조달이 필요한 물품별로 유망한 회사들의 목록과 연락처 및 소견이 빼곡히 적혀 있었다. 웬만한 컨설턴트의 리서치 페이퍼(Research Paper) 뺨칠 정도였다. 나는 그가 그 짧은 시간에 어디서 그러한 회사들의 목록과 담당인원의 연락처 및 이메일을 정확히 알아냈는지 놀라지 않을 수 없었다. 그리고 이후 그가 국제전화 카드를 구매하여 타이완의 많은 회사들에 실제로 전화를 걸었다는 사실을 알게 됐을 때는 정말로 감동했다. 그는 자신이 생각하는 각 회사들의 장단점을 보바사업 경험이 있는 그의 아버지와 함께 상의하여 소견서에 실어 보내주었고, 자신이 추천하는 회사목록을 2~3개 정도 보냈다.

게다가 타이완에서 보바사업을 하기 위해 소요되는 평균 창업비가 미화 3,000달러이며, 잔당 판매가와 거기서 유발되는 수익률을 대략적으로 계산한 공식 역시 보내왔다. 감탄을 넘어서 감동적이기까지 했다. 그는 항상 그렇게 열정에 차 있었다. 나중에 고백하기를 션은 그 많은 일을 한국에서 내가 실제로 시도하기가 어렵지 않을까 생각하면서 이메일을 썼다고 했다. 아이러니하게도 그의 이메일이 내게 가장 큰 용기를 불어넣어줬음에도 불구하고 말이다.

나는 그의 이메일을 며칠 동안 심사숙고하며 읽었다. 그의 데이터는 주로 타이완에 맞춰졌고, 그것은 곧 외국 수출업체들에 관한 자료를 의미했다. 내 데이터는 국내시장 개척에 목적을 두고 있었고, 최종적으로 우리가 해야 할 일은 그와 나의 데이터를 조화롭게 혼합하는 것이었다. 나는 옥스포드 사전 편찬에 참여했던 닥터 윌리엄 체스터 마이너(예일대학 출신의 의사로 전쟁터에 군의관으로 참여하여 탈영병들에게 낙인

찍는 형벌을 수행하다가 조발성 치매증에 걸린다. 치료를 위해 간 영국에서 살인을 저지르고 정신병원에 옮겨지는데, 그곳에서 이후 30년간 옥스포드 사전에 쓰이는 수많은 인용구어를 제작한다) 못지않은 편집증을 발휘해야 할 것 같다는 생각이 들었다. 이것이 결국 할리우드 영화가 될지 할리우드 액션으로 끝날지는 전적으로 지금부터의 노력에 달려 있었기 때문이다. 션이 내게 전달해준 노력을 생각해서라도 나는 보다 많이 생각하고 고민해야 했다.

거래회사로 타이완의 HD그룹을 선정하다

장고 끝에 션이 추천한 회사의 상위 리스트에 올라 있던 HD그룹을 내 거래회사로 택했다. 그 회사는 타이완에서 실링 머신이나 기타 용기부문에서 많은 상을 수상했으며, 말레이시아와 중국을 포함한 동남아시아 전역에 계열회사를 두고 있었다. 또한 다른 업체들에 비해 많은 부분이 훨씬 투명해 보였다. 션의 아버지가 HD그룹에 인맥을 가지고 있다는 사실도 내 결심에 큰 이유가 되었고, 회사에 대한 내 개인적인 느낌 또한 좋았다.

나는 곧바로 미국의 션에게 전화를 걸었고 그는 전광석화 같은 속도로 HD그룹의 중요한 인사인 크리스를 나와 연결해주었다. 션의 도움은 절대적이었다. 또한 그 짧은 시간에 어떻게 그가 HD그룹의 중역들과 알게 되었는지 의아했다. 션이 소개해준 크리스는 이후 나와 거의 형제 같은 사이가 되었다. 그는 내 이야기를 전해듣고 고맙게도 먼저 연락해 왔다. HD그룹이 그처럼 번영한 이유를 알 수 있는 대목이었다. 사실 크리스는 HD그룹 회장의 장남이었고 그룹의 차기 후계자였다. 션은 그야말로 내게 거물을 소개해준 셈이었다. 그러나 션은 나중에 내가 고맙다는 의사를 전달하며 그 이야기를 할 때까지 정작 크리스의 정체에 대해 잘 모르고 있었다. 그는 우연인 것 같다며 놀라워했다.

크리스와 나는 몇 가지 개인적인 소개와 설명을 교환한 후 곧바로 비즈니스에 관련된 이야기를 나누었다. 그는 한국에 대단히 관심이 많았다. 그는 마치 돕고자 하는 열망으로 가득찬 듯했지만, 경험이 없다면 상당히 힘든 일이 많을 것이라는 충고를 빠뜨리지 않았다. 나는 얼마 지나지 않아 그 말이 사실이란 것을 뼈저리게 확신하게 되었다. 당시 나는 소량 수입에 대해 좋은 정보를 담고 있던 김홍진 씨의 《누구라도 할 수 있는 소량 수입 창업》이라는 책을 읽고 나서 한창 수입에 자신감을 보이고 있었다. 하지만 크리스와 실제 수입협의를 하면서 생각보다 모든 것이 만만치 않자 맥이 빠졌다. 대량 수입을 위해 선행되어야 할 일은 너무도 많았다. 각종 가격에 대한 협의부터 향후 거래전망, 정확한 계약서 작성 및 수입품목을 분류하는 일까지, 지금부터 우리가 해야 할 일은 여태까지 해온 것처럼 하루아침에 되는 일들이 아니었다.

난관을 헤쳐나가기 위한
수입거래 협상

내가 판단하기에 해외 라인을 통해 우리가 수입해야 할 품목은 컵과 리드(Lid, 뚜껑), 컵에 씌우는 필름과 그 작업을 수행하는 기계, 그리고 보바를 제조하는 데 들어가는 식품 분야의 수입품들이었다. 그러나 사실 내겐 어디서부터 무얼 해야 할지에 관한 구체적인 정보가 없었다. 대략적인 정보는 가지고 있다고 생각했지만 검증이 되지 않은 머릿속 정보가 대부분이었고, 전반적인 방향 또한 알고 있다고 생각했지만 총론은 있고 각론이 결여된 양상이었다. 그도 그럴 듯이 이 모든 것을 기획한 것이 단 2주도 안 된 상황이었다. 스피드로 모든 것을 밀어붙여 짧은 시간에 많은 일을 해냈지만, 이제는 보다 섬세해야 할 차례였다. 물론 난 그럴 준비까지 되어 있진 않았다.

예상치 못한 문제들

수입할 제품에 대해 근본적인 지식이 없다는 것은 가장 큰 걸림돌로 작용했다. 나는 도대체 식품용기에 쓰이는 필름(Film)이 사진 찍는 데 쓰는 건지, 컵의 윗부분을 포장하는 데 쓰이는 리드(Lid)가 무엇인지 알지도 못했고, 알고 난 후에도 그 용도를 확실히 인식하지 못했다. 또한 수입 예상물량과 종류도 정확히 파악하지 못했을 뿐더러 모든 측면에서 우왕좌왕했다. 설상가상으로 크리스가 섬세한 영어를 구사하지 못했기 때문에 때로 그가 범하는 언어적 실수는 내게 큰 부작용을 초래하기도 했다. 이를테면 '우리는 한국에 수출하지 않는다' 는 말에 놀라서 어찌된 영문인가 했는데 나중에 알고 보니 우리는 그 품목을 한국에 수출한 적이 없다는 말이었다.

나는 그 동안 새장 속의 새처럼 안락한 세상에서 살았다는 사실을 느끼기 시작했다. 영어만 잘 하면 국제교역에 자유로이 참여할 수 있을 줄 알았는데 현실은 그렇지 않다는 사실을 배우게 됐고, 전화통화로는 표현하지 못하는 것이 너무 많다는 것도 알게 됐다. 월 스트리트의 딜러처럼 전화 몇 통화로 거래가 이뤄지는 시스템이라면 좋겠다는 생각이 들었다. 게다가 나는 공익근무로 인해 오후 6시 이후에만 통화가 가능했기 때문에 제대로 협상을 진행하기에는 너무 지쳐 있는 경우가 많았다. 업무시간 막바지에 이르러서야 내 전화를 받던 상대도 마찬가지였다.

며칠이 더 지나고 인터넷을 이 잡듯 뒤진 끝에 나는 HD그룹과 우리가 거래할 수 있는 상품들 및 수입경로와 절차를 대략 파악하게 됐다. 동일 상품의 국내 판매가격에 대해서도 알게 되었는데 확실히 타이완에서 생산하여 공급하는 물건 수출가격은 국내 판매가격보다 월등히 낮았다. 그렇다고 품질이 낮은 것도 아니었다.

HD그룹의 생산품은 미국과 캐나다, 그리고 이스라엘과 인도에까지 수출될 정도로 우수한 품질을 자랑했다. 나는 선의 말처럼 국내에서 제대로 프랜차이즈를 설립하려면 어떻게든 수입망을 제대로 세워야 한다는 결론에 도달했다. 동일 상품의 국내 공급가와 해외 수입가를 비교한 후 그러한 확신은 더욱 강해졌다. 품질상의 차이가 없거나 타이완측 제품이 더 우수하다면 이 부분엔 확실히 경쟁력이 있었다. 그러한 경쟁력을 놓치는 것은 중요한 기회를 놓치는 것과 같다는 생각이 들었다.

크리스는 의욕에 차서 수많은 질문을 퍼붓는 내게 싫은 기색 한 번 없이 친절히 답해주었다. 그는 내게 플라스틱 사업에 대한 많은 것을 가르쳐주었을 뿐 아니라 한국에 대해서도 지속적인 관심을 표명했다. 나는 그를 통해 HD그룹과의 관계형성에도 성공했을 뿐 아니라 용기와 기계 부문의 수출·수입망을 어렴풋하게나마 세울 수 있었다.

일단 HD그룹과의 관계형성은 성공했지만 더욱 중요한 것은 법적으로 어떤 절차를 거쳐야 우리가 합법적으로 수입을 진행할 수 있는가 하는 부분이었다. 일찍이 시도해보지 않은 분야인지라 내겐 두려움이 앞섰다. 만일 이유 없이 안 된다고 하면 어쩌나 하는 걱정도 들었다. HD그룹에선 그럴 일은 없을 거라고 했지만 무역을 한 번도 경험해보지 않은 나는 왠지 그러한 일이 가장 두려웠다. 매일 5시간밖에 수면을 취하지 못했기 때문에 심신이 극도로 지쳐가는 것도 내적인 불안감을 부채질했다. 그리고 당시 내 신분이 공익근무요원이었으므로 어떠한 작업도 공식적으로 하지 않았고 오히려 아버지께 공식적인 역할을 맡아달라고 부탁한 상황이었다. 실제로 회사가 출범하면 실질적인 운영을 아버지나 다른 사람에게 맡기고 나는 물러날 것이라고 생각하고 있었다.

크리스와 매일같이 짬을 내서 통화하고 HD그룹 중심으로 무역을 진행하기로 약속한 후, 그에게 우리의 메뉴 부분에 쓰일 식품들과 기타 물품의 분류작업을 도와달라고 요청했다. 그것은 매우 바쁜 그에게 쉽지 않은 요구였다. 크리스에게 만일 바쁘거나 힘들면 도와주지 않아도 된다고 이야기했다. 다만 그로써 우리 사업의 방아쇠를 좀더 빨리 당긴다면 크리스의 회사에도 도움이 될 것이라는 의견을 애기했다. 만일 그가 거절한다면 선이 준 리스트의 다른 회사 직원에게 같은 부탁을 할 예정이었다. 고맙게도 크리스는 그 작업을 도와줄 것이라며 흔쾌히 내 요청을 승낙했다.

식품가공업자를 소개받다

그렇다면 이제 수출이 가능한 식품 제작업체를 선정할 차례였는데 이 부분의 작업을 도와줄 누군가가 필요했다. 크리스는 그 이야기를 전해듣고 마침 HD그룹의 회장님이신 그의 아버지께서 아주 유능한 사람을 알고 있다고 했다. 나는 즉시 소개를 부탁했다.

그렇게 해서 알게 된 사람이 바로 탕하오지에라는 타이완 사람이었다. 그는 특이하게도 태국에서 더 많은 사업을 벌이고 있었고, 태국 차(茶) 시장의 90% 가량을 독점하는 사업체를 갖고 있었다. 그는 보바는 물론이고 커피를 제외한 모든 종류의 마시는 사업에 손을 뻗치지 않은 곳이 없었다. 나중에 타이완에 가서 나와 만났을 때 60도에 가까운 고량주를 원샷하는 놀라운 힘을 보여주었다.

그는 자신의 자녀도 영국에서 유학 중이라며 미국에서 공부한 내게도 관심을 보였다. 크리스는 나와 미스터 탕의 의사소통이 좀 우려된다며 걱정을 표명했는데, 얼마 지나지 않아 그의 우려대로 문제가 드러나기 시작했다. 내가 존경하는 GM의 전설적 경영자인 앨프레드 슬론(Alfred Slone)은 한 사람을 뽑는 데 4시간을 쏟지 않으면 바로잡는 데 400시간이 걸린다는 말을 남긴 적이 있다. 크리스는 의사소통이 좀 걱정되긴 하지만 미스터 탕은 그래도 최고의 선택이라며 내가 후회하지 않을 것이라고 했다. 그러나 그후 내가 후회한 시간은 400시간이 넘을 것이다.

미스터 탕의 영어실력은 바닥에 가까웠다. 나는 정말 미칠 지경이었다. 그는 나와 이야기할 때 OK라는 말을 자주 하면서 대화를 긍정적으로 이끌고 갔는데, 시간이 지나고 나면 무슨 이야기를 했는지 모르는 경우가 허다했다. 그러면 나는 또다시 전화를 걸어 설명해야 했고 이번에도 수많은 OK 속에 대화가 끝났다. 나는 대체 어떤 OK가 진짜 OK인지 알 수 없었고, 때로는 내 말 속에 담긴 단어들의 수보다 그가 내뱉는 OK의 수가 더 많아 보이기도 했다.

그는 제품소개 브로셔를 보내달라는 내 요청에 한문으로 가득 찬 종이들을 보내주었다. 그걸 본 내 얼굴은 심하게 일그러졌다. 영어로 번역해달라는 내 요구에 대한 답은 계속 팩스로 전달되는 한문 브로셔였다. 결국 나는 그와 영어로 대화하는 일을 포기하고 말았다. 많이 잊어버리긴 했지만 그래도 예전부터 공부한 중국어로 대화하는 것이 훨씬 빠를 듯했다. 현실을 직시해야 했고 언어장벽의 어려움 따위는 어떻게든 뛰어넘어야 한다는 생각이 들었다. 내게 조금이라도 능력이 있다면 모두 활용해야 했다.

다음날부터 중국어로 질문을 준비하여 대화를 시도하는 내게 미스터 탕은 소리를 질러대며 환영했다. 어제까지는 1분 걸러 한 단어씩 나오던 그의 말이 이제는 닥터 드레(Dr.Dre, 미국의 랩퍼) 못지않은 랩 솜씨처럼 뿜어져 나왔다. 무슨 말인지 도통 못 알아듣기는 이번에도 마찬가지였다. 나는 정말 미쳐버릴 지경이었다. 한국에 온 후 중국어를 한마디도 연습하지 않았는데 그것이 내게 치명타를 날리고 있었다. 이번에는 내가 자신없는 OK를 반복하는 신세가 되었다. 전화를 끊고서 또 전화해서 물어보고 또다시 전화가 걸려오는 쳇바퀴 같은 대화가 거듭되었다. 이번에는 미스터 탕이 답답해하는 일이 벌어졌다.

크리스는 수입에 대해 확실히 매듭짓기 위해선 내가 타이완에 와야 할 것 같다는 결론을 내리고는 정중하게 나를 초대했다. 나는 공익근무요원이라는 사실을 밝히지 않았기 때문에 그의 초대에 난감함을 표시했다. 그때까지만 해도 나는 공익근무요원이 정당한 절차를 통해 해외에 나갈 수 있다는 사실을 몰랐다. 다만 누군가 타이완에 가서 수입업무를 마무리지어야 한다는 크리스의 말은 확실히 맞는 것이었다. 지금처럼 전화나 인터넷으로만 협의가 이어지면 의사소통 속도가 느려지고 나중에는 무산될지도 모르는 위기상황이었다. 내가 아닌 누군가라도 타이완에 가서 크리스를 직접 만나야 한다는 생각이 들었다.

신분의 한계와 새로운 출구

타이완에 갈 사람을 물색하는 것은 정말 어려운 일
이었다. 나는 결국 가족에게 부탁할 수밖에 없다고 생각했다. 가족의 타
이완 방문이 이뤄지면 내가 이 사업을 이어갈 확률이 훨씬 높아질 것이
고, 그들이 거절하면 이 사업은 없어지는 것이었다. 처음 내 제의를 받
았을 때 동생은 머뭇거리는 눈치였으나 간곡한 내 청을 승낙했고, 딸을
혼자 보낼 수 없다고 생각하신 어머니께서 동행하겠다고 말씀하셨다.
그들은 충분한 시간적 여유를 주지도 않고 결정을 종용하는 내게 어이
없다는 표정을 짓기도 했지만, 미안한 기색도 띠지 않는 내 뻔뻔함에 결
국 손을 들었다.

가족에게 타이완 방문을 부탁하다

타이완 방문 일행은 어머니와 동생으로 든든히 짜여졌다.
가장 믿을 수 있는 사람들이라는 점에서 당시로선 최상의 팀이었다. 어
머니는 사물을 객관적이고 냉정하게 고찰하는 능력을 지닌데다 나름의
비즈니스 감각을 갖춘 분이셨고, 동생은 나이에 비해 속이 깊고 외국어

능력이 뛰어났다. 그들은 단시간에 심도 있는 논의를 할 수 있는 능력을 갖추었다. 곧바로 크리스에게 연락하여 가족이 타이완을 방문할 것이란 사실을 전했다.

나는 동생과 어머니의 출국서류를 준비하는 동시에 그들의 방문일정을 2주로 정하고, 개괄적인 차원에서부터 구체적인 부분까지 계획을 짜기 시작했다. 출국을 위한 서류준비는 일사천리로 진행되었고, 이미 해외출국 경험을 가진 동생이 단기간에 여행준비를 마쳤기 때문에 별다른 문제가 없었다. 다만 그들의 각지 방문계획을 만드는 일은 내가 타이완을 전혀 가본 적이 없었기 때문에 조금 어려움을 겪었다.

나는 독일의 철학자 임마누엘 칸트가 가보지도 않은 외국의 다리를 독서를 통해 마치 현지인처럼 잘 알고 있었다는 일화에서처럼, 가보지 않아도 지역적으로 세밀한 스케줄을 짤 수 있을 거란 믿음을 가지고 있었다. 지리적인 정보와 각 회사의 위치는 미국의 션과 스테파니의 도움을 받아 어렵지 않게 계획을 세울 수 있었다. 친구들이 워낙 자세하게 정보를 제공해준 덕분에 각 회사의 약도와 주변 위치 설명도까지 빠른 시간에 완성할 수 있었다. 그들이 분류한 회사들의 위치는 타이페이, 타이중, 가오슝의 세 도시에 있었으므로 대략 이 세 곳을 기준으로 계획을 짰다.

내 스케줄은 일단 기계와 용기부문의 중심 공급책이 될 크리스와 우리 가족의 만남을 주선한 후 그들이 HD그룹에서 각종 견학을 통해 필요한 지식을 쌓게 하고, 크리스와 동행하여 우리의 수입대상 물품을 공급할 회사들의 대표자들을 만나도록 하는 것이었다. 크리스가 HD그룹 회장의 아들이라는 사실은 관련 분야에서 잘 알려져 있었기 때문에 그가 동행해야만 이번 계획이 제대로 될 수 있었다.

그러나 크리스도 약간 낯을 가리는 편이었고 그런 그에게 만나지도 않은 회사의 대표자들과의 만남을 주선하여 대화를 하도록 하는 데에는 약간의 용기가 필요했다. 나는 일단 션과 상의한 끝에 그가 만날 사람들에 관한 사전정보를 최대한 미리 작성해놓았다. 크리스는 가오슝에 살고 있었고 우리가 만나야 할 일부 사업자들이 그로부터 2시간 떨어진 타이중에 있었기 때문에 크리스는 2시간 가량을 운전해야 할지도 모르는 상황이어서 그가 이를 승낙할지 어떨지 알 수 없었다.

그럼에도 불구하고 이번 방문에 모든 가능성을 걸어야 하는 우리로서는 그를 설득해야 했다. 단 한 번의 방문에 모든 것을 거는 주제에 나는 각 부분마다 2~3개씩 후보 거래회사를 정하고, 그 동안 알아낸 빼곡한 정보와 스케줄, 회사 대표자의 이름을 적었다. 션과 나는 회사 대표자의 이름을 되도록 정확히 얻기 위해 노력했는데 혹시 크리스의 아버지인 HD그룹 회장님이 아는 분일지도 모른다는 생각이 들었기 때문이다.

실제로 나중에 미팅이 추진되었을 때 HD그룹 회장님이 일부 사람을 이미 알고 있거나 상대방이 HD그룹의 주요 인물을 사적으로 알고 있는 경우가 많았다. 우리가 작성한 후보 거래처의 리스트는 정보취득 소스가 인터넷이었으므로 홈페이지를 보고 결정하는 경우가 70% 정도 되었다. 후에 알게 된 사실이지만 그것은 생각했던 것만큼 안정된 정보수집 방식은 아니었다. 일부 제조업자는 허술한 인터넷 홈페이지에 비해 훌륭한 오프라인 유통망 및 제조 시스템을 갖추고 있었던 반면, 어떤 사업자는 최상의 홈페이지 디자인에도 불구하고 실제로 검증해보니 제대로 된 설비조차 갖추지 못한 경우가 많았다.

그런 경우는 아주 낭패였지만 중화권에서는 그런 웹사이트들이 많았기 때문에, 션과 나는 미리 회사를 검증하여 시행착오를 줄이기 위해 짧은 시간에 수십 차례의 국제전화를 해야 했다. 전화를 통해서도 알 수 없는 정보가 많았지만 어쨌든 우리는 크리스가 제대로 된 정보와 환경을 통해 정확한 사람을 만날 수 있도록 최대한 세밀한 셋업작업을 해놓아야 했다. 내가 바라는 것은 동생과 어머니께서 타이완에 건너가 크리스와 좋은 관계를 맺은 후 내가 계획한 방문 스케줄을 효과적으로 이행하고, 우리의 확실한 공급상대를 선정하는 작업까지였다.

나는 션의 도움으로 어머니와 동생이 출국하기 이틀 전까지 일일 스케줄부터 만날 상대와 논의할 의제를 자세히 구성한 계획표를 내놓았다. 계획표에 등장하는 인물들에게는 최대한 사전연락을 취해놓았고, 타이완의 크리스에게 영어와 중국어를 적절히 혼용하여 우리측의 스케줄을 알렸다. 크리스는 곧바로 우리가 구성한 사전 스케줄을 구체화하는 작업을 시작했다. 처음 일정에 포함되어 있던 몇몇 사람은 바쁘다고 하여 스케줄표에서 미리 제외되었고 따로 만나야 할 두 사람의 미팅 희망날짜가 겹치는 일도 있었지만, 결국 여기저기의 도움으로 미팅 순서와 날짜, 장소를 모두 합의했다. 나중에 한 업자는 크리스와 우리 가족이 그를 만나러 가는 길에 약속을 펑크내기도 했지만, 대부분은 미팅에 응했고 이쪽에서 요구하는 정보를 충분히 제공했다.

동생과 어머니, 타이완으로 출국

동생과 어머니는 과거 미국에 다녀온 적이 있었기에 출국 자체에 큰 부담을 가지고 있진 않았다. 그러나 아무래도 처음 가보는 나라인만큼 어느 정도 긴장했던 건 사실이다. 그들의 방문은 급조된 스케줄에 따른 것이었고 성과를 강조하는 내게 약간의 압력도 받았으므로 편치 않은 여행이었다. 처음 가는 나라에서 수행할 일들이라며 빼곡한 스케줄을 건네주던 나는 어머니와 동생에게 미안한 마음을 금치 못했다. 어머니와 동생은 급한 내 성격에 따라 그야말로 부랴부랴 타이완으로 떠났다.

타이완에 도착한 첫날, 어머니와 동생은 미국에서의 절친한 친구인 맨디 가족의 타이페이 집에 머물렀다. 목소리를 들어보니 다행히도 어머니께선 타이페이가 아주 마음에 든 듯했다. 사실 나는 이번 기회를 통해 우리 가족이 타이완을 경험할 수 있다는 것만으로도 좋은 일이 될 것이라는 생각으로 마음을 비우고 가족을 보냈는데, 동생과 어머니의 쾌활한 목소리를 듣자 최소한 그 목적은 이뤄졌다는 생각에 기분이 좋았다. 더구나 미국의 맨디로부터 타이완에서의 스케줄 중 타이페이에 속하는 부분은 그의 부모님께서 확실히 도와주실 거란 얘기를 듣고는 마음을 놓았다. 타이페이에서는 그다지 중요한 비즈니스 미팅이 없었으므로 가족이 그곳에서 여행을 즐기고 긴장을 풀기를 바랐다.

시간이 흐르며 타이완에서 좀더 많은 전화가 걸려오기 시작했다. 맨디의 부모님은 우리 가족이 보다 자유롭게 움직일 수 있도록 아예 휴대폰을 하나 마련해주셔서 필요할 때마다 즉각 내게 전화를 걸 수 있었다. 타이완 내에서는 동생과 어머니가 짜여진 계획에 따라 잘 움직이고 있었고, 그와 동시에 타이완 밖에서는 나와 션을 비롯한 외부 팀들이 처음 계획의 실행 여부와 성과를 계속 측정하는 한편 새로운 계획을 만들거나 일부 계획을 변경하고 있었다.

그 과정에서 처음에 리스트에 있던 회사들은 내가 한국에서 세울 보바 회사와 실제 거래관계를 맺을 수 있을지 여부에 초점을 맞추어 평가했다. 거래가 여의치 않을 때는 하나씩 하나씩 회사명 앞에 X표를 쳤다. 화려한 인터넷 홈페이지와는 달리 거의 실체가 없는 회사도 있었다. 일부 회사에선 상당히 약삭빠른 협상자들이 나오기도 했으나 우리 가족을 도와주던 노련한 맨디의 부모님은 그들을 다루는 법을 알고 계셨다. 결국 타이페이에서 예정된 미팅들은 모두 성과 없이 끝났다.

그러나 그것은 어떠한 실패나 실수도 아니었다. 오히려 그런 식으로 결과가 드러나야만 실제로 도움이 되는 결정들이 이뤄질 수 있었기 때문이다. 나는 타이완에서 미팅의 결과가 하나씩 전해져 오는 것을 보며 묘한 감정을 느꼈다. 그것은 쾌감 비슷한 것이었다. 이곳에서 치밀하게 구성한 계획이 실제로 그곳에서 이뤄지고 있다는 것은 놀랍기도 하고 재미있는 일이기도 했다. 또한 오랜만의 외국 여행으로 즐거워하는 동생과 어머니의 쾌활한 목소리를 듣는 것도 대단히 기뻤다. 션과 나, 그리고 타이완의 가족들과 맨디의 부모님이 맞춰내는 팀워크가 가동하는 박자나 성과는 대단히 환상적이었다. 유일한 문제는 처음 예상보다 X표로 기록되는 회사 수가 점점 늘고 있다는 것인데, 그것은 나중에 원료공급을 두고 경쟁시킬 수 있는 회사의 수가 줄어든다는 것을 의미하기 때문이었다.

식품업체 선정의 어려움

타이페이를 떠나 가오슝(Kaohsiung)에서의 일정을 시작한 이후, 어머니와 동생은 HD그룹의 크리스와 합류할 수 있었기 때문에 일이 훨씬 수월해졌다. 크리스는 생각보다 결단력이 있고 빠른 판단력을 소유한 친구였다. 그는 또한 높은 도덕적 기준을 가진 사업가이기도 했다. 그가 많은 부분을 맡아 우리 가족을 돕게 된 이후 나는 아는 일보다 모르는 일이 더 많아졌다. 동생과 어머니가 크리스를 따라 독자적으로 움직이며 내게 전화를 거는 일이 줄어들었기 때문이다. 다만 중요한 일이 생기면 여지없이 전화가 걸려왔다.

나와 션은 이전보다 그들의 스케줄에 관여하지 않게 되었지만 이번 타이완 방문에서 우리와 무역거래를 할 수 있는 업체가 꼭 나와야 한다는 사실만은 분명히 인식하고 있었다. 크리스는 이미 HD그룹을 통해 우리에게 필요한 기계와 용기부문의 공급을 약속했기 때문에 우리는 보바제조에 들어갈 식품부문에서의 무역거래 업체를 남겨두고 있었다. 스케줄이 상당 부분 진행되고 있었으므로 우리에게 주어진 판단의 시간은 촉박해졌다. 크리스와 통화해보니 그는 그다지 믿을 만한 업체가 없는 것 같다며 비관적으로 이야기했다.

업체선정에 신중해야 한다는 크리스의 말은 백번 옳았지만 나는 피가 마르는 듯한 기분을 느꼈다. 이번에 모든 시도가 불발된다면 다음번 방문을 기약하기 어려운데다 설령 내가 직접 나선다 해도 해결할 수 있는 문제로 여겨지지 않았기 때문이다. HD그룹은 우리의 회사설립에 관련된 모든 부분을 지원해주기로 했지만, 식품부문에서의 무역거래 업체가 결정되지 않으면 한국에서의 회사설립 작업은 무위로 돌아갈 확률이 높았다.

아버지는 국내 조달업체를 통해 식품부문에서 아웃소싱을 시도하는 것이 어떻겠느냐고 하셨지만 내가 보기에 국내 조달업체들은 타이완의 업체들에 비해 1/10도 안 될 만큼 적은 종류의 제품을 취급했고 가격은 오히려 엄청나게 비쌌다. 그럴 경우 새로 설립될 회사가 물류부문에서 본사로서 제대로 된 입지를 확보하기 어려울 것이라 여겨졌기 때문에, 타이완과 식품부문 무역거래를 확정짓지 못하면 보바 회사설립건은 철회할 생각을 하고 있었다. 이 일이 단순히 좋은 시도 차원에서 마무리된다 해도 충분히 가치 있는 일이라고 생각했기 때문이다.

결국 식품부문을 해결한 사람은 나와 언어소통 문제를 겪고 있던 미스터 탕이었다. 그는 자기 회사가 내 원료거래 업체 리스트의 후보군에 포함되어 있다는 사실을 잘 알고 있었다. 또한 우리가 식품부문 무역거래 업체 선정작업에 난항을 겪고 있다는 사실을 크리스를 통해 미리 알고 있었다고 한다. 그는 전화를 걸어 크리스에게 본인의 회사가 우리와 거래하는 것이 가장 좋을 것 같다는 의견을 제시했다. 우리는 가오슝과 타이중(Taichung)에서 두 업체와의 미팅을 남겨두고 있었는데 마침 한 업체가 한국 세관과 식약청의 통관기준이 지나치게 엄격하다며 미팅을 펑크낸 상황이었다. 다른 한 업체는 대형 보바업체인 롤리컵(Lollicup)의 거래업체 중 하나였는데, 크리스는 내심 그들을 낙점하고 있었으나 워낙 큰 거래처인만큼 아직 설립되지도 않은 한국의 회사에 전폭적인 협조를 해줄지 여부를 의심스러워하고 있었다. 그러나 그는 미스터 탕도 그다지 미더워하지 않았다. 오히려 그는 미스터 탕과 나 사이에서 언어장벽으로 인한 의사소통 문제가 불거지면 자신이 중간에 끼어들어 해결해야 할 것이라는 두려움을 가지고 있었다고 한다.

미스터 탕은 며칠에 걸쳐 크리스에게 자신이 한국 시장을 개척한다 생각하고 제대로 도전해보겠다고 연거푸 제의했다. 비록 그의 영어실력은 형편없었지만 계속 그에게 전화가 걸려온다는 크리스의 말을 듣고 우린 왠지 모를 신뢰감을 느꼈다. 그는 이후로도 나와 수없이 많은 문제를 일으켰지만 끝까지 거래에 최선을 다하는 모습을 저버리지 않았다.

크리스는 미스터 탕과 나의 협조관계가 성립될 가능성에 의구심을 가지고 있다가, 이후부턴 미스터 탕이 영어가 안 되어 답답할 때는 사전을 찾아가며 내게 올바른 정보를 주기 위해 노력했다는 점을 칭찬했다.

미스터 탕과의 합의는 동생과 어머니가 타이완 방문을 마치기 이틀 전에야 겨우 완료되었는데 마지막 미팅을 앞두고 그들이 긴장했을 것을 생각하니 미안한 마음이 들었다. 어쨌든 미스터 탕의 적극적인 행동으로 우리의 식품거래 에이전트는 그로 결정되었고, 가장 골치 아팠던 식품무역 부분이 해결되었다. 그것이 최상의 해결책인지는 모르겠지만 어쨌든 우리의 계획은 우여곡절 끝에 성공한 셈이다.

보바제조 노하우를 전수받기 위한 동생의 2차 방문

타이완 방문을 마치고 돌아온 동생과 어머니는 여행이 즐거웠다며 흥미로운 이야기들을 들려주었다. 그래도 내가 가장 궁금해한 부분은 그들이 겪었던 미팅의 구체적인 내용이었다. 동생은 확실히 많은 지식을 얻고 돌아왔다. 우리의 회사가 물류수입 조달망을 갖추는 것에는 성공했다고 단언해주었다. 그러나 보바 관련 노하우를 전수받는 데 두 달 가량 걸린다는 낙관적이지 못한 뉴스도 함께 전해주었다.

두 달이라는 말을 듣는 순간 나는 얼굴이 고통스럽게 일그러졌다. 그 문제로 인해 성공적인 방문을 마치고 온 동생과 어머니도 고민에 빠졌다. 식품 관련 노하우가 하루아침에 전수될 리는 없으니 그것은 당연한 일이었다. 그 부분을 최대한 배제하고 모든 과정이 간단할 것이라는 착각에 빠져 있던 나 자신을 질책하지 않을 수 없었다. 우리의 회사설립 시도는 결국 수입물류 조달망 마련이라는 큰 산을 우여곡절 끝에 넘었지만 제조 노하우 확보라는 벽에 부딪쳤다.

타이완에 있는 크리스도 전화를 걸어와 보바제조 노하우 전수가 간단치 않은 문제라는 메시지를 반복했다. 그는 누군가가 타이완에서 두 달 가량 머무르며 제조 노하우를 연수받아야 한다는 이야기를 계속 했다. 이제 누군가가 타이완으로 다시 가야 한다는 사실이 분명해졌다. 그렇지 못한다면 회사설립 계획은 좌초될 것이 확실했다. 그러나 타이완에 두 달 동안이나 머무를 사람을 물색하는 것은 쉽지 않은 일이었다. 어쩔 수 없이 나는 동생을 주목했지만 막 타이완 방문을 마치고 돌아온 동생의 피곤한 얼굴에 도저히 말을 꺼낼 수 없었다.

그러나 회사설립 작업을 위해선 동생 가영이가 가장 적합한 인물이란 생각이 갈수록 들었다. 휴학 이후 미국이 아닌 다른 나라에서 짧지 않은 기간 체류하며 여러 가지를 경험할 수 있다면 가영에게도 좋은 일이 될 것이란 생각이 들었다. 나는 동생을 설득하기로 마음 먹었다.

며칠간 가영이에게 이 일에 관한 내 의견을 이야기하고 동생의 의견을 경청하는 시간을 가졌다. 나는 우리의 대화에서 가장 중요한 것은 확실한 결론이 빨리 나오는 것이라는 사실을 강조하고는, 동생에게 새로운 환경도 경험할 겸 보바 관련 기술을 배워볼 생각이 없느냐고 제의했다. 동생이 거절하면 모든 계획을 깨끗이 철회할 것이고, 동생의 역할은 어디까지나 기술배달자에 그칠 것이라는 사실을 약속했다. 동생은 타이완에서 새로운 환경을 공짜로 경험할 기회를 갖는 것은 좋은 일이라고 생각한다고 말했다.

동생은 처음에는 가기 싫어했던 것 같았지만 다행히도 내 제의를 받아들였다. 나는 지금까지도 용기 있는 결정을 내려준 동생에게 고마움을 간직하고 있다. 동생이 아니었다면 그 이후의 모든 일이 불가능했을 것이다. 그러나 가영이는 의사결정 시간이 너무 빠른 내게 숨이 막힌 나머지, 너무 많은 것을 한 번에 쏟아내는 급한 성격의 오빠에게 불만을 토로하기도 했다. 가영이가 쏟아낸 불평은 일리가 있는 것이었다.

나는 지나치게 솔직한 것이 탈이어서 때로는 동생을 화나게 만들기도 했다. 그 중에는 내가 단 0.03초 만에 자신을 쏘아올리는 흡혈박쥐처럼 빨리 움직이지 않으면 모든 것이 무산될 것이라고 이야기했던 것도 포함되었다. 섬세하고 착한 감성을 가진 가영이에게 그러한 발언은 마치 흡혈박쥐가 되라는 식의 협박처럼 느껴졌을 것이다. 다만 당시의 나는 그 정도로 신속하게 일을 처리하지 못하면 모든 것이 무산될 것이라는 위기감에 젖어 있었다. 나는 좀더 동생의 생각과 감정을 존중해주지 못한 것을 두고두고 후회했다. 나는 어떤 일에 임할 때 무지막지하게 몰아붙이는 습관이 있었기 때문에 함께 임하는 사람들이 때로 불편함을 느끼도 했다.

　동생의 승낙이 떨어진 지 몇 시간도 안 되어 나는 동생의 타이완 재방문 목표와 과정을 비교적 간결하게 적은 플랜을 내놓았다. 이제부터는 동생이 만들어가는 일이었기 때문에 이전 방문처럼 내가 구체적인 계획을 내놓는 것은 바람직하지 않다고 생각했다. 또한 너무 자세한 일정표를 주면 동생이 가기도 전에 타이완 방문에 질려버릴 것 같았다. 나는 가영이가 즐거운 마음으로 타이완 연수를 마칠 수 있기를 진심으로 바랐다. 동생에게 미안한 마음이었으나 실제 회사수익이 발생한다면 상당 부분을 동생에게 양보할 마음을 가지고 있었다. 미안한 마음에 대한 보상은 그때 가능할 것이라고 믿었다.

　동생은 일주일간의 준비과정을 거쳐 머물 장소와 기술을 배울 곳 등 모든 사항에 대해 확정된 정보를 받았다. 동생은 HD그룹 회장님 댁에서 머물 예정이었고, 매일 오전과 오후 그녀를 태우고 다닐 차편까지 모두 내 계획과 크리스의 협조를 얻어 확보되어 있었다. 동생은 처음보다는 홀가분한 마음으로 용기 있게 타이완으로 떠났다. 두 달간의 체류는 짧지만 쉽지 않은 일이 될 것이다. 이 모든 일이 매우 빠른 속도로 진행되었는데 동생이 이에 휩쓸리거나 지치지 않기를 바랐다. 부모님께서는 또다시 타이완으로 무거운 임무를 지고 떠나는 딸의 모습을 안쓰럽게 보셨지만 나는 동생이 잘 해낼 것이라는 믿음을 가지고 있었다.

보바 익스프레스 수입협상을
시작하다

동생을 떠나보내고 나서 나는 국내에서의 준비과정
에 주력했다. 가장 주안점을 기울인 부분은 인터넷이었다. 상호 결정도
고민되는 부분이었다. 나 혼자 결정하기보다는 미국과 타이완, 일본의
동원 가능한 신세대 친구들에게 모두 연락을 취하여 아이디어를 함께
고민했다. 우리 모두를 이어준 것은 인터넷 메신저였다. 이내 수많은 상
호가 튀어나왔지만 일부 상호는 우리나라 말로 번역할 수 없는 말도 있
었고 도저히 감이 안 오는 것도 많았기에 상호를 정하는 일 또한 쉽지
않았다.

회사 이름을 결정하고 웹사이트 구축

결국 친구들의 의견은 우리가 미국에서 가장 많이 모이던
업체의 의미를 한국에서도 살리는 방향으로 '보바 익스프레스(BOBA
EXPRESS)'로 정하는 게 좋겠다는 쪽으로 결집되었다. 나는 며칠간의
생각 끝에 그렇게 하기로 결정했다. 상호에 대한 고민은 처음부터 해왔
지만 막상 결정되고 나니 참 좋다는 생각이 들었다. 상호는 지난 두 달

동안 다른 일들이 활발히 진행되던 와중에도 풀리지 않는 매듭과 같았기 때문이다.

나는 1인 기업 형태로 움직이고 있었기 때문에 한 가지 일에 지나치게 오래 매달리는 일은 금물이었다. 그로 인해 체력이 바닥나거나 심리적으로 위축되는 일이 없도록 거의 모든 종류의 일에 속도를 가하는 작업이 더욱 중요했다. 좋은 상호를 정하기 위해 장고를 거듭하는 것도 좋은 일이지만 당시 주어진 내 상황에선 한 가지 일로 인해 지나치게 시간을 빼앗기지 않는 것 또한 중요했다.

인터넷 작업은 과거 스웜웨어네이션 시절의 기억을 더듬어 당시와 비슷한 구조로 재구성했다. 나는 당시처럼 모든 페이지를 종이에 그려서 사다리처럼 각 페이지마다 연결망을 붙여놓았고, 페이지별로 자세한 설명과 포함내용을 덧붙인 후 웹마스터인 봉학이에게 넘겼다. 이제 디자인이 문제였다. 나는 디자인에 별 조예가 없다고 생각하여 타이완의 일부 보바업체들의 사진과 기존에 내가 가지고 있던 미국의 매장 사진자료를 봉학이에게 넘겨서 가장 적절한 이미지를 추출해달라고 부탁했다. 얼마 지나지 않아 봉학이와 나는 약간의 진통을 거친 후 훌륭한 디자인에 도달했다.

지루한 수입협상 시작

또 하나 중요한 작업은 미스터 탕과 크리스가 전해온 물품의 수입절차 및 최종원가를 미리 예측해보는 것이었다. 우리가 해외 업체와 함께 수행하는 무역작업이 최종적으로 국내에서의 적절한 원가로 연결되지 않는다면 그 수입은 하지 말아야 할 것이다. 나는 상품별 가격이 얼마나 합리적일 수 있는지와 어느 정도까지 가격이 낮아질 수 있는지 여부를 끊임없이 체크했고 그래프로 그렸다.

나중에 변수가 생겨 타이완에서 할인을 해준다든지 어느 부분의 가격이 상향 조정된다면 해당 부분의 그래프를 움직였다. 각종 컵과 리드, 빨대를 만드는 플라스틱 마켓은 가격변동이 꽤 있는 편이었기 때문에 그래프는 생각보다 자주 움직였다. 어떤 때는 지나치다 싶을 정도로 많이 올랐지만 어떤 때는 반대로 심하게 내려가는 경우도 있었다. 나는 HD그룹 내에서 월별로 가격변동을 기록하는 사람에게 매달 정보를 받아서 그래프의 높낮이를 측정했고 그 와중에 평균가를 산출했다. 그것이 나중에 우리의 공급 목표가가 될 것이라고 설정했다. 이러한 작업은 매우 중요했다. 구체적인 자료를 토대로 해야만 표준 해외 수입가를 설정할 수 있을 뿐 아니라 우리가 수출업체로부터 얼마나 할인을 받는지, 또는 실제로 혜택을 받고 있는지 여부를 알 수 있기 때문이다.

미스터 탕이 전해준 주스 원재료 가격은 매우 낮았다. 내가 생각하기에도 지나치다 싶을 정도로 가격수치가 낮았지만, 미스터 탕에게선 별다른 설명이 없었다. 나는 미스터 탕과 초기에 이야기했던 상품이 맞는지 목록별로 확인해보았지만 별다른 이상이 없어 보였다. 그러나 미스터 탕은 그것이 타이완 내수용 주스 원재료 가격이라는 점을 당시 내게 말하지 않음으로써 중대한 실책을 범했다. 그로 인해 그의 자료를 토대로 처음에 책정한 원재료 가격보다 나중에 무려 75%에 달하는 인상을 통보받고 큰 충격을 받았다.

한국은 대단히 엄격한 식품 평가기준을 적용하기 때문에 타이완 내수용 주스 원재료는 식약청 기준을 통과할 수 없었다. 미스터 탕은 그러한 사실을 알고 있었으나 내가 상품가격이 높다고 생각할까봐 말을 하지 않았던 것이다. 나중에 그는 영어로 어떻게 설명해야 할지 몰라서 가격 인상을 어설프게 해명할 경우 내가 공연히 가격만 올랐다고 생각할 것이 두려워 말을 못 했다는 이야기도 털어놓았다.

그러나 그는 어떤 식으로든 그러한 가격인상을 미리 예고하고 충분한 이유를 영어로 번역하여 내게 보내는 성의를 표시했어야 했다. 대부분의 경우 돌발상황은 그에 대비할 시간을 갖도록 조금이라도 미리 아는 것이 훨씬 나았다. 그러나 미스터 탕은 초기에 그가 내놓았던 싼 가격의 식품 원재료에 대한 협의가 거의 끝나갈 무렵 청천벽력같이 그 동안 협의한 가격이 잘못되었다며 훨씬 높은 가격의 식품 원재료 리스트를 보내왔다. 나는 그제야 그 동안 우리가 협의했던 것이 타이완 내수용 상품이었다는 것을 알게 되었다.

갑작스레 별다른 경위설명 없이 통보한 큰 폭의 가격인상은 그와 나 사이에 엄청난 갈등요인으로 작용했다. 나는 매우 화가 났다. 가격이 갑자기 올라간 것이 문제가 아니었다. 진짜 문제는 그가 믿을 수 있는 사람이냐 아니냐였다. 그것은 보다 근본적인 차원의 문제로 인식되었다. 나는 식품수입건에서 다시 협상 초기단계로 돌아가야 했고 이내 좌불안석이 되었다. 생각해보니 그것은 1차적으로 내 잘못이었다.

나는 보다 많은 것에 대해 자세한 질문을 던졌어야 했고, 의문이 드는 어떠한 것에 대해서도 침묵해서는 안 되었다. 낮은 가격에 뒤따를 수 있는 품질저하의 문제를 제대로 생각해보지 못했다는 사실은 나 자신에게 심한 자책감을 불러일으켰다. 물론 미스터 탕도 더욱 솔직하게 내게 가격구조를 설명하고 그것이 내수용인지 수출용인지 사려 깊게 알려주었어야 했다. 어찌됐든 가장 큰 책임은 여전히 내게 있었다. 미스터 탕은 그러한 것을 자세히 내게 알려줄 만큼 유창한 영어실력을 구사하지 못했기 때문이다. 그것은 굉장히 뼈아픈 실수였다.

나는 미스터 탕과의 원료협의가 결렬될 것을 우려하기 시작했고, 무역 라인의 좌초에 대비한 위험방지 차원에서 뒤늦게 (수입 예정이던) 각종 원료의 국내 조달망을 찾기 시작했다. 인터넷에 수입식품 판매회사에 관한 정보가 나와 있었기 때문에 국내 조달망을 찾는 것은 생각보다 어려운 일은 아니었다.

오후 6시 이전에는 공익근무로 인해 내가 정보수집을 할 수 없었던 탓에 아버지께서 인터넷 검색작업을 도와주셨다. 그렇게 얻게 된 국내 조달가는 매우 실망스러운 것이었다. 타이완 수입가보다 정확히 3배 이상 비싼 곳도 부지기수였다. 게다가 전화를 통해 공급을 의뢰하시던 아버지는 그들이 전반적으로 프로페셔널하지 못한 것 같다며 의구심을 가지셨다.

의사소통 방법의 개선과 협상의 진전

나 역시 수입상들이 너무도 서투른 방법으로 식품 및 용기를 판매하고 있다는 사실에 매우 실망했다. 필요한 주요 원료들을 국내에서 유통하게 될 경우 체인 본사로서의 보바 익스프레스의 주 수익원 및 의미가 상당히 줄어들게 되지만, 그만큼 합리적이고 좋은 시스템의 공급망을 국내에서 구할 수만 있다면 아버지의 말씀대로 그럴 가치가 충분히 있었다. 다만 내부적으로 주요 물품을 취급하지 못하게 되면 본사로서 추구해야 할 가장 중요한 기능이라고 믿었던 지점 원료조달 기능이 상실되고, 결국 보바 익스프레스 본사가 제공할 수 있는 것은 이름과 이미지, 서비스에 그치고 말 것이다.

그러나 뒤집어 생각해보면 별다른 투자 없이 국내에서 지점에 원료 공급을 적절히 중개할 수 있게 된다면 보바 익스프레스는 오히려 적절한 헤징(Hedging, 위험회피)과 함께 수입에 따른 거액의 리스크를 크게 낮출 수도 있었다. 이것은 확실히 기회가 될 수 있는 선택이었다. 하지만 국내의 10개 가량의 수입상들과 협의를 거치고 나서 우리가 거둔 결과는 매우 실망스러운 것이었다.

나는 당시 존재하던 온·오프라인의 수입상들을 믿고 보바 익스프레스의 물류문제를 맡길 수는 없다는 결론을 내렸다. 그들은 수입을 통한 3배 가량의 이익실현에 모든 판단가치를 두고 있었고, 일부 사업자들은 물건을 원가에 판매하는 것이라는 말도 안 되는 이야기를 꺼내기도 했다. 그리고 믿을 만한 규모는커녕 그 규모조차 제대로 파악하기 힘든 개인 수입자들이 대부분이었으므로 보바 익스프레스에 좋은 서비스를 제공할 수 있을 것이라고 확신하기가 매우 힘들었다.

결국 내가 수입망을 개척해야 한다는 처음의 믿음에 도달하는 데에는 오랜 시간이 걸리지 않았다. 나는 그러한 것이 NIH(Not Invented Here, 내부에서 만들어진 것이 아니면 거부한다는 의미) 방식이나 모든 것을 '소유를 통한 아웃소싱(아웃소싱해야 할 부분을 소유함으로써 해결하려는 방식)'에 대한 욕심으로 인해 내부 지향적이고 자전생산(自前生産)적인 유통구조를 갖추고자 하는 욕심에 근거한 판단이 아닌지 심각하게 고민해야 했다. 그것은 스스로의 아이디어에 대한 검증과정이었으므로 더욱 힘들었다. 어쨌든 우리는 다시 한 번 무역라인을 스스로 개척해나가야 한다는 확실한 결론을 내렸다.

미스터 탕과 한동안의 소강기를 거친 후 그에게 다시 전화를 걸어, 앞으로는 갑작스러운 가격인상이나 불충분한 정보를 제공하는 일이 없을 거라고 약속할 수 있느냐고 물었다. 그는 자신의 실수를 남자답게 인정하고 이후에는 그런 일이 없을 것이라고 이야기했다. 그는 타이완 내수용의 낮은 가격을 제시한 것은 사실이지만 자신은 한국 기준에 맞추어 별도공정을 통해 식품을 수입하고자 하는 내 계획을 충분히 알지 못했다며, 그러한 사실을 좀더 구체적으로 알았다면 그렇게 낮은 가격을 통보하지 않았을 것이라는 이야기도 덧붙였다.

그런 사실을 전달한 이메일을 초기에 영어로 썼던 것이 그에게 그러한 혼란을 불러일으켰던 것이다. 그는 영어를 잘 한다는 여직원에게 해석을 부탁했으나 그 여직원이 내 이메일을 제대로 번역하지 못한 것이 틀림없다. 나는 그녀와 직접 통화를 하면서 그녀의 영어실력이 그러한 실수를 저지를 수 있을 만큼 서툴다는 사실을 알아차렸다.

의사소통 과정에서 그러한 원인을 찾는 것은 매우 중요했다. 나중에 이전과 같은 의사소통로를 이용할 경우 서로의 의도와 달리 급작스러운 일이 발생할 가능성이 있기 때문이다. 그런 일은 항상 발생 가능했고 이번 기회에 의사소통로를 확실히 다잡아야 했다. 우리에겐 이미 주어진 타자들이 있었으므로 이것은 타순 변경에 해당하는 조처였다.

나는 미스터 탕에게 앞으로 확실한 양사의 의사소통 정책을 논의하고 공유하자고 제의했다. 그와 동시에 국내에서 중국어 공부를 도와주던 김영 누나의 도움을 받아 영어로 보내는 내용의 주요 골자를 중국어로 번역하여 보냈고, 미스터 탕은 미국과 영국 유학생 출신의 몇몇 학생들의 도움을 받아 내 영어 이메일을 이해하기 위해 노력하겠다고 약속했다. 우리가 이때 서로의 의사소통에서 어떤 점이 잘못되었는지 찾기 위해 함께 노력한 것은 매우 다행스러운 일이었다. 그러한 노력 없이 그저 그 상황만 모면한다면 나중에 큰 위기상황이 벌어질 위험이 있기 때문이다.

미스터 탕은 나와 새로 합의한 의사소통법을 통해 이전보다 더욱 빠르고 정확하게 가격정보와 식품정보 등을 전달해왔다. 나는 그가 이전의 실수를 거듭하지 않기 위해 정말 열심히 노력하고 있다는 사실을 잘 알고 있었다. 미스터 탕의 성실함은 그가 왜 지금처럼 부자가 되었는지 단적으로 설명해주었다. 어떤 상황에서도 포기하지 않는 그의 의지는 나를 감화시키곤 했다.

그와 나는 초기부터 대두되었던 언어적 장벽과 그밖의 문제를 특유의 성실함으로 짧은 시간에 극복하기 위해 계속 최선을 다했다. 나는 스티븐 코비의 충고처럼 서로 의견차이가 없는 것처럼 행동하고 일이 저절로 해결될 것이라고 믿는 것보다는, 좀 어렵더라도 서로의 기대와 의견 차이를 보다 분명하게 하여 납득할 만한 기대치를 확보하는 것이 훨씬 더 나은 문제 해결방법이라는 것을 미스터 탕과의 거래에서 크게 깨달았다.

끝없이 터져나오는 협상의 복병들

약간의 진전에도 불구하고 미스터 탕과 나 사이에 해결되지 않은 일들이 너무 많았다. 미스터 탕이 제시했던 타이완 내수용 상품은 일반적으로 합성보존료, 즉 방부제 기능을 하는 요소의 함유율이 국내 기준에 비해 크게 높았다. 수입을 하기 위해선 그것을 국내 기준에 맞추어 크게 낮추어야 했다. 대표적인 것은 주스 원재료에 들어갈 합성보존료인 안식향산나트륨(Sodium Benzoate)의 비율을 0.05% 이하로 낮추는 것이었는데, 이것을 중국어로 전달하는 데는 어마어마한 고생이 뒤따랐다.

나는 중국어를 생각만큼 잘 하지 못하는 자신에게 큰 상처를 입고 자책감에 빠지거나 배신감을 느끼곤 했다. 우리는 앞으로 수입할 모든 원재료에 대한 정보를 계속 요구했다. 타이완의 식품회사에서 보내오는 정보에는 무언가 2% 부족할 수 있고, 나는 그 2% 안에 변수가 존재할 수 있다는 의심을 버리지 않았다.

그런데 그들이 자사의 영양분석표를 통해 식품의 구성성분을 공개하는 날에는 서류에 해당 성분의 함유율이 생략되어 있었고, 함유율을 공개하는 날에는 성분이 모두 제대로 나와 있지 않을 때가 있었다. 나는 미스터 탕에게 성질을 부리며 이런 식으로 할 거냐고 소리를 질렀다. 그는 계속 내가 요청한 정보를 보내겠다고 하면서 자료를 늦게 보내거나 일부 자료는 전송하지 않는 일을 반복했다.

그런 일이 반복되자 그는 내 엄청난 성질을 계속 감당해야 했다. 알고 보니 미스터 탕 또한 원재료 공급회사에 정보를 요청했으나 그 회사가 원재료 생산 노하우를 모두 공개하는 것은 위험하다며 끝까지 제한된 정보만 제공하는 식으로 버틴 것이었다. 바로 그 때문에 타이완의 식품회사에서 그 동안 원재료의 모든 정보를 완전하게 받지 못한 것이었다.

그 이유를 알아내는 데 2주일도 넘게 걸렸다는 사실에 나는 또다시 식품회사 관계자들에게 화를 냈다. 그들이 좀더 빨리 그 사실을 알려주었다면 훨씬 더 빠르고 효율적으로 협상할 수 있었을 터였다. 촘촘한 스케줄에 따라 빈틈 없이 하루를 진행하려고 노력하던 내게 있어 시간을 잃는 것은 돈을 버리는 것과 같았다. 어쨌든 그들이 보내온 정보를 가지고 검토한 결과 나는 모든 원재료를 대한민국 식약청 기준에 맞추어 별도로 생산해야 한다는 결론에 도달했고, 더욱더 강하게 타이완의 식품회사측에 원재료 정보공개를 요구했다. 한번은 통화하다가 내가 "빌어먹을! 이렇게 낭비할 시간이 없단 말이오!"라며 소리를 지르기도 했는데, 전화를 받던 직원은 너무 놀라서 'I'm sorry'만 반복했다.

한심하게도 그런 지루한 싸움이 계속되었다. 식품회사에 원재료를 공급하는 회사들은 나와의 거래를 통해 시장을 창출한다는 생각보다 내가 혹시라도 그들의 정보를 경쟁업체에 넘길지도 모른다는 생각에만 빠져 있는 듯했다. 나는 하루에도 수차례 해당 정보를 올바른 경로를 통해 이용할 것이며 아무 곳에도 유출되지 않을 것이라는 점, 그리고 그들의 생각이 터무니없다는 사실을 강조했다. 이러한 과정은 매우 지난한 것이기도 했다. 다만 국내 몇몇 검역회사에 그러한 일을 물어보니 그들은 타이완 회사측에서 그렇게 행동하는 것은 충분히 이해할 수 있는 일이라고 말했다.

　나는 진짜 실권자와의 대화가 가장 중요하다는 사실을 또 한 번 절감했다. 그리고 어느 순간부터 중간단계에 있는 직원들과의 협의를 일체 거부했다. 그들은 로렌스 호프톤이 얘기했던 효율적인 스피드를 저하시키는 과속방지턱으로 작용하고 있었다. 나는 실제 의사결정에 관여하는 사람들과 다시 이야기를 시작했고 그들에게 내 진심을 계속 전달했다. 우리가 별도 생산을 통해 한국의 기준에 맞는 상품을 공급받지 못할 것이라면 그 동안의 노력과 상관없이 모든 협상과정이 무위에 그칠 것이라는 얘기 또한 여러 번 강조해야 했다.

　모두가 서로를 믿고 보다 나은 파트너가 되기 위해 마음을 열어야 할 차례지만, 작은 의심에 사로잡혀 가장 중요한 정보를 공개하지 않는 실수를 하고 있다는 이야기 역시 빠뜨리지 않았다. 이러한 의사는 영어로 전달하고 나서 중국어로 재확인하는 단계를 거쳐야 했는데 그 과정은 뼈를 깎는 듯 고통스러웠다. 말실수가 하나라도 있을 경우 무조건 처음으로 다시 돌아가야 했다. 미국에서 좀더 중국어를 배워두지 못한 자신이 한스러웠지만 어쩔 수 없었다.

　타이완의 미스터 탕 역시 식품 원재료 회사들에게 한국의 보바 익스프레스가 식품 원재료 회사의 정보를 남용하는 일은 없을 것이라는 점을 계속 강조했다. 나는 그 와중에 식품 원재료 회사가 신뢰하지 못하는 것이 내가 아니라 자국의 미스터 탕일 가능성이 있다고 생각하여 민감한 정보는 모두 나와 직접 교류하는 것이 어떻겠느냐는 제안서까지 작성하여 이메일로 보냈다. 이 제안은 곧 효과를 발휘했다. 식품 원재료 회사들은 중요한 정보는 한국의 내게 직접 팩스나 이메일로 보내겠다는 제한적인 조건하에서 원재료 정보를 모두 공개하기로 결정을 내렸다.

결국 그들이 불안해했던 것은 식품업계의 사정에 밝은 미스터 탕이었던 셈이다. 어쨌든 며칠간의 적지 않은 스트레스 끝에 나와 미스터 탕은 식품 원재료 회사와의 갈등을 해결할 수 있었다.

적절한 합의를 통해 보다 나은 의사소통 체계를 갖춰나가고 있음에도 불구하고 여전히 부작용은 있었다. 타이완측의 거래는 아직도 상당 부분 HD그룹의 크리스가 주도적으로 도와주고 있었는데, 그는 나와 미스터 탕이 팽팽하게 맞설 때마다 고통을 호소했다. 미스터 탕은 나와 논쟁을 벌이고 난 후 항상 크리스에게 전화를 걸었다. 그러고 나면 크리스가 마치 죽을 듯한 목소리로 내게 다시 전화를 걸었다. 그러한 협상구조는 서로에게 아무런 도움도 안 되는 것이었다.

그것은 적절한 결론을 내기도 힘들 뿐더러 엄청난 시간을 낭비할 수 있는 비효율적인 구조였다. 예를 들어 크리스는 전화를 걸면 항상 "전해줄 게 있어(I have a news for you)"라는 말로 대화를 시작했는데 그 소식이 좋은 소식인지 나쁜 소식인지 밝히지 않는 습관 탓에 매순간 나는 그에게 어떤 내용의 소식인지 성급하게 물어야 했다. 그 시기에 걸려오는 전화의 80% 가량은 추가비용 발생 여부를 통보하는 전화였기 때문에 나는 크리스나 미스터 탕에게서 전화를 받고 나면 가슴을 쓸어내려야 했다. 가끔 보면 대체 내가 누구와 협상을 하는지 알 수 없었다. 또한 상황을 누그러뜨리기보단 거칠게 상황에 맞서는 성향을 보인 나 자신의 한계 역시 한숨이 나오는 부분이었다. 개선해야 할 것이 너무도 많아 보였다.

사업의 더딘 진행과 슬럼프

우리는 비범한 비전으로 큰 체인본사를 지향했지만 실제

매장 수는 단 하나에 그칠 뿐이었다. 그것도 아직 다 만들어지지 않은 매장이었으므로 타이완측에서 대량으로 물건을 수출할 경우 당장의 현금흐름에 큰 부담이 될 수 있었다. 우리의 내부 현실은 비전보다 훨씬 작은 상태였고 해외 공급업자들은 그에 비해 마치 거인처럼 커보였다. 그들이 우리의 그러한 현실을 배려해주길 바랐지만, 그들은 그렇게 섬세하지 못했다. 특히 나중에 최소 주문량 협의를 할 때 그들에게서 소규모 업체에 대한 배려 따위는 찾아볼 수 없었다. 물론 그들이 우리를 키워주는 모기업이 아니라 대등한 위치의 수출기업이라는 것을 생각하면 당연한 일이기도 했다.

산적한 문제에도 불구하고 안건별로 신속히 극복해나가려는 노력보다 근본적인 의사소통 구조를 바로잡으려고 애쓰던 내 노력은 어쩐지 현실과 동떨어져 보였다. 그러나 나는 그때그때 다른 주제를 아무렇게나 극복해나가는 것보다, 차후 의사소통을 위한 선례를 확실하게 만들어나가려는 우리의 태도를 타이완 회사들이 보다 프로페셔널하게 평가해줄 것이라는 믿음을 가지고 있었다. 물론 우리의 원료협상은 외부적으로 봤을 때 매우 지지부진했고 모두가 매일 고민 속에 빠져 살았다.

그럼에도 불구하고 수출기업의 위상에 버금가는 수입기업으로서의 침착한 태도와 효과적인 대화방법을 체득하는 것이 장기적으로 더 나은 결과를 창출할 것이며 현재에도 가장 우선하는 가치일 것이라는 내 믿음엔 흔들림이 없었다. 해외 업체들과의 협상과정은 겨우 시작에 불과했으므로 우리는 몇 번의 힘든 고비를 더 앞두고 있었다. 남은 협상 중 가장 중요한 주제는 우리가 공급받을 물품의 가격이었다. 이 부분에선 미스터 탕이나 크리스나 한치도 양보할 기색이 없어 보였다.

도서관에서 퇴근한 후에는 밀렸던 전화들이 여기저기서 걸려왔다. 이 시기에 국내 매장의 인테리어가 완성되었다는 소식을 들었는데 그 순간

맥이 탁 풀렸다. 이제 인테리어나 국내 회사 준비기간과 병행하여 수입협상을 해나간다는 정책이고 뭐고 소용이 없게 되었다. 국내 매장이 당장 놀게 생긴 것이다. 그것은 수입협상이 길어질수록 국내에서의 사업준비와 해외 무역거래 사이의 간극이 벌어진다는 의미여서 심각한 문제로 다가왔다. 인테리어의 완성이 우리에 대한 외부의 기대를 더욱 모으는 계기가 되었지만 실상 가게에는 어떠한 원료도 조달되지 못할 것이었기 때문이다.

외부에서는 그러한 사정을 전혀 알 길이 없었다. 그리고 해외 수입이 원만치 못하여 다시 국내 조달로 선회하면 우리는 엄청난 정력을 낭비하게 될 것이 확실했다. 만일 그러한 일이 일어나면 나는 개인적으로 받게 될 심리적 타격이 두려웠다. 다만 빨리 수입하겠답시고 치밀한 가격협상을 하지 못하는 것은 장기적으로 더 큰 타격을 불러올 수 있다는 생각을 버리고 싶진 않았다.

국내에서 회사를 함께 준비하던 모든 사람에게 수입부문에서의 협상이 지지부진하다는 사실을 솔직히 이야기했다. 다만 근본적인 생산체계에 관해 매우 효율적인 토론이 벌어지고 있다는 것과, 그러한 것이 나중에 제대로 된 본사 기능을 위해서 매우 중요하다는 것을 강조했다. 그럼에도 불구하고 우리가 처한 국내의 현실에는 단 하나의 질문이 존재했다.

"대체 언제 영업을 시작할 수 있다는 거야?"

나는 그러한 질문에 시원하게 답할 만큼 해외 수입협상을 제대로 이끌지 못하는 자신에 대해 연신 한숨을 내쉬었다. 현실이 매우 고통스럽게 느껴졌고, 초기에 가졌던 사업비전이 완전히 허물어질지도 모른다는 두려움에 시달리기 시작했다. 내 수면시간은 매우 적었지만 그나마 악

몽에 시달렸다. 거의 매일 밤 보바 익스프레스가 제대로 시작도 하기 전에 해외 수입협상의 지지부진함 때문에 좌초하고 마는 꿈을 꾸곤 했다. 어떤 날은 잠자는 시간이 더 힘들다는 생각도 들었다.

국내 영업과 치밀하게 계획해온 유통이 이제 더욱 무거운 무게로 나와 미스터 탕의 손에 들려 있었다. 절박한 마음의 나와는 달리 느긋한 성품의 미스터 탕은 특유의 느린 말투로 이야기하는 것만으로도 내 진을 빼놓았다. 게다가 나는 6시까지 정해진 일을 해야 하는 공익근무요원이어서 모든 전화통화나 회사 관련 일은 6시 반쯤 집에 돌아온 후에야 할 수 있었다. 얼마 전까지 나를 들뜨게 했던 비전이 이제는 강한 압박으로 작용하고 있었다. 그리고 심리적으로 위축되다 보니 틈틈이 해왔던 운동에도 의욕을 잃기 시작했다.

하루빨리 수입문제를 해결해야 한다는 생각과 더욱 냉정하고 장기적인 상황대처가 필요하다는 생각이 매순간 교차했다. 짜임새 있게 이어져온 그 동안의 생활이 무너지고 있었다. 가장 큰 문제는 내가 수입에 서서히 자신감을 잃어가고 있다는 것이었다. 만일 수입이 좌초된다면 초래될 문제는 그야말로 메가톤급이었다. 그로 인한 충격을 상상하는 것만으로도 머리가 흔들렸다.

아버지께서도 너무 느리고 원활치 못한 수입협상을 걱정하셨다. 아버지께선 실제로 회사를 책임지고 계셨고 나와 많은 대화를 나누었으므로 우리에게 당면한 상황에 대해 잘 알고 계셨다. 아버지 역시 매우 힘들고 괴로웠을 것이다. 그러나 이 일을 책임져야 하는 것은 결국 나 자신이었다. 미스터 탕과의 대화속도가 너무 느리다는 것과 국내에서의 회사설립 속도는 매우 빠르다는 것, 그리고 수출업체와의 가격협상이 여의치 않다는 것은 갈수록 문제를 배가시켰다.

갑자기 닥쳐온 슬럼프로 인해 나는 정신을 차리고 스스로를 다잡아야 했다. 자신이 평상시보다 위기상황에 훨씬 강한 사람이라 믿으려고 노력했다. 몇 년 전 한국에서 운전할 때 나는 옆차를 추월하다가 바로 앞에 오던 차와 정면 충돌할 위기를 냉정하고 침착하게 피했던 경험이 있다. 나는 어떤 위기도 그때 그 상황보다 위급하진 않을 것이라는 생각을 가지고 있다. 과거에 힘들었거나 어려웠던 상황을 생각하며 스스로가 처한 상황이 그저 일상적이고 발생 가능한 문제에 해당될 뿐이라는 주문을 걸었다.

당시 내가 생각해낸 위기극복법은 타이완과의 효율적인 의사소통로를 개척하기 위해 더 많은 노력을 기울이는 것과 수입이 최종적으로 이뤄질 수 있도록 하나씩 차분히 관철시켜나가는 것, 그리고 내 생활의 무게중심을 잃지 않는 것이었다. 우리는 주어진 환경이나 시험을 선택할 권한은 없으나, 어떻게 대응해야 할지에 대해서는 선택해야 한다는 콘돌리자 라이스(Condoleeza Rice)의 말처럼 지금의 상황에 대응할 방법을 적극적으로 고려하는 것만이 내가 선택할 수 있는 마지막 옵션이었다. 슬럼프에 빠져 방황하다가 돌아올 곳이 결국 이곳이라면 슬럼프를 따라 군이 멀리 돌아갈 필요가 없었다.

미스터 탕은 느긋한 성품에 외국어 실력도 부족하고 나와의 의사소통 경로도 불과 며칠 전에 확립된 상태여서 모든 게 서툴렀지만 그 상황에서 내게 주어진 유일한 카드였고 파트너였다. 나는 그를 더욱 신뢰해야 한다고 느꼈다. 일이 늦어지고 안 풀리는 것을 두고 서로를 탓하는 것은 이치에 맞지도 않았고 실질적인 문제해결에도 도움이 되지 않았다.

늦은 밤 미스터 탕에게 전화를 걸어 국내에서의 상황을 솔직하게 고백했다. 우리가 그의 도움을 얼마나 적극적으로 필요로 하고 있는지를 전달하기 위해 최선을 다했고, 지금이야말로 정말 중요한 무역거래를 창출시켜야 할 시점이라는 것을 강조했다. 다행히도 미스터 탕의 말투는 진정으로 내게 공감하는 것처럼 들렸다. 나는 이제부터 속도를 내서 우리의 거래를 완성해야 한다는 결론을 짓고 통화를 마무리지었다.

작은 슬럼프를 겪었지만 내 생활엔 여전히 변함이 없었다. 나는 항상 새벽까지 깨어 있었고 도서관에서 빌린 책을 읽고 요약노트를 만들었다. 국내 매장이 언제 문을 열 것이냐는 질문이 계속 날아왔지만 초조해하는 것은 상황을 해결하는 데 아무런 도움도 되지 않았다. 나는 스칸디나비아 항공의 카리스마 넘치는 전(前) 경영자 얀 칼슨(Jan Carlzon)이나 GM의 알프레드 슬론에 관한 책을 읽으면서 자신에게 희망을 불어넣었다. 그리고 이즈음부터 '독서수치'를 정해서 실행하기 시작했다. 독서수치는 하루에 읽는 책의 권 수를 뜻하는 것으로, 1은 1권의 책을 의미했다. 나는 어떤 일이 있어도 하루에 독서수치 0.7을 달성하기 위해 죽을 힘을 다했다. 그것은 적어도 하루에 1권의 책을 70%까지 읽는다는 것이었다.

이러한 활동이 내 생활의 새로운 중심이 되어줄 것으로 기대했다. 또한 비즈니스에 대한 끝없는 호기심은 지적인 욕구를 충족시켜주기에도 아주 그만인 활동이었다. 더 매력적인 것은 내가 일하는 도서관에서 책을 빌릴 수 있었기 때문에 돈이 전혀 들지 않는다는 것이었다. 책을 통해 습득한 무역 관련 지식이나 협상 관련 테크닉은 실제로 이후 해외 회사 간의 거래에서 강력한 힘을 발휘하기도 했다. 그러한 일은 독서수치를 꾸준히 쌓으며 노력하지 않았다면 불가능했을 것이다.

경험만으로 모든 노하우를 습득해야 했다면 큰 오류를 범하거나 거래를 효율적으로 하지 못하는 일이 생길 수도 있었다. 나는 도서관에서 일반적으로 사서(Librarian)라 할 때 떠오르는 도서 대여인의 역할로 공익근무를 했는데 그 일은 각종 지식이 필요했던 내게 최고의 기회를 부여

해주었다.

일반적으로 도서관 사서는 조용히 책만 빌려주고 읽는 사람으로 보이지만 다양한 분야의 책을 끊임없이 읽을 수 있기 때문에 매우 스펙터클한 직업일 뿐 아니라 강렬한 열정 없이는 제대로 해낼 수 없는 일인 것 같다. 만일 도서관이 아니었다면 무역과 금융 및 각종 분야에 대한 내 지식쌓기는 거의 불가능했을 것이다.

인테리어가 완성된 국내 매장 때문에 고민이 깊어지자 매장준비에 참여했던 모든 팀원들을 모아 우리가 할 일은 여전히 많다고 이야기했다. 원료가 없고 수입 시스템이 구축되지 않았다 해도 중요한 사전 시뮬레이션이나 고객파악 같은 활동은 얼마든지 미리 해볼 수 있었다. 모든 것을 갖추진 못했지만 우리가 할 수 있는 일이 있다면 해야만 했다. 그렇게 관점을 바꾸자 비록 원료가 조달되고 있지 않다 해도 국내에서 할 수 있는 일이 많아졌다. 우리의 매장은 원료도 없고 고객도 없었지만 가상적인 상황에서 차후 운영을 착실히 준비하는 단계로 돌입했다.

수입가격과 제조공정 문제

타이완과의 수입협상은 가격과 제조공정을 놓고 계속 줄다리기가 이어졌다. 나는 협상 때문에 답답한 속을 누르지 못해 종종 장비와 함께 산책을 다니곤 했다. 가끔은 멀뚱멀뚱 나를 올려다보는 장비와 이야기하는 것이 해외 회사들과 이야기하는 것보다 더 나을 것 같다는 생각이 들곤 했다.

내가 요구하는 것은 국내 식품기준을 충족시키는 우수한 제품의 생산 및 수출, 그리고 그에 합당한 가격책정이었으나, 타이완에서는 내가 제시한 기준보다 상대적으로 높은 가격에 훨씬 많은 최소 주문량을 요구했다. 알고 보니 그들은 일본과 미국에 우수한 품질의 식품을 이미 수출하고 있었는데, 나와의 협상에서 가격을 깎아주면 다른 나라 거래업체와의 관계에도 영향을 미칠까봐 두려워하고 있었다.

미스터 탕의 식품회사와 주문생산을 맡은 공장들은 모두 이 부분에서 이해가 일치했기 때문에 결국은 한통속이나 마찬가지였다. 그 와중에 나는 그들이 이미 한국 기준에 맞는 식품을 수출해본 경험이 있다는 사실을 알게 되어 조금은 마음이 놓였다. 이제 남은 것은 적절한 가격협상이었다. 그들이 가격부분에서 작심한 듯 버티는 것으로 보아, 이제껏 겪어온 협상과정의 어려움이 모두 이 부분을 위한 사전작업이 아니었나 싶었다.

팽팽하게 맞서던 가격부분으로 인해 우리의 협상은 여전히 더디게 진행되었지만, 긍정적으로 보면 가격부분을 제외하고 그 동안 논쟁을 벌인 다른 부분들은 모두 타결된 상황이었다. 그렇다면 이 무역협상은 성사되기까지 얼마 안 남은 셈이었다. 생각을 바꾸자 갑자기 없던 힘이 불끈 솟기 시작했다. 우리는 축구경기의 90분 중 마지막 5분을 남겨두고 있는 상황이었다.

타이완측과 나는 거의 모든 협상조건을 교환했고 서로를 이미 충분히 이해하고 있었기 때문에 곧 결론에 도달할 시간이 오고 있다는 확신이 들었다. 여전히 수입물량과 가격만이 우리에게 남은 협상의제였다. 그 동안 협상이 어려웠던 이유 중 하나는 확실한 주제에 집중력을 발휘하기보단 상대로부터 배려를 받지 못한다며 불평하는 등 주관적이고 감정적으로 대응한 측면이 있었기에, 나는 주제가 되지 않는 것은 모두 협상에서 제외하기로 단단히 마음 먹었다.

아버지께선 수입물량 역시 자사의 수입(Income)과 관계되는 것이므로 타이완측에서 매우 세게 나올 것 같다고 예상했다. 예상대로 미스터 탕측의 젊은 직원이 최소 주문량으로 엄청난 물량을 요구하는 이메일을 보내왔다. 각종 주스시럽의 최소 주문량은 본래 종류별로 40박스 정도 였으나 이 직원이 내게 이야기한 것은 70박스 가량이었다. 그것은 엄청 난 부풀리기였지만 그에 대해 준비가 되어 있었기 때문에 그다지 놀라 진 않았다. 서로 친한 사이라도 비즈니스를 위해서라면 어떤 일이든 할 수 있는 것이 중화권의 사업 분위기였으므로 이 문제로 화낼 이유는 없 어 보였다. 어차피 그것은 바로잡으면 되는 문제였기 때문이다. 나는 중 화권의 사업 분위기에 대해 미국에서 루비 슈와 션에게 들었던 이야기 들을 떠올리며 이전보다 한층 성숙할 수 있었다.

더 이상 윽박지르거나 말다툼을 벌이는 협상을 해선 안 되었다. 좀더 일찍 부드러운 협상을 시작할 수 있었다면 지금처럼 지연되는 사태는 일어나지 않았을 것이기 때문이다. 그 동안의 과정을 돌아보면 오히려 나 자신이 협상을 제대로 이끌지 못하여 회사에 손실을 끼쳤다는 생각 이 들었다. 다만 협상창구가 미스터 탕에서 부하직원으로 오락가락하는 것은 바로잡아야겠다는 생각이 들었다.

나는 미스터 탕에게 전화하여 "상호간의 원칙이라 부르는 것은 어찌 보면 바보나 지키는 것"이라는 탐 피터스의 말을 인용하며, 당신 직원 들이 실적경쟁을 벌이는 탓에 높은 가격을 제시하는 등 바보 같은 원칙 을 내놓고 있다고 얘기했다. 이에 미스터 탕은 이번 거래가 선례로 계속 이용될 것이기 때문에 자신도 직원들의 입장을 존중할 수밖에 없다고 대답했다. 우리에게 이메일로 물량을 제시했던 직원에겐 미안했지만, 나는 그가 제시한 물량은 터무니없다며 그를 비난했다. 물론 그것은 미 스터 탕에 대한 으름장이었지 젊고 의욕에 찬 직원을 꺾고자 한 것은 아 니었다. 나는 다만 빨리 수입협상을 마쳐야 했고 그러기 위해선 주어진 상황을 최대한 간결하게 정리할 필요가 있었다. 그것은 실권자이자 의 사결정권자인 미스터 탕이 나서서 모든 것을 결정해야 한다는 최후 통첩이기도 했다.

나는 여전히 확실하게 협상을 결론짓지 못하는 미스터 탕이 못마땅했다. 그와의 협상은 귀납법이 통하는 논리적인 논의과정이 아니라 서로의 패를 가지고 블러핑(Bluffing, 패가 센 척 허세부리기)을 일삼는 포커게임처럼 느껴지기도 했다. 문제는 이것이 패를 숨기며 분위기를 즐기는 게임이 아니라 모든 패를 훤히 알고 있는 상황에서 벌어지는 울며 겨자 먹기식 포커판이라는 것이었다. 나는 그런 식의 협상이 이어지는 것을 바라지 않았다. 그런 협상은 양측의 입장을 더 견고하게 만들 뿐이었다. 이미 지난 몇 달간 이러한 현상을 계속 겪지 않았던가.

세계적인 협상가 허브 코헨은 이런 상황에서는 시간이 부족한 측이 불리하다고 했는데, 누가 봐도 시간이 부족한 측은 우리였다. 나는 다급한 마음에 "이 일을 빨리 처리해야 합니다. 시간이 없어요!"라는 말을 뱉어놓고 하늘이 무너질 만큼 후회했다. 그쪽에서 온 답은 "우리도 알고 있어요"였고, 끝까지 여유를 잃지 말자던 내 초기 다짐은 내부에서 무너지기도 했다. 다행히도 다음번 접촉에선 냉정을 잃지 않으려고 노력하여 약한 모습을 피할 수 있었다. 미스터 탕의 회사 직원들은 내가 너무 강경하다고 생각하는 듯했지만 나는 협상의 실마리가 계속 풀려나가는 중이라고 믿고 있었다. 협상이 꾸준히 진전되고 있다는 믿음은 당시의 우리에게 매우 필요한 것이었다.

그로부터 3일 정도 후 나는 미스터 탕이 제시한 가격을 어느 정도 인정하되 최소 주문량은 40박스로 하자고 제의했다. 미스터 탕 역시 많이 지쳐 있던 터라 1시간쯤 후 'YES'라는 답변을 보내왔다. 지루한 협상은 그로써 일단 마무리되었다. 우리는 이후 타이완의 식품회사가 초기에 제의했던 가격에서 추가로 20% 가량을 할인받았고 정식으로 계약서를 작성하여 무역거래를 시작하게 되었다. 나는 재빨리 국내 검역회사에서 넘겨받았던 식품제작 기준을 타이완측에 완전히 넘겨 생산기준에 참고할 것을 요청했고, 그와 동시에 수입준비와 통관준비 및 식약청 정밀검사 준비를 시작했다. 이제부턴 정말 신속하게 일해야 했다.

이 과정에서 또 한 가지 문제가 생겼다. 그들은 우리에게 초기 제작물량 중 일부를 보내주고 나머지는 원할 때 보내준다고 약속했지만 도중에 말이 바뀌었다. 보관을 할 수 없다는 것이다. 그것은 처음부터 우리에게 엄청난 물량이 쏟아진다는 의미였다. 우리의 매장은 단 한 개였으므로 지나친 물량을 짊어지는 것은 부담이 되었다.

그러나 어차피 그렇게 하는 것이 옳다는 생각이 들었다. 타이완에서 물량을 여러 번 나누어 받는 것은 운송비를 포함하여 부대비용이 크게 증가하므로 결국 상품원가를 끌어올릴 수밖에 없기 때문이다. 이미 수많은 걱정을 경험했으므로 우린 이제 걱정보다 대비를 하는 데 익숙해져 있었다. 또한 아무리 품질과 평판이 좋은 회사라도 효율적인 의사소통이 안 되면 신뢰가 깨질 수 있다는 것을 미스터 탕과 함께 배웠기 때문에 앞으론 무엇이든 이전보다 잘 해낼 수 있을 거라는 자신감도 갖게 되었다.

고생스러웠지만 매순간 빠르게 움직이고 튀어나오는 모든 문제에 대비한 덕에 스케줄이 다소 늦어지긴 했지만 이전보다 순조롭게 진행되기 시작했다. 얼마 전 과중한 스트레스에 시달리며 품었던 우려에 비하면 매우 좋은 결과였다.

이후 나는 틈만 나면 미스터 탕에게 전화를 걸어 우리가 제시한 기준에 의거해 정확히 원재료를 생산하지 않으면, 생산된 걸 모두 강제로 그에게 먹이겠다고 농담성 협박을 하곤 했다. 협상 분위기는 갈수록 나아지고 있었다. 물론 아직 국내 검역기준에 대한 모든 정보를 확정한 것이 아니므로 모든 게 끝난 것은 아니었다. 우리는 물건을 생산하기 전 사전

협상을 마친 단계에 돌입했을 뿐이다.

초기에 구성한 회계계획보다 많은 비용이 인상되었지만 우리는 결과적으로 국내에서 해당 원재료를 구매하는 것보다 당시 공급가 대비 무려 60% 가량 낮은 가격으로 원재료를 최종 구매할 수 있었다. 당시 국내 주스시럽이나 주스 파우더 시장은 심하게 부풀려져 있어서 합리적인 가격의 원자재 구매가 불가능했다. 그것이 바로 버블티의 가격을 한 잔당 4,000~6,000원으로 끌어올리는 주범이었다.

나는 일부 무역서적에서 본 수입에 따르는 3배수 이익원칙(적어도 이익이 수입원가의 3배가 되어야 한다는 것)에 동일 업계 다른 수입상들이 무의식적으로 따르고 있다는 사실을 실제로 확인했는데, 그들은 일제히 큰 바보 이론에 따르는 듯했다. 즉 그들이 책정하는 가격이 합리적이므로 누구든 더 큰 바보들이 그들이 책정한 가격에 물건을 구매할 거라고 생각하는 것이다. 내가 보기에 그러한 시장정책은 공멸할 것 같았고 실제로 1년도 안 되어 많은 원재료상이 그렇게 되었다.

타이완의 회사에 한국측 거래업체의 수를 물어보니 과거 17개 회사가 각지에서 주스 원재료를 구매했으나 2003년 현재는 3개 사도 되지 않는다고 했다. 시장이 제대로 개척되지도 않은 상태에서 지나치게 비싼 가격에 일제히 같은 공식을 따라 쏟아져나온 상품들은 그렇게 될 수밖에 없다는 생각이 들었다. 이렇게 교란된 시장에 다행히도 우리가 합리적인 가격으로 소비자의 기호를 맞출 수 있게 된 것이 행운처럼 느껴졌다.

무역은 전혀 경험이 없던 내게 아주 어려운 일이었고 곳곳에서 시련이 튀어나왔지만 끝까지 수입을 고집한 것은 역시 잘 한 결정임에 틀림없었다. 그것은 나중에 보바 익스프레스의 노하우가 되었고 원료판매상으로서의 위치도 계속 강화하는 근거가 되었다. 또한 나중에 보바 익스프레스가 위기를 맞아 좌초했을 때도 끝까지 보바 익스프레스를 살리는 유일한 일이 되기도 했다. 뿐만 아니라 훗날 내가 무역을 통해 다른 회사에 지분참여를 하고 돈을 버는 것에도 가장 큰 영향을 미쳤다.

수입이 최종적으로 결정된 이후에도 나는 몇몇 검역회사의 직원과 함께 우리의 수입내용과 과정을 더 면밀히 검토했다. 모든 걸 제대로 알게 되기까지는 그후로도 몇 달의 시간이 더 걸렸다. 이후 수입이 계속된다면 이제 지지부지한 협상이 아니라 매우 자동적이고 효과적으로 매뉴얼에 따라 이뤄져야 했다. 그러기 위해선 최대한 자세한 공부와 연구가 필요했다. 다행히 검역회사에서 나와 호흡을 맞추던 파트너가 상세하고 정확한 정보를 제공하며 친절히 가르쳐준 덕에 우리는 차후 수입을 위한 지적 기반을 매우 원활하게 마련할 수 있었다.

이전에는 불가능하게만 여겨졌던 식품 및 원료, 기계수입이 이후로는 매우 수월한 일이 되었다. 그러나 수입은 미리미리 대비하지 않으면 스케줄에 맞추기가 대단히 어려운 일이기 때문에 더 빠른 속도와 정확한 의사결정 과정은 아직 숙제로 남아 있었다. 다만 나는 항상 더 빨리 달리기를 원했기 때문에 그러한 숙제는 곧 해결될 것이라 생각했다. 빠른 걸 좋아하는 내 성격은 이런 문제를 해결하는 데는 꽤 잘 들어맞는 편이었다.

수입협상이 끝난 다음날 국내 매장의 인테리어 보강과 관련하여 밤늦게 미팅을 했다. 나는 지금도 당시 보바 익스프레스의 디자인에 감탄하곤 한다. 이후 우리의 첫 매장 내부 인테리어 사진을 세계 각국 친구들에게 전송했을 때 그들은 모두 보바 익스프레스가 샌프란시스코에 있는 줄 알았다며 원래의 컨셉트가 충실하게 잘 살아 있다는 평을 해주었다. 나는 보바 익스프레스의 디자인과 과거 친구들이 보내주었던 수십 장의 사진을 비교하며 친구들의 배짱에 다시 한 번 감탄했다. 개중에는 종업원과 V자를 하고 같이 찍은 사진도 있었다. 그러한 친구들이 있다는 것이 너무도 자랑스러웠다.

모든 일이 일사천리로 진행되었다. 나는 여전히 정신이 없었고, 내 일과는 아직 가혹한 편이었다. 6시에 퇴근하면 잠시 밥 먹는 것을 빼면 회사구성과 무역진행 작업에 온 힘을 쏟았다. 잠자리에 드는 것은 거의 매일 새벽 4시 정도였는데 평소 잠이 많은 편이라 다음날이면 체력적으로 크게 시달렸다. 다행히도 운동을 즐기는 성격이어서 적절하게 건강을 관리하는 방법을 알고 있었지만, 잠이 부족한 것은 도저히 어쩔 수가 없었다. 유일하게 힘이 되어준 것은 내가 그 모든 일을 즐기고 있다는 사실이었다. 그렇지 못했다면 그 일을 계속하지 못했을 것이다.

영어만으로는 부족하다

우여곡절 끝에 미스터 탕과 초기 수입 대비 절차는 모두 마쳐놓았지만 그 동안의 과정이 지나치게 힘들었다는 생각을 지울 수 없었다. 만일 내가 좀더 나은 중국어를 구사할 수 있었다면 모든 절차가 그렇게 오래 걸리지 않았을 거라는 생각이 들었다. 미스터 탕을 비롯한 몇몇 중화권 거래자들과 나 사이에는 여전한 장애물이 있었고 그것은 역시 영어였다. 영어로는 충분하지 않다는 걸 실감했다.

협상과정에서 느낀 소통의 중요성

예전에는 영어만 잘 하면 국제관계에서 웬만한 문제는 거의 다 풀어갈 수 있다는 믿음을 가졌지만 더 이상은 아니었다. 언어소통이 제대로 안 되어 그 동안 고생했던 걸 생각하면 미간이 찌푸려졌다. 게다가 일부 거래문서는 타이완 자국 환율로 표기되었을 때보다 미국 달러화로 표기되었을 때 금액이 더 높게 매겨져 있었다. 타이완 회사의 친구들은 미국 달러와 타이완 달러 사이의 환율이 매우 유동적인 탓이라고 설명했다. 실제로 타이완 달러는 미국 달러 대비 움직임의 폭이 컸는데, 중국의 위안화 평가절상과 맞물려 자국 환율이 달러에 대비해 낮아지는 현상을 겪고 있었다. 그것은 우리나라도 마찬가지였다.

타이완에선 그러한 사태를 우려하고 있었기 때문에 수출기업들은 물건 판매액을 상당히 유동적으로 정의하고 있었다. 그것은 달러 대비 원화의 환율이 내려간다고 해도 우리의 수입액수가 단적으로 줄어드는 것은 아니라는 사실을 의미했다. 우리가 지불하는 물건값이 단순히 달러 대비 원화의 비율로 결정되는 것이 아니었기 때문이다. 정확히 말하여 우리의 지불가는 타이완 자국 통화인 TWD와 원화 사이의 환율과 그것을 바라보고 대비하는 타이완 기업들의 입장, 그리고 유가상승에 따른 타이완 원자재 시장의 변화와 플라스틱 수급시장의 변화가 반영된 가격을 의미했다. 그러한 시장변화에 대한 정보를 수집하는 것은 결코 영어 하나만 알아서는 가능한 일이 아니었다. 우리의 거래국가가 중국어권인 타이완이었기 때문이다.

그러한 주변 시장의 변화와 환율 움직임에 큰 관심을 가지고 있다는 것을 알려주는 것만으로도 타이완에서 우리를 만만치 않게 보는 것 같았다. 이후 그들은 단순히 가격을 전달하는 게 아니라 타이완의 전반적인 원자재 시장 분위기, 달러화에 대한 의견 등을 거래할 때마다 이야기해주었다. 그것은 거래 자체에도 도움이 될 뿐 아니라 내게도 좋은 수업이 되었다.

나는 지금도 타이완의 환율이 활발히 움직인다는 사실을 흥미롭게 지켜본다. 환율과 플라스틱 수급시장을 포함한 각종 선물시장에서의 움직임을 주시하는 것은 이후에도 빠질 수 없는 취미이자 관심사가 되었다. 다만 그것이 한국의 경제신문을 읽거나 인터넷 뉴스를 보는 것이 아니라 해외 사람들을 통해 얻어야 하는 정보인 경우가 많았으므로 이제부턴 중국어를 모르면 정말 안 될 것 같다는 절박한 심정이 가슴을 때렸다.

과거 미국에서 취미로 공부했던 중국어는 다시 꺼내 활용하기엔 턱없이 부족했다. 약 1년간 중국어에 신경을 못 썼던 터라 내 실력은 거의 바닥이었다. 어설픈 중국어로 더듬거리며 겨우 성사시켰던 미스터 탕과의 일은 앞으로가 더 문제였다. 또한 앞서 말했듯이 일부 거래 예상가 산출에서 미스터 탕측은 달러화로 표기할 경우 가격을 부풀리는 경향이 있었는데 그 편차가 일반적인 환율 기준에서 볼 때보다 컸다. 그는 그 이유를 단지 그 가격에 판매하기 때문이라고 설명했지만 나로선 도저히 납득하기가 힘들었다. 그러한 법칙은 어디에도 없었기 때문이다.

영어로 교류언어가 설정되었으니 미국 달러화로 결제되는 것은 자연스러운 분위기였지만 단지 거래화폐가 다르다는 이유 때문에 가격이 오른다는 것은 문제가 있었다. 그렇다면 타이완 자국 통화 결제도 나쁘지 않을 것 같다는 생각이 들었다. 미스터 탕은 나중에 금액결제시 송금 타이밍을 내가 유동적으로 결정할 수 있도록 우리 회사를 전폭적으로 신뢰해주는 편이었기 때문에 나는 이후로도 국내 원화 대비 달러화 움직임과 타이완 달러 대비 달러의 환율을 관찰한 후 적절한 타이밍에 송금함으로써 돈을 어느 정도 아낄 수 있었다. 결과적으로 같은 비용을 내면서도 실제로는 돈을 아낄 수 있다는 것은 매우 멋진 일이었다.

나는 이러한 경험을 바탕으로 환율과 외환거래에 큰 관심을 갖게 되어 이후 닥치는 대로 환율에 대해 연구하고 공부하기도 했다. 물론 타이완 자국 경제에 관심을 가진 것이 그 시작이었는데, 좀더 심층적으로 관심을 가지려면 역시 중국어가 필수였다. 중국어는 외나무다리에서 만나는 적수처럼 계속 등장했다.

다시 시작한 중국어 공부

고심 끝에 나는 중국어를 처음부터 다시 시작하기로 했다. 그것도 아주 집중적이고 강렬하게 공부하는 것이 필요했다. 나는 인근 중국어 학원에서 강사를 하고 있던 절친한 김영 선생님에게 도움을 요청했다. 영이 누나는 란저우(蘭州, 중국 간쑤 성의 성도)에 위치한 란저우 대학교를 졸업하고 한국 관광객 가이드, 무역박람회 번역 도우미부터 방송국 기자에 이르기까지 다양한 일을 경험한 열정적인 사람이었다.

나는 영이 누나에게 그 동안의 사정을 얘기하고, 그녀의 도움이 절실히 필요하다는 사실을 진실되게 전달했다. 다행히도 영이 누나는 고개를 끄덕이며 내 요청을 받아들여주었다. 영이 누나 또한 학원강사 일만 하기엔 따분한 하루가 계속되고 있었다며, 중국어를 가르쳐주는 대신 내가 일하는 분야에 대한 관심을 공유하기를 원한다고 했다. 그녀는 매우 조심스러운 태도로 그러한 제의를 했는데 나는 오히려 환영했다. 비즈니스에 대해 함께 고민하고 이야기를 나눌 사람이 있다는 것은 좋은 일이라 생각했기 때문이다. 또한 그녀는 영어공부도 다시 시작하겠다며 내게 도와달라고 요청했다. 내게는 거절할 이유가 없는 제의였다. 모두 내가 적극적으로 해줄 수 있는 일이었다.

나 또한 영이 누나에게 별도의 주문을 했다. 내가 시험을 치기 위해 중국어를 공부하는 것이 아니라는 점이었다. 나는 구색 좋은 학습모임이 아닌 무지막지한 트레이닝을 바라고 있었고, 그것은 그녀가 내 중국어 실력에 직접적인 기여를 해줘야 한다는 걸 의미했다. 나는 영이 누나에게 노력할 준비가 되어 있으니 나를 사정없이 다뤄달라고 부탁했다. 나중에 알게 된 거지만 영이 누나 역시 만만찮은 내공의 소유자였기에 그러한 요구는 그다지 어려운 일이 아니었다.

영이 누나는 생각과 달리 매우 엄격했다. 내가 발음이나 문법상 실수를 하면 호되게 질책하곤 했다. 나는 과거 영어학습 그룹에서 가르치던 애들에게 비슷한 행동을 한 적이 있는데도 영이 누나가 내게 그럴 때면 심하다고 불평을 하기도 했다.

중국어를 확실히 익히려는 내 시도는 합당한 이유가 있었다. 나는 매일매일 타이완 회사들과 통화하며 중국어의 필요성을 절감하고 있었다. 다행히 과거에 많이 해놓은 게 있어서 중국어 감각을 다시 찾는 일은 예상보다 수월했다. 영어로 쓰던 단어들은 중국어 단어로 하나씩 교체되기 시작했다. 그러나 처음부터 무리하고 싶지 않았기 때문에 기본적인 대화는 여전히 영어로 했다.

영어를 쓰는 것이 훨씬 더 권위 있고 해외 회사와 거래하는 데 체면을 세워준다는 주변 지인들의 충고는 여전히 일리가 있었다. 그것이 훨씬 국제적이고 힘을 실어준다는 판단이었다. 그러나 지난 시간 동안 우리는 영어로 인해 매우 느린 의사소통을 해야 했다. 나는 스피드를 구현하지 못하는 권위나 체면 따위는 등에 매달린 무거운 짐과 같다고 생각했다. 중국어 공부는 더딘 발상처럼 보이기도 했지만 과거 영어를 독학한 시절의 경험으로 보면 투자성과를 거두는 데 오랜 시간이 걸릴 것 같진 않았다.

중국어 공부를 시작하면서 타이완의 믿을 만한 지인들에게 그러한 계획을 이메일로 보냈는데 그들은 내 계획을 일제히 반대했다. 중국어로 일하기 시작하면 내가 휘둘릴 위험이 높아진다는 것이다. 나는 듣기(Listening)가 상대적으로 약했기 때문에 실제로 충분히 그럴 위험이 있었다. 그러나 나는 주요 계약에 결정적인 사안을 중국어로 협의하고 컨펌(Confirm)하겠다는 것이지, 맹호연이나 왕유의 시를 읊겠다는 것이 아니었기 때문에 비즈니스 분야에서 적절히 중국어를 사용하는 일에 자신감을 갖고 있었다.

미스터 탕이 경영하는 식품회사와의 협의는 영어와 중국어 문서 두 가지로 작성하여 타이완에 있는 친구들이 그 서류를 모두 읽도록 했으므로 언어적 실수에 대한 안전장치는 충분히 해둔 셈이었다. 또한 친구들의 형제 중엔 타이완과 미국에서 법률가로 활약하고 있는 분들이 꽤 있었기 때문에 웬만한 문서에 대해선 날카로운 지적과 컨설팅을 받을 수 있었던 것도 내 자신감의 주요 이유가 되었다.

결과적으로 이것은 레이스 경기에 참여하되 안전벨트를 매겠다는 것이었다. 타이완의 조언자들은 안전벨트를 매고 고속 레이스에 참여하는 것은 어차피 안전하지 않다는 것을 강조했다. 그러나 나는 거래효율을 높이기 위해선 무언가 해야 된다는 생각이었다. 그대로 안주하고 있을 수는 없었다. 그것은 나중에 불안요소를 해결하지 못할 뿐 아니라 중국어를 심층적으로 공부할 기회를 피하는 일이 될 수도 있었다. 무리한 발상일 수도 있지만 도전해볼 가치는 있었다.

나는 김영 누나와의 공부모임을 '스파링'이라고 불렀다. 영이 누나에게 날 밋밋하게 가르치는 것이 아니라 권투 스파링을 하듯 죽을 힘을 다해 두들겨패달라고 부탁했다. 훨씬 더 자극적으로 배우고 싶었다. 책장이 넘어가는 소리만 조용히 울리는 학습모임이라면 당장 때려치울 것이라는 각오를 단단히 했다. 영이 누나는 있는 힘을 다해 내 형편없는 중국어 실력을 두들겨팼고, 나는 매번 질책으로 인한 심리적 멍을 다스리며 더 잘 해야겠다는 다짐을 하곤 했다. 거의 매일 그녀는 내게 40분 가량 중국어를 가르치고, 10분 가량은 중국어로만 대화하는 프리토킹(Free Talking) 시간을 가졌다. 그 이후는 내가 같은 방식으로 그녀의 영어공부를 도와줬는데, 대부분 맹렬히 혼난 이후라 나는 약간 주눅이 들어 있었던 것 같다. 어떤 때는 혼난 것에 대한 보복을 다짐하기도 했지만 워낙 실력이 뛰어난 누나는 내게 꼬투리 잡힐 일이 거의 없었다.

중국어 선생님에게 들은 이런저런 중국 이야기

영이 누나는 고등학교 시절까지 고향인 라오닝 성을 거의 떠나보지 못했다고 한다. 그녀는 중국의 지리학적 중심에 위치한 간쑤 성(甘肅省) 란저우로 대학 진학을 할 때 열차를 타던 이야기를 하며 중국 대륙을 휘감은 거미줄 같은 철도선에 대해 자세히 묘사해주었다. 그녀가 대학에 가기 위해 기차 안에서 보낸 시간은 총 45시간이었다! 8년 전인 97년에는 열차속도가 지금보다 느렸다고 한다. 지금은 24시간만 걸린다고 하지만 작은 나라 출신인 나로서는 대체 중국이 얼마나 거대한지 상상이 안 갈 뿐이다.

그녀는 여행을 매우 좋아하여 중국 북쪽의 내몽골 지역부터 사막지대까지 들어가 관광을 즐기기도 했고 티베트 여행을 하기도 했다. 티베트에 관심이 많은 나로서는 그녀가 해주는 이야기에 눈이 휘둥그레질 수밖에 없었다. 그녀는 티베트에서 매우 특이하고 신비로운 사람들을 많이 만났다는 멋진 이야기를 들려주었다. 또한 티베트의 특별한 장례 방식인 천장(天葬)을 치르는 천장대를 직접 봤다고 한다. 천장에 관한 이야기를 듣는 것은 마치 그리스 신화의 프로메테우스 이야기를 듣는 듯한 기분이었다. 천장이란 죽은 사람을 일정한 장례의식과 함께 천장대에 올려놓는 것이다. 그러면 살이 부패하고 근처에서 기다리던 독수리들이 시체를 먹어치우는 전통적인 장례방식이다. 그녀는 실제로 그곳 주변에 남겨진 유골들을 목격했다고 한다. 그것은 경외로우면서도 공포스러운 장면이었을 것이다. 멀지 않은 곳에서 일행을 응시하던 독수리 떼를 보고 그녀는 공포의 극치를 느꼈다고 한다. 겁에 질린 그녀의 표정을 상상하는 것은 어려운 일이 아니었다. 그러한 이야기를 듣는 것도 내게는 매우 중요한 학습동기가 되었다.

차츰 배움의 효과를 얻다

중국어는 공부할수록 만만치 않은 과정으로 이어진다. 많은 교재를 보고 방송도 봤지만 실제 발음을 하거나 성조를 구분하는 일은 피나는 연습이 필요했다. 중국어는 나름대로 성의껏 발음을 통해 의사를 전달해도 상대가 못 알아듣는 경우가 많은데 그럴 땐 개인적으로 매우 창피하기도 했다. 중국어 공부를 하며 그런 경우를 경험한 사람은 적지 않을 것이다. 다행히 과거 미국에서 타이완 이웃들과 살며 다져놓은 기반 덕에 처음 시작할 때처럼 힘들진 않았지만, 실제 비즈니스 과정에서 중점적이고 실용적인 대화를 해나가야 했기 때문에 갈수록 험난한 과정이 계속되었다.

나는 하루종일 자투리 시간이 날 때마다 계속 중국어 문장과 단어를 외워댔다. 틈나는 대로 중화권의 인기가수 저우제룬의 노래를 따라 불렀고, 중국어에 대한 흥미를 자극하기 위해 때로는 밤을 새워 〈도신〉이나 〈영웅본색〉 같은 명작영화들을 감상하곤 했다. 홍콩 영화는 광동어(廣東語)로 되어 있었기 때문에 알아듣는 것이 불가능했지만 그래도 중국어 공부에 좋은 동기가 되었고 과거의 향수를 되살리기도 했다.

나는 우리의 공부모임에 끊임없이 스트레치 목표를 제시했다. 그것은 GE의 잭 웰치 회장이 자주 인용한 개념으로, 단순히 목표를 정하고 노력하고 열심히 하는 차원을 넘어서 쭉 스트레치할 만큼 더욱 큰 목표를 향해 미친 듯이 내달리는 것을 의미한다. 스트레치 목표 덕에 내 중국어와 영이 누나의 영어는 시간이 갈수록 크게 향상되었다.

얼마 후부터 그것은 나와 타이완 업체의 업무속도 사이클을 한층 줄이는 데 크게 기여했다. 나는 중국어로 대화하는 빈도를 꾸준히 높여나갔고, 초기에는 김영 누나의 감독하에 중국어 전화통화나 팩스교환 등의 업무를 진행했다. 내가 실수하거나 놓치는 부분은 모두 김영 누나가

포착하여 해결해줬기 때문에 타이완의 지인들이 우려했던 불상사는 일어나지 않았다.

　타이완측 사람들은 나와 영이 누나의 노력에 박수를 보내주었다. 우리의 일 역시 어려운 고비를 넘어서인지 과거보다 훨씬 수월하게 진행되고 있었다. 그들은 내 중국어 실력이 크게 향상되었기 때문에 이후 내게 더 많은 호감을 보여준 것이라기보다, 자국 문화와 언어에 관심과 노력을 기울이는 모습에 더 큰 점수를 준 것 같았다.

　결국 시험점수 따는 게 아니라 사람점수 따는 일이었다. 문법에 맞고 수준 높은 단어를 써야 하는 대화가 아니라 서로의 마음이 좀더 통할 수 있는 동기와 계기를 창출하는 것이 가장 중요한 목표였다. 그렇게 보면 외국어 공부에 대한 부담이 줄어들 뿐 아니라 흥미 위주로 갈 수도 있었다. 또 확실한 성과가 있는 도전이라는 생각이 들었기 때문에 갈수록 더 열심히 하게 되었다. 유치한 아이디어일 수도 있지만 나는 중국어 공부가 힘들 때마다 중국인 친구들에게 전화를 걸어 스스로의 대화실력이 향상되고 있다는 것을 확인함으로써 자신에게 힘을 불어넣기도 했다.

　내가 가장 걱정했던 것은 중국어 공부가 일종의 회전식 사이클로 돌입하여 한창 열심히 하다가 소강기를 맞고 중단되어 최종적으로는 성과의 감퇴로 이어지는 것이었다. 그렇게 되면 이후 다시 시작하는 것이 매우 힘들어질 수 있기 때문이다. 유치한 일일지라도 자신의 성과를 매번 전화나 인터넷 등 동원 가능한 모든 것을 통해 확인하는 일은 매우 중요했다. 헬스클럽에 다니다가 며칠 안 나가면 한동안 운동을 안 하게 되는 것처럼 나는 자신이 주안점을 두고 있는 일들이 일상적이고 통상적인 경기회전식 사이클에 돌입하지 않도록 있는 힘을 다했다. 중국어 노래를 끊임없이 듣고 따라 부르거나 과거에 본 중국 영화를 여러 번 다시 보기도 했다. 그러한 일은 정서적으로 중국어에 더욱 관심을 갖는 데 일조했다. 관심을 멈추는 것은 곧 이 모든 성과를 서서히 버려가는 행위가 될 것이다.

해외에선 내가 영어로 하다가 적극적인 중국어로 거래를 시도하니 매우 신기하다는 반응이 연신 나왔다. 그 과정에서 크리스는 내가 그들과 거래하기 위해 한국에서 얼마나 노력하고 있는지를 전했고, 적잖은 사람들이 감동을 받았다고 한다. 협상자를 압박할 것이 아니라 다른 방법을 써보라는 아버지의 충고를, 거래언어를 바꾸어 해외 수출업체 사람들을 보다 가깝게 받아들임으로써 실천하게 된 셈이다. 나는 그 동안 전화를 걸어 강한 톤으로 쏟아냈던 영어 말투가 일부 해외 직원들에게 얼마나 위압적으로 비쳐졌는지, 그리고 그들이 때로 매우 당황했다는 사실을 몸으로 느끼게 되었다.

이전에 그들은 내 말을 알아듣지 못할 경우 더욱 입을 다물거나 며칠 뒤에야 변명을 했다. 나는 그들이 느려졌다고 생각하여 더욱 화를 냈고 그러면 모두의 감정이 뒤틀리게 마련이었다. 그러나 중국어로 거래를 진행한 이후부터 우리의 대화에서 나온 결론이 서로의 의도대로 제대로 관철되었는지 확인하기 위해, 영어를 잘 하는 중국인 친구들에게 실시간으로 팩스를 보내 나와 통화한 사람에게 영어로 번역해주도록 했다. 이 일은 결국 우리 사이의 의사소통 문제를 보다 매끄럽게 해결했고 초기에 감정적으로 치달았던 해외 회사와의 관계를 회복시켰다. 이후 우리의 업무가 전체적인 효율증대로 이어졌음은 물론이다.

체력적으로 힘들긴 했지만 나는 중국어를 통해 많은 것을 배워나간다는 것에 희망을 가졌다. 그것만으로도 소득은 충분했다. 이후로도 김영 누나와 나의 중국어 공부는 계속되었다. 시간이 흐르자 나는 이전과는 판이하게 다른 중국어를 구사하게 되었다. 미스터 탕이나 기타 타이완

관계자들과도 점차 중국어 대화비중을 늘려갔음은 물론이다.

김영 누나의 멋진 이종격투식 강의 덕분에 나는 거래하던 중화권의 업자들을 놀라게 할 수 있었다. 솔직히 전화하기 전에 모든 내용을 기록하고 사전연습을 충실히 한 후 그들에게 전화를 건 것이지만 이전보다 수월한 방법으로 의사소통을 한다는 것은 확실했다. 그것이 가져다준 성과는 단순한 업무효율의 증대 이상이었다.

공익근무 중에도 해외여행이
가능하다는 희소식

타이완에 도착한 동생 가영이는 HD그룹측에서 마련해준 거처에 여장을 풀고 곧바로 기술전수 일정에 돌입했다. 새로운 환경에 적응하는 것을 두려워하지 않는 성격이어서 어려운 일은 없었다지만 미국과는 또 다른 환경인 타이완에서 두 달간 생활하는 것이 동생에게도 쉽지는 않았을 것이다. 게다가 동생은 미국에서 휴학하고 귀국한 지 몇 달 되지도 않아 타이완을 두 번이나 방문한 터였다.

동생의 성공적인 현지 업무 수행

두 달이 그리 긴 체류기간이 아니어서 동생은 일정을 서둘렀다. 일단 우리의 초기 거래 리스트 후보군에 있던 회사들을 둘러보며 거래가 성사되지 않은 회사 관계자들과도 인사를 나눴다. 동생은 크리스의 도움을 받아 가오슝의 한 가게에서 일주일간 자유로운 시간대를 골라 보바의 원재료와 조리과정을 견학할 기회를 얻었다. 이 과정은 동생이 가져갔던 작은 수첩 안에 빼곡히 적혀 있었기 때문에 나중에 나 역시 메모내용을 통해 그녀가 본 것을 거의 동일하게 볼 수 있었다.

동생이 보바 원재료와 조리과정에서의 모든 원료 쓰임새를 견학한 곳은 4명이 일하는 작은 가게였는데 원래는 크리스의 어머니께서 운영하시던 가게였다고 한다. 가게가 매우 잘 되자 아는 사람에게 매각했는데 그 소유주가 이야기를 전해듣고 동생이 견학하는 과정을 돕겠다고 나선 것이다. 소유주의 협조 덕분에 동생은 편한 환경에서 원하는 정보를 수집할 수 있었다.

일주일간의 견학과정을 마친 후 동생은 좀더 시가지에 있는 가게로 옮겨 트레이닝을 받았다. 그곳은 가오슝 시내의 의수대학교(義守大學校) 앞에 있는 큰 가게였다. 총 8명이 근무하고 하루 평균 1,500~2,000잔이나 판매하는 이 가게 역시 HD그룹의 직원 아내가 운영하는 곳이었다. 동생이 그곳에 배치된 이유는 보바음료의 제조법 파악부터 유통되는 원료가 실제 가게운영에 어떻게 쓰이는지 알 수 있도록 하기 위한 HD그룹측의 배려였다. 동생은 운영자인 HD그룹 직원 부인의 협조로 모든 원료의 구입처와 유통망을 파악했고, 각 원료의 소모처와 회전율 등을 노트에 기록했다. 나는 그런 것에 대해 동생에게 아무런 부탁도 하지 않았지만 동생은 놀라운 책임감으로 맡은 일에서 120%의 능력을 발휘해주었다. 나중에 동생이 가져온 노트는 내가 그곳을 직접 방문하여 체험한 듯한 효과로 이어질 만큼 자세하고 정확했다.

동생은 필요한 견학을 모두 마친 후 남은 시간 동안 실제로 가게에서 직원으로 일해보기도 했다. 동생은 어설픈 중국어 실력 때문에 사람들에게 한국인이라는 사실이 알려지게 되었다고 한다. 당시만 해도 한류 열풍이 매우 거세게 불던 시절이어서 동생은 매장의 매상을 끌어올리는 역할까지 할 만큼 인기를 끌었다. 동생을 일본인으로 착각하는 사람도 있었는데 그럴 때마다 단호히 일본인이 아니라고 밝혔다고 한다. 지정된 시간의 근무와 견학이 끝나면 HD그룹에서 동생을 귀가시키기 위해 차량이 항상 기다렸기 때문에 한국 여자와 데이트해보려는 타이완 친구들의 기다림은 소용이 없었다. 처음에 동생은 견학 목적으로 가게를 방문하는 것이 직원들에게 폐를 끼치지 않을까 고민했는데 다행히도 가게의 매상을 올리는 데 기여할 수 있어서 기뻤다고 한다.

어머니는 동생이 귀국하기 전 격려차 타이완을 방문하셨다. 마침 크리스가 어머니와 동생에게 대접하겠다며 무엇을 먹고 싶냐고 물었다. 어머니께선 현지 음식을 드시고 싶다는 뜻에서 "이곳 음식 중 제일 맛있는 것을 먹고 싶다"고 말씀하셨는데 크리스는 공교롭게도 "그렇다면 아는 집이 있다"면서 이탈리안 스파게티 레스토랑으로 안내했단다. 어머니와 동생은 연신 "하오츠(好吃, 중국어로 '맛있다')"라는 말을 연발하며 스파게티와 파스타를 먹었지만 내심 황당했다고 한다. 아무튼 크리스는 고맙게도 이들을 가오슝 근처의 관광지에 데려가 좋은 시간을 보내게 해주었다. 동생은 현지에서 맡은 일을 무사히 마치고 빼곡한 노트를 세 권이나 들고 귀국길에 올랐다.

수입절차는 모두 마무리되었으나……

미스터 탕의 식품회사 및 HD그룹과의 수입 사전준비를 마친 나는 한국측 검역시 제출할 서류와 식약청 정밀검사(처음 들어오는 식품이나 기존에 들어왔어도 데이터를 확보하지 못한 식품 및 용기는 모두 정밀검사를 받아야 한다) 서류까지 모든 사전 준비작업을 마쳤다. 첫 통관을 위한 준비작업인만큼 모든 것에 조심성과 철저함이 필요했고, 타이완과의 의사소통 문제가 여전히 남아 있었지만 처음에 비해 순조로워졌다.

나는 이 과정에서 타이완측과 협상할 때 벌어진 작은 갈등으로 인해 아버지와 논쟁을 벌이기도 했다. 어떤 과정에서든 상황을 탓하는 것은 낭비라고 생각했던 나와 달리 아버지께선 타이완 수출업자들이 보다 협조적으로 태도를 바꿔야 한다고 생각하셨다. 물론 실제 협상자였던 나로선 그들이 태도를 바꾸는 것이 얼마나 힘든지, 설령 그렇다 해도 얼마나 많은 시간이 소요될지 모른다는 의구심이 있었기 때문에 되도록 그들의 방법을 존중하려는 성향을 보였다. 그나마 가장 빠른 해결책은 내가 그들의 태도에 적극적으로 대응하거나 더 많은 대화를 나누는 것이었다. 그들을 탓하거나 불평을 늘어놓는 것은 협상 자체를 지연시킬 위험이 짙었다. 시간이 없는 쪽은 우리였으니까.

최소 주문량 오더 방식은 아직도 약간의 문제가 남아 있었다. 우리는 아직 생산에 착수한 것이 아니었기 때문에 자칫하면 막판에 원자재 가격상승으로 인해 인상된 가격으로 첫 물량을 계약하게 될 위험이 있었다. 워낙 초기 수입량이 많았기 때문에 그러한 위험은 매우 크게 느껴졌다. 또한 이후의 가격기준이 첫거래를 통해 마련될 가능성이 높아 제대로 된 가격으로 거래하는 일은 매우 중요했다.

나는 타이완의 친구들에게 몇몇 회사와 접촉하도록 부탁했고 그러한 경로를 통해 동일 상품의 여러 가격정보를 수집했다. 그 결과 우리가 수입하는 일부 품목에서 가격하락을 끌어낼 수 있었다. 그런 식으로 발품을 팔아 얻은 지식을 품목별로 가격을 협상하는 데 사용했는데 이는 적잖이 번거로운 일이었다. 그러나 힘들다며 그러한 과정을 포기했다면 이후 큰 금액을 추가로 지불해야 했을 것이다. 가격검증을 제대로 하지 않는 일은 돈문제를 떠나서 합리적인 거래를 이루지 못하는 일이므로 꼭 미리 알아보고 위험을 제거해야 했다.

회사에선 내가 시간을 너무 끌고 있다고 생각하기도 했고, 나 역시 그럴 때면 제대로 협상을 하고 있는 건지, 시간을 낭비하여 오히려 원가상승을 촉발하는 것은 아닌지 헷갈렸다. 다만 첫거래이자 훗날을 위한 선레가 될 거래라는 점을 생각하면 역시 막바지 가격협상까지 신중해야 한다는 결론으로 돌아왔다.

나중에 크리스에게 들은 이야기지만 미스터 탕은 젊은 녀석이 독하다면서 혀를 내둘렀다고 한다. 당시의 막바지 가격협상과 검증과정은 여러 면에서 우리에게 좋은 결과를 가져왔다. 가장 두드러진 성과는 품목별 가격할인폭보다, 내가 각 상품들에 대해 자세히 알게 되었다는 것이다. 나는 각종 주스시럽의 제조과정과 성분에 대해 최대한 알게 됐을 뿐 아니라 주스 파우더와 기타 식품들에 대해서도 매우 많은 정보를 제공받았다.

동생은 이 시기쯤 귀국했는데, 모든 부분에 걸쳐 레서피(Recipe)를 완벽하게 조달했고 그에 따르는 각종 원료소모율과 소모량을 정확히 계산, 측정해오는 성과를 올렸다. 그렇게 정확하게 일을 수행해줄 거라고 기대하진 않았는데 가영이는 이후로도 회사의 중요한 일을 해결하는 역할을 해냈다. 휴학기간에 해외를 왕복하며 그만큼 다양한 일을 할 수 있다는 것은 오히려 즐거움이었다고 말하는 동생에게 나는 많은 것을 배우지 않을 수 없었다.

동생은 귀국하여 타이완에서 배운 레서피를 활용할 방안까지 매우 세밀하게 계획해 곧바로 실행했기에 나는 아무런 걱정 없이 국내 매장운영을 그녀에게 맡길 수 있었다. 동생이 합류하면서 국내에서의 사전 시뮬레이션 작업은 거의 마무리되어갔다. 우리는 수많은 가정을 세워 그에 답하는 방향으로 사업체를 만들어갔는데, 이제 남은 것은 한 걸음씩 우리의 계획을 현실화시키는 것이었다.

우리는 지금까지 협의하고 준비해온 수입망의 본격적인 가동을 앞두고 있었다. 수많은 협상을 통해 확정된 정보들이 하나씩 세상으로 나올 준비를 하고 있었다. 가슴 설레는 일이었지만 왠지 이제껏 준비한 것만으로는 부족하다는 생각이 들었다. 내가 그들과 협의한 내용대로만 모두 이행되면 되는 것이었지만 적절한 현장검증 없이 수입망을 가동하는 것은 나중에 불안요인으로 작용할지도 모른다는 조바심이 들기 시작했다. 아버지 역시 이론만으로 수입망을 가동하는 것은 문제가 있지 않느냐며 의구심을 제기하셨다.

공익근무 중에도 해외여행이 가능하다는 희소식

나는 큰 고민에 빠졌다. 보통 이런 경우 공장도 방문하고 회사 관계자들과 CEO도 만나봐야 하는 것이 당연했지만, 타이완의 수출업자들은 모두 목소리로만 나를 알고 있었다. 물론 HD그룹의 임원들이 나를 든든히 지원하고 있었지만 기본적으로 상호 방문 및 현장답사는 필요했다. 그들과 나 사이에 직접적이고 인간적인 교류가 필요하다고 느껴지는 시점이었다. 동생에게 그런 내용의 출국을 다시 부탁할 수도 없는 일이었다. 동생은 이미 내가 요청했던 사람들을 모두 만난 터였다. 나는 이 문제에 대해 깊이 고심했다. 타이완에 가서 나 대신 일을 처리해줄 사람을 모색할 길이 없었다.

한국에 귀국해 있던 유학생 친구들 몇 명에게 전화를 걸어 다짜고짜 "너 혹시 타이완 여행 하고 싶은 생각 없냐?"고 물어보기도 했다. 친구들은 오랜만에 귀국하여 가족과 함께 한 지 며칠 되지도 않아 내게 장난 같은 전화를 받자 매우 황당해했다. 나는 그들의 반응이 재미있어 웃기도 했지만 속으로는 자못 심각했던 터라 전화를 끊을 때도 같은 질문을 하곤 했다. 물론 그들의 반응은 첫 질문을 받을 때와 같이 황당하다는 답변으로 돌아왔다. 어떤 친구는 내가 함께 안 가면 가지 않겠다는 속 모르는 대답을 하기도 했다.

타이완측과의 거래내용을 자세히 이해해야 가능한 방문이었기에 그렇지 못한 대리방문은 원천적으로 힘들다는 것을 나도 알고 있었다. 다만 누군가를 보내는 것만으로도 그들에게 계약의 무게감을 더해줄 수 있지 않을까 하는 지푸라기라도 잡는 심정이었다. 물론 그런 성격의 방문은 답답하게 끝날 것이 뻔했다. 내가 타이완을 방문하면 정말 좋을 텐데 답답할 뿐이었다.

그런데 공교롭게도 한 유학생 친구에게 그러한 전화를 걸었을 때 그는 내게 공익근무를 시작한 지 얼마나 되었느냐고 물었다. 당시는 딱 6개월째 되던 때였다. 그는 내게 6개월 이상 된 공익근무요원은 정당한 절차로 휴가를 받고 병무청으로부터 국외여행 허가서를 발급받으면 해외여행이 가능하다는 충격적인 이야기를 해주었다. 그는 군대를 다녀오진 않았지만 병무행정에 대해 매우 정확하게 알고 있었다.

과거 미국에서 친하게 지냈던 구인모 형의 말에 따르면 군대에서 사병으로 복무하며 외국에 출국하는 것은 거의 불가능하다고 했다. 인모 형은 당시 발급받을 수 있는 모든 종류의 허가를 취득하여 출국절차를 밟았으나 끝내 부대의 만류로 뜻을 이루지 못했다. 나는 공익근무요원에게도 그것이 동일하게 적용되는 줄 알고 있었다. 그런데 친구의 조언 이후 인터넷을 통해 공익근무요원의 해외출국 정보를 알아보니 그 친구의 말이 사실이었다. 나는 눈을 의심했다. 그렇다면 공익근무 중이어도 정당한 절차를 밟고 여권을 발행받으면 한국을 출국할 수 있다는 얘기였다.

입대 전 군 관련 정보에 관해서는 어느 정도 알고 있다고 생각했지만 입대 후 출국이 가능하다는 것은 아무리 생각해도 금시초문이었다. 나는 그때까지 확인한 정보들이 제도적으로 사실이기를 간절히 바랐다. 이러한 조바심은 복잡한 서류를 요구하는 미국 대사관의 비자발급을 여러 번 받았던 경험에서 나온 것이다. 좋은 징조였는지 타이완은 병역 미필자인 내게도 무비자 입국이 가능했고 여행 관련 절차도 비교적 간단했다. 나는 지인들을 통해 추가로 그러한 사실을 모두 재확인했다.

타이완 출장준비

타이완에 가야 할 필요성은 이제 점점 명백해졌다. 타이완 사람들은 거래주체자이자 그 동안 주요 대화상대였던 내가 오는 것을 크게 환영했다. 그들은 항상 오후 6시, 그들 시간으로는 5시 이후에만 통화가 가능한 젊은 한국인이 갑자기 방문하겠다며 스케줄 작성을 요구하자 흔쾌히 "커이(可以, '괜찮다'는 뜻의 중국어)"라는 대답을 해주었다. HD그룹의 크리스를 통해 그들 모두 내 방문을 반기고 있다는 사실을 확인한 후 타이완에 가고 싶은 마음은 갈수록 더해졌다.

해외여행은 언제나 들뜨는 일이었다. 특히 타이완 친구들이 많아서 그들이 살아온 곳에 꼭 가보고자 하는 개인적인 관심도 있던 차였다. 이번 방문은 여러 가지로 완벽한 동기를 제공했다. 미국의 션 역시 내가 방문한다는 말을 듣고 타이완에서 주의할 점에 대해 여러 가지 조언을 아끼지 않았다. 그는 타이완 회사 관계자들과 만날 때 대두될 만한 각종 이슈에 대해 자신의 의견을 아끼지 않았다. 나는 진정으로 그에게 가슴 벅찬 고마움을 느꼈다.

공익근무요원으로 해외출국을 준비하는 일은 군 미필자가 해외를 나가는 절차와 거의 다르지 않았다. 개그맨 서경석이 《서경석의 병영일기》에서 사실적으로 기록했듯이 군대를 마치면 해외에 가는 절차가 간소해진다. 나처럼 병역 미필자로 매번 국외여행 허가서를 제출하고 해외에 출국해야 했던 사람들에게는 큰 변화인 셈이고, 군복무 도중 해외에 갈 수 있다는 것은 더욱 신나는 일임에 틀림없다. 그야말로 환상적인 일이었다. 게다가 타이완에 가는 비행기삯은 미국행에 비하면 훨씬 저렴한 왕복 30만 원대였다.

타이완 방문은 이전 동생과 어머니가 갔을 때보다 훨씬 더 정밀한 스케줄에 따라 만나야 할 사람을 모두 만나고 확고한 성과를 도출하는 성격의 방문이 되어야 했다. 내용 면에서도 알차야 하고 실제 수입망이 최대한 신속하고 정확하게 가동될 수 있도록 모든 것을 정리하는 확정적인 만남이 되어야 했다. 말 때문에 속터졌던 미스터 탕과의 관계도 보다 분명하게 해야 했다. 타이완 방문은 수입망의 원활치 못한 작동으로 인한 국내 스케줄의 지연을 막을 수 있는 가장 확실한 기회였다.

떠나기 위한 준비는 속전속결로 진행됐다. 결정된 일을 밀어붙이는데 망설일 이유는 없었다. 나는 국외여행 허가에 필요한 모든 요건을 충족시킨 서류를 병무청에 제출했고 곧이어 여권이 발행되었다. 여권을 손에 쥔 기분은 환상 그 자체였다. 나는 도서관에서 여권을 가지고 놀다가 하마터면 잃어버릴 뻔하기도 했다. 비행기삯 역시 애초에 알아본 정보대로 30만 원대였고 크리스가 머무르는 가오슝(高雄, 남부 타이완의 최대 도시)으로 가는 표는 타이완에 들어가서 구매하기로 했다.

그러나 이번에도 타이완 사람들과 방문일자를 협의하는 과정이 생각보다 간단치 않았다. 만나야 할 사람들의 스케줄이 가오슝 방문 예상기간인 8일 내에 모두 모여 있어야 하는데, 미스터 탕은 갑작스레 태국에 갈 예정이라며 난색을 표했고 HD그룹의 크리스 역시 자신만의 스케줄이 있어서 나를 필요한 곳에 데려다주는 것이 힘들 것 같았다.

당장 타이완 방문을 앞둔 나로서는 매우 고민되는 문제였다. 예정된 스케줄대로 이행되지 못하면 타이완 방문의 의미가 퇴색될 수 있기 때문이다. 가장 우려되는 것은 타이완 방문이 단지 관광에 그칠지도 모른다는 것이었다. 성과가 나지 않는 방문이라면 매우 심각하게 고민해야 했다. 나는 이러한 상황을 솔직하게 전달해야 한다고 생각하고 HD그룹의 크리스와 식품회사의 미스터 탕에게 구체적으로 내 상황을 설명했다.

나는 이번 방문이 아니면 언제 다시 그곳에 갈 수 있을지 기약할 수 없다며 내 스케줄에 모두 응해줄 것을 간곡히 부탁했다. 미스터 탕에게도 미안하지만 태국 가는 일정을 조금 미뤄줄 수 없느냐고 부탁했다. 다행히도 그는 몇 시간 후 그러겠다고 대답했다. HD그룹의 크리스 역시 일정을 내 일을 중심으로 이끌어가겠다며 쉽지 않은 약속을 해주었다.

나는 타이완에서의 일정을 모두 정리하고 그들에게 미리 메일로 전송한 후, 가지고 갈 자료를 모두 확정한 끝에 타이완 방문일자를 12월 19일로 정했다. 연말을 그곳에서 보내게 되는데 타국에서 보내는 크리스마스 또한 의미 있을 듯싶어 예감이 좋았다.

파란만장한 타이완 방문기

12월 19일 아침, 나는 드디어 동생과 함께 타이완으로 향했다. 동생은 처음엔 동행하지 않을 계획이었으나 첫 방문을 하는 나를 돕겠다며 같이 비행기에 탔다. 사실 가영이는 친구 맨디가 타이완으로 귀국했다며 타이페이에서 함께 시간을 보내기로 약속한 상태였다. 그들은 함께 화롄(花蓮, 타이완의 유명 관광지)으로 여행할 계획을 세우고 들뜬 기분으로 만날 예정이었다. 그에 비하면 나는 중요한 스케줄을 수행하는 방문일정이었기 때문에 동생만큼 즐거운 여행을 꿈꿀 입장이 못 되었다. 그러나 해외여행을 할 수 있다는 것만 해도 감지덕지했으므로 다른 곳으로 놀러 갈 꿈은 아예 갖지도 않았다. 해외에 가는 것만으로도 훌륭한 여행이 되었다.

드디어 타이완에 발을 내딛다

타이완으로 향하는 비행기 안에서 비록 짧은 시간이었지만 많은 생각이 들었다. 가장 중요한 것은 이번 여행이 수입을 앞두고 모든 것을 확정하는 작업이라는 것이다. 그 동안은 이론에 근거하여 수입을 추진했지만 이제 다가올 현실을 보다 직시하여 돌발변수를 예측하고 수입이 안 될 가능성까지 냉정하게 판단해야 했다. 짧은 시간 동안 나는 노트에 모든 수입의 총 규모 및 지출금액 등을 미리 기재했다.

지금부터는 하루하루 확실히 깨어 있어야 했다. 이번 타이완 방문을 통해 비상상황이 발생할 확률을 미리 헤지하고, 설사 발생한다 해도 그것에 잘 대비할 수 있는 지식과 용기를 가져야 했다. 두려움이나 나태함으로 인해 내부의 전열이 흐트러지면 원래 페이스로 돌아올 수 없다고 생각했기 때문에, 나는 첫 수입에서 모든 것을 완벽하게 마쳐야 한다고 스스로에게 수십 번 되뇌었다.

이제 우리는 한국에서 출범할 회사의 뿌리를 완성하는 작업을 앞두고 있었다. 많은 생각 끝에 도착한 타이완은 2시간 반의 비행시간이 소요되는 굉장히 가까운 나라였다. 또한 매우 역동적인 나라이기도 했다. 매킨지 금융 컨설팅에 따르면 타이완은 2,200만 명의 인구가 사는 곳으로 1997년 기준으로 세계 11위의 경제대국일 뿐 아니라 대부분의 경제성장이 수출에 의해 이루어지고 있었다.

내가 경험하기로도 그곳에서는 수출이 마치 생활의 일부처럼 자연스레 이루어지고 있었다. 국제교역 관련 사업은 실제로 타이완 GDP의 40% 이상을 차지하고 있다. 타이완은 1997~98년의 아시아 금융위기에도 별다른 타격을 입지 않을 정도로 외환보유고가 막강했을 뿐 아니라 거품에 해당하는 자산비율도 극히 낮다.

그들은 이미 1980년 말 과잉투기로 인해 거대한 위기를 겪은 경험을 바탕으로 국제투자에 아시아 다른 국가보다 훨씬 일찍 나서서 중국과 동남아시아 대부분의 국가에서 3위의 투자국가가 되었고, 그러한 강인한 배경을 바탕으로 97년의 환란폭풍도 안전하게 지나갔다. 게다가 양안간의 관계로 인한 국제적·정치적 압력에도 굴하지 않고 1980년대부터 수출시장을 아시아 전체로 다변화하고 생산기지를 중국과 동남아시아 국가들로 이전하는 높은 수준의 무역정책을 보여주기도 했다.

그들은 일찍이 실적이 부진한 기업의 도산을 허용하는 경제적 여건을 조성함으로써 세계적으로 경쟁력 있는 사업체를 많이 만들어냈다. 더욱 놀라운 것은 타이완 경제의 역동성과 기민함이 바로 중소기업에서부터 비롯된다는 것이다. 100만 개에 달하는 기업 가운데 95%는 400만 달러 이하의 매출실적을 기록하고 있고 인력의 70% 역시 직원 수 100명 이하인 중소기업에 채용되어 있다.

내가 방문하려던 HD그룹도 결국 그러한 중소기업의 모임에 속하는 것이었다. 이러한 형태의 기업은 매우 많았고 자연스러웠다. 물론 매출 1억 달러 이상의 대기업 역시 400개 정도 존재한다. 그러나 역시 타이완 경제에서 중소기업은 대부분의 기업금융 수익의 원천이 될 만큼 절대적인 중요성을 자랑한다. 중소기업의 성공에 따라 기업의 이윤이 개인에게 돌아가는 것도 타이완에서는 매우 자연스럽다. 그들은 적극적인 교역자임과 동시에 투자가이고, 타이완 주식시장 거래총액의 90%는 바로 개인투자자가 차지한다. 이러한 나라에 가본다는 것은 그 자체만으로도 매우 가슴 뛰는 일이었다.

사업 파트너이자 좋은 친구 크리스를 만나다

항상 12시간 이상의 비행을 하고 미국으로 갔던 나는 그 정도를 가야만 해외여행인 줄 무의식중에 착각하고 있었다. 가까운 나라에 간다는 것은 그래서 더욱 멋진 경험이었다. 동생과 내가 타이페이 국제공항에 도착한 것은 오후 8시 정도였다. 공항에는 처음에 나오기로 했던 동생의 친구들이 나온 것이 아니라 크리스가 와 있었다.

우리는 어찌된 영문인지 의아해했으나 알고 보니 재미있는 이유에서였다. 우리를 마중나오기로 했던 맨디와 캐럴 자매는 늑장을 부리는 바람에 타이페이 시내의 밀리는 차량행렬에서 옴짝달싹하지 못하고 있었고, 타이페이 시 외곽에 머물던 크리스는 얼마 전 내가 통지해준 타이페이 공항 도착시간에 맞추어 우릴 보기 위해 온 것이었다. 이것을 필두로 온갖 예상치 못한 우연과 이벤트가 겹치고 어우러진 첫 타이완 방문이 시작되었다.

우리를 마중나온 크리스는 매우 건장한 체격에 야구를 좋아하는 남자다운 친구였다. 그의 아버지가 경영하는 HD그룹은 말레이시아와 중국 본토에 이르기까지 다양한 사업체를 소유한 중간 규모의 그룹이었으나 매우 견실했다. 특히 포장기계 쪽으로는 타이완에서 1위의 실적을 자랑했다. 더욱 드라마틱한 것은 회장님 부부의 성공기였는데, 사모님께서 평생 달걀을 팔아 모은 돈으로 남편에게 공장을 사주었고 그것이 HD그룹의 시작이었다고 한다. 놀라운 사실은 사모님께서 아직도 달걀장사를 하신다는 것이었다.

크리스는 그 동안 전화로만 알고 지내던 사이였지만 이미 나와 잘 맞는 친구였고 실제로 친해지는 데에도 별로 시간이 걸리지 않았다. 그는 이후 무역과 각종 금융거래 및 수출절차에 대해 엄청나게 많은 지식을 내게 가르쳐주었다. 그러나 당시에는 그도 회사일을 배운 지 얼마 되지 않은 터라 나와 함께 수많은 시행착오를 겪기도 했다.

크리스는 실로 오픈 마인드의 소유자였다. 그는 자타가 공인하다 못해 못 말릴 지경의 전지현 광팬이었는데, 〈엽기적인 그녀〉를 보고 한국 여자에게 완전히 빠져버렸다. 그는 나중에 한국에 와서 사는 것이 꿈이라고까지 주장하는데, 그것은 한국에 전지현 같은 여자가 널렸다고 주장한 나의 세뇌작업 탓이기도 했다. 사실 타이완 방문기간은 전지현과

장동건 같은 한류스타 덕에 한국인이라는 사실이 매우 자랑스럽게 여겨
지는 나날의 연속이었다.

한류열풍이 실제 비즈니스에 도움이 될 수도 있겠다는 생각이 들자,
나는 이후 한류열풍을 끝장 볼 때까지 우려먹었다. 젊은 사람들만 만나
면 한국인 배우나 가수 중 좋아하는 사람이 있냐고 물어봤고, 내가 아는
이름이 튀어나오면 온갖 종류의 프로필을 늘어놓았다. 평소 검색 포털
에서 뉴스를 열심히 읽은 탓에 웬만한 이야기는 술술 할 수 있었는데,
그러한 것들이 그들에게는 매우 흥미롭게 느껴지는 듯했다.

크리스는 타이페이에서 대학을 졸업했는데 유복한 집안 자식답지 않
게 온갖 고생을 했다. 그의 아버지가 크리스에게 대학시절 학비 이외에
는 거의 지원해주지 않았기 때문에 그는 주유소, 슈퍼마켓, 각종 음식점
종업원 등 안 해본 일이 없었다. 그 때문인지 그는 지금도 돈을 절약하
는 습관이 몸에 배어 있다. 또한 그는 나처럼 개를 좋아했다. 그는 내가
방문할 즈음 래브라도 리트리버종 ‘대니’를 키우고 있었는데, 대니는
전혀 훈련되지 않은 상태여서 1시간도 안 되어 마당을 쑥대밭으로 만들
수 있는 천방지축이었다. 크리스는 대학 때 토끼를 키웠다며 토끼에 대
한 일가견을 자랑하기도 했다. 그는 친구 집을 방문한답시고 애지중지
하던 토끼를 잠시 주차장에 있는 자동차 위에 올려놓고 들어갔다가 갑
자기 비가 쏟아지는 바람에 토끼가 죽었다고 한다.

그가 공항에서 맨디의 집까지 데려다주며 들려준 이야기 중 가장 인
상 깊었던 것은 타이완 지하철역에서의 자살소동에 관한 이야기였다.
타이완에서는 지하철역에서 투신을 했다가 만일 죽는 일에 실패(?)하
면 어마어마한 벌금을 물게 된다고 한다. 그래서 그 돈을 내지 않기 위
해서라도 투신에 성공해야 한다는 것이 크리스의 이론이었다. 일반적으
로 자기 나라를 처음 방문한 사람에게는 덕담을 해주거나 환영한다는

식의 말을 해주지만 그는 예상 외의 무시무시한 이야기로 우리의 타이완 방문을 반겼다.

이국땅에 오자마자 맞이한 난처한 상황

타이페이 시내는 생각보다 복잡했다. 잠시 헤매긴 했지만 크리스는 맨디 자매와 몇 번의 통화를 거친 후 그다지 어렵지 않게 타이페이에 있는 맨디의 집을 찾아냈다. 동생은 오랜만에 만난 맨디와 반갑게 해후한 후 잠시 집 안에 들어가서 우리와 서로의 스케줄을 교환한 후 곧 헤어졌다. 맨디의 집을 나선 크리스는 가오슝으로 가기 전에 타이페이에서 들를 곳이 있다며 나를 웬 한국인 교회로 이끌었다. 그는 대학시절 그 교회를 4년간 다녔다고 했다. 나는 그가 뭔가 볼 일이 있어 그곳에 들른 줄 알았으나 실은 헤어진 옛 여자친구를 보러 간 것이라는 사실을 나중에야 알았다.

홀홀단신으로 얼굴도 못 본 파트너와 함께 일해야 하는 어려운 시간이 될 걸로 생각했던 애초 예상과 달리 타이완 방문은 다양한 이벤트가 어우러진 매우 다채로운 시간이었다. 나는 첫 타이완 방문이 내 인생에 역사적인 사건이라고까지 생각했다. 그것은 나중에 이어질 모든 고통과 기쁨이 본격적으로 시작되는 지점으로 나는 그러한 순간을 설렘과 모험심으로 맞았다.

크리스는 교회에서 한참 시간을 보낸 후 나를 차에 태우고 그의 집이 있는 가오슝으로 향하기 시작했다. 매우 피곤했던 나는 차에 오르자마자 잠이 들었다. 조수석에서 자는 것은 예의가 아니라고 생각했지만 감기는 눈은 어쩔 수 없었다. 그러나 자면서도 느낀 것은 타이완 고속도로의 밤이 정말 시원하다는 것이었다. 타이페이에서 가오슝까지 운전하고 가는 데 5시간 가량 소요된다고 했다.

한참 잤을까, 느낌이 이상해서 눈을 떠보니 차가 급히 정차하는 중이었다. 무슨 일인지 몰라 크리스를 보자 그는 한숨을 쉬며 뒤를 가리키고 "징차(警察, 경찰)"라고 말했다. 눈도 제대로 못 뜬 채로 무슨 일이냐고 묻는 내게 그는 "과속한 것 같다"고 얘기했다. 그도 그럴 것이 자다가 슬쩍 보기에도 그는 150km에 육박하는 속도로 달리고 있었다. 크리스는 투덜거리며 차를 세웠고, 백미러를 통해 뒤를 보니 느긋한 포즈로 경찰 두 명이 내리고 있었다. 예감이 매우 안 좋았다. 오자마자 이렇게 경찰과 맞닥뜨리는 것은 결코 좋은 징조가 아니라고 생각했기 때문이다.

이런 일이 발생했을 때 내가 운전자가 아니라는 사실이 얼마나 다행스러운지 처음 알았다. 내가 해줄 일은 최대한 걱정스러운 표정으로 상황을 진정시키는 것이라 생각했는데 크리스는 갑자기 장난기 넘치는 표정으로 내게 부탁을 했다. "우리 외국인인 척하자!"라며 영어로 이야기하여 상황을 모면하자는 아이디어를 낸 것이다. 그것은 타이완에 도착한 지 5시간도 안 된 내게 자국 경찰을 속이라는 주문이었다. 내가 가지고 있던 안 좋은 예감은 엉뚱하게도 들어맞았다. 다만 나는 상황에 대처할 자신이 있었다. 미국에서 경찰에게 억울하게 걸렸을 때 영어를 못 하는 척하여 빠져나간 경험이 있었기 때문이다.

나는 차에서 내려 크리스와 대화를 주고 받으며 능청스럽게 타이완 경찰에게 영어로 말을 걸었다. 그들은 좀 전의 느긋한 태도와 달리 당황한 표정에 어쩔 줄 몰라했다. 당시 내가 했던 대화 내용은 "우리는 외국에 있다가 지금 이곳에 돌아온 지 몇 시간 되지 않아 운전감각을 제대로 찾지 못했다"는 식의 엉터리 변명이었지만 그들이 그런 내용을 알아듣느냐는 별개의 문제였다. 일단 영어를 쏟아내어 크리스를 도와주는 것만이 목표였다.

사실 나는 그들이 혹시라도 영어를 알아들을까봐 일부러 랩하듯이 빨

리 발음을 굴려댔다. 이어지는 나의 능청스러운 연기에 크리스 역시 박
자를 맞춰댔고 계획은 성공하는 듯했다. 그들은 어찌할 줄 모르는 듯 보
였다. 우리가 속으로 쾌재를 불렀음은 물론이다. 잘못 나온 사진 탓에
한국에선 꺼내지도 않던 주민등록증까지 내놓으며 우리가 타이완 법을
잘 몰라 걸렸다는 이야기를 반복했다. 그들은 여전히 나와 크리스의 말
을 알아듣지 못해 우왕좌왕한 채로 대책을 논의하고 있었지만, 우리가
원하는 것은 대화가 아니라 그저 우릴 보내주는 것이었다.

작전은 거의 먹혀들어가는 듯했으나, 막판에 그들 중 한 사람이 크리
스에게 중국어로 "운전면허증을 보여주시오, 보내드릴 테니"라고 한 말
에 크리스가 서둘러 꺼낸 운전면허증이 화근이 되었다. 나는 그걸 제지
하려 했지만 너무 늦었다.

우리는 이후 고속도로에서 10분도 넘게 경찰의 훈계를 들어야 했고,
그들은 내가 외국인이라는 사실조차 믿지 않는 것 같았다. 괜히 우리나
라 망신시킬까봐 나는 미국에서 태어난 중국인이라며 둘러댔고 그들과
약간의 중국어로 대화를 나누었다. 이제는 벌금액수에 대해 우리가 선
처를 부탁하는 입장이 되어버렸으나 그들은 매우 화가 난 듯했다. 크리
스는 중국어로 죄송하다는 말을 반복했으며 우리는 벌금청구서에 순순
히 사인을 해야 했다. 한마디로 오밤중 고속도로의 생쇼가 아닐 수 없었
다. 특히나 이 나라에 입국한 지 얼마 되지도 않은 나로서는 더더욱 그
랬다.

짧은 휴식과 빡빡한 일정의 재점검

나는 새벽 5시경이 되어서야 HD그룹의 회장님 댁에 도착
할 수 있었고, 온몸이 지쳐 있었음에도 오전 9시부터 일정을 시작해야
했다. 내 휴가는 하루도 비는 날이 없을 만큼 빠듯한 일정으로 짜여 있

었다. 한국에 돌아가면 쉽게 다시 올 수 없으니 이번에 모든 미팅을 성공시켜야 한다는 의무감을 가지고 있었다.

그러한 점은 부담이 되기도 했지만 다행히도 오랜 해외생활을 통해 별의별 상황을 다 경험한 나는 그런 부담을 적절히 즐기는 법을 알고 있었다. 중요한 것은 역시 성과였고, 성과에 집중하거나 집착하면 마음이 다소 편해졌다. 이후 내 습관이 되긴 했지만 무엇이든 목표를 단순화하여 생각하면 마음이 상대적으로 편해졌다.

거의 잠을 자지 못했지만 나는 숙소에서 미팅에서의 대응태도 및 설정된 목표를 계속 재점검했다. 조금 전까지만 해도 해프닝을 함께 겪으며 친구로서 이야기를 나눴던 크리스도 이제부턴 보다 냉정한 입장의 사업 파트너로 마주해야 할 차례였다. 나는 그에게 HD그룹의 주 생산 품목과 제작과정에 대한 견학, 그리고 각 품목별 세부사항에 대해 자세한 설명을 들었다. 개인적인 관심사이긴 했지만 HD그룹 내에서 어떤 사업들이 운영되는지도 파악하고 싶었다. 무엇이든 더 아는 것은 좋을 것 같다는 생각이 들었기 때문이다. 크리스뿐 아니라 HD그룹의 주요 경영진을 만나는 스케줄 또한 빼놓을 수 없었다. 그들 모두가 상품공급과 관련하여 나와 직접적으로 연결되지 않더라도 나중에 타이완에서의 내 활동영역을 넓히는 인적 투자가 될 것 같았다.

나는 그들 모두와 인간적인 교감을 나눔과 동시에 한국에 구축하고자 하는 우리의 사업기반이 그들에게 어떤 도움을 줄 것인지 명확히 할 임무를 띠고 있었다. 이 과정에서 정말 강한 열정을 발산해야 한다는 느낌이 들었다. 미팅 상대자들은 워낙 바쁜 분들이 많았기 때문에 만남의 기회는 HD그룹 관계자를 빼고는 딱 한 번씩이었다. 단 한 번 주어지는 기회에 표현하려는 것과 원하는 것을 모두 얻어내야 했다.

역시 가장 중요한 것은 나를 도와줄 메인 파트너인 크리스에게서 이 모든 계획에 대해 공감과 지지를 얻어야 한다는 사실이었다. 크리스는 공과 사가 매우 뚜렷히 구분되는 성격을 지녔기 때문에 그가 확실히 내 편을 들어줄 것이라는 확신이 들지 않았다. 또한 남는 시간 동안 나는 타이완의 보바가게들을 둘러보기를 원했다. 미국의 분위기와 어떤 차이가 있는지, 맛은 어떤지 매우 궁금했다. 타이완은 보바의 종주국이었으므로 이러한 견학은 매우 의미 있다는 생각이 들었다.

수입하고자 하는 물품들이 타이완 내수시장에서 어떤 가격에 공급되는지와 한국과의 합법적인 수출계약이 얼마나 체결되어 있는지도 내가 수집해야 할 중요한 정보였다. 이러한 것들은 매우 기본적인 정보에 속했지만 전제사항에 해당했기 때문에 아주 중요했다. 지금부터 만날 업자들과 함께 수출·수입절차에 대해 공통된 인식을 가지고 있는지 여부와 수입량에 대해 의견을 나누는 것도 매우 필요했다. 또한 어느 정도의 수입량이 그들에게 수출을 통한 이익이 되는 선으로 인식되는지도 매우 궁금했다.

이 모든 것은 HD그룹을 포함하여 지금부터 만날 업자들의 전폭적인 협조가 있어야만 제대로 얻을 수 있는 정보였다. 나는 한국에서 미리 그들에게 건네줄 자료를 작성해왔는데 그 중에는 하루에 소요될 컵 수부터 기타 원료의 양까지 예측한 자료들도 포함되었다. 그러한 것들은 현실화되기 전까지 단지 예상자료로서의 가치밖에 없는 정보였지만 협상 테이블에선 매우 현실적으로 활용될 수 있었다. 물론 지나치게 예측 데이터로만 협상을 전개하는 것은 비현실적이었기 때문에 나는 사실정보와 예상정보를 명확히 구분하여 이야기할 계획이었다. 그야말로 모든 가능성에 대비하여 철저히 준비했기 때문에 더 준비할 것이 생각나지 않을 정도로 촘촘한 사전대비가 이뤄졌다.

일정을 시작하며 크리스를 따라 HD그룹 본사로 향하는 길에 느낀 것은 타이완 전역에 오토바이가 엄청나게 많다는 것이다. 전날 밤 공항에서 나오며 타이페이 시내에 포진한 오토바이들에 경악했다. 나는 디지털카메라의 셔터를 계속 눌러댔고 연신 감탄사를 뱉어냈다. 도로의 1/3에서 때로는 2/3 정도까지 오토바이로 뒤덮여 있었다. 신호가 울리면 모든 오토바이가 일제히 앞으로 나갔는데 마치 전략 시뮬레이션 게임에서 대군이 움직이는 장면과도 비슷했다. 적은 기름으로 움직일 수 있다는 실용적 발상이라는 생각이 들었지만 오토바이가 위험하다는 생각을 해왔던 나는 우려 섞인 눈빛으로 수많은 오토바이 운전자들을 쳐다봤다. 크리스는 생각보다 사고가 많이 나지는 않는다며 미소를 지었지만 오토바이끼리도 충돌사고가 있을 것이고 타이완이라고 적게 다치란 법은 없을 것이다.

크리스도 자신이 모는 차 이외에 작은 스쿠터를 두 개 소유하고 있었고, 크리스의 어머니 또한 가까운 거리에 잡화를 사러 가실 때면 오토바이를 몰고 가셨다. 크리스의 할아버지도 마찬가지였고, 가영이의 친구인 맨디 역시 마찬가지였다. 나도 슈퍼나 편의점에 갈 때면 잠깐이긴 하지만 크리스의 스쿠터를 이용하기도 했다. 타이완의 오토바이 떼는 지금도 생각해보면 놀랍다. 그 나라의 가장 특출난 개성 중 하나가 아닌가 싶다. 타이페이에서 맨디와 시간을 보내던 가영이는 나중에 재미로 울트라맨이 새겨진 오토바이 헬멧을 사오기도 했다.

HD그룹 본사 방문과 미팅

HD그룹 본사 사무실에 도착하자마자 내 빡빡한 일정은 신속하게 진행되었다. 나는 스케줄에 쫓기는 게 아니라 앞서야 한다며 최대한 빠른 속도로 각 스케줄을 진행시켰다. HD그룹 내 미팅은 거의 가오슝 도착 첫날과 둘째날 다 해결될 정도로 협상은 빠르게 진행되었다. 그것은 전적으로 내 계획을 유창한 영어와 중국어로 번역하고 브리핑해준 크리스의 도움 덕분이었다. 그는 전반적으로 시간이 소요될 수 있는 사안들을 빠르게 해결해주었다. 그가 HD그룹 회장님의 아들이자 차기 경영자라는 사실 또한 내가 HD그룹 내부 직원들과 협의하는 데 큰 프리미엄이 되었다. HD그룹측과 협의하는 일은 생각했던 것보다 훨씬 쉬웠다. 그로 인해 나는 몇몇 지역을 크리스와 함께 관광 다닐 여유도 갖게 되었다.

피터 드러커는 성공적인 사람은 당면문제 위주가 아니라 미래기회 위주로 생각한다는 말을 남겼는데, 크리스는 딱 그러한 자질을 갖추고 있었다. 나는 그가 가진 혜안에 감탄하지 않을 수 없었다. 끊임없는 그의 성실성은 어떤 문제가 직면해도 신속하게 해결해나가는 촉매제였다. 나는 방문일정 중 해외 파트너들과의 협상에 7일 정도 쓸 계획이었고 이중 4일 정도는 HD그룹과의 협의에 사용할 예정이었다. 각 품목별 가격 협의과정은 복잡할 것으로 예상했지만 크리스는 HD그룹과의 협상에서 대승적인 차원으로 내 요구를 거의 수용해주었다. 사전 준비자료로 작성해간 예상차트에 실려 있던 요구사항들은 그로 인해 60% 이상 달성되었다.

이러한 협상은 매우 간결하고 생산적이었다: 그들이 내가 한국에서부터 전달한 자료를 충분히 검토했고, 이미 그에 따른 최적가격을 처음부터 제공하겠다고 시원하게 합의해준 덕이었다. 크리스가 귀엣말로 HD그룹이 나와 합의한 가격에 물건을 거래하더라도 충분한 마진이 남는다는 솔직한 이야기를 해주어 감동하지 않을 수 없었다. 그런 이야기를 솔직하게 해준다는 것은 확실한 신뢰가 없이는 불가능하다. 어쩌면 타이완에 와서 얻는 가장 소중한 성과는 크리스와의 우정일지도 모른다는 생각이 들었다.

한류의 영향은 비즈니스에도 유리하게 작용한다

나는 몇몇 협의상대를 만나며 마치 젊은 경영자인 듯 행동했고, 일부러 영어도 고급 단어를 구사하곤 했다. 한국인이라는 것은 내게 꽤 좋은 브랜드로 작용했다. 한류열풍으로 인해 가는 곳마다 상당한 대접을 받는 기분은 정말 묘했다. 가는 곳마다 송승헌, 송혜교, 전지현 이야기가 끊이지 않았고, 그것은 비즈니스 미팅의 분위기를 띄우는 데 큰 기여를 했다. 전지현은 여전히 타이완에서 최고의 인기를 구가하고 있었는데 코카콜라 캔에 전지현의 얼굴이 그대로 찍혀 있을 정도였다. TV 선전에서도 그녀는 〈엽기적인 그녀〉에서의 모습과 별 차이 없는 분위기로 한 타이완 남자를 두들겨패고 있었다.

협상과정에서 나는 스타벅스의 하워드 슐츠 회장이 이야기했듯, "우리는 우리가 할 수 있다고 느끼는 것으로 우리 자신을 판단한다. 반면 다른 사람들은 우리가 이미 해놓은 것을 보고 우리를 판단한다"라는 말을 곱씹곤 했다. 나는 내가 할 수 있다고 느끼는 것에 그들이 공감하도록 해야 한다는 것을 잘 알고 있었고, 그렇게 하기 위한 철저한 준비를 여러 번에 걸친 예행연습을 통해 마쳐놓고 있었다. HD그룹과의 미팅에서 그러한 대비는 성공을 거두었다.

크리스와 나는 사전에 짠 일정에 따라 움직였고, 그날그날의 미팅상황을 빠짐없이 적고 내용을 분석했다. 내가 전반적인 미팅일정과 내용을 구성하면 그가 실제 미팅의 주인공에게 연락을 취하여 스케줄에 맞추는 역할을 담당했다. 미리 준비해간 자기 평가시트를 이용하여 그날그날 획득한 가격조건 및 여러 가지를 시트에 모두 표기했고 사전에 목표로 정했던 가격과의 차이를 비교했다.

이 과정에서 부족한 부분은 다음날 전화로 협상했으며 대부분의 협상은 무리 없이 잘 진행되었다. 타이완 회사들은 협상에 적극적이고 열정적인 나를 대체로 좋게 평가해주는 듯했고, 그러한 분위기 조성은 내가 더욱 큰 미래 비전을 이야기할 수 있도록 해주었다.

나는 공병호 박사가 이야기했던 '1인 기업'에 해당하는 사람이었기 때문에, 내가 이야기할 수 있는 것은 모두 내가 만들어낼 수 있는 미래였다. 담보치곤 상당히 과감할 뿐 아니라 무형적으로 비칠 수도 있었다. 내가 스스로의 계획에 대해 어찌나 열변을 토했는지 그들 중 일부는 정말 진지하게 경청해주었다.

나는 타이완에서의 미팅을 위해 전 국민은행장이었던 김정태 행장이 주택은행 시절 활발히 행했던 IR(Investor Relation, 투자자를 상대로 한 기업설명 활동)에 대한 자료나 정보를 꼼꼼히 수집하여 외우기도 했다. 장점뿐 아니라 단점까지 이야기하는 IR 방식에서 힌트를 얻어, 타이완 사업가들을 만난 자리에서 내가 가진 약점들, 특히 현재 공익근무 중이라는 핸디캡도 고백했다. 그러나 회사는 어떤 면으로도 도움을 받을 수 있는 구조이며 경영은 아버지가 맡고 있다는 사실, 그리고 중요한 것은 현재 내 상황이 아니라 가까운 미래의 내 비전이라는 점을 강조했다.

때로는 명백한 사실이 눈앞에 있는데도 단지 그것이 현실에 나타나지 않았다는 이유만으로 그 사실 자체를 의심하는 일이 너무 많다. 나는 그러한 의심을 버리고 나와 진지하게 논의를 해줬다는 사실만으로도 미팅에 임해준 사람들에게 감사했다. 나는 그곳에서 미스터 탕 이외에 다른 거래처를 찾으려 노력했지만 일부 식품 관련 회사 관계자들은 한국의 까다로운 통관절차, 식품기준 등의 이유로 함께 일하자는 제의를 거절하기도 했다. 그들은 수출경험이 없는 작은 회사였는데 차라리 다행스

러운 일이었다. 나는 오히려 한국이 얼마나 식품기준에 철저한 나라인
지 그들을 통해 배웠다.

매일 여러 종류의 미팅을 통해 나는 끊임없이 무언가를 얻고 있었다.
한 자리에서의 거절은 다음 자리를 위한 준비가 되었다. 크리스와 나는
타이완에서 이뤄진 모든 만남을 긍정적으로 생각했고, 결국 마지막 미
팅에서 그 긍정적인 흐름을 실제 비즈니스 계약으로 확실히 연결짓는
성과를 거두었다. 물론 그들은 나와의 관계를 통해 향후 지속적으로 큰
매출액을 올리게 된다.

보바의 원산지에서 보바의 진면목을 보다

타이완은 차(茶)산업이 발달한 나라이다. 타이완의 어느
도시든 거리를 걷다 보면 온갖 종류의 차를 파는 가게들이 블록마다 포
진해 있다. 찻집들이 마주보며 위치한 경우도 부지기수이고 심한 경우
는 한 블록이 모두 차를 파는 가게들인 경우도 보았다. 길거리에서 작은
PET병에 오렌지 주스를 한 무더기 쌓아놓고 판매하는 사람들도 많다.
그도 그럴 듯이 타이완은 기후가 매우 덥기 때문에 사람들이 마실 것을
찾을 수밖에 없다. 크리스의 어머니 역시 더운 날씨에 힘들어하는 나를
위해 온갖 종류의 차를 사오셨다. 내가 알아본 것은 각 음료에 매겨진
차(茶)라는 글자뿐이었고 그 앞에 써 있는 한자는 도저히 알지 못했다.
무슨 무슨 차겠지라는 생각으로 이것저것 마셔본 것 같다.

미국과 캐나다의 대도시에서 인기를 끌었던 보바 역시 1981년 타이완
의 타이중(臺中)에서 시작된 것이다. 이후 보바는 저렴한 투자비용과
대중적인 인기를 바탕으로 성장하여 타이완 전역에 매장이 7,000개에
육박한다. 그 수는 지금도 전성기에 비해 그리 줄지 않은 것으로 관측되
고 있다. 내가 있던 시절의 LA도 블록마다 보바숍이 들어설 만큼 보바

비즈니스의 전염성은 매우 강했다. 그러한 전염성의 발원지가 바로 타이완이었던 것이다. 타이완에서 크리스와 내가 만나본 업자 중에는 전 세계에 찻집을 90개 가량 운영한다는 사람부터 태국과 말레이시아 방면의 차사업을 주도하는 사람도 있었다. 물론 그들과 사업을 같이 하자는 다짐을 하진 못했지만 그들의 경험과 노하우는 무형적으로 보바 익스프레스에 큰 도움이 되었다.

나는 이들과 개인적인 사업을 떠나 타이완의 보바사업 자체에 대해 의견을 나누기도 했는데 그들 중 일부는 내가 예상하지 못한 걱정을 하기도 했다. 그것은 보바사업이 타이완을 포함하여 북미지역에서 쇠퇴기에 들어갈지도 모른다는 것이었다. 타이완은 워낙 마시는 수요가 많은 나라이기 때문에 내수에 치중해도 괜찮을 듯싶었는데, 그들은 경쟁자가 너무도 많다고 말했다. 그들은 이를 개선하기 위해 보바를 보다 신선하게 공급할 수 있는 조리법이나 마케팅 방안을 연구하고 있었다.

또한 그들은 끊임없이 해외로 나가기 위해 온갖 종류의 아이디어를 짜내고 있다고 했다. 일부 사업자는 보바가 완전히 정착한 타이완을 제외한 나머지 곳에서 더욱 확고하고 지속적인 상품개발을 하지 않는 한 쇠퇴 사이클에 들어갈 것이 확실하다고 단언하기도 했다. 그러한 예측은 부정적이었지만 충분히 고려할 가치가 있었다. 어떤 상품도 단지 그 자체로는 절정에서 쇠퇴에 이르는 사이클을 피해갈 수 없기 때문이다.

인텔의 앤드루 그로브(Andrew Grove)의 말처럼 경쟁은 우물이 말라버릴 때까지 계속 물을 퍼나르는 식으로 이뤄지는데다, 보바사업은 진입장벽이 너무 낮기 때문에 미국에서도 제대로 영업하는 곳을 제외하곤 나머지 업체들이 도태되는 사이클이 이미 시작되고 있었다. 그 자리에서 나와 미팅하던 사람들 모두 보바사업에 관련된 사람들이었기 때문에 일부 사업자에게서 그런 의견이 나왔을 때 반론이 제기되기도 했지만 나는 오히려 그 의견이 객관적으로 통찰력이 있다고 생각했다. 실제로 이후 전 세계 보바사업의 흐름을 보면 그가 이야기했던 것이 상당히 맞는 부분이 있었다.

유력한 사업 파트너 미스터 탕을 만나다

가오슝 도착 이후 4일간은 HD그룹 및 HD그룹에서 주선한 사업자들을 만나는 데 주력했기 때문에 식품회사와 관련된 협의는 나머지 3일 안에 모두 확정지어야 했다. 이제는 말로만 듣던 미스터 탕을 만날 차례였다. 그는 막 중국 출장을 마치고 나를 만나기 위해 전날 밤 타이완에 입국한 차였다.

크리스와 함께 가오슝에서 30분 정도 떨어진 타이난(臺南, 타이완에서 가장 오래된 남서부 도시)의 호텔 식당에서 그를 만났는데 그는 생각했던 것보다 여성스러운 분위기를 지닌 사람이었다. 안경 속의 눈빛은 매우 다부졌고 약간 튀어나온 광대뼈는 그의 인상을 강하게 만들고 있었지만 친절한 매너와 밝은 미소로 인해 전체적인 분위기는 부드러워 보였다. 그 동안 이렇게 여성스러워 보이는 남자와 우격다짐을 벌이며 협상해왔다는 사실이 믿어지지 않았다.

영어실력은 서툴렀지만 그는 매우 성실한 태도로 이야기를 시작했고, 각 품목과 가격에 대한 설명을 보다 쉽게 하기 위해 미리 준비해온 자료를 제시했다. 크리스는 미스터 탕이 막히는 부분을 중국어로 풀어주었고, 우리의 협상은 가격부문에서의 몇몇 핵심 쟁점을 빼고는 미팅이 진행된 지 2시간 내에 대부분 타결되었다. 가격부문에서도 처음 예상과 달리 큰 견해 차이는 없었다. 그 이유는 미스터 탕이 가격정보에 있어 이전과 달리 솔직하게 임했기 때문이다. 나 역시 가격을 단지 깎아야 할 대상으로만 보지 않았기 때문에 미스터 탕도 편안한 분위기에서 가격

관련 의견을 솔직하게 개진할 수 있었다.

나는 한국에서 조사한 정보와 그가 제시하는 가격을 비교하며 그가 제시한 가격에 내가 설립한 각종 부가비용 추가공식을 더해도 확실히 국내에서 경쟁력 있는 가격으로 출시할 수 있다는 것을 확신했다. 그런데 미스터 탕은 나의 방문에 대비하여 미리 가격을 인하할 준비를 했다며 자신이 내놓을 수 있는 추가적인 할인폭을 간단한 산수공식을 통해 보여주고 각 부분마다 이유를 설명했다. 우리는 이내 협상을 타결지었다. 그것은 타이완에서 내가 거둔 가장 좋은 성과였다.

대금 지불방법도 모두 확정짓고 운송방식 역시 FOB(Free on Board, 본선인도조건)로 합의했다. 계약서는 나중에 한국에 돌아간 후 교환하기로 했지만 주요 사항은 모두 그 자리에서 타결되었다. 이렇게 신속하고 정확한 타결이 가능했던 것은 그와 내가 협의사항을 미리 꼼꼼히 준비한데다 논쟁이 될 만한 쟁점도 따로 리스트화하는 등 충분한 자료를 가지고 만났기 때문이다. 그렇지 않았다면 같은 사안을 두고도 원활한 의견교환이 이루어지지 않아 지루한 논의가 벌어질 위험이 있었기 때문이다. 미스터 탕과 가격부분의 최종 협의가 마무리되고 다른 모든 조건이 성립되었으니 이제 식품수입 부문에는 본격적인 제작과 운송만 남았다. 모든 자료는 한국에 가서 완벽하게 확정한 후 그에게 전달하기로 했다.

흥미진진했던 타이완 유람기

우리의 일정은 처음 예상보다 하루 빨리 끝났다. 매우 다행스러운 일이었다. 만일 시간이 모자랐다면 영 대책이 없는 사태가 벌어질 수도 있었다. 나는 타이완에 온 후 처음으로 발 뻗고 다음날까지 늦잠을 잘 수 있었다. 크리스는 회사에다 나와 중요한 미팅이 있다고 거짓말을 하고 나보다 더 늦게까지 잠을 잤다. 마침 동생과 맨디가 수고하는 우리를 위해 잠시 가오슝에 들렀는데 우리는 쑤안이라는 크리스의 또 다른 친구와 함께 치진 섬(旗津)이라는 곳으로 관광을 갔다. 치진 섬은 작지만 소박하고 아름다운 곳이었다. 그곳에서 나는 타이완 서민들의 삶을 실감나게 목격할 수 있었다. 그들은 남의 이목 따위는 신경 쓰지 않는 듯했다. 나는 관광을 하더라도 지정된 코스로만 다니는 여행보다는 좀더 살아 있는 현지의 광경을 보고 싶었는데 치진 섬 관광은 확실히 그런 욕구를 충족시켜주었다.

치진 섬에는 완만한 경사의 산이 있어 정상까지 올라가 보니, 과거에 죄수를 수용하는 감옥으로 쓰이던 곳이 있었다. 한때 비극적인 일들이 행해졌을 그곳에서 우리 다섯 명은 여기저기 돌아다니며 기념사진을 촬영했다. 밤에 갔다면 아마 혼비백산했을 것이다. 차가운 쇠창살의 감옥에 들어가 내다본 세상은 무서웠지만 정상에서 보는 바다는 그와 대조적으로 매우 잔잔하고 아름다웠다.

치진 섬을 비롯하여 타이완은 나라 전역에 일제시대의 흔적이 많았다. 놀라웠던 것은 그들의 반일감정이 우리처럼 강하지 않다는 것이었다. 특히 젊은층은 한류열풍 이전에 일본 문화를 오랜 기간 동경했던 흔적이 무성했다. 예를 들어 타이페이 거리를 걷다 보면 대체 이곳이 일본인지 타이완인지 헷갈릴 때가 있을 정도로 젊은 사람들 차림새가 일본 젊은이들 같다는 생각이 많이 들었다. 내가 만난 친구들은 대부분 자국 문화에 자긍심이 강했는데, 그들은 자꾸 외국 문화에 열광해야 하는 자신들의 문화적 현실이 슬프다고 말했다. 그럼에도 불구하고 그들 모두 세븐이나 비 같은 한국 스타에 열광하는 것엔 변함이 없었다.

타이완에서 또 하나 인상 깊었던 것은 곳곳에 아주 많았던 사당이었다. 《삼국지》에 나오는 인물들을 모셔놓은 곳도 많았다. 타이완의 상점에 들어가면 그러한 전통인물들이 거의 모든 곳에서 작게나마 모셔져 있었다. HD그룹 내부에도 작은 사당이 있을 정도로 고전 속의 인물들은 여전히 위용을 떨치고 있었다. 특히 촉나라의 관우는 재물과 관련이 깊은 신으로 믿고 있었기 때문에 여기저기에서 마주할 수 있었다. 한때 《삼국지》에 몰입했던 적이 있어서 그런지 타이완 각지에서 만나는《삼국지》의 인물들이 반가웠다.

타이완은 전통사상이 워낙 강한 곳이어서 특정 종교를 믿는 사람들의 비중은 매우 낮은 편이다. 중국의 전통인물들이 곳곳에 신격화되어 모셔져 있고 어느 도시에 가도 사당이나 절이 눈에 띄었다. 이런 환경에서 특정 종교를 갖는 것은 쉽지 않은 일이 분명한데 크리스는 그 중에서도 소수에 속하는 크리스천이었다. 나 역시 외할아버지께서 목회자이셨던 만큼 종교적인 기본 가치관 차원에서 그와 많이 공감하고 있었다. 나는 그가 크리스천이라는 사실이 믿어지지 않았는데 그는 의외로 독실한 신자였다. 그는 우리가 만난 인연도 하나님의 뜻에 따라 이루어진 것이라는 영적인 생각을 가지고 있었다.

가오슝에서 좀더 떨어진 타이난에서 크리스가 다녔다던 고등학교에도 가볼 수 있었다. 젊은 학생들이 운동하는 모습을 지켜보니 과거 학창 시절의 추억도 떠오르고 만감이 교차했다. 내 고등학교 시절 꿈은 아시아의 다른 나라에서 고등학교를 다녀보는 것이었기 때문이다. 미국에서 학교를 다님으로써 그 꿈을 우회적으로 이룰 뻔했으나 안타깝게도 97년 외환위기 파동으로 인해 한국으로 귀국하게 되었다.

우리는 시간이 날 때마다 가오슝 다운타운으로 향하여 회사 직원들이나 친구들과 함께 맥주 한잔씩 나누곤 했다. 가는 곳마다 역시 타이완

대중문화의 황제 저우제룬의 노래가 빠지지 않았다. 그의 노래를 현지에서 듣는 것은 정말 특별했을 뿐 아니라 술과 겹쳐 분위기도 크게 끌어올렸다. 양고기 맛은 별로였지만 함께 마셨던 타이완 맥주는 일품이었다. 이후 타이완을 방문할 때마다 타이완 맥주를 마시는 걸 잊지 않았다. 나는 미국에서부터 독일 브랜드인 하이네켄을 많이 마시는 편이었는데 그에 빗대어 타이완 맥주를 '타이네켄'이라고 부르곤 했다.

방문 목적을 성공적으로 마무리짓다

타이완 방문을 통해 거둔 성과는 매우 만족스러웠다. 물론 이후 수행과정에서 적잖은 시행착오가 발생하긴 했지만 타이완에서의 실제 협상을 통한 전반적인 방향설정은 옳았다. 나는 숙소에 돌아와 그동안 매겼던 각종 평가시트와 노트를 펴고, 크리스의 컴퓨터를 이용하여 최종 결과를 정리하기 시작했다. 전반적인 분위기는 만족스러웠지만 몇몇 개별적인 사안에서의 미흡한 점은 더욱 냉정하게 고찰하고 이후 대응방안을 명확히 세워야만 했다.

자칫하면 확실한 결정이 미뤄진 작은 부분들에서 예기치 못한 변수가 생길 가능성이 있었기 때문이다. 가능한 한 모든 의사결정을 그곳에서 끝내고 싶었지만 급히 덤벼들 사안은 아니었다. 또한 성급하게 해결하는 것이 오히려 협의 결과를 불리하게 할 위험이 있었기 때문에 몇몇 사안은 여전히 답답한 속을 누르고 차분히 기다려야 했다.

HD그룹과의 만남에서 이룬 성과는 공급받기로 했던 모든 종류의 물품뿐 아니라 그들이 판매하는 기타 상품들에 대해서도 구체적인 브리핑을 받았다는 것과, 차후 협력방안에 대해 양측의 비전을 성공적으로 교환했다는 것이다. 나는 HD그룹 회장님의 안내로 그룹 내의 다른 상품 생산공장들도 일일이 방문할 수 있었는데, 그것은 매우 신선한 경험이 있다. 그곳에서는 식품용기에 쓰이는 각종 PP 및 PET 재질의 상품들이 24시간 풀 가동으로 돌아가고 있었으며, 중국어와 영어뿐 아니라 한국어와 일본어로도 물건이 제작되고 있었다.

그곳의 생산품은 80% 가량이 수출품이었다. 공장에는 근로자들의 능률을 돕기 위해 중국 전통음악이 흘러나오고 있었고, 사람들은 모두 즐거운 표정으로 일하고 있었다. HD그룹의 경영진이 진정으로 열린 마음으로 근로자들을 대한다는 느낌을 받았다. 나는 방문했던 거의 모든 공장에서 그러한 태도를 직접 목격했다. HD그룹의 회장님조차 근로자들과 어깨를 치며 대화하는 장면은 그러한 사내정신을 증명하고 있었다.

개인적으로 알고 싶은 게 많았지만 나는 되도록 질문을 삼갔다. 그리고 포장용기에서 뚜껑 역할을 하는 PP필름의 종류가 그렇게 다양하다는 것을 그날 처음으로 알았다. 용기공장을 방문했을 땐 각 상품의 공정라인에 참여하여 각 과정을 직접 보기도 했다. 그런 것들을 배운다는 것은 매우 신선한 경험이었다.

그러나 각 공장들이 본사와 완벽하게 유기적으로 돌아가는 것 같진 않았다. 일부 공장에서는 본사에서 이야기하는 생산기준과 가격기준 면에서 약간의 차이를 보였다. 예를 들어 공장측 설명에 따르면 PP필름을 만드는 데에는 소비자의 주문에 따라 디자인을 표현하는 색조가 다량 들어가는데, 이 색조비용은 청구하지 않고 최소 주문량에 따른 필름가격에 포함시킨다고 했다. 이 말은 최소 주문량 이상에 해당하는 상품가격만 지불하면 색조비용은 받지 않는다는 것이다. 그러나 회사측은 이와 달리 색조비용을 'Printing Tool'이라는 명목으로 따로 청구한다는 설명이었다.

나는 그러한 점들을 발견하여 모두 기록해두었고 나중에 HD그룹 회장님과 저녁을 먹을 때 솔직히 이야기했다. 그러한 점은 내가 한국으로 돌아온 후 일괄적으로 수정되었다고 한다. 그들은 모든 대화내용을 구체적으로 기록하고 리뷰하던 내 태도를 매우 좋아했다고 한다. 나는 본의 아니게 몇몇 분야에서 그들에게 컨설턴트 역할을 하게 되었고, 모두에게 도움이 되는 정보를 제공하기 위해 최선을 다했다.

미스터 탕을 포함한 원료 생산업자들과의 만남을 통해 나는 미스터 탕을 중심으로 원료공급 채널을 단일화하겠다는 기존의 방침을 굳혔다. 가오슝과 타이중에서 3~4개의 식품 공급회사 직원을 만났는데, CEO가 직접 나온 경우는 미스터 탕이 처음인데다 그가 미팅에서 보여준 성실성은 매우 인상적이었다. 생각했던 것보다 넓은 물류공급 범위와 풍부한 경험, 신속함까지 갖춘 미스터 탕은 국내의 유통망에 물량을 공급하기에 제격인 사람으로 판단되었다. 그는 미팅할 때 내게 각 식품별로 보관 노하우 및 제조과정과 공정도를 여러 서류를 동원하여 설명해주었다. 덕분에 각 품목이 타이완에서 준비되는 과정을 보다 선명하게 알 수 있었다.

그러나 역시 그에게서 가장 마음에 들었던 것은 변함없는 자신감이었다. 다른 회사에선 직급이 낮은 직원들이 나왔을 뿐 아니라 자신없고 설명이 적어 도통 무슨 말을 하려는 건지 알 수가 없었다. 그들은 그러한 태도가 예의바르다고 생각했을 수 있지만 정작 미팅 상대자인 나는 아무런 메시지도 전달받지 못하여 답답했다. 이런 신출내기 직원들이 단지 영어를 잘 한다는 이유로 나온 것이 오히려 핵심적인 의사소통을 못하는 결과로 이어지는 것이 안타까웠다. 영어가 좀 떨어져도 보다 성실하게 포인트를 짚어 설명하는 미스터 탕과 일하는 것이 훨씬 나은 선택이었다. 그가 해주는 조언은 직접적이고 결정적인 것 위주라서 이야기하기가 실용적이고 편했다.

방문기간 내내 적극적으로 나를 지원해주었던 HD그룹은 능률적인 중소기업들의 효과적인 집합이었고 열정에 가득 찬 사람들의 모임이기도 했다. HD그룹은 재벌그룹에 비하면 참새와 고래에 비할 만큼 작은 규모의 회사지만 오히려 작기 때문에 더 필사적이고 빠른 기업활동이 가능할 거라는 생각이 들었다. 그들이 주선한 다른 회사들과의 만남과 보바사업을 둘러싼 다양한 종류의 토론을 경험하며 나는 짧은 시간 동안 많은 것을 배웠다.

또한 HD그룹을 포함한 여러 회사의 사무실을 방문하고 공통적으로 받은 인상은 그들의 기업문화가 겉만 번지르르한 보여주기식 문화와 거리가 멀다는 것이었다. 그들은 비용절감에 대해 솔직하게 이야기하는 것을 부끄럽게 생각하지 않았다. 나는 그런 분위기가 매우 좋았다. 무언가를 아낀다는 것을 주제로 몇 시간이고 토론할 수 있는 분위기는 그 동안 경험해보지 못한 것이었기 때문이다. 나도 앞으로 무언가를 아끼는 것을 자랑스러워해야겠다고 다짐했다.

이런저런 에피소드, 그리고 귀국

가오슝과 타이중, 타이난에서의 모든 미팅을 마치고 타이페이로 돌아갈 채비를 하며 나는 크리스에게 고마움을 전했다. 이 모든 일이 그의 도움이 아니었다면 이뤄지지 못했을 것이다. 미팅을 하면서 나는 가오슝과 타이난, 타이중의 좋은 호텔에서 식사하는 행운을 얻었고 각 지역의 전통 유적지를 둘러볼 기회도 가졌다. 가오슝 대학교에 가서 크리스와 농구를 즐기기도 했고, 시내에 나가 시원한 맥주를 마시기도 했다.

짧은 기간이었지만 정들었던 가오슝을 떠나 타이페이로 돌아간 나는 동생 일행과 합류하여 남은 기간 동안 타이페이 시내를 돌아다녔다. 주된 이동수단은 역시 오토바이였다. 또한 그곳에서 나는 LA에서 절친하게 지냈던 대니를 만났다. 대니는 미국 USC 출신으로 소탈하지만 영리한 친구였고, 가난은 자신의 선택이라던 선물(先物)시장의 창시자, 그리스의 탈레스를 떠올리게 하는 친구였다. 그는 경영학도였지만 자신의 원래 꿈은 목수라고 고백하곤 했다. 그 꿈을 사실대로 말했다가 여자친구에게 차이기도 했지만 그는 고지식하게도 여전히 자신의 마지막 목표는 목수라고 고집하는 친구였다. 그는 타이페이의 유명한 야시장(夜市場)에 나를 데리고 갔다.

타이완의 야시장에 가면 전통적인 방식으로 조리된 두부냄새가 진동한다. 타이완 사람들은 그 냄새가 매우 맛있게 느껴진다고 말하지만, 나와 같은 외국인들은 무척이나 적응하기 힘든 냄새다. 어쨌거나 타이완의 야시장 문화는 정말 놀라웠다. 밤 10시도 넘은 늦은 시간에 무언가를 먹으러 나오는 사람들이 그렇게 많다는 사실이 신기했다. 나는 야시장을 돌아다니는 걸 좋아하여 그후로도 다른 야시장을 다시 찾았다.

우린 그곳에서 재미있는 곳을 발견했는데, 각 학교의 체육복을 파는 상점이었다. 특이한 걸 좋아하는 나는 한 중학교의 체육복을 샀다. 동생은 촌스럽다고 놀렸으나 그걸 사면 왠지 그곳에서 학교를 다닌 듯한 느낌이 들 것 같았다. 그다지 비싸지도 않았다. 나는 이후 타이페이 시내를 돌아보다가 내가 산 것과 똑같은 체육복을 입은 학생들을 보고 장난삼아 "어, 우리 학교 애들이다!"라며 소리를 지르기도 했다.

타이페이에서 반가운 사람을 또 한 명 만났다. 그는 바로 크리스의 동생인 팅퀘이(Ting Quei)였다. 가오슝에서 그를 만났다가 타이페이에서 다시 만났는데 마치 이산가족 만나듯 반갑게 조우했다. 팅퀘이는 형인 크리스와 판이하게 다른 개성을 지닌 친구로 잘생긴 미남이었다. 부드러워 보이는 겉모습과 달리 그는 학생시절 타이완 펜싱 챔피언을 지내기도 했고, 여자친구 역시 일본의 국가대표 펜싱선수였다. 팅퀘이는 영어가 매우 서툴러서 나와의 사이에 작은 사고가 발생하기도 했다.

어쩌면 사고를 일으킨 사람은 나였다. 나는 미스터 탕과의 협의를 앞둔 전날 지나치게 긴장하여 잠을 이루지 못하다가, 알람을 무려 3개나 맞춰놓고 겨우 잠들 수 있었다. 그런데 새벽에 누가 방문을 두드렸다. 알고 보니 팅퀘이였다. 친절하게도 그는 나를 깨워주기 위해 올라온 것이었다. 그런데 그의 입에서 튀어나온 말은 나를 경악케 했다. "문영, 저녁 먹어야지." 나는 저녁이 될 때까지 잔 줄 알고 비명을 질렀다. 그는 휘둥그레진 표정으로 놀란 나를 응시하며 어쩔 줄 몰라했다. 어쩐지 피로가 많이 풀린 듯한 느낌이었다. 나는 중요한 미팅을 멍청하게 늦잠 때문에 놓쳐버린 줄 알고 급히 크리스를 찾았고, 그는 놀라서 내가 자고 있던 방으로 뛰어왔다.

알고 보니 팅퀘이가 날 깨운 시간은 새벽이 맞았고 겨울이었기 때문에 바깥이 저녁처럼 어두웠다. 그런데 그가 "It's time to have a dinner"라고 말하는 바람에 내가 놀란 것이다. 그는 크리스에게 밥과 관련되어 아는 영어란 dinner뿐이라고 말했지만, 크리스는 동생에게 무서운 표정을 지으며 내 앞에서 영어를 한 번만 더 하면 죽이겠다고 협박했다. 나중에 생각해보니 재미있는 일이었는데 그 일로 인해 풀이 죽은 팅퀘이를 보니 미안한 생각이 들었다. 좀더 차분히 상황을 확인했으면 될 것을 내가 오버한 탓이었다.

가오슝에서 그와 드라이브할 기회가 있었는데, 아무 말도 하지 않고 눈웃음만 치던 선량한 인상의 팅퀘이에게 중국어로 "이봐, 팅퀘이, 괜찮아. 누구나 실수는 하는 거야. 우리 영어로 이야기나 하자구"라며 말을 걸었다. 그런데 곧바로 터져나온 녀석의 말이 대박이었다. 녀석은 특유의 시원한 웃음으로 씨익 웃더니 "하하, 역시 코리아니즈는 쿨하다니까"라고 말했다. 나는 터져나오는 웃음을 참느라 죽을 뻔했지만 끝까지 웃지 않고 진지한 얼굴로 고개를 끄덕였다. 한국인을 뜻하는 단어는 코리언(Korean)이다. 그런데 녀석은 일본인(Japanese)을 발음하듯 코리아니즈(Koreanese)라고 생각한 것이다.

나는 장난으로 중국의 애견 이름인 페키니즈(Pekingese)를 아느냐고 물었다. 팅퀘이는 예상대로 모르겠다며 그건 어느 나라 사람이냐고 물었다. 나는 장난으로 페르시아 사람(Persian)을 페키니즈라고 한다며 농담을 했는데 그는 알겠다는 듯이 진지한 얼굴로 고개를 끄덕였다. 사실 지금까지도 팅퀘이가 그렇게 알고 있지 않을까 우려된다. 만일 그녀석이 페르시아 사람을 만나서 "아이 라이크 페키니즈(I like Pekenese)"라고 말한다면 정말 우스운 꼴이 되지 않겠는가. 제발 그가 내게 말했던 것처럼 "페키니즈는 쿨하다니까(Pekenese is cool)"라는 식의 농담은 하지 않았으면 좋겠다.

이번 방문은 마치 몇 편의 시트콤을 합쳐놓은 듯한 느낌이었다. 돌아가서 이런 이야기를 한다면 다들 믿지 못할 것 같았다. 다만 언제나 그렇듯 새로운 경험은 좋았다. 짧은 시간이었지만 정말 많은 것을 느낀 방문이었고 멋진 추억이 될 것 같았다. 이제 모든 기억을 뒤로 하고 한국으로 떠날 차례였다. 겨우 10일이 조금 넘는 짧은 여행이었지만 매우 긴 시간 동안 집을 떠나 있었던 듯한 느낌이 들었다. 가족이 보고 싶었고 집에 있을 개들도 그리웠다.

돌아오는 시간은 갈 때보다 더 짧게 느껴졌다. 2시간 반이 채 안 걸린 것 같았다. 오랜 여행을 마친 듯한 기분으로 돌아온 인천공항에서 나는 흥분을 주체할 수 없었다. 이제 가족들을 만나 그 동안의 방문성과와 여러 가지 해프닝에 대해 이야기할 시간이었다. 그 동안 아껴두었던 휴대폰 전원을 켜고 집으로 향하는 리무진 버스를 탔다. 이제부터 해야 할 일이 참 많다는 생각이 들었다. 특히나 타이완에서 구두 및 서면으로 합의했던 여러 계약내용은 실제 이행을 앞두고 있었기 때문에 오늘부터라도 활발히 인터넷과 전화를 통해 모든 일을 수행해야겠다고 다짐했다.

Part 3

무역의 어려움과 세계화의 필요성

타이완 기업과의 마지막 절충작업

타이완에서 귀국한 후 국내에서의 작업을 확인해 보니 순조로운 편이었다. 운영 시스템과 향후 경영방침은 모두 결정되었다. 우린 타이완 현지에서 합의한 대로 식품제작 작업을 앞두고 있었다. HD그룹과의 수입작업 진행은 사전에 모든 자료를 넘겨받고 확정했으므로 아주 쉬웠다. 그러나 미스터 탕과의 협의가 또 문제였다. 들쑥날쑥한 미스터 탕의 출장 스케줄 때문에 처음에 합의한 사안을 이행할 시점을 잡기가 어려웠다.

합의사항을 구체적인 실행으로 옮기는 어려운 과제

타이완 방문을 통해 합의된 내용은 모두 그 방향이 올바른 것이었지만 이것이 제대로 이행되느냐는 별개의 문제였다. 자연스레 우리의 수입일정은 다시 한 번 늦춰지고 있었다. 또한 잘 진행되어야 할 일에서조차 우리는 시행착오를 범하기 시작했다. 국내 법에 따르면 각종 수입상품에 따라 검사기준과 세금, 여러 가지 사항이 규제 또는 법으로 제각기 다르게 규정되어 있지만 우리는 이런 사항에 대해 무지하거나 잘못된 정보를 갖고 있어 수출업체들마저 헷갈리게 만들곤 했다. 태국 출장 중이던 미스터 탕마저 내게 무역절차에 대해 좀더 구체적이고 정확한 정보를 보내줘야 할 것이라는 훈수를 하게 되었다. 나는 틈만 나면 이메일과 전화로 산적한 문제들을 하나하나 해결해나갔다. 이러한 방식은 매우 피곤했지만 예전부터 거의 유일하게 생각한 문제해결 방법이었다.

양측이 막바지 필요한 서류를 두고 동일한 단어나 어휘를 기준으로 같은 이해에 도달하는 일 역시 엄청난 노력을 필요로 했다. 나는 중국어로 일을 처리하는 것에는 어느 정도 능숙해지고 있었지만 한문을 잘 몰랐기 때문에 아직까지도 중요한 서류는 주요 문장이나 단어를 영어로 기재했다. 우리는 제작을 앞두고 서류 준비작업에서 타이완의 식품회사 직원들을 이끌어줘야 했다. 다만 타이완 방문을 통해 중요한 서류를 이미 교환했으므로 이전처럼 그들에게 일방적으로 메시지를 전달하는 것이 아니라, 내 이야기를 그들의 입장에서 함께 이해해가는 과정을 거쳤기 때문에 안건별로 비교적 정확한 이해와 해결을 도모할 수 있었다. 가장 큰 문제는 시간이 걸린다는 것이었는데 신중한 접근이 더욱 중요했기 때문에 감수해야만 했다.

무역의 초기 시발점을 제대로 세우기 위한 우리의 노력은 타이완 방문 이후에도 계속 이어졌다. 이 과정을 빨리 진행하지 못한다는 답답함 때문에 나는 여전히 정신적 고통을 겪고 있었다. 그러나 더 희망찬 모습으로 완벽한 환경에서 정확한 무역이 이뤄지도록 이끌어야 했다. 이 건 하나에 수천만 원의 거액이 걸려 있었다. 미스터 탕의 회사 실무진들은 화교권을 통해 중국어로만 무역을 하는 것에 익숙해져 있었기 때문에 나와의 거래가 그들에게도 하나의 도전이었을 것이다. 우리의 관계에선 효과적인 리더십이 절대적으로 필요했고, 나는 이전처럼 그들을 질책하거나 논쟁을 벌이는 것은 도움이 되지 않는다는 것을 직감하고 있었다. 일이 제대로 진척되지 않는다는 것을 느낄 때마다 불현듯 가슴속에서 불안감이 들끓었지만, 다행히도 이전보다 감정을 잘 조절했다. 그럴수록 더욱 합리적이고 섬세하게 문제를 풀어나가야 한다는 것이 지난 시간을 통해 얻은 교훈이었다. 나는 내 안의 또 다른 비관적 자아와 끊임없는 싸움을 거듭하면서도 무역의 마무리 작업을 완수하는 책임을 동시에 지고 있었다. 귓전을 스치는 총탄 소리를 듣는 사람만이 전쟁에 대해 제대로 알 수 있다는 조지 패튼 장군의 말이 생각나곤 했다. 타이완에서 일괄적으로 합의했던 모든 사항이 구체적인 이행으로 이어지지 못하면 진통이 생길 거라고 예상했지만 한국에 돌아오자마자 일에 덤볐던 만큼 진통도 빠르게 겪었던 셈이다.

다행히 귀국 초기에 우리의 논의 중 60% 가량이 해결되었다. 우리는 비교적 통일된 기준의 단어를 사용하게 되었고 그 단어들은 모두 한국어와 중국어, 그리고 영어로 같은 뜻을 의미하는 어휘로 일괄 정리되었다. 우리는 짧은 시간 내에 많은 단어와 문장에 대해 공통적인 의미를 공유하게 되었다. 이때 확립한 성과는 매우 중요했다. 그 성분이나 공정에 관련된 정보를 주고 받는 작업을 이전보다 효과적이고 빠르게 할 수 있게 되었기 때문이다.

식품수입 절차를 밟다

국내에서 식품수입은 크게 두 가지 단계로 분류된다. 일단 첫 번째로 식약청을 통해 식품수입 판매 영업신고서를 발급받아야 하는데 이 과정에서 창고와 사무실의 존재를 명확히 표시한 건축물관리대장과 식품위생교육필증 및 수수료가 2만 8,000원 가량 들어간다. 이 단계를 마쳐야만 정식으로 식품을 수입하여 판매할 수 있다. 이것은 필수이며 기본적인 단계이다. 그리고 이후 수입이 행해지면 통상적으로 과거 식품을 수입한 경험이 있는 업체인 경우(동일 식품을 수입할 경우에 한해) 검사가 면제되고 서류심사로 통관을 진행할 수 있으나, 그렇지 못한 경우는 검사료를 지불하고 식약청 주관의 정밀 식품검사를 받아 합격해야만 한다. 이 과정에서 10일 가량 소요된다. 수입한 물품이 인천으로 오느냐 부산으로 오느냐에 따라 부대비용 발생상황이 차이가 나지만 전반적으로 검사를 받을 땐 부대비용이 크게 증가한다. 아무래도 식품을 포함한 전체 물량이 창고에 묶이는 탓이다.

우리는 이 과정 중 첫 수입인만큼 정밀검사 데이터 준비를 완료해나가고 있었다. 나는 국내 검역 에이전트들의 도움으로 정밀검사 서류를 100% 확정했지만 타이완측과의 조율과정에서 왠지 모르게 자꾸 2%씩 부족한 부분이 발견되어 처음부터 재점검을 하게 되는 일이 잦았다. 나는 거의 모든 서류의 내용을 외우다시피 했다. 나중에는 페이지 수까지도 외우고 있었기 때문에 자료를 갖지 않고도 타이완 회사들과 정보의 정확한 위치를 인용해가며 이야기할 수 있을 정도였다.

우리가 협의 중이던 식품은 11개나 되었기 때문에 각 물품별로 많은 성분을 일일이 확인하고 국제 또는 국내 기준에 맞추는 것은 간단치 않은 일이었다. 이 과정에서 단 하나도 낙오되는 상품이 있어선 안 되고, 모든 식품이 영어로 확실하게 번역되어 있어야 했다. 지금 생각해보면 간단한 작업이지만 당시에는 각기 다른 어휘 및 단어를 일관된 기준으로 통일시켜야 했으니 시간이 많이 걸렸다.

나는 모든 것을 지나치게 기술적으로 해석하고 복잡화해서 스스로를 똑똑한 사람이라고 착각하는 일이 벌어지지 않도록 자신을 냉혹히 다뤘다. 타이완에 가기 전에 사전 수입 준비작업을 하며 날린 시간을 생각하면 아직도 기분이 씁쓸했다. 식품수입은 국내에서의 판매단가가 왜 그리 높은지 이유를 알 수 있을 정도로 녹록지 않은 일이었다. 내 하루하루는 타이완 식품회사측과 정보를 교환하고 확정짓는 작업으로 이뤄졌다. 나와 통화한 타이완측 실무진은 영어가 늘었고 나는 중국어가 늘 정도로 우리는 짧은 시간 동안 많은 대화를 나누었다. 다행히도 문제가 해결되는 속도는 갈수록 빨라지고 있었다. 처음부터 내가 줄기차게 노려왔던 것이 바로 그런 것이었다. 내가 원한 건 앞으로도 문제가 원활히 해결될 수 있는 사이클과 시스템의 확보였다.

곳곳에 숨어 있는 마지막 복병들

그즈음 HD그룹과의 용기 및 기계수입 협상은 완전히 완료되었다. PP 제품으로 만들어져 식품용기로 쓰이는 부분은 국내에서 재질검사를 받아야 했으나 그것은 식품 정밀검사에 비하면 상대적으로 어렵지 않은 내용의 검사였다. HD그룹과는 각 품목별 지불금액이 모두 일괄 합의되었을 뿐 아니라 몇몇 작은 사항도 서로의 대승적인 양보로 다 해결되었다. 이 모든 일에는 크리스가 뒤에 버티고 있었다. 미스터 탕의 회사와는 일하는 상황이 판이하게 달랐다. 크리스 역시 미스터 탕 측의 회사 실무진에게 전화를 걸어 나와의 일을 보다 신속하게 처리할 것을 당부했지만 특별히 나아지는 일은 없었다.

나는 크리스와 또 다른 수출부문 임원인 라저(Roger)에게 식품회사측과 나의 의사소통 과정에서 중간자 역할을 해달라고 요청했다. 그들은 모두 영어에 능통했고 눈치가 빨랐기 때문에 어떤 사항이 문제가 되고 있는지 능숙하게 파악했다. 그러나 라저는 개인적으로 내게 미스터 탕 측과 언어문제가 있으므로 나중에 거래라인을 바꿀 필요가 있지 않느냐는 조언을 해주곤 했다. 라저는 영어를 능통하게 하지 못하는 기업은 수출을 할 자격이 없다고 생각하는 사람이었다. 나는 라저가 그런 말을 할 때면 혹시라도 그가 식품회사측 직원들과 불편한 일이 있지 않았나 생각했는데 다행히 그런 것은 아니었다. 다만 라저는 그들이 나와의 의사소통 방식을 더욱 진전시키기 위해 충분히 노력하지 않는 점을 매우 불만스럽게 생각했다. 식품회사에서 HD그룹에 나와의 무역협의와 관련하여 전화를 걸면 라저가 매우 호통을 쳤기 때문에 오히려 일이 더 빨라지거나 개선되는 효과가 있었다. 라저는 한마디로 한국 회사를 위한 군기반장과 같은 역할을 했다. 나는 가끔 라저가 흥분한 목소리로 전화를 걸어와 식품회사 사람들을 "멍청한 녀석들!"이라고 비난할 때 터져나오는 웃음을 참지 못해서 애를 먹곤 했다.

우리는 HD그룹의 생산품과 미스터 탕의 식품회사 수출품을 모두 한 컨테이너에 실어 수입하려는 방침이었기 때문에 양측의 물건 인도일자는 동일해야 했다. HD그룹은 단 6일 만에 필요한 모든 물건을 생산했고 곧바로 컨테이너에 실을 준비가 되어 있었지만 식품회사측은 나와 모든 세부사항까지 합의를 해야만 비로소 생산에 들어갈 수 있었기 때문에 HD그룹에 비해 상대적으로 생산작업이 더디었다. 예상되는 식품 생산 소요시간은 약 5일이었다. 식품의 성분은 매우 정확하고 확실한 데이터를 위주로 논의되어야 하며 생산된 품목과 100% 일치해야 하므로 끊임없는 의심과 검증이 필요하다.

나는 혹시라도 내게서 전달받는 데이터와 실제 결과물이 완벽하게 일치하지 않을 수도 있다는 가정하에 제작작업을 감독할 인력을 편성하라고 타이완측에 압력을 넣었다. 어차피 결과물은 국내 식약청의 정밀검사 과정에서 모두 검출되기 때문에 사전 제출자료와 결과물이 불일치하는 사건이 발생한다면 곧바로 최악의 상황이 벌어진다. 또한 그런 과실을 확실히 관장하는 국제법에 의존하기보다 수출업체를 상대로 개별 클레임을 제기하거나 문제를 해결해야 하므로 만에 하나라도 그런 사고가 발생한다면 앞이 막막해질 수 있었다. 길거리에서 교통사고가 났다고 고성을 질러대며 싸우는 것보다 더 바보 같은 꼴이 바다를 사이에 두고 벌어질 수 있다는 얘기였다. 그런 가능성을 최대한 방지하는 것은 역시 모든 식품의 성분을 완벽하게 검증하고 국내 기준에 맞는 것을 수입하기 위해 지금의 과정을 최대한 인내심 있게 이끌고 가는 것뿐이라고 생각했다.

수입이 언제쯤이나 완료되어 국내에 들어올 수 있을지를 생각하며 나는 매일 한숨을 내쉬었다. 일은 모두 끝난 듯 끝나지 않았고 예상하지 못했거나 몰랐던 문제들이 계속 발견되었다. 또는 우리가 수입하고자 했던 상품에 새로운 규제가 적용되거나 법이 바뀌는 일도 생겨 이미 합의된 사안에 추가사안을 적용하여 비용이 올라가는 일도 생겼다. 그러한 일은 모두 수작업이었기 때문에 인건비가 추가되었다. 시간이 걸리는 것은 어찌 보면 당연한 일이었다. 그러나 매사 신속하게 움직여야 한다고 생각한 내게는 모든 것이 너무 느리게만 느껴졌다.

수입통관을 위한 준비작업

국내 매장은 가능한 한 모든 시뮬레이션 작업까지 마친 상태인데도 아직 일부 품목에서 서류심사 준비를 하고 있다는 것은 답답한 일이었다. 스포츠 시합의 마지막 5분을 남겨둔 줄 알고 죽을 힘을 다해 뛰었건만 나와보니 겨우 전반전이 끝난 양상이었다. 타이완에 다녀온 시간은 하프타임에 불과하다는 생각이 들었다. 좋든 싫든 후반전에 최선을 다해야 했다.

보다 신속하게 대처한다면 우리가 버벅거리던 일들은 내가 보기에 단 3일 안에 모두 끝날 수 있는 일이었다. 모든 일이 몇몇 식품수입 서류의 단 몇 가지 성분이 확실하게 정의되지 않은 탓에 지체되고 있었고, 그런 일에 매달려 시간을 소모하는 것은 정말 한스러웠다. 그러나 막판까지 힘들게 와서 대충 일을 해결하려 들다간 고스란히 예상 불가능한 변수에 노출될 수 있기 때문에 나는 인내심을 가지고 꾹꾹 속을 눌렀다. 부정적인 느낌이나 생각이 무언가 바꿔낼 수 있다면 얼마든지 하겠지만 마음속에 자리잡은 불만을 억누르고 긍정적인 느낌을 가져야 했다. 문제 중심으로 사고하고 해결 위주로 행동을 해나가야만 답답하게 꼬인 흐름을 뚫어낼 수 있었다. 이러한 과정에서 나 자신의 감정이나 답답함을 동원하는 것은 결코 문제해결에 도움이 되지 않는다고 생각했다.

미스터 탕은 나와 종합적으로 조율된 모든 정보, 즉 식품생산 공정도와 구체적인 성분표를 마지막으로 제시하며 생산에 착수해도 되겠느냐고 물었다. "YES!"를 외치고 싶은 마음이 굴뚝 같았지만 우린 여전히 보완점이나 의문점을 완전히 해결하지 못한 상황이었다. 이를테면 더 정확한 단어 번역이나 설명이 필요한 일 말이다. 식품의 제작에선 포함되는 모든 종류의 성분에 대해 정확한 정의가 가능해야 한다. 어떤 요소는 생략이 가능하기도 하지만 나와 호흡을 맞추던 국내의 검역 에이전트는 매우 완벽주의자였기 때문에 모든 정보를 100% 완벽하게 구체화해야 한다고 강하게 주장했다.

존재 가능한 변수를 조기에 방지해야 한다는 그의 말은 맞는 말이었지만 모든 정보를 처음부터 끝까지 타이완측에 요청하는 것은 정말 쉽지 않은 일이었다. 타이완측에서는 보통 다른 나라에 수출할 때의 기준에 의거하여 줄 수 있는 공식 정보를 충분히 주었고 그전에 모든 식품의 성분과 함유율까지 다 공개했는데도 추가정보를 또 요청한다며 불평했다. 지금 생각해보면 당시의 내가 지나치게 많은 정보를 요청하는 것처럼 보일 수 있었고 어쩌면 그랬을지도 모른다. 타이완측은 끊임없이 이어지는 내 정보공개 및 설명요구에 골머리를 앓았다. 우리측에선 보다 완벽하고 정확한 검사로 통관을 확신하기 위해선 그러한 정보가 꼭 필요하다는 의사를 거듭 전했다. 미스터 탕과 HD그룹의 라저는 이 과정을 중재하느라 매우 힘든 막판 진통을 겪어야 했다. 얼마 전까지만 해도 타이완에서 마치 기업가가 된 듯한 기분으로 호텔 뷔페식당에서 여러 회사 관계자들과 음식을 먹으며 이야기를 나누곤 했는데 이제 다시 힘든 협상 테이블로 돌아온 셈이었다.

우리가 추가적인 설명을 요구한 부분은 다음과 같은 것이었다. 예를 들어 타이완에서 '사과향 시럽'이라는 식의 한자가 써 있는 식품을 보내고 공정도 및 성분표를 보낸다. 그들은 취합할 수 있는 모든 서류를 보냈으니 생산결정을 내리라고 이야기한다. 그러나 이쪽에선 '사과향'이라는 말이 인공적으로 제조된 사과향에 의한 사과맛 창출 음료인지, 실제 사과를 이용한 사과인지 분간하기가 쉽지 않다. 모르는 시험답안을 찍듯 허술하게 행동하다가 실수로 실제 생산품과 다른 정보를 기재한 것이 되면 무역에 제동이 걸릴 수도 있다. 그러므로 이쪽에선 끊임없이 '사과향'이라는 단어와 '사과' 사이의 관계를 구체적으로 설명달라고 타이완측에 요청할 수밖에 없다.

그러나 타이완에선 사과향이라는 단어가 관행적으로 '사과를 이용해 만든 음료'라는 뜻으로 사용되고 있을 수도 있기 때문에 우리가 도대체 무슨 질문을 한 건지 이해하지 못하는 경우가 생긴다. 그들 입장에선 답답하기 때문에 그냥 영어 번역본의 'Apple Syrup'이라는 단어를 참조하여 제출하면 될 거 아니냐고 물어보기도 한다.

우리 역시 제조공정도를 보면 분명히 실제 과일을 사용하여 음료가 제조된다는 사실을 확인할 수 있다. 그럼에도 불구하고 '사과향'이라는 말이 정확히 무엇을 뜻하며 왜 그런 제품명이 붙었는지 충분한 설명을 받지 못한다면 나중에라도 그것으로 인해 문제가 발생했을 때 모든 책임을 이쪽에서 뒤집어쓰게 된다. 그렇기 때문에 이쪽에선 '사과향'의 정의를 명확히 밝히라는 요지의 질문서를 다시 발송한다.

타이완에선 며칠 걸려 그에 답하는 서류를 보내지만 만일 그 서류에 또다시 애매한 어휘가 있다면 우리는 다시 질문을 해야만 한다. 이런 식으로 질문과 답변이 몇 번씩 왔다갔다 하는 과정에서 받는 스트레스가 장난이 아니다. 우리는 타이완측의 설명능력이 형편없다고 생각할 수 있지만 타이완측에선 우리의 언어 이해능력이 떨어진다고 생각할 수도 있다.

이런 종류의 식품이 당시 우리에게 무려 11개나 되었다. 생산에 들어가기 전에 모든 것을 완벽하게 점검하는 데 어느 정도 시간이 걸리는 것은 당연한 일이었다. 우리는 여전히 그들에게 정보를 요청하고 있었다. 이제는 정말로 5분을 남기고 있는 후반전과 같은 상황이었다. 연장전으로 들어가는 일은 절대 없어야 한다고 생각했다. 그럼 말 그대로 연장을 들고 싸우는 연장전(戰)이 될 것 같았다.

첫 매장을 오픈하고
새 도메인을 얻다

우리의 첫 매장은 아버지의 의견을 받아들여 수입이 이뤄지기 전까지 국내 조달망의 원료공급 라인을 통해 물품을 공급받기로 했다. 당시 조달받은 국내 원료는 아주 비싼 가격이었지만 우린 인테리어 작업이 이미 끝나버린 국내 매장공간을 무작정 놀릴 수 없었다. 그러나 역시 메뉴 가동이 부자연스러운데다 날씨도 추웠기 때문에 당분간 영업을 보류했다. 우리는 날씨가 풀릴 때까지 내실을 갖추고 수입을 마무리짓는 데 모든 힘을 집중하기로 했다.

인터넷 사이트 오픈과 검색엔진 등록

봉학이가 이끌던 온라인상의 활동은 비교적 빠르게 끝났다. 나는 봉학이와 함께 이전에 확보한 디자인을 실제로 웹상에 출범시켰고 검색엔진 등록도 모두 마쳤다. 웹 작업 초기에 내가 가장 주의를 기울였던 부분은 당시만 해도 아주 획기적이었던, 우리말로 인터넷 주소창에 단어를 입력하면 지정된 웹사이트로 연결되는 '한글 인터넷 주소 서비스'였다.

나는 과거에 우연히 인터넷 도메인의 소유주 정보가 담겨 있는 페이지(WHOIS)를 보다가 '보바'와 '버블티' 소유주의 계약 만기일이 얼마 남지 않았다는 사실을 발견한 적이 있다. 희한하게도 그때 본 날짜는 내 머릿속에 선명히 찍혀 있었다. 그러나 어차피 다른 사람의 것이었기 때문에 별다른 주의를 기울이지 않았다. 다만 만기일이 얼마 남지 않았다는 사실은 우연치고는 의아스럽게 느껴졌다. 혹시나 해서 얼마 후 다시 가보니 그 도메인의 만기일자는 더 이상 표기되지 않고 있었다. 이상하게 생각한 나는 도메인 회사에 전화를 걸어 어떤 도메인은 왜 만기일자가 표시되지 않느냐고 물었고 곧 그 이유를 알게 되었다. 그것은 원 소유주가 혹시라도 만기일자를 잊거나 통보를 받지 못해 재등록의 기회를 실수로 놓쳤을 경우를 배려하여 만기일이 임박하면 다른 사람이 그 일자를 보지 못하도록 하는 정책 때문이었다.

여기서 원 소유주가 만일 재등록을 하지 않는다면 도메인 관리회사는 그들에게 무려 45일간의 계약 연장기간을 주는데 이 기간을 원 소유주 보호기간이라 한다. 이 기간은 법적으로 새 인수자와 원 소유자 사이의 분쟁을 방지하기 위한 것인데, 만일 처음 7일간 원 소유주가 나서서 계약연장을 하지 않으면 곧바로 일종의 벌금이 적용되어도 메인 계약비가 몇 배로 뛰어오른다. 보통 6만 원대에 그치는 계약금이 30만 원대로 4배 이상 뛰는 것이다.

날짜를 계산해보니 버블티의 원 소유주의 도메인은 이 45일대에 돌입한 것이 확실했다. 이론적으로 보아 45일의 유예기간이 끝나면 도메인의 소유권은 완전히 소멸되므로 그 타이밍에 맞추어 누군가 신규로 도메인을 취득하면 될 것 같지만 만기일을 알지 못한다면 그 45일 이후의 소유권 소멸일자 또한 알 수 없는 것이다.

그러나 운좋게도 나는 일전에 보았던 버블티 도메인의 만기일자를 정확히 외우고 있었다. 한두 번 재미로 가서 살펴본 정보가 실제로 도움이 될 가능성이 생긴 것이었다. 느낌상 왠지 원 소유주가 계약연장을 하지 않을 것 같다는 생각도 들었다. 계약연장을 할 사람이라면 이미 했어야 할 것이라고 생각했기 때문이다.

'버블티'의 한글 도메인을 얻기 위한 눈물겨운 노력

원 소유주의 상태가 어떤 경우에 해당하든 내가 할 일은 자명해 보였다. 만기일자를 알고 있다는 차원에서 나는 그와 동일한 입장이었다. 나는 소유주 보호기간이 끝나기 일주일 전부터 틈만 나면 신규 신청 서비스란에 내 이름과 주소 및 기타 정보를 기입하는 연습을 시작했다. 인터넷 시작 페이지를 한글 도메인 신규 서비스 신청 페이지로 지정해놓고 하루에도 수십 번씩 연습했다. 그것은 페이지가 뜨자마자 모든 인적사항 기입부터 카드번호를 쳐서 결제까지 끝내는 연습이었다. 마지막에 엔터를 쳐서 페이지를 넘기는 타이밍까지 30초를 넘기지 않는 것이 중요했다. 나는 소유자 보호기간이 끝나는 자정 12시를 넘기자마자 이 모든 일을 실행할 계획이었다.

며칠이 더 흐르고 한글 도메인 '버블티'의 만기일자가 다가오자 나는 조용히 자정이 지나가기만 기다렸다. 밤이 다가왔고 내 옆의 휴대폰 액정에 비치는 시계가 정확히 12시를 가리키는 순간, 연습했던 대로 속사포처럼 타자를 쳐서 한글 도메인 신청서를 작성한 후 곧바로 제출 버튼을 눌렀다. 연습 때보다 더 잘 한 것 같았다. 그런데 결과는 낭패였다. 놀랍게도 내 신청이 받아들여지지 않은 것이다!

대체 어떻게 된 일인지 영문을 모른 나는 깜짝 놀랐고 이내 허탈감에 젖었다. 분명히 소유주가 없다고 나왔는데, 이제는 소유주가 있다는 표시가 나왔기 때문이다. 더 말도 안 되는 것은 그 도메인이 원래의 소유주에 이미 귀속되어 있다는 이해하기 힘든 메시지가 나왔다. 누군가가 나보다 더 빠르게 신청양식을 기입하여 온라인으로 제출했다는 얘기인데 그것은 말도 안 되는 일이었다. 아무리 생각해도 나보다 더 빠르게 입력할 수는 없었을 것 같았다. 그럼에도 불구하고 그것이 내가 얻은 결과였다. 45일간 주시하며 기회를 노려왔던 과정을 생각하면 아쉬운 결과였지만 실망할 필요까진 없다고 생각했다. 때론 어쩔 수 없는 일도 있는 법이니까.

그런데 다음날 나는 아쉬운 마음에 도메인을 다시 클릭해보곤 뭔가 이상하다는 낌새를 지울 수가 없었다. 분명 도메인은 누군가에게 넘어간 상태였으나 새 인수자의 신상이 어제와 달리 WHOIS에 전혀 뜨지 않았던 것이다. 그럼에도 불구하고 그 도메인은 "이미 등록되어 있습니다"라는 말과 함께 분명히 소유자가 있음을 표시하고 있었다. 무언가 정상이 아니란 것을 느낄 수 있었다.

나는 이내 도메인 회사에 전화를 걸었다. 회사가 원 소유주를 위해 도메인을 대신 등록해주지 않았나 하는 의구심이 들었다. 만일 그랬다면 그것은 문제가 될 수 있다고 생각했다. 전화를 받은 여직원에게 공손하게 대강의 상황을 밝히고 나서 "회사에서 계약을 대신 해주는 것 아닙니까?"라고 묻고는, 만일 그랬다면 도메인 시장의 거래질서를 완전히 흐트리는 행위가 될 것이라고 얘기했다. 물론 그러한 일이 실제로 있었다 해도 그들을 난처하게 할 생각은 없었다. 그 여직원은 이런 전화를 많이 받아본 듯 내 질문에 조목조목 답해주었다. 특히 내가 그 도메인의 정보와 만료일자 및 소유권 소멸일자를 정확히 알고 있다는 사실을 알고 나서 꽤 솔직한 태도로 바뀌었다.

그리고 나서 하는 말이 "손님, 어제가 일요일이었죠? 저희는 일요일에는 일을 하지 않거든요." 나는 물었다. "예, 그런데 그게 무슨 상관이

죠?” “일요일에는 전산작업을 하지 않기 때문에 그 도메인에는 아직 전산작업이 이뤄지지 않았습니다. 따라서 그 작업은 월요일인 오늘 이뤄질 예정인데, 그 작업이 이뤄지는 시간은 알려드릴 수 없습니다.” 놀란 내가 다시 물었다. “뭐라구요? 그럼 그 도메인이 아직 인수되지 않았다는 말씀인가요?” “예, 그렇습니다. 저희는 수작업으로 그러한 전산작업을 수행합니다. 그 작업이 행해진 이후에야 도메인이 인수 가능한 상태가 됩니다. 죄송하지만 그 전산작업 수행시간은 알려드릴수 없으니 유일한 방법은 손님께서 수시로 도메인 상황을 확인하는 것밖에 없을 것 같습니다.”

나는 쾌재를 불렀다. 도메인의 소유권이 소멸된 것이다. 원 소유주도 신규로 도메인을 재등록하려 했다면 나와 같은 문제에 봉착했음이 틀림없었다. 그렇다면 이제 도메인이 새로운 매물로 나올 수 있도록 수작업이 이뤄지는 타이밍을 포착하여 먼저 신청하는 사람이 새 소유주가 될 것이다. 도메인 수작업이 이뤄지는 타이밍은 말 그대로 그 일을 하는 직원만이 아는 것이다. 나는 어떤 일이 있어도 그 타이밍에 맞추어 그 도메인을 내 것으로 만들어야 했다. 그건 하루 종일 기약도 없이 컴퓨터 앞에 앉아 페이지를 열어놓고 새로고침을 계속하며 도메인의 등록 가능 여부를 알아내야 한다는 것을 의미했다.

우연히도 그날은 도서관의 정기 휴관일이었고, 과거 분양을 부탁했던 시추 ‘관우’ 를 데리러 대구에 가기로 했던 날이었다. 관우를 데리러 가는 일은 대단히 중요한 일이었지만 도메인 일 때문에 대구에 가는 것은 미뤄야 할 듯싶었다. 나는 계속 컴퓨터 앞에 앉아서 언제 작업을 수행할지 모르는 직원을 온라인상에서 기약도 없이 기다려야 했다. 거의 밥도 컴퓨터 책상에서 먹다시피 하며 ‘버블티’ 도메인의 매물 여부를 계속 클릭하고 엔터 치는 일이 반복되었다.

대구에선 애견 분양자가 그날밖에 시간이 안 된다며 자꾸 연락이 왔다. 그녀와의 약속은 이미 몇 주 전 맺어진 것이었다. 나는 같이 가려던 동생만 혼자 보내기로 결정하고 동생에게 부탁했다. 동생은 그러겠다고 약속하고 1시간 정도 채비를 마친 후 버스를 타러 갔다.

나는 계속 엔터키를 치면서 도메인이 "계약 가능 상태입니다"라는 말이 나오기만 기다렸는데 아마도 수백 번은 엔터키를 쳤을 것이다. 한 달 반 동안 "이미 등록된 도메인입니다"라는 말만 봐온 내 눈에는 결코 "계약 가능 상태입니다"라는 말이 나올 것 같지 않았다. 영원히 바뀌지 않을 것 같은 화면을 간절히 기다리며 내 속에선 긴장감이 쉬지 않고 파도치고 있었다. 분명 사전의 계산과 정보가 틀림없음을 확신하면서도 어제 실망하지 않은 일에 오늘 크게 실망하게 될까봐 겁이 났다.

바로 그때 무심코 생각 없이 친 엔터 한 방에 화면은 "등록이 가능합니다. 1년 계약은 6만 6,000원"이라는 말로 바뀌었다. 그 문구를 보는 순간 나는 아주 짧은 시간에 모든 신청양식을 번개처럼 입력하고 신용카드 번호까지 입력을 마쳤다. 동시에 전화를 걸어 동생에게 어디에 있느냐고 물었는데 다행히도 동생은 아직 대구로 가는 버스를 타지 못한 상태였다.

그 사이 도메인의 소유주는 나로 입력되었다는 메시지가 떴다. 그 모든 일이 마무리되기까지 걸린 시간은 3분 남짓이었다. 곧이어 WHOIS에서 도메인의 소유주가 내 이름으로 바뀌었고 나는 드디어 한글 도메인 '버블티'의 주인이 되었다. 그와 동시에 원 소유주는 전(前) 소유주가 되어버렸다. 그들은 이 도메인을 바탕으로 홈페이지를 상당 부분 구성했지만 이제 그렇게 구성된 많은 부분을 자사 홈페이지에서 사용할 수 없게 되었다. 물론 도메인은 자신의 가치를 더욱 알아준 진짜 주인에게 돌아온 것이다. 한 번의 중요한 우연과 끈질긴 기다림, 그리고 지속적인 노력으로 나는 소중한 도메인을 손에 넣었다.

기쁜 심정으로 나는 동생과 함께 대구로 시추 '관우'를 데리러 갔다. 당시 우리 집엔 유비와 장비, 그리고 여포가 이미 있었기 때문에 다음으로 들어올 개의 이름은 관우로 내정해둔 상황이었다. 시추 역시 중국 개인데다 수염을 기르면 제법 관우와 이미지가 비슷할 것으로 생각하여 미리 그렇게 이름을 지어놨다. 게다가 관우는 재물의 신으로서의 이미지도 있었기 때문에 비즈니스의 제대로 된 시작을 기원하는 길(吉)의 의미도 내포하고 있었다. 물론 그것은 내가 부여한 것이었다.

정말 관우가 행운을 가져다준 건지 모든 일이 순조롭게 풀려나갔다. 인터넷 사이트는 봉학이가 지속적인 리더십을 가지고 잘 해결해나가고 있었고, 수입건 역시 거의 완료되었을 정도로 진전이 이뤄졌다. 그 동안 너무 힘들었으므로 이젠 좋은 일이 생길 차례였다.

무역거래의 전반적인
과정을 경험하다

무역관계를 체결할 때 가장 기본적이고 중요한 것은 좋은 파트너를 만나는 것이다. 되도록이면 새로 시작하는 국내 회사를 능숙하고 헌신적으로 이끌어줄 수 있는 해외 파트너 회사가 적격이다. 이러한 회사의 의사결정력이 있는 임원이나 직원과 개인적인 접촉을 통해 거래를 시작할 수 있다면 신뢰할 수 있는 회사간 관계를 만들어낼 수 있다. 일반적으로 대금 지불방법은 양국 은행에서 신용장(L/C)을 개설하여 거래하는 방법이 기본적이지만 서로간에 지급보증이 확실하다고 믿을 수 있을 만큼 신뢰가 두텁다면 현금거래(T/T)를 하는 것도 좋은 방안이다. 물론 이 또한 상호간의 두터운 신뢰가 전제조건이 된다.

무역을 시작할 때 필요한 사전작업

무역관계를 시작하는 것은 상호간의 방문이나 기타 인연을 통하여 올바른 정보를 수집하고 서로가 적합한 파트너인지 검증하는 것으로부터 비롯된다. 이를 위해선 근본적으로 무역이 생활에서 가능하고 어렵지 않다는 의식이 필요하다. 해외여행을 할 경우에 어떤 상품이 국내보다 얼마나 저렴한지에 대해 근본적인 관심을 갖는 것 또한 그러한 의식배양에 도움이 된다. 그러한 작은 관심은 소량이든 대량이든 무역거래의 시작으로 이어지는 중요한 계기가 될 수 있다.

언제든 합리적인 가격의 무역이 가능하고 그것에 돈을 지불할 소비자가 있다면 대량 판매로 이어져 큰 이익을 거둘 수 있다. 물론 국내의 영업망을 포함하여 소비자와의 연결고리가 얼마나 효과적인지가 관건이 되지만 정말 수익이 될 수 있고 합리적인 가격에 대량 거래를 촉발시킬 수 있는 아이템은 사업자의 비전에 따라 얼마든지 성공으로 이어질 수 있다. 내가 보기에 그런 비전을 전개하는 일은 현실적으로 가능할 뿐 아니라 진입장벽이 생각보다 높지 않다. 또한 지난 경험에 비추어 돌아보면 비용이 지나치게 많이 드는 것도 아니다. 무역은 생각만큼 거창하지 않을 뿐 아니라 생활 속에 자리잡을 수 있는 좋은 일이다. 또한 해외 파트너와 함께 일할 수 있다는 점도 매력적이다. 그것은 개인의 삶에도 새로운 경험이나 취미가 될 수 있다.

해외의 무역 파트너와 대화를 시작하여 관계를 맺고 공동으로 비즈니스에 임하고자 하는 의사가 합의된다면 최종적으로 무역과 후속영업에 대한 준비가 충분히 되어 있는지 세심하게 검토해야 한다. 또한 수입하려는 아이템의 판매와 관련하여 많은 사전 예측과 대책이 세워져야 하며, 어떻게 하여 그 무역에서 수익을 거둘지 확신할 수 있어야 한다. 대량 판매를 통해 이익을 일궈낼 수 있다는 비전이 확실하다면 자신감을 가지고 그 거래가 돈을 벌어줄 것이라고 확신할 필요가 있다.

이를 위해선 많은 사전공부와 국내 시장현황에 대해 끊임없는 조사가 이루어져야 하며, 국내 판매현황 및 동일 상품의 예상 원가정보에 대한 정확한 파악도 요구된다. 기껏 무역거래를 통해 수입한 물품의 원가가 국내 기업과 별 차이가 없다면 영업할 때 매우 불리하기 때문이다. 예를 들어 타이완 현지 판매가가 국내보다 훨씬 낮은 녹차를 수입할 경우는 국내 통관시 매우 높은 세금이 부과되기 때문에 결과적으로는 국내에서 사는 가격과 비슷해진다. 이러한 아이템들은 정확한 정보력으로 대응해야만 쓸데없이 돈을 날리는 일을 방지할 수 있다. 국내 시장현황을 파악하여 활발한 영업이 가능하다고 여겨지면 그 무역거래는 시장파악을 위한 소량 수입을 통해서라도 임해볼 가치가 있다.

계약서를 작성할 때 주의해야 할 사항

이러한 사전작업이 무르익는다면 해외 회사와 공급계약을 맺어야 한다. 일부 수출업체의 경우 적절한 공급계약을 맺으려 하지 않는 경우도 있는데 제대로 국내에서 사업을 하고자 한다면 확실히 공급계약이 이뤄지도록 하는 것이 중요하다. 계약서는 보통 대한무역투자진흥공사(KOTRA)나 인터넷의 서류 폼 제공 사이트를 이용하면 정형화된 형태의 무역계약서를 어렵지 않게 얻을 수 있다.

이러한 계약서는 일반적으로 대금 지급방법과 운송형태, 그리고 기타 준수사항을 명기한 것이 보통인데 서로간의 의사를 정확히 반영하는 것이 중요하다. 사전에 명기된 사항이 확실하다면 나중에 쓸데없이 분쟁을 벌이지 않아도 되기 때문이다. 상호간에 서면으로 합의된 원칙은 적어도 법과 같은 위력을 발휘하므로 계약서를 제대로 작성하는 것만큼 중요한 사전 준비작업은 없다.

이 과정이 허술하면 나중에 무역거래시 발생하는 오류에 대해 정당한 클레임을 제기하기가 어려워진다. 그럴 경우 대책 없이 말다툼을 벌이거나 졸속으로 합의를 시도하는 일이 벌어질 수 있다. 그러한 것은 매우 프로페셔널하지 못한 거래일 뿐 아니라 무역거래 전반의 손상으로까지 이어질 수도 있다. 이미 국내 영업망이나 공급거래처를 통해 수입물건을 판매하고 있는 와중에 그런 갈등에 빠진다면 수입자측은 심각한 법적 문제를 자초할 수도 있다. 해외 수입망이 하나인 단일 수입망일 경우는 더더욱 그렇다. 국내 영업망에 공급하기로 한 물건을 들여올 수입망이 완전히 막혀버릴 수도 있기 때문이다. 그러므로 사전에 공급계약을 맺는 일의 중요성은 아무리 강조해도 지나치지 않다.

계약서를 작성하며 상대가 보이는 태도 역시 눈여겨봐야 한다. 시원하고 책임감 있게 확실한 계약태도를 보여주는 사업자가 왠지 뒤가 구리는 듯한 태도로 계약서에 사인하는 사람보다 나음은 분명한 일이다. 물론 태도로만 공급계약의 결과를 판단할 수는 없지만 인간적인 교감이나 서로에 대한 관심도 계약의 충실도를 보여주는 또 다른 척도임은 분명하다.

공급계약서 작성은 두 회사의 공식적 관계의 시작인만큼 모든 것이 확실한 신뢰를 바탕으로 이뤄져야 한다. 무역거래는 의도치 않은 오류나 실수에 직면할 수 있기 때문에 계약서의 내용에 따라 문제를 시원하게 해결할 수 있다면 좋은 보험회사의 서비스를 받는 것이나 마찬가지이다. 사실 나도 초기에 무지로 인해 그러한 사전작업을 충분히 해놓지 못하는 바람에 상호간에 문제가 발생했을 때 어떻게 해야 할지 몰라 애를 먹곤 했다. 그것은 무보험 상태에서 자동차 사고가 나는 것과 비슷한 것으로 더 많은 시간과 비용의 소모로 이어지게 마련이다.

계약서의 내용을 치밀하게 구성하는 과정은 매우 많은 시간이 걸릴 수도 있으나 나중에 무역거래에서 결정적인 영향력을 발휘할 문구가 탄생할 수도 있으므로 더욱 섬세하게 고민하는 태도가 필요하다. 여기서 중요한 것은 그러한 사항이 아주 정확하고 명료한 어휘로 표현되어야 한다는 것이다. 간단한 어휘는 쉽게 이해할 수 있을 뿐 아니라 쓸데없는 논쟁을 효과적으로 방지할 수 있다. 물론 간단하기 때문에 그 어휘의 해석범위를 놓고 논쟁이 일어날 수도 있지만 그런 가능성까지 포함하여 확실한 해결방안을 제시하는 간단한 어휘는 얼마든지 있는 법이다. 설령 문구가 길어진다 해도 그것이 담고 있는 메시지는 여전히 간단해야 한다. 불확실한 메시지를 담고 있는 긴 문구는 실제 그에 해당하는 사건이나 문제가 발생했을 때 아무런 도움도 주지 못하기 때문이다. 간단한 어휘야말로 복잡한 단어의 나열보다 훨씬 더 계약서를 강하고 효과적으로 만든다.

무역계약의 내용에서 기본이 되는 것은 역시 수출품의 운송방식과 지급방안에 관련된 합의이다. 일반적으로 규모가 있는 무역회사는 이에 대한 자사의 정책이나 방침이 정해져 있으며, 주문서(Quotation Sheet)를 확인해보면 하단이나 기타 공간에 운송방식이나 지급안에 대한 자사 정책이 수록된 경우가 많다. 일반적으로 수출업체의 정책에 따르는 경우가 많지만 특수한 사정이 있을 경우는 별도의 방법으로 합의를 시도할 수도 있다.

신용도가 하락하거나 해외 파트너로부터 신뢰를 받지 못하는 회사는 물건을 건네받기 전 100% 완불을 해야 하는 경우가 생기기도 한다. 일반적으로 내가 경험한 중화권의 회사들은 초기 착수금으로 30%를 지불받고, 중도금 40%, 운송 이후 잔금 30%를 결제받는 형태를 취하고 있었다. 이러한 대금지불 합의사항은 수출업자의 입장을 존중하는 가장 확실한 방법인만큼 L/C거래든 T/T(현금)거래든 합의된 계약사항을 깨끗하게 지키는 태도가 매우 중요하다. 금액지불이 늦어지거나 물건을 받고 난 후 별 하자가 없는데도 괜히 시간을 끌거나 금액을 덜 지불하려는 행위는 수입자의 신뢰도에 엄청난 손상을 끼칠 수 있다. 그런 일이 발생할 경우 수출업자의 계약이행 태도에도 변화가 올 수 있다는 사실을 명심해야 한다.

양측의 거래통화나 환율 인지방법 또한 명확히 합의가 되어야 한다. 내 경우 몇몇 회사와는 미(美) 달러화(USD)로 거래했고 식품회사는 타이완 자국 통화(TWD)로 거래했다. 타이완 자국 통화는 달러 대비 움직임이 한국 원화와 비교적 비슷했다. 중국의 위안화 평가절상 전망에 따라 그 낙폭이 원화보다는 비교적 컸는데, 나는 식품회사로부터 유동적인 스케줄에 따라 금액을 지불해도 된다는 허락을 받은 상태였기 때문에 타이완 통화와 미 달러화, 그리고 미 달러화와 한국 원화의 움직임을 지켜보며 가장 유리한 타이밍에 송금을 할 수 있었다. 물론 좋은 타이밍을 기다리기 위해 지나치게 시간을 소모하진 않았고 대부분 약속한 기간 내에 송금했다. 그러한 유동적인 지불은 때에 따라서는 동일 금액인데도 송금일자에 따라서 10~20만 원 가량을 아낄 수 있게 해줬다. 보다 적은 금액으로 같은 액수를 지불했던 것이다.

다음으로 계약서에 명기될 기본적인 사안으로는 운송 관련 스케줄 및 세부적인 방법 관련 합의사안이 있다. 운송과 관련하여 믿을 만한 합의를 하는 것은 무역을 '예측 가능하게' 만드는 작업이다. 운송 스케줄이 들쑥날쑥하면 국내에서 영업을 할 때 소비자와의 공급 스케줄을 제대로 지킬 수가 없다. 최대한 예측 가능한 운송 스케줄만이 공급자와 소비자 사이에서 확실한 균형을 지키는 방법이다.

통상적인 운송방법에는 해상운송과 항공운송이 있지만, 대량 수입은 해상운송이 훨씬 저렴하고 합리적이다. 나는 보바 익스프레스를 통해 적지 않은 물량을 항공으로 운송했다가 엄청난 부대비용을 지출한 적이 있다. 물론 이후로는 항공운송을 이용하지 않았다. 미리 준비하는 태도만 확실하다면 해상운송을 통해서도 항공운송만큼 빠른 물건수송을 기대할 수 있다. 타이완이나 중국은 각 항마다 차이가 있지만 예를 들어 타이완의 주요 항구가 위치한 타이페이나 가오슝 항에서 물건을 부칠 경우 국내까지 약 3~4일 걸린다. 도착 항은 스케줄에 따라 부산과 인천 중 한 곳인데 어느 쪽으로 와도 결과적으로 수입자에게 물건이 인도되는 타이밍에 큰 차이가 발생하진 않는다. 그리고 수출업체가 운송 스케줄을 제대로 이행하도록 미리미리 전화해서 운송일자를 함께 확인하고 국내에서 물건을 받을 운송업체와도 스케줄을 교류하는 것이 좋다. 별 것 아닌 것 같지만 이런 작은 일이야말로 운송일정을 확실히 해주는 결정적인 작업이다.

이외에도 국내에서 수입하는 물건이 확실히 법에 정해진 기준에 의해 통관될 것임을 확인하는 작업과, 수출업체를 상대로 가능한 모든 종류의 질문과 답변을 나눠보는 일도 필요하다. 다양한 상황을 가정하고 가상으로 미리 대처해본다면 이후 문제가 발생할 때 큰 도움이 될 수 있다. 물론 취급물품과 회사의 종류에 따라 세워볼 수 있는 가정의 수는 무궁무진하게 달라질 수 있지만 어떤 문제든 간단하고 확실한 계약서로 매듭지을 수 있다.

무역이 이뤄지면 각 물건은 생산에 들어가서 운송작업이 이뤄진다. 이후 물건이 국내에 와서 통관절차를 거치게 되는데 통관준비 역시 사전에 대비해두어야 한다. 어떤 물건에 어떤 규제사항이 해당하는지, 세율이 얼마인지 등 수집 가능한 모든 정보를 확보하여 통관에 임해야만 갑작스레 발생한 문제로 인해 수입에 실패하는 일을 막을 수 있다. 내가 아는 업체 중에는 그러한 사전조사 없이 무역을 했다가 8%만 지급하면 되는 세금을 무려 30%씩 계속 냈던 곳도 있다. 작은 회사가 아니었는데도 말이다. 오류가 인정되어 나중에는 초과 지불된 세금을 환급받았지만 그 회사는 이미 비싼 원가를 토대로 물건을 팔아오느라 영업상 지장을 받은 상태였다. 만일 그들이 주의 깊게 세율 관련 사안을 사전에 조사했다면 보다 합리적인 가격으로 영업을 할 수 있었을 것이다.

통관과정과 세금부과율을 미리 예측할 수 있다면 그 무역 포지션에 대한 전반적인 지출규모를 예상해볼 수 있다. 운송비나 기타 부대비용은 보통 일정한 기준에 따라 부과되므로 각종 부과세금과 해외 지출액을 합하여 총 지출규모를 추산하는 것은 그다지 어렵지 않다. 물론 실제 지출된 금액내역은 거래가 종료된 이후에야 확인 가능하지만 소요예산을 미리 파악하는 태도는 업무효율을 증가시킬 수 있다. 물론 실제 결과물과 사전 계산결과에 차이가 많이 난다면 문제가 될 수도 있지만 미처 생각하지 못한 부분이나 변수를 추려낼 수 있는 것 또한 사실이다. 그것은 차후 수입에서의 사전 지출규모를 파악하기 위한 좋은 준비활동이 된다.

만일 모든 비용면에서 비교적 정밀하고 정확한 예측을 할 수 있다면 미리 상품별 원가계산부터 판매가 설정, 그리고 대략적인 이익률 계산도 가능해진다. 이러한 것은 수입 이후 영업에 대해 활발한 사고를 촉진시키며 발생 가능한 미래의 오류에 더욱 신속하게 대응할 수 있도록 해준다. 또한 얼마의 돈을 투자하여 어느 정도의 판매량을 달성해야 얼마만큼의 이익이 확보될 수 있는지 미리 알아볼 수 있는데, 그러한 가이드라인을 확보하는 것은 향후 영업에 큰 도움이 된다.

실수를 통해 배운다

무역은 철저히 예측에 따라 진행되어야 한다. 만에 하나 잘못되어 무산되기라도 한다면 그로 인한 금전적·정신적 피해가 매우 크다. 그러기 위해 가장 중요한 것은 역시 해외 파트너와의 두터운 신뢰와 국내에서의 확실한 영업전략 및 비전이다. 《굿 투 그레이트(Good to Great)》의 저자 짐 콜린스의 말처럼 무엇에서 최고가 될 수 있을지 정확히 파악하여(일명 고슴도치 전략) 대량 판매를 유도할 수 있다면 그 무역거래는 틀림없이 성공할 뿐 아니라 수입자를 매우 경쟁력 있는 사업가로 만들어줄 것이다. 해외 파트너와의 관계 또한 허브 코헨이 이야기하듯, 술책을 써서 상대편을 조종하고 가격을 깎으려고만 할 것이 아니라 양측이 공통된 비즈니스를 통해 모두 승리할 수 있도록 신뢰를 바탕으로 진정한 관계를 만들려는 자세가 기본이 된다면 성공적인 협력관계를 구축할 수 있다.

부끄럽게도 나는 이와 같은 사실과 노하우를 거의 모두 경험에 의해 얻었다. 모든 것을 미리 준비해야 한다는 사실을, 그렇게 행동하지 못함으로써 절감했던 셈이다. 그리고 내가 미리 예측했던 계산결과는 무지나 실수로 인해 자주 빗나가곤 했다. 그러나 다행히도 실수를 통해 새로운 것을 배워나갔기 때문에 무역 초기에 범했던 시행착오는 갈수록 줄어들었다.

돌이켜보면 초기 무역거래를 시작하며 나는 항상 협상을 주도한다고 느꼈고 실제로도 그 중심에 있었지만, 결과적으로는 상대에게 끌려가거나 휘둘리기도 했다. 그것은 언어장벽 때문이기도 했고 너무 순진하게 협상에 임한 내 태도의 문제이기도 했다. 나는 서로가 이익이 되는 거래라면 양측이 모두 망설임 없이 임하여 비즈니스를 시작할 수 있을 것이라고 믿었지만 HD그룹을 제외한 다른 회사들과는 본질적이지 못한 문제로 본질을 흐릴 수 있는 논쟁을 자주 벌였다. 작은 금액에 회사의 자존심이 걸려 전체 사업이나 무역을 지연시키는 일도 그 중 한 가지 경우였다.

이런 일의 결정적인 원인은 전적으로 나의 경험부족 또는 나태함 때문이었다. 나는 생활여건이 어떻든 수단과 방법을 가리지 않고 협상과 논의가 효율적으로 진전될 수 있도록 모든 노력을 아끼지 않아야 했으나 100% 그렇게 했다고 확신을 할 수가 없었다. 여러 가지 역할을 한꺼번에 하느라 체력적으로 힘들었던 것도 사실이지만, 타이완 회사들과의 협상이 효율적이지 못했던 것 역시 엄연한 사실이었다. 보다 열심히 뛰어서 많은 것을 미리 알았다면 일이 더 쉬웠겠지만, 모르는 건 뒤늦게 노력해서라도 알아내야 한다는 것 역시 내가 얻은 중요한 교훈이었다. 긴 터널을 통과하듯 그런 과정을 거친 후에야 비로소 우리는 제대로 무역을 시작할 수 있었다.

타이완의 HD그룹을 포함하여 미스터 탕의 식품회사까지 우리는 거의 모든 서류를 주고 받고 통관을 준비함으로써 무역거래를 실제로 가동하게 되었다. 공급계약서에 따른 일부 물량의 제작작업이 시작되었고 각 물품별로 제작기간이 모두 명시되었다. 이는 해외 업체의 하청공장들이 보다 속도를 내서 제작할 수 있도록 하기 위한 것이었다. 다른 회사들은 물건이 언제 제작되느냐고 전화를 걸어 HD그룹이나 식품회사에 채근하는 일이 잦았지만, 우리는 이미 그러한 사전합의를 거친 덕분에 착수일과 제작 종료일이 예정한 스케줄에서 크게 벗어나지 않았다. 만일 변수가 생길 때면 그들이 즉시 전화하여 사정을 이야기했기 때문에 국내에서도 보다 신속하게 대처할 수 있었다.

나는 그러한 방식이 관행화되도록 최선을 다했는데 다행히도 우리 사이에서 매우 바람직한 습관으로 굳힐 수 있었다. 우리는 지불 스케줄을 HD그룹의 표준정책인 초기 착수금 30%, 중도금 40%, 물건을 인도받은 이후 최종 잔금 30% 결제로 정하고, 미국 은행을 거쳐 타이완 은행으로 송금되는 수수료 20달러 가량은 반반씩 부담하기로 합의했다. 또한 무역과정에서의 예상 가능한 금액지출 분야를 리스트로 만든 후 개별적으로 모든 조항에 관해 합의를 거쳤다. 이렇게 조기에 합의된 사안들이 있다면 나중에 돌발사태가 발생해도 쓸데없이 힘을 빼거나 싸울 일이 없을 것이다.

미리미리 원칙을 세워놓고 변수를 방지하는 업무태도는 타이완의 모든 업체들과 우리 사이에서 큰 강점이 되었다. 바로 이런 업무방식 덕분에 우리는 무역에서 굉장히 큰 강점을 갖게 된다. 나중에 여타 업체들에서 우리 회사의 무역이 매우 원활하고 효율적인 것 같다며 도움을 요청하기도 했는데, 그것은 우리가 해외 업체와 설정한 치밀한 업무방식에 그 비결이 있었다. 물론 HD그룹이 아닌 식품회사측과 그러한 관계를 맺고 전개하는 데는 시간이 꽤 걸렸을 뿐만 아니라 아주 힘들었다. 하지만 다행히도 결과는 힘들었던 과정이 충분히 가치 있다고 여겨질 만큼 좋았다.

첫 무역거래를 통해 배운 점

우리는 타이완측과 모든 정보를 교류했고, 일부 번역비용이 들어가긴 했지만 모든 서류의 모든 단어를 한국어와 영어로 정확히 번역하는 데 성공했다. 그리고 필요한 모든 사전준비를 완전히 마침에 따라 마침내 수입이 해결되었다. 우리측에선 이 수입에 별다른 무리가 없을 것으로 판단하고 신속히 무역을 진행시키는 것이 합당하다는 최종 결론에 도달했다. 나는 타이완측 회사들에 전화를 걸어 신속하게 물건을 제작하여 운송준비를 해달라고 전했다. 또한 사전에 이미 합의된 수입물량과 확정된 가격에 사인을 하고 제작일정 및 운송 예상일자에 대한 정보를 요청했다.

악조건도 호조건으로 바꿀 수 있다

그러한 일을 하면서 느낀 것은 역시 토머스 프리드먼이 《렉서스와 올리브나무》에서 남긴 말처럼 과거와 달리 이런 사업의 진입장벽이 엄청나게 낮아졌다는 것이다. 과거의 나라면 무역이나 수입거래 같은 것은 꿈도 꾸지 못했는데, 인터넷을 포함한 통신수단의 발달 덕분에 공익근무를 하고 있는 제한된 환경에서도 적극적으로 무역거래에 참여할 수 있도록 관련된 모든 장벽이 크게 낮아졌다. 특히 인터넷 메신저는 모든 대화나 협상에 속도를 불어넣는 중요한 통신수단이 되었다.

또한 나는 도서관에서 근무했기 때문에 필요할 때마다 어떤 종류의 경영서적이든 무역서적이든 거의 모든 자료에 쉽게 접근할 수 있었고, 그 덕분에 난관에 부딪쳤을 때 고민하거나 망설이는 시간을 많이 줄일 수 있었다. 이제는 제법 도서관 근무에 익숙해졌기 때문에 남는 시간만 활용해도 많은 책을 읽을 수 있었다. 내가 원하는 거의 모든 해답은 도서관에서 찾는 자료에 있었고, 해외 회사와의 접촉은 인터넷이나 전화를 통해 가능했다. 또한 각 상품 관련 법률이나 각종 규제 또한 인터넷을 통한 검색이 가능해졌다. 객관적으로 보면 공익근무요원으로 손발이 묶인 상황이었지만 오히려 그것은 내가 무역거래에 도전하기에 모자람이 없는 여건이 되었다.

모든 위험 가능성에 미리 대처해야 한다

수입이 해결됨으로써 기타 영업이 가능해졌다. 사실 우리는 수입이 제대로 되지 않을 경우에 대비해 빈틈 없는 대책을 세워놓았어야 했지만 그러지 못했다. 물론 수입 자체는 처음 목표대로 원활히 이뤄졌지만, 그것은 그것대로 큰 실책이라는 생각이 들었다. 만일 수입이 제대로 되지 않았다면 큰 문제에 빠질 수 있었기 때문이다. 그렇다면 사업 전체에 대한 모든 것을 처음부터 다시 생각해야 할 상황에 처할 수 있었다. 나는 그런 상황에 대해서도 충분한 대비책을 세워놓았어야 했다. 무역거래 성공 가능성이 당시만 해도 불투명했기 때문이다. 이런 생각은 조금이라도 나태해지는 것을 막고 보다 현실적이 되도록 해주었지만 보지도 못한 각종 변수를 생각하는 일은 때로 피곤하고 두려웠다. 그럼에도 불구하고 충분한 준비를 더 했어야 했다는 사실은 내게 중요한 숙제가 되었다.

해외에서의 물건제작 및 운송작업은 일사천리로 이뤄졌다. 나는 미스터 탕과 크리스를 엄청나게 압박했고 그들은 매우 빠른 속도로 일을 진행했다. 일반적으로 2주일 가량 걸려야 제작될 물량이었으나 모든 일정은 6일로 압축되었고, 한국으로의 운송일정 역시 가장 빠른 경로로 정해졌다. 그 과정에서 나는 타이완 운송업체의 한국 파트너 회사를 통해 운송일정을 모두 전달받았다.

일반적으로 FOB로 물건을 수출하는 업체는 해외운송을 위해 컨테이너에 물건을 싣는 단계까지만 관여하기 때문에 이후 일정에 대해서는 그 이전만큼 신경을 써주지 않는다. 물론 대기업의 경우에는 다를 수도 있지만 중소기업과 무역거래를 할 때면 대부분 그렇다. 이 경우 모든 것을 수출업체측에 맡기고 있다가는 자칫 운송 이후 물건이 언제 들어오는지 타이밍을 정확히 파악하기가 힘들어질 뿐 아니라 수출업체측도 물건을 부쳤으니 모든 게 다 끝났다는 식으로 대응할 수 있으므로 손 놓고 있다가는 곤경에 처할 수 있다.

그러므로 컨테이너에 물건이 실려 해상이나 항공으로 운송이 진행되는 단계에 관여하려면 운송업체와 사전에 확실한 스케줄을 교류하고 진행단계를 논의해야 한다. 물건이 국내에 들어와 통관을 거친 이후부터 관리하는 것이 아니라, 컨테이너에 실려 수출업체의 손을 떠나는 그 순간부터 확실히 감독하고 책임져야만 완벽하게 관리할 수 있기 때문이다. 수입업체측에서 이런 업무자세를 가지고 있다면 수출업체측도 평소보다 더욱 신중하게 일에 임할 것이다.

솔직한 대인관계는 무역거래의 필수요소

무역을 통해 나는 솔직하고 확실하게 이야기하는 것이 얼마나 중요한 것인지 체감하게 되었다. 골드만 삭스(Goldman Sachs)의 전설적인 경영자 시드니 와인버그처럼 항상 솔직하고 유머스럽게 이야기하는 것이 해외 수출 파트너와 협력하여 일하는 데 큰 도움이 된다는 것을 배웠고, 작은 일로 인해 대인관계를 실패할까봐 걱정하는 일도 하지 않게 되었다.

나는 한때 와인버그가 이야기한 대로 "살면서 누군가로부터 개새끼란 소리를 듣지 못한 사람은 성공했다고 할 수 없다"는 생각을 믿었기 때문에 타이완 회사측에 강경하게 맞서거나 내 요구사항을 서슴없이 강조하기도 했는데, 그런 과정을 통해 상대에게 진정으로 솔직해지는 연습을 할 수 있었다. 친밀한 사이가 될수록 서로에게 해가 될 수 있는 생각에 면역력이 떨어질 수 있다는 제프리 번스타인의 말처럼 크리스를 포함한 타이완의 파트너들과 건강하고 생산적인 긴장관계를 유지하는 데에는 실제로 솔직함이 가장 큰 몫을 한 것 같다. 솔직하지 못할 경우 덮고 넘어갈 수 있는 부분을 미리 드러내고 논의하기 때문에 이야기가 빠르고 핵심적으로 진행되는 것이다. 모두가 싫어하는 일이라도 정정당당한 요구사항이라면 하는 편이었는데, 그럴수록 어려운 상황에 대한 면역력과 내구력이 강화되었다.

《파워풀 컨버세이션(Powerful Conversation)》의 저자인 필 하킨스는 대다수의 사람들은 진실이나 솔직성이 때로는 고통을 수반한다는 암묵적인 느낌을 가지고 있지만 사실은 그 반대라고 주장한 바 있다. 나쁜 대화는 진짜 심각한 사안을 피함으로써 짧은 기간 편안함을 주지만, 장기적인 결과는 매우 고통스럽다는 것이다. 결국 그것이 우리를 실제의 우리보다 더 못하게 만들고, 우리가 진정으로 달성할 수 있는 일을 못 하게 한다는 것이 하킨스의 통찰력 있는 주장이다. 그는 대부분의 경우 진실, 사실, 솔직성은 마지못해 나타나며 때로는 우연히 나타나지만 대개 무시당하거나 회피된다고 말했는데, 이것은 내 경우에도 예외 없이 명확한 징후로 나타나곤 했다.

타이완과의 무역 초기에 어려운 이야기를 꺼내지 못하여 머뭇거리는 자신을 목격한 후 나는 어설픈 예절이 오히려 회사간의 효율적인 대화를 방해하고 있다는 사실을 깨달았다. 그 직후부터 나는 속마음을 일단 종이에 쓴 후 앞뒤 가릴 것 없이 상대와 대화가 시작되자마자 솔직하게 말하는 연습을 거듭했고, 결과적으로는 상대 회사와 더 좋은 관계를 맺는 데 성공했다. 그러한 대화방법은 잠시 서로를 실망시킬지는 몰라도 나중에 크게 후회할 일은 만들지 않을 것이다.

솔직한 대인관계가 실제로 효과를 발휘할 때마다 나는 희열을 느꼈다. 진정 서로에게 가까워지는 길은 솔직해지기 위해 용기를 갖는 것이라는 생각이 들었다. 특히 가격이나 품질, 운송 스케줄 등과 관련된 수많은 사안에서 솔직함이 드러나는 대화를 하는 것은 그렇지 못한 대화에 비해 소모시간도 짧을 뿐 아니라 훨씬 더 좋은 결과로 이어졌다. 서로의 관계 역시 바람직한 방향으로 증진되었다.

만일 예의를 지키기 위해 보다 덜 솔직했다면 나는 그들과 외면적인 관계가 좀더 가까워지거나 유쾌한 대화를 많이 할 수는 있었겠지만 결과적으로는 무역성과나 업무효율 면에서 손해를 봤을 것이다. 이 분야에서 어설픈 예절이나 머뭇거림은 득보다 실이 많다.

어쨌든 무역경험을 통해 우리 회사의 모든 사람들은 솔직함이 때로는 고통스럽지만 결국은 문제해결에 도움이 될 뿐 아니라 대인관계도 진실하게 만들 수 있다는 확신을 하게 되었다. 물론 서로를 이해할 준비가 되어 있는 좋은 관계의 사람들에게 해당하는 이야기겠지만.

세계화에 동참하기

첫 무역거래를 통해 내가 배운 것은 이외에도 많았다. 그 중 가장 중요하고 본질적이라 느껴진 것은 세계화에 대한 진지한 성찰이었다. 나는 세계화가 단순히 하나의 사회적 흐름이나 경향이 아니라 직접적으로 공략해야 하는 삶의 목표 내지는 전략이라는 사실을 알게 되었다. 이후 나는 세계화에 거의 광적인 관심을 갖게 되어 도서관에서 세계화 관련 책은 모두 찾아 읽곤 했다.

무역에 참여해본 경험 또한 세계화의 영향을 직접 실감한 것이기 때문에 나는 세계화라는 흐름에 적극적으로 편승해야 한다는 믿음을 갖게 되었다. 물론 세계화의 작은 부분을 경험한 것뿐이지만 그것이 얼마나 중요한지는 뼈에 사무치도록 느낄 수 있었다. 마치 빙산의 일각에 부딪힌 느낌이었다.

세계화에 대한 공부는 항상 진행형

나는 단지 업무상으로만 무역을 하는 것이 아니라 세계화에서 파생되는 비즈니스의 여러 중요한 흐름을 파악해야 한다는 절실함을 느끼게 되었는데, 그것은 단순히 외국어를 공부하는 것보다 훨씬 상위의 지적 활동으로 여겨졌다. 나는 틈틈이 《20:21 비전》, 《렉서스와 올리브나무》, 《세계화의 덫》 또는 《빅맥이냐 김치냐(The Kimchi Matters)》 등과 같은 유명 세계화 서적을 읽었다. 도서관에서 빌려 보았던 책들 중 주안점을 두었던 것은 경제·금융분야였는데, 세계화 서적을 읽다 보니 역시 그에 대한 이해가 현대 비즈니스의 기본이자 기반이라고 생각했다. 나는 점차 세계화에 대해 열광적인 팬이자 연구가가 되었고, 그것이야말로 오늘날 세계에 대해 제대로 공부할 수 있도록 하는 계기를 제공한다고 믿게 되었다.

현 세계의 흐름에 대한 구체적이고 총체적인 이해나 학습노력이 없다면 어떻게 삶의 채널을 잡아갈 것인지 매우 막막하다는 것이 세계화를 본격적으로 연구한 후 받은 느낌이었다. 과거 아시아 외환위기 파동도 맡은 일에 충실했던 대다수 아시아 국민들의 잘못은 아니었지만 명백한 현실이었다. 나도 당시 미국에서 미친 듯이 공부하며 학생으로서의 본분을 충실히 이행했지만 97년 외환위기로 인해 제대로 된 영문도 모른 채 학교를 그만두어야 했다. 당시 사건은 매우 큰 충격이었는데, 이홍구 국무총리가 말했듯이 나를 포함한 많은 사람들이 대체 우리의 조국에 무슨 일이 벌어졌는지 알게 되기까지 한참 시간이 걸렸다.

많은 세계화 칼럼니스트들의 말처럼 현 세계에서 순수하게 자국적이라고 이야기할 수 있는 것은 갈수록 줄어들고 있다. 잉글랜드 최고의 축구클럽인 첼시(Chelsea)의 구단주가 러시아인이고, 각국의 정체성을 대변한다는 기업들의 주주나 경영자도 거의가 다국적으로 이뤄지고 있다. 빛보다 빠른 투자가들의 돈이 순식간에 이쪽 대륙에서 저쪽 대륙으로 옮겨가고 온갖 종류의 사모펀드들이 외국의 국민적인 기업에 침투해서 차익만 챙기고 떠난다. 이미 전 세계에 깔려 있는 맥도널드와 KFC, 타코 벨, 타이완의 콜라 캔에 선명히 새겨져 있던 한국 연예인의 얼굴, 일본에서 선풍적 인기를 끄는 배용준 열풍까지 모든 것이 세계화의 영향이고 결과이다. 하다 못해 내가 마음에 들어 컴퓨터 배경화면에 깔아놓았던 일본 애니메이션 캐릭터마저 그 일부분이다.

어설픈 민족주의나 국수주의로 현실을 해석하기엔 세계 곳곳에서 벽이 너무 빨리 무너지고 있거나 이미 무너진 곳이 다반사다. 이제 적절히 그것을 알고 제대로 이용하지 않으면 누구든 빠른 시대의 흐름에 뒤처지게 된 것이 현 세계의 현실이 된 셈이다.

세계화에 대한 인식을 마음 깊이 받아들이고 나니 어쩌면 내 라이벌이 멀리 유럽이나 외국에 있는 젊은이일지도 모른다는 생각을 하게 되었다. 그리고 외국어를 포함한 사회적 활동에서도 결코 뒤지고 싶지 않다는 각오를 다지게 되었다. 만일 한국을 목표로 그저 주어진 환경에 충실하려 하거나 명확한 비전 없이 현실에 안주한다면 나는 어디서 튀어나올지도 모를 하이킥을 맞고 기절할지도 모르는 일이다. 충실히 자기 일을 했는데도 알고 보니 현실이 그 동안 공부한 것과 동떨어지거나 훨씬 더 빠르게 움직이고 있는 사실을 뒤늦게 발견한다면 그보다 큰 낭패가 없을 것이다.

그런 생각은 매사에 더욱더 긴장감과 위기감을 불어넣었다. 내가 한국에 살면서도 생각하기에 따라서 실제로는 한국에 사는 것만이 아닐 수도 있기 때문이다. 타이완을 방문했을 때 만난 사업가들과도 가끔 그런 얘기를 했는데 그들은 모두 중국의 기업들이 무서운 속도로 치고 올라오는 추세에 엄청난 두려움을 가지고 있었다. 오래도록 안심하고 경영해온 그들의 일이 하루아침에 망해버릴지도 모른다는 것이 과장 섞인 그들의 우려였으나 따지고 보면 그것이야말로 올바른 현실 직시였다.

미국의 라피더스 부인이 항상 얘기했듯 안정된 것은 결국 아무 곳에도 존재하지 않는다. 탐 프리드먼이 그의 저서에서 인용했던, 〈슬레이트〉의 비즈니스 칼럼니스트인 제임스 수로위에키의 말에 따르면 이 세계에 '다음에 올 것' 만큼 중요한 것은 없다. 그런데 '다음에 올 것' 은 '현재 여기에 있는 것' 이 갈아엎어져야만 비로소 올 수 있다. 그러나 현재 여기에 있는 것을 갈아엎는 것은 기술혁신에는 유익할지 몰라도 인간의 삶에는 좋지 못하다. 삶을 피곤하게 만든다. 왜냐하면 대부분의 사람들은 거의 쉴새없이 이어지는 불확실성 속에서도 어느 정도는 안정이 보장되기를 원하기 때문이다. 수로위에키는 각자의 인간관계마저 혁신시킬 수 있어야 오늘날 번영을 구가할 수 있다는 것이 세계화의 큰 축인 경제학자 조셉 슘페터(Joseph Alois Schumpeter)와 앤드루 그로브의 말이라고 강조한다.

알아가면 갈수록 나는 세계화에 더욱더 편승할 뿐 아니라 앞서가는 사람이 되어야 한다는 결심을 확고히 하게 됐다. 친구들과 오랜만에 술자리를 함께 했을 때도 세계화는 마땅히 교과서화되어야 한다며, 그것이야말로 치명적이고 결정적인 연구분야라고 주장하곤 했다. 덴젤 워싱턴 주연의 〈맨 오브 파이어(Man of Fire)〉 시작부분에 나오듯 남미에서는 한 시간에 한 번꼴로 유괴사건이 발생하고 그 중 70%가 살아 돌아오지 못한다는 이야기나, 스리랑카의 타밀일람해방호랑이(LTTE)가 자금흐름이 끊겨 과거처럼 테러를 저지르지 못하는 일, 핀란드가 집약적으로 노키아를 지원하고 투자하여 선진국으로 발돋움했던 과정이나, 중국이 수출품목을 주제로 한국이나 일본, 미국과 논쟁을 벌이는 일 등은 모두 넓게 보면 지구인으로서 우리의 일상생활에서 일어나는 일이다. 심지어 아프리카나 보스니아의 내전에도 관심을 가지면 유네스코나 다른 NGO를 통해 그들을 도울 방법을 찾을 수 있고 그들을 우리의 이웃처럼 생각할 수 있다.

따지고 보면 내가 처음으로 세계화의 영향을 실감한 것은 97년 외환위기 때 겪은 유학 좌절 경험이었다. 바로 몇 개월 전인 97년 6월 태국의 규제기관이 시장에 제대로 알리지도 않은 채 150억 달러를 외환보유고에서 꺼내 금융기관 부양책을 펴고, 이들이 통화방어와 금융기관 구제에 외환보유고의 90% 이상을 소진했다는 사실이 공개되자 바트화 폭락으로 인한 아시아 금융위기가 시작되었고, 그 여파로 한국에 돌아오게 된 나는 IMF사태를 포함하여 각종 사회장벽이 무너지고 종신고용제가 흔들리는 등 지진에 가까운 일들이 일어나고 있음을 느낄 수 있었다.

비록 유학을 도중에 그만두는 아픔을 겪었지만 내 개인적인 고통보다 훨씬 더한 진통이 사회 곳곳에서 일어나고 있었다. 한국이라는 곳이 과거에 비해 크게 달라지고 있는 것 같았다. 영어의 가치도 재평가되어 그 필요성이 더 증가할 것 같다는 생각이 들었다. 과거와는 확실히 분위기가 달랐다. 지금 생각해보니 태국에서 외환보유고를 가지고 벌인 실책과 러시아의 모라토리엄 선언처럼 나와는 관계없는 생뚱맞은 일들이 결국 나를 한국으로 돌려보낸 것이나 마찬가지인데, 어쨌든 그 모든 것이 내가 처음으로 경험한 세계화의 직접적인 영향이었다.

물론 당시의 나는 어렸기 때문에 주변 상황으로부터 어떠한 명확한 해답도 찾지 못했다. 무언가 달라지고 있고 앞으로는 더욱 그럴 것이라는 느낌만 들었을 뿐이다. 그나마 방향성을 가지고 변화를 예측한 건 더더욱 아니었다. 나는 거의 아무것도 제대로 알지 못했다.

세계화는 내 삶의 방향을 알려주는 나침반

나중에 세계화에 대해 공부하면서 내 삶의 어떤 부분이 세계화의 흐름에 편승했고 어떤 부분이 그렇지 못했는지 하나씩 깨달았다. 이것은 내가 인생을 걸어 연구하고 실천해나가야 할 분야였다. 적당히 안주하여 살기를 싫어하는 내 기질 또한 세계화와 꽤 잘 어울릴 것으로 생각됐다. 그것은 내가 더 멋진 삶을 꾸려나가는 데 현명한 판단을 제공할 수 있는 가장 유력한 분야로 인식되기까지 했다. 세계 각국의 다양한 서적을 읽으며 관심사를 넓게 유지해야만 세계화를 제대로 배울 수 있다는 사실 또한 깨달았다. 세계화에 대한 공부는 항상 진행형이지 결코 과거형이 아니다.

물론 일부 그것을 반대하는 사람들의 관점대로 세계화는 각국 사람들의 삶의 원래 모습을 훼손하기도 하며 여러 가지 부작용을 낳기도 한다. 그것은 마치 스스로를 죽일 수도 있는 칠성보도(七星寶刀,《삼국지》에서 조조가 동탁을 죽이려고 왕윤에게 빌린 칼. 살해계획이 발각될 위험에 처하자 동탁을 위해 바치려 했다며 선물로 내놓는다)처럼 위험한 양날의 칼이 되기도 한다.

그러나 매킨지 컨설팅의 의견처럼 그러한 새로운 요구는 혁신적인 사람이나 기업에게는 거대한 기회를 의미한다. 나 역시 현재의 삶을 좁은 룰에 따라 지키는 게임을 해나가다가는 훗날 크게 후회할 일을 당할 거라는 위기감이 들었다. 어떻게든 외국어와 견문을 계속 넓혀나가며 세계화의 속도에 뒤지지 않는 삶을 살아야 한다는 것은 내게 중요한 좌우명이 되었다. 느린 속도로 뒤처지거나 단지 주위의 조언에 따라 주어진 길로 삶을 전개하는 것, 또는 삶이 어렵다며 불평을 늘어놓는 행위는 훗날의 자신에 대한 자폭 테러를 준비하는 것과 마찬가지일 것이다.

나는 그러한 위기감으로 인해 자신이 더욱더 무시무시한 공포를 경험해야 한다고 생각했다. 그리고 무엇보다 자신이 창조하고자 하는 삶을 최대한 즐길 수 있는 길을 한결같이 지켜가야만 현재의 내가 나일 수 있다는 생각이 들었다. 그러한 길로 나아가는 데 세계화라는 주제는 내 인생의 방향을 전반적으로 인도하는 나침반이 되었다.

현실에 안주하여 오히려 진짜 현실을 보지 못할까봐 나는 항상 객관적인 자문자답 형식을 통해 자기 평가를 해보곤 한다. 그러한 테스트를 거친 후 자신이 많이 뒤처지거나 제대로 속도를 내지 못하고 있다는 생각이 들면 위기의식의 바다에 스스로를 내던지곤 했다.

세계화를 실생활에 적용하다

세계화는 상상을 즐기고 여행을 좋아하는 내게 완벽하게 들어맞는 주제였을 뿐 아니라 실제 삶의 방향을 바꿔나갈 수 있는 현실적 기회가 되었다. 그러한 관점을 가지고 나중에 방문한 타이완은 그 이전에 방문한 타이완과 또 달랐다. 수치로만 알고 있던 대만의 무역 및 교역상황과 문화에 대해서도 과거와 달리 이해하게 되었다. 나는 이후 적지 않은 무역거래를 그들과 함께 하며 타이완 사람들이 객관적으로 세계화를 한국보다 더 일찍부터 잘 따라가고 있다고 느꼈다. 실제로 그들은 수출을 생활화하고 사는 사람들이다.

HD그룹 회장님의 자택에 머물고 있을 때 그곳을 방문한 비료 생산업자가 흙이 잔뜩 묻은 장화를 신고 서툰 영어로 내게 와서 더듬거리며 자신이 수출하는 국가 리스트에 한국도 포함되어 있다는 놀라운 얘기를 해준 적이 있다. 그녀는 푸근한 아줌마 같은 인상이었는데 의외로 수출과 수입에 관해 풍부한 경험과 해박한 지식을 가지고 있었다. 그녀는 어떻게 하면 더 많은 나라에 더 많은 양을 수출할 수 있을지 고민이라며, 그것을 위해 캐나다에서 유학 중인 딸이 돌아와서 자신을 도와줄 것이라고 이야기했다.

나는 50세도 훨씬 넘어 보이는 그분께서 더 많은 수출망을 확보하기 위해 고민하시는 모습을 보고 적잖이 놀랐다. 그것은 확실히 놀라운 일이었다. 그녀는 어딘가에 사업에 더 큰 힘이 되어줄 시장이 분명히 있지만, 언어문제와 정보부족으로 그것을 확보하지 못한다며 고민하고 있었다. 단지 욕심이라고 부르기엔 너무도 멋진 기업가적 성장욕구였다. 그녀는 내가 중국어를 알아듣는다는 사실을 알고선 아예 중국어로 자신의 비료가 얼마나 품질이 좋은지 설명하느라 침이 마를 정도였다. 그것은 단지 돈 때문에 그녀가 일하는 것이 아니라는 사실을 보여주기에 충분했고 너무도 본받고 싶은 태도였다.

그녀는 자신의 비료가 매우 합리적인 가격에 언제든 공급이 가능하고 누구 못지않게 빠르게 일할 수 있다고 주장하며, 한국에서 관련 사업자를 찾는다면 연결해달라는 이야기를 빠뜨리지 않았다. 너무도 놀라운 일이었다. 편안한 이웃집 아줌마 같은 분이 잠깐 놀러 오셨다가도 사업 이야기가 나오자 그토록 열정적으로 변화한다는 사실은 더없이 유쾌하고 멋진 모습이었다.

타이완에서의 경험을 통해 나는 세상의 모든 것에 너무 더디게 호흡해왔다는 생각이 들었다. 이렇게 빨리 진행되고 있는 세상의 흐름에 나 자신이 그 동안 얼마나 느리게 대응해왔고 무지했는지, 그로 인해 내 안에 있을 얼마나 많은 잠재력과 긴장감이 빛도 보지 못하고 허공으로 사라졌을까를 생각하니 엄청난 충격이 밀려왔다.

생각해보니 나는 그런 것을 배워볼 아무런 기회도 갖지 못했던 것 같다. 그 동안 학교에서 받았던 교육이 세계화되고 있는 현대의 흐름에서 얼마나 나를 이끌어주었는지 의문이 들었다. 영어를 포함하여 짧은 시간 미국에서 배웠던 것이 한국에서 받았던 10년도 넘는 교육보다 훨씬 더 많은 영향을 주었다는 생각도 들었다. 세계화에 따른 각종 가능성에 대비할 수 있는 교육을 좀더 일찍 받았어야 한다는 생각과 지금부터라도 더 많은 공부와 수련, 여행을 통해 그것을 준비해야겠다는 흥분과 긴장이 교차했다. 사실 한국도 97년 외환위기 전에는 이러한 분위기에 대

해 거의 제대로 알지 못했기 때문에 내가 받아온 교육과 현실 사이의 괴
리감은 당연한 것이었다.

세계화의 이면, 투기성 핫머니와 국제금융

세계화에 열정을 가지며 나는 투기성 핫머니와 갖가지 국
제금융에 대해서도 미친 듯이 책을 읽었다. 그것은 현재 내가 처한 상황
과는 관계가 없을 수도 있었지만 개인적으로 큰 관심을 갖고 있던 부분
이라 매우 재미있는 분야가 되었다. 투기성 자본유입에 대해서는 여러
의견이 항상 교차하지만 나는 주로 유지니아 코레아 같은 신중론자들의
의견을 좋아하는 편이었다. 유지니아에 따르면 건전한 거시경제가 성립
되어 있지 않은 국가라면 포괄적인 자유화 정책은 성공할 가능성이 적
다. 그러한 곳은 단기성 투기자본을 끌어들이고 그러한 자금은 주기적
인 성격을 가지고 있어 여건이 나빠지면 가장 필요할 때 국외로 빠져나
가기 때문이라는 것이다.

통찰력 있는 외환서적 《세계의 통화전쟁》의 저자인 하마다 가즈유키
역시 "이론적으로는 어느 나라의 자본시장이 자유화되면 해외로부터
투자가 모여들거나 그 나라로부터 해외로 투자가 이루어진다. 그러나
현실은 다르다. 인도네시아의 경우를 보나 브라질의 예를 보나 국제금
융기구의 주도하에 자본시장이 자유화되면 그 나라 자본이 해외로 유출
되기만 한다"는 주장을 펴기도 했다.

그러한 것은 우리와 동떨어진 이야기가 결코 아니었다. 한국에서도
얼마든지 그러한 일이 벌어지고 있었다. SK와 힘겨루기를 벌였던 소버
린이나 외환은행을 팔아 차익을 챙겼던 론스타 같은 사모펀드들은 하나
같이 그러한 행태를 보였다. 물론 저평가된 주식을 바로잡는 과정이라
는 설명도 있긴 하지만 근본적으로 차익을 노린 후 초기 약속과는 달리

한국 경제에 장기적으로 관여하지 않는 그들의 입장은 변명의 여지가 없는 것이었다.

나는 아르헨티나 교포 친구에게서도 자국 자본이 끔찍하게 유출되고 파괴된 과정의 이야기를 들으며 그것이 단지 경제 전문가만 알아야 하는 이야기가 아니라는 것을 확신했다. 그것은 세계화로 인해 36시간의 비행을 해야 할 만큼 먼 나라에서도 우리와 같은 일이 있었다는 것을 의미했고, 브라질, 인도네시아, 일본, 할 것 없이 모든 나라가 세계화라는 지붕 아래서 시련을 겪은 것이 분명했다. 그쯤 되니 세계화가 모국어와 같이 중요하며 어떤 일이 있어도 공부해야 할 것이라는 확신을 갖지 않을 수 없었다. 또한 그것만큼 흥미로운 진짜 세상 이야기는 없다는 것을 깨달았다.

탐 프리드먼의 이야기처럼 오늘날 모든 이의 올리브나무(오랜 문화적 전통에 따라 이어져온 전반적인 생활터전)에 가장 큰 위협요인은 렉서스(첨단기술로 무장한 세계화, 실제로는 일본의 고급 차 브랜드)일 가능성이 크다. 그는 렉서스가 오늘날의 세계 경제체제를 세계화시키고 있으나, 실체가 불분명하고 초국가적이며 모든 사람을 동질화시키고 모든 것을 표준화해버리는 기술과 시장의 힘을 상징한다고 말한다.

세계화의 부정적 영향은 매우 분명하게 사회의 많은 곳에서 가시화되고 있다. 세계화에 반대하는 시위가 수많은 NGO들에 의해 이뤄지고, 인도네시아의 전 총리 마하티르를 포함하여 적지 않은 지도자들이 세계화를 비난하기도 했다. WTO나 APEC 모임이 있는 곳이면 어디서든 반세계화 단체들이 격렬하게 투쟁을 벌이는 것이 이제 자연스러운 현상이 되었다.

미 연방준비제도(FRB) 이사회 의장인 그린스펀은 인간의 지능이 물리적인 환경변화에 대해서는 별다른 한계가 없어 보이는 반면, 심리는

시간에 상관없이 아주 원시적인 감각으로 남아 있다고 지적했고, 세계
화적 흐름으로 인해 사람들이 전통적인 생활을 위협받을 가능성이 높아
지고 있다고 이야기했다. 부시 행정부의 세계관에 매우 큰 영향을 미치
고 있는 로버트 캐플란(Robert Kaplan) 역시 세계화 추세에 편승하지 못
한 국가들에서는 종교나 종족을 내세운 새로운 정치세력이 형성되면서
중세 이전의 암흑시대와 같은 양상을 야기하고 있다고 주장한다.

　　그럼에도 불구하고 세계화를 피할 수 있는 길은 없다는 생각이 든다.
오히려 세계화에 더 적극적으로 대응하고 공부하여 맞서나가는 것이 가
장 좋은 대응방식이라는 것이 많은 서적에 실린 의견이며 나 역시 그에
공감한다. 또한 그것은 도전하는 젊은이들에게 엄청난 기회를 제공할
수 있는 큰 주제임이 틀림없다. 무궁무진한 배움의 기회가 숨어 있는 것
은 말할 것도 없고, 외국어 공부 목적 또한 그로 인해 훨씬 더 구체화된
다. 내게 있어 그것은 잡아야만 하는 기회로 느껴진다.

상품의 제조 · 유통에 얽힌 이야기

　　더 많은 나라에 대해 알기를 원하고, 우리 회사의 무역거
래가 한국에 들어와서도 합리적인 거래로 이어지기를 바라는 내 바람의
저변에는 항상 세계화에 편승한 사고방식이 자리잡고 있다. 우연히 타
이완의 농장에서 공급하는 양질의 과일들이 공장까지 가는 과정을 알게
되었을 때 그것들이 양국 세관과 기타 기관을 통해 한국의 소비자들에
게 도달하는 과정을 세세히 기록해둔 적이 있다. 과연 타이완의 농부는
자신의 생산품이 어디로 가서 최종적으로 어떻게 소비되는지 알까? 한
국과 수많은 국가의 소비자들은 자신들이 어디서 어떤 과정을 거쳐 만
들어진 물건을 소비하는지 알까? 세계화에 대한 관심은 수많은 외국 수
입물건, 또는 외국 생산품이 어떠한 과정을 거치는지에 대해 자세히 생

각하게 해준다.

　상품의 제조과정에 얽힌 이야기는 생각보다 매우 흥미롭다. 1992년 12월 22일, NBC가 특집 프로그램을 통해 세계 최대 기업 중 하나인 월마트(Wal-Mart)가 방글라데시의 아동을 열악한 환경에서 착취하며 바이 아메리카 캠페인(Buy America Campaign, 미국인들에게 국산품 애용의 중요성을 알리던 캠페인)을 어기고 있다고 보도함으로써 미국 내 소비자들에게 충격을 준 것이나, 거대 석유기업 쉘(Shell)과 나이지리아 정부들로부터 삶의 터전을 빼앗기고 착취당한 오고니족을 위해 '바디샵(The Body Shop)'과 그 창업자인 로딕 부부가 수년간 싸워오며 기업 캠페인을 벌인 끝에 결국 감금당했던 오고니족의 리더 20명이 4년 후인 1998년 겨우 풀려나기까지의 과정 등이 우리가 아무런 의식 없이 구매하거나 판매하는 상품들 속에 숨은 진짜 이야기이다('바디샵'은 되도록 아프리카나 기타 오지에서 원료를 구매하는 경향이 있다).

　또 하나의 예로 한국의 농부들이 농업시장 개방을 반대하는 이면에 미국의 거대한 곡물 메이저 카길(Cargill)이 있다는 것도 세계화가 우리나라에 미치는 직접적 영향의 일례에서 빠질 수 없다. 2003년 9월 11일 멕시코 칸쿤에선 WTO 농업협상에 반대하여 한국의 농민 이경해 씨가 할복자살한 사태가 발생하기도 했다. 일부 언론에서는 카길이 이경해 씨를 죽음으로 내몰았다는 보도가 잇따르기도 했는데, 그것은 바로 카길이 국내 수입 곡물시장의 60% 이상을 차지하는 최대 공급자인데다 각종 선물시장과 곡물 수급시장에 개입하여 가격상의 폭리를 취하는 행태를 보이고 있기 때문이다.

　카길을 포함한 미국의 4대 곡물 메이저가 만일 향후 수십 년간 식량 수출을 금지하면 미국 이외의 모든 국가는 멸망할 것이라는 전망이 있을 정도로 그들의 영향력은 막대하다. 게다가 인공위성 등을 통해 세계의 모든 경작지의 풍작과 흉작을 예상하여 그것을 토대로 가격을 조정하는 방식으로 곡물 세일즈를 하기 때문에 한국을 포함한 다른 나라의 농민들이 그에 맞설 방법은 거의 없다.

이경해 씨의 죽음은 그만큼 절박한 국내 농업현실을 반영하고 있는 것이다. 나는 이경해 씨의 죽음에 대한 기사를 읽기 전까지는 그러한 농업계의 현실을 거의 알지 못했다. 또한 내가 주도했던 무역의 과일 시럽이나 파우더 상품이 어떤 농부들에 의해 경작되고 어떤 시스템에 의해 제조·유통이 되는지도 알지 못했다.

그러나 거스를 수 없는 세계화의 거대한 물결

이러한 이야기에 관심을 갖는 것은 단순한 소비나 판매행위에 생각을 불어넣어줄 뿐 아니라 '바디샵'의 주장대로 구매행위가 도덕적인 선택으로 이어질 수 있는 계기를 제공하기도 한다. 또한 동종 업계나 경쟁자가 이웃사촌처럼 주변에만 있는 것이 아니란 사실도 가르쳐 준다. 일례로 나와 거래하던 타이완의 HD그룹 또한 각종 포장기계에 대한 특허권리를 이용하여 상당한 기간 동안 어렵지 않게 돈을 벌어왔지만(물론 그 이면에는 HD그룹 특유의 공격적인 마케팅과 엄격한 품질관리 전략이 자리하고 있다) 이제는 싼 비용으로 무장한 중국과 동남아 업체들의 도전에 직면하여 전 직원이 근무시간을 연장하고 서비스를 강화하는 마케팅을 전개하고 있다.

일본 도쿄에서 SONY에 입사한 일본인 친구 미야코 와카우메 역시 평일 퇴근시간이 과거보다 연장되어 밤늦게야 귀가한다고 한다. SONY는 CEO가 미국인으로 바뀐 후 회사 분위기가 과거와 더욱 달라졌다고 한다. 이러한 일들은 모두 실시간으로 세계에서 발생하고 있는 것이며, 우리가 처한 진짜 현실이다. 안이하게 국경이나 환경이 상권을 보장해준다고 믿었던 것들이 이제는 환상에 불과한 것이 되었다. 지구 저편에서 엄청나게 성장한 경쟁회사가 아시아에 영향력을 미칠 경우, 그로 인해 영문도 모르고 한국에서 직장을 잃는 사람들이 발생할 수 있다. 단순히 불성실한 업무태도나 갑작스레 어려워진 회사 또는 나라사정 때문에 그런 일이 일어난다고 생각할 수는 없을 것이다. 그것은 세계를 통합시키는 현재의 경제흐름에 개인이나 조직, 또는 회사나 국가가 제대로 적응하거나 대처하지 못했기 때문일 확률이 더 크다. 오직 세계화라는 지도 아래 자신의 위치나 꿈의 전개상황을 확실히 공부하고 노력할 때 그런 위기상황을 효과적으로 헤쳐나갈 수 있다. 세계화는 공부하고 노력할수록 개인 또는 회사에 더욱더 많은 지도(地道)를 선사하기 때문이다.

피할 수 없다면 즐기라는 말이 있듯이 세계화에 열광적인 관심을 갖는 것은 여러 모로 긍정적인 발전이 준비된 큰 기회의 바다로 뛰어드는 일이 될 수 있다. 물론 그러기 위해서는 굳건한 의지와 모험심으로 무장해야 할 뿐만 아니라 끊임없이 자신을 혁신하고 노력해나가는 정신력이 밑바탕이 되어야 할 것이다. 힐튼호텔의 창업자인 콘래드 힐튼(Conrad Hilton)이 "비전이 클수록 라이벌은 줄어든다"라는 말을 남겼듯이, 세계화는 그에 상응하는 비전을 제공하며 정확한 나침반과 확실한 추진동력만 갖추고 있다면 개인 또는 회사에 엄청난 잠재력을 심어줄 수 있다.

세계 각국의 여러 정보, 특히 역사서적을 읽으며 더 많은 관심을 갖는 것은 항상 흥분되는 일이다. 동남아시아나 유럽 등지의 영화를 즐겨 보는 것 또한 다양한 관심사를 제공하고 하루를 즐겁게 만든다. 그러한 활동의 시작은 매우 간단하다. 예를 들면 서적이나 인터넷을 통해 다른 나라에 대한 관심사를 보다 구체화해보는 것도 세계화에 동참하는 중요한 시작이 될 수 있다. 해외여행 또한 마찬가지이다.

한때 일본에서 센세이션을 일으켰던 드라마 〈러브 제너레이션(Love Generation)〉에서 기무라 타쿠야의 옛 여자친구로 나왔던 미즈하라 사나에가 했던 말처럼 '외국에 나가서 새로운 자신을 찾는 일'이야말로 세계화를 몸으로 느끼는 가장 적극적인 활동이라 할 수 있다. 세계화에 대한 관심은 스스로의 자아를 다양한 측면에서 관찰하고 그 동안 몰랐던 잠재력을 발굴하는 성과로 이어지기도 한다. 그것은 자신을 사랑하는 스릴 있고 멋진 방법이다.

내가 세계화에 투자했던 것은 오직 관심과 열정뿐이었다. 타이완이나 중국, 그리고 일본 친구들과의 인연은 그것을 훨씬 배가시키는 원동력이 되어주었다. 해외에 있는 친구들은 이후 내게 적지 않은 돈을 벌어다 주는 알짜배기 투자가 되었고, 더 많은 발전 계기와 더 좋은 친구들, 그리고 중요한 인맥을 제공했다. 그러나 뭐니뭐니해도 세계화를 통해 거둔 가장 소중한 성과는 역시 더 많은 것을 배우고자 하는 열망이다. 이제 남은 것은 세계에 대해 더 많은 노력과 관심을 기울이고 스스로에게 다가오는 좋은 투자기회를 놓치지 않는 것뿐이다.

Part 4

두 걸음 앞으로 나가기 위해
한 걸음 물러서다

보바 익스프레스 매장설립과 시행착오

사업을 하기에 앞서 브랜드를 특정한 이름으로 설정하고 나면 일단 특허청을 통해 그 브랜드를 공식화하는 일을 해야 한다. 이 과정에서 인터넷 검색 포털에 '상표검색'이라고 치면 자신이 정한 브랜드를 혹시 다른 회사나 개인이 사용하고 있지 않은지 여부를 알 수 있다. 이 과정은 매우 중요하기 때문에 필요하다면 변리사 사무실에 전화를 걸어서라도 중복되지 않는다는 사실을 확인해야 한다.

중복되는 상표가 없는지 확인한 후 브랜드 이름 결정

보바 익스프레스가 설립되고 1년쯤 후 우리는 'Cherice(슈리스)'라는 브랜드명을 두고 대한민국에 현재 동일 브랜드가 사용되고 있는지 여부를 검토했는데 영어 상표는 없었지만 한글 발음인 '슈리스'는 다른 스펠링 'Shoeless'로 이미 누군가에 의해 등록된 상태였다. 이런 경우는 Cherice를 슈리스라는 발음으로 사용하는 것이 원천적으로 불가능하다. 만일 사용했다가 원 브랜드 사용자가 이의를 제기하면 많은 비용을 들여 브랜드를 바꿔야 할 뿐만 아니라 자칫하면 소송에 휘말릴 수도 있기 때문이다. 그러므로 상표검색 단계에서 브랜드의 사용 여부를 확실히 구분하는 것은 매우 중요하다. 아무리 좋은 브랜드라도 이미 사용되고 있거나 법적으로 사용이 불확실하다면 포기해야 한다. 이는 애인 있는 이성을 타깃으로 삼는 것이 아니라 결혼한 상대에게 얼쩡거리는 것과 똑같아서 걸리면 큰코 다칠 수 있다.

요즘은 상표가 동일하지 않아도 이미지가 연출하는 바가 같거나 심지어 발음 중 일부분이 동일해도 사용중지가처분 소송이 제기될 수 있다. 일례로 세계 최대의 반도체 회사인 미국의 인텔(Intel)이 한국의 DC인사이드에 자사의 표현방법인 인텔 인사이드를 따라했다며 사용중지 신청을 낸 적 있으며, 최근에는 레고 마니아 웹사이트인 브릭 인사이드에도 사용중지 요청을 한 바 있다. 이런 경우는 예측 불가능한 측면에서도 발생할 수 있으므로 초기 상표검색 및 검증작업은 매우 신중하게 해야한다.

특허청에 상표를 등록하는 방법

일단 브랜드명을 결정했으면 특허청에 등록해야 한다. 합법적으로 브랜드를 소유하고 전개하는 첫 단계인 셈이다. 특허청에 상표를 등록하는 것에는 직접 등록하는 법과 변리사 및 외부를 통해 등록하는 법이 있다. 둘의 차이는 역시 가격인데 직접 특허청 홈페이지와 프로그램을 통해 등록할 경우 5만 6,000원의 등록수수료만 부담하면 되지만 외부 인력을 활용해 등록할 경우는 50만 원 이상 들기도 한다.

물론 내가 생각하는 가장 좋은 아이디어는 직접 특허청을 통해 등록하는 것이다. 약간 복잡하긴 해도 큰돈을 아낄 수 있을 뿐 아니라 많은 것을 직접 경험하고 배울 수 있다. 대한민국 특허청 홈페이지는 www.kipo.go.kr인데 전자민원창구, 국민참여마당 등 상당히 많은 메뉴가 나오기 때문에 첫화면이 나오면 뭐가 뭔지 알기 힘들지도 모른다. 일단 이 중 전자출원, 즉 상표를 온라인을 통해 전자출원하는 곳이 상표등록을 위해 가야 할 곳이다. 하지만 전자출원 관련 페이지를 상세히 읽지 않으면 그 과정을 알기가 쉽지 않다. 그 과정은 간략하게 말해서 특허청 홈페이지에서 온라인 출원 프로그램을 다운받아 적절한 서식을 제출하는 것을 의미하는데, 실제 과정 역시 그처럼 간단하지 않다. 또한 온라인에서 필요한 모든 과정을 거치더라도 나중에 심사에서 탈락하거나 비용결제가 제대로 이뤄지지 않는 경우 등록이 거부되므로 신경 써야 할 일이 의외로 많다.

상표등록을 위해 해야 할 가장 첫 번째 일은 특허청 홈페이지에서 상표 출원과 관련된 각종 설명을 상세히 읽고 대략의 과정과 내용을 확실히 이해하는 것이다. 그리고 특허청의 전자출원 소프트웨어(KEAPS)를 다운받아야 한다. 전자출원 소프트웨어는 67메가 상당의 적지 않은 용량이지만 필요한 프로그램을 모두 갖춘 일종의 패키지이므로 그것을 통해 출원과정을 시행하는 것이 가장 간편하다. 프로그램 다운로드 이후부턴 사전등록 단계를 거쳐야 하는데 그 과정에서 전자문서 이용신고를 하고 이어서 출원인 코드부여 신청도 해야 한다. 주말이나 공휴일에는 서비스가 되지 않는다.

전자문서 이용신고와 출원인 코드부여 신청이 받아들여지고 나면 최종적으로 온라인 인증서가 발급되며, 이것은 출원인 코드를 부여받은 컴퓨터에 저장된다. 만일 다른 컴퓨터로 접속하여 후속절차를 밟으면 인증서가 없기 때문에 중간에 막힌다. 그런 경우에는 인증서를 다시 발급받아야 한다. 번거로움을 피하기 위해선 역시 한 컴퓨터에서 업무를 마무리짓는 것이 가장 좋은 방법이다.

인증서를 발급받기 전후로 출원하고자 하는 상표의 내용을 특허청에서 인정하는 서식에 맞추어 입력하는 작업을 해야 하는데, 이 작업은 다운받은 프로그램을 통해 할 수 있다. 브랜드를 공식적으로 특허청에 제출하는 서식작성 중 가장 힘든 부분이 바로 '분류' 작업으로, 자기의 사업이 어떤 분류에 속하는지 가려내는 일이다. 대분류부터 소분류까지 자신의 사업이 속하는 부분을 상세히 구분해야 하는데 매우 많은 종류의 사업분류군이 나오기 때문에 주의 깊게 각 분류를 읽어봐야 한다. 모르거나 헷갈리는 부분은 특허청 ARS로 전화를 걸어 상담원에게 물어봐서 확실히 바로잡아야 한다.

이런 과정을 거쳐 사업의 분류를 마치고 나면 나머지는 인적사항을 포함한 기본적인 것들이기 때문에 보통 웹사이트 회원정보를 등록하듯 쓰면 된다. 다만 상표정보를 수록할 때는 상표뿐 아니라 로고와 기타 자신의 브랜드를 상징하는 모든 자료를 스캔하여 제출하는 것이 바람직하다. 그래야만 그 모든 것이 법적으로 보호받을 수 있기 때문이다. 만일 브랜드명만 수록하고 로고나 엠블렘을 생략했을 경우 로고와 엠블렘까지 법적으로 보호되고 있다고 보기가 애매해진다. 이런 논쟁거리를 없애기 위해 특허청에서도 상표를 상징하는 모든 자료를 다 제출하라고 하는 편이다.

또한 서식작성 과정에서 도장을 찍어야 하는 부분이 있는데 그것은 공무원이 사용하는 탑 전자 프로그램에서 결제할 때 도장 파일을 불러내듯, 도장 찍은 종이를 스캔하여 크기를 맞추어 정확히 그 부분에 맞추어내면 된다. 이 작업을 거친 후 서식작성기의 상단에 있는 '전자문서 제출' 버튼을 누르면 모든 일이 종료된다. 이후로는 5만 6,000원의 수수료를 지불하고 최종 결과를 기다리기만 하면 된다. 만일 초기 상표검색 작업시 동일 브랜드가 없는 것으로 나왔다면 거의 등록된다고 보면 된다.

특허청 전자출원 소프트웨어를 이용하면 서식작성부터 온라인 통지서 수령까지 모든 작업이 원 스톱으로 끝나므로 한번 해보기만 하면 그 후론 모든 과정이 그다지 어렵지 않다. 또한 특허청 ARS를 통해 상담원을 연결하면 친절하게 모든 질문에 답변해주기 때문에 시도해볼 만하다. 그리고 자기 브랜드를 스스로 등록함으로써 그 일에 대한 책임감도 느낄 수 있다. 온라인 상표출원을 마치고 나서도 일이 다 끝난 것은 물론 아니다. 특허청에서 나름대로의 이유로 상표등록을 거절할 수도 있고 특별한 사유로 의견청취서를 보내오는 경우도 있다.

또한 수수료가 지불되지 않아 상표출원이 거부되는 경우도 있다. 그런 일이 발생하면 매우 성가실 수 있으므로 수수료 지불은 확실히 확인하고, 특허청에서 지불을 못 받았다고 할 경우 송금자료를 스캔하여 보내주거나 팩스로 보내줘야 한다. 수수료가 지불되지 않아 등록이 철회된 경우는 매우 독특한 문제로 이어질 수 있다. 예를 들면 온라인 출원을 거쳐 등록을 완료했는데 수수료 결제를 하지 않아 등록이 안 되었다싶어 이후 새로운 출원코드를 다시 받아 등록한 후 수수료를 결제하면 나중에 특허청으로부터 우편으로 브랜드가 등록되지 않았다고 연락이 올 수 있다. 그러나 이 경우는 수수료가 지급되지 않은 첫 번째 시도가 무산되었음을 의미하는 것이다. 잘못 이해하면 자신의 브랜드 자체가 등록되지 않은 것으로 오해할 수도 있다.

만일 기타 이유로 상표출원이 거부되었다면 전화나 이메일을 통해 그 경위를 정확히 확인해야 한다. 대부분의 경우 자세한 사유는 ARS 상담원이나 그 윗선의 공무원을 통해 들을 수 있으며, 이후 대처방안 역시 친절하게 설명해주는 편이므로 브랜드 등록이 일단 거부되었다고 해도 크게 걱정하지 않아도 된다. 만일 결정적으로 안 되는 이유가 있다면 어쩔 수 없는 일이다.

보바 익스프레스 상표등록 후 본격적으로 영업 시작

위와 같은 경로를 거쳐 우리의 상표 '보바 익스프레스'를 등록한 후 우리의 국내 첫 매장은 수입물품이 유입됨과 동시에 수입된 원료와 함께 영업을 시작했다. 사실 우리가 자리잡은 곳은 A급 상권이라고 보기 어려웠고 영업전략 역시 미숙한 면이 많아서 보바 익스프레스는 향후 3개월 정도 영업에 어려움을 겪게 된다. 그로 인해 회사 전체에 매우 큰 위기상황이 닥친다. 야구에서 1이닝부터 던지는 초구마다 3타자 연속 홈런으로 이어져 실점을 당하고 강판 위기에 몰리거나 테니스에서 시작하자마자 0 : 40으로 가는 상황과 비슷했다. 우리는 이후 부진한 영업으로 인해 거의 좌절하고 사업의 미래에 대한 의문까지 품는 상황을 맞게 된다.

그로부터 2년 후의 결과로 보면 그것은 험난한 과정 중 하나에 불과했지만 그러한 시련을 예상치 못했던 우리는 초반부터 큰 타격에 허우적거렸다. 더욱이 밧줄을 동여매고 끈기 있게 매달려야 할 시점들이 많이 찾아왔지만 우린 그럴 때마다 내부적으로 갈등을 일으키거나 감정적으로 큰 동요에 빠지곤 했다. 내 역할은 그러한 상황을 최대한 이성적으로 이끌어 회사의 미래가 제대로 보이도록 하는 것이었다. 워렌 버핏의 말처럼 인간은 나약한 본성을 가지고 있으며, 경영과 투자는 감정적 · 심리적 도전을 동시에 받게 마련이다. 나는 이후 그런 경험을 수도 없이 하게 되었다.

우리의 영업은 미국의 보바숍과 거의 동일한 메뉴로 시작했다. 나중에 알게 되었지만 훨씬 더 많은 메뉴 보충이 필요했다. 한국은 캘리포니아나 타이완처럼 열대성 기후에 속하는 곳이 아니어서 드링크 제품이 4계절 내내 일상화되지 않았기 때문이다. 한국도 점차 아열대성 기후에 편입되고 있다는 관측이 있긴 하지만, 열대지방처럼 드링크 제품이 불티나게 팔리는 것은 결코 아니었다.

우리의 영업부진은 어느 정도 예상되었던 것이다. 2000년부터 들끓기 시작한 테이크아웃 음료점이나 음식점 붐 때문에 이미 시장은 포화상태였다. 길거리부터 쇼핑몰까지 열악한 서비스의 작은 테이크아웃 음료점들이 블록마다 들어차 있었다. 그러나 국내에서는 미국이나 이탈리아처럼 테이크아웃 문화가 발달해 있지 않았기 때문에 상당수 매장이 이익을 거두지 못하고 사라졌다. 불행히도 우리 매장 또한 그럴 위기에 속할 상황이었다. 역시 첫 매장이 우량상권에 편입되지 못했던 문제가 지대한 영향을 미쳤다.

당시 테이크아웃 시장은 일종의 잘못된 신화에 빠져 있었다. 신문보도에서는 대부분 식음료 업종을 안정성장 사업분야로 꼽았고, 창업분야에서도 거의 1~2위에 올려놓곤 했다. 그러한 근거 중 몇 가지는 매출이 급감할 우려가 적다는 것과 불황기에 더욱 빛을 발할 수 있다는 것이었다. 외식업과 치킨사업 분야로는 이러한 관측이 들어맞았는지 모르겠지만 테이크아웃 시장은 그렇지 않았다. 창업비가 비교적 소규모였던만큼 한 거리의 상업적 우물이 말라버릴 때까지 작은 테이크아웃 업체들이 들어서곤 했다. 특히 서울이나 부산의 번화가에선 이러한 현상이 약속이라도 한 듯 일제히 일어났다. 모두가 그러한 소규모 창업붐과 이익창출에 동참하고 싶어했던 것이다.

대전의 티샵168(Teashop 168)을 포함한 일부 생과일 업체들은 하루에 2,000명 이상의 고객을 맞는 등 큰 성공을 거두기도 했으나 오직 소수의 업체만이 그에 해당될 뿐이었다. 오히려 투자를 많이 할수록 투자 대비 수익률이 떨어지는 경향이 일제히 나타난 것이 전반적인 테이크아웃 시장의 현실이었다. 테이크아웃 시장은 실제보다 크게 왜곡되고 과대

평가되는 경향을 보였는데 그것은 국내 식음료 시장이 3조 5,000억 원에 달한다는 자체 데이터에 근거한 것이었다. 그것은 결코 길거리에서 팔리는 음료에 근거한 액수가 아닐 뿐 아니라 매우 포괄적인 전체 식음료시장을 추산한 것이므로 슈퍼나 편의점, 마트나 자판기에서 팔리는 모든 음료의 매출액 합계에 해당하는 것이었다. 당연히 그러한 수치가 테이크아웃 사업의 시장성을 제대로 전달하고 있다고 믿기는 어려웠다. 물론 그만한 시장에 소규모 창업비를 통해 참여할 수 있다는 것은 매력적인 제의였으므로 많은 사람들이 시장에 뛰어들었다. 고백하자면 보바익스프레스 또한 결과적으로 그 행렬에서 예외가 될 수 없었다.

국내 테이크아웃 시장현황이 그렇다 보니 구매자나 소비자는 없는데 사업자나 판매자만 길거리에 들끓는 형국이 되었다. 그러한 원인 중 하나는 버블티를 포함한 테이크아웃 음료의 가격이 지나치게 높다는 것도 중요한 요인이었다. 가지고 나가야 하는 음료의 가격이 밥 한 끼 가격을 훌쩍 넘었다. 일부에선 한 잔에 6,000~7,000원에 공급되기도 했다. 이러한 가격은 쉽사리 내려가지 않고 최종 소비가격을 계속 높게 유지하여 결국 소비자들의 불만을 샀는데, 그 주 요인은 테이크아웃 사업자들의 원료조달가가 매우 높았기 때문이다.

비싼 제조원료와 타피오카 펄, 그리고 주스를 담는 PP 또는 PET컵이나 빨대를 포함한 기타 용기, 그리고 PS 리드(Lid, 뚜껑)의 가격을 더하면 이론적으로 최종 원가가 산출되는데 그 수치는 매우 높았다. 이것은 비싸게 팔려야만 사업자에게 이익을 갖다주는 구조의 사업이 된다는 걸 뜻한다. 또한 테이크아웃 음료의 특성상 매출량이 적으면 미리 조리해 놓은 비싼 원료들이 모두 버려지므로 그만큼 더 심각한 손실을 입게 된다. 결과적으로 생각만큼 저렴한 가격의 사업이 아니라는 것이다.

보바 익스프레스의 차별화 전략과 원가절감

우리가 이런 분야의 사업에 뛰어들면서 자신감을 가졌던 이유는 바로 무역을 통한 유통능력을 발휘해 사업자들에게 전달되는 모든 상품의 원가를 합리화하려고 계획했기 때문이다. 그러한 계획이 있었기 때문에 보바 익스프레스의 영업범위나 방침에 있어서 다른 업체들과 확연히 차별화시킬 자신이 있었다. 그것이 국내 테이크아웃 음료시장의 원가 합리화에 큰 기여를 하며 우리에게 돈을 벌어줄 것이라는 확신이 있었던 것이다.

우리의 중요한 사업과제 중 하나였던, 잘못된 조리법의 버블티에 실망한 소비자들의 신뢰를 회복하는 것은 가장 힘든 일로 생각되었다. 우리가 너무 새롭다는 것 또한 문제로 지적되었다. 새로운 것을 내놓는 것이 곧 좋은 성과로 이어지는 것은 아니기 때문이다. 실제로 우리는 영업 초기에 사업실적에서 형편없는 성과를 올리기 시작했다. 특히 외진 곳에 위치한 우리의 가게는 제 몫을 거의 해주지 못했다. 우리와 같은 건물의 입주자들도 위치상의 불리함으로 인해 영업부진을 감수해야 했다. 시간이 흐르자 그곳은 꽤 괜찮은 성과를 올리는 곳으로 점차 변모해갔지만 그 당시만 해도 경기불황이 겹쳐 매우 힘든 입지조건에 처해 있었다. 그러한 점은 사업 초기의 미래전망이나 비전을 매우 어둡게 하는 것이었다.

우리는 미국의 친구들로부터 유명 티숍의 구조나 특징을 이메일과 스캔 파일을 통해 계속 전달받았고, 좋은 부분은 모두 우리의 매장에서 구현했지만 실효성이 거의 나타나지 않는 어려운 상황이었다. 체인 유치는 초기 매장의 실적이 뒷받침되어야만 가능한데 첫 매장의 판매실적이 부진했기 때문에 우리의 계획 전체에 차질을 빚는 문제점들이 생겨나기 시작했고 곧 위기가 닥쳐왔다.

다행스러운 것은 우리가 그 와중에도 여러 곳에서 체인문의를 실제로 받기 시작했다는 것이다. 많은 사람들이 아직도 테이크아웃 시장에 관심을 가지고 있었다. 또한 우리는 '보바', '버블티'를 포함하여 버블티 관련 사업분야에서의 유력 키워드를 모두 소유하고 있었으므로 인터넷을 통한 체인문의는 더욱 활발했다. 처음으로 부산에서 창업 희망자가 문의를 해왔을 때 나는 차분한 어투로 통화를 마친 후 환호성을 지르기도 했다. 우리의 웹마스터인 김봉학 군은 매우 훌륭한 솜씨로 기능적이고 감각적인 홈페이지를 이끌고 있었고, 내가 몇 개월에 걸쳐 구성한 온라인 창업 관련 내용은 창업 희망자들에게 충분한 참여정보를 제공했다. 적어도 인터넷에서 회사의 입지는 오프라인에 비해 훨씬 화려했다.

또한 우리는 훌륭한 수입상품 원가관리 시스템을 구축해냈고, 교외지역의 냉동창고와 식품창고를 매우 저렴한 비용으로 이용할 수 있었다. 그 창고시설은 어차피 다른 용도로 쓰일 일이 없었기 때문에 매우 낮은 가격에 사용이 가능했는데 그에 비해 시설은 굉장히 좋았다. 만일 우리 같이 작은 회사들이 많았다면 그 창고들의 주인은 꽤 짭짤하게 창고공간을 이용할 수 있었을 테지만 그렇지 않은 탓에 많은 창고들이 제대로 쓰이지 못하고 있었다. 일반적으로 창고시설은 경기침체기에 각종 회사나 사무실의 공간을 줄이려는 원가절감 노력으로 인해 더욱더 빛을 발하게 된다고 하지만 지방에서는 그러한 기능을 하기도 쉽지 않았다.

어쨌든 우리는 좋은 여건의 도움을 받아 합리적으로 창고를 이용할 수 있었다. 보바 익스프레스는 지방에서 물류를 컨트롤할 수 있었으므로 원가상의 많은 혜택을 만들어낼 수 있었고 그것을 원료 구매자에게 그대로 돌려줄 수 있었다. 일반적으로 서울이나 경기에 위치한 동종 사업자들은 물류비와 사무실 임대료로 인해 판매상품의 원가를 합리적으로 조절하기가 매우 힘들었을 것이다. 그것은 결국 원료 구매자와 최종 소비자에게 전가되어 모든 부문에서 가격을 높였는데, 우리는 그와 달리 가격을 낮출 수 있었다.

지방에 물류센터를 운영한 것은 내가 공익근무차 머무르는 곳이 지방인 탓도 있었다. 물리적으로 거리가 멀어지면 내가 컨트롤하기가 힘들어질 것이 뻔했다. 아무리 컴퓨터와 전화로 관리가 가능하다고 해도 판매상품과 지나치게 멀어지는 것은 문제가 있었기 때문이다. 우리는 무역 직후 수입상품을 실은 컨테이너를 창고로 운송하면서 회사가 수도권에 있는 경우보다 상당히 많은 비용을 지불해야 했지만, 지방에서 절감되는 물류비와 관리비는 장기적으로 그 모든 비용을 훨씬 초과했으므로 결과적으로 적지 않은 원가를 합리화할 수 있었다. 나는 그러한 과정을 매우 만족스럽게 생각했다. 절감되어 합리화되는 원가를 지켜보는 것만큼 만족스럽고 재미있는 일은 아직까지 찾아보기 힘들다.

전문성과 경험부족으로 인한 시행착오

나는 보바 익스프레스의 본사가 유동적이고 활발한 거래의 중심에 위치하기를 바랐다. 그러기 위해 무역거래를 추진했고 합리적인 원가에 물건을 공급하기 위한 기반 역시 성공적으로 마련했다. 그 과정에서 축적된 지식은 모두 컴퓨터에 매뉴얼화하고 각 안건의 중요 단어를 굵게 표시하여 나중에 색인을 통해 찾기만 하면 해결방법이 화면에 뜨도록 해놓았다. 무역거래와 회사운영 방면으로 계속하여 매뉴얼을 수정하고 발전시켰기 때문에 우리의 무역 시스템은 갈수록 합리적으로 작동했고, 국내 판매 시스템 역시 그러한 데이터의 토대에 입각하여 움직였다.

그러나 그런 기술적 기반이 실제 영업성과로 이어지는 것은 아니었다. 국내 주스 시럽시장을 포함하여 관련 식품시장이 황폐화되어버렸기 때문에 우리는 영업망을 의욕적으로 개척해야 하는 상황이었지만 안타깝게도 보바 익스프레스 소속의 누구도 그 문제에 대해 절감하지 못했던 것이다. 또한 본사의 잉여현금을 그다지 남겨두지 않고 영업을 통해 자생적으로 거둬가는 수익에서 추가영업이 가능하도록 회사구성을 마친 상태였기 때문에 소극적 영업에 그칠 수밖에 없었다. 인력이 달렸음은 물론이다. 나는 잉여현금을 투자금 명목으로 지니고 있으면 사업 초기에 수익과 관계없는 부분으로 소모될 것을 우려했다. 처음부터 성과를 거두는 사업이 되어야 한다고 믿었던 것이다.

우리는 매장운영 부문에서는 매우 고전했지만 다행히도 수입한 원료를 외부로 유통하는 부분에서는 현금이 어느 정도 회전되는 운영 사이클을 확보했다. 거기에는 아버지의 공이 컸다. 아버지께서는 운신의 폭이 좁은 나를 대신하여 이곳저곳에 직접 전화를 거셨고 그들 중 몇몇 우량고객이 실제로 우리와 거래를 하게 되었다. 그들은 이후에도 보바 익스프레스 매출의 상당 부분을 책임지는 파트너가 되었다. 그러나 처음부터 그런 이익이 충분한 규모로 거두어진 것은 결코 아니었다. 이후 팔지 못해 폐기한 양의 식품을 생각하면 당시의 거래에서 거둔 수익은 결과적으론 적자로 이어진 셈이 되었다. 게다가 식품은 유통기한이 있으므로 갈수록 감가상각되는 성격의 자산인만큼 신속히 영업망을 확보하여 활발하게 판매해야 한다는 사실을 보다 빨리 알아차렸어야 했으나 그러지 못했다. 전문성과 경험부족이 자아낸 실책이었다.

또 하나 우리가 범할 뻔했던 중대한 판단착오는 프랜차이즈 본사로서의 책임범위를 제대로 인식하지 못했던 점이다. 본사가 프랜차이즈 사업 전반에 걸쳐 많은 책임을 지는 것은 당연하지만 우리의 자본력이나 덩치로 보았을 때 모든 방면에서 포괄적인 약속을 맺는 것은 현실적으로 무리가 따랐다. 프랜차이즈 부문은 확실히 정해진 법률이 없기 때문에 분야별로 다른 법의 적용을 받는다. 물론 '상품연쇄화사업'이라 하여 프랜차이즈업에 확실히 영향력을 미치는 중심 법률은 있지만 세부적인 사항에서의 프랜차이즈는 그보다 복잡한 양상의 법 적용을 받는다.

게다가 한국의 프랜차이즈 본사는 당시 데이터로 무려 1,600개 가량 되었는데 이것은 다양한 규모의 많은 본사들이 난립하고 있다는 것을 의미했다. 미국에서도 프랜차이즈 회사를 1,500개로 잡고 있다는데 그보다 훨씬 작은 한국에서 1,600개의 본사가 존재한다니 어이가 없었다. 물론 양측의 프랜차이즈 측정기준이 다를 수 있지만, 분명한 것은 건실한 프랜차이즈 본사가 한국에 1,600개나 존재하는 것은 아니라는 것이다. 그것은 보바 익스프레스에도 큰 경고가 되었다. 많은 프랜차이즈 본사들이 초기에 제시한 아이템에서만 약간의 성과를 거두거나, 그러지도 못하고 도산하는 등 줄이어 사업을 포기했다. 우리 역시 그런 현실을 잘 알고 있었기에 항상 경각심과 위기의식을 가져야 했다.

안타까운 것은 성과를 내지 못하는 상황에서 보바 익스프레스도 어두운 전망을 마주해야 했기 때문에 갑작스레 나를 포함한 소속원들의 위기의식이 공포심으로까지 확장되었다는 것이다. 우리의 심리적 위기상황은 갈수록 심화되었다. 이런 상황에서 체인이 출범할 경우 본사의 책임범위를 규정하는 작업은 매우 어려웠다. 나는 본사가 모든 책임을 지고 나가는 상황에서 지점의 수익이 제대로 확보되지 않을 경우 본사가 엄청난 자본을 소모하게 될 가능성이 있다고 생각했다. 우리의 첫 매장이 활발한 영업을 하지 못했기 때문에 더더욱 그러한 걱정을 하고 있었다. 그러한 사전준비가 제대로 되어 있지 않은 상황에서 주먹구구식으로 체인을 유치하는 것은 나중에 큰 문제로 이어질 가능성이 있었기 때문이다.

본사 직영매장은 원료가격 면에서 거의 원가 그대로 사용하므로 걱정을 안 해도 되지만, 지점은 원료가격을 부담해야 하는 구조이므로 수익이 제대로 확보되지 않는다면 그 사업을 할 가치가 없어지는 것이다. 지점의 원료구매는 본사의 가장 중요한 영업활동이고 그것이 위축된다면 본사는 수익상황이 악화된다. 그러나 그런 상황일수록 지점은 더욱더 본사의 지휘와 마케팅에 의존하게 되므로 결과적으로 본사가 더 큰 자본을 투입하거나 마케팅을 통해 지점을 도와야 한다. 이 경우 본사는 매우 큰 손실을 볼 수 있다. 지점의 영업상황이 나아지지 않는다면 더욱더 그렇게 된다. 상당히 많은 프랜차이즈 본사가 이러한 과정을 거쳐 도산하거나 사업을 그만두게 된다.

그런 상황을 가정해본다면 프랜차이즈 본사로서 보바 익스프레스가 져야 할 책임이나 각종 상황을 예측해보는 것은 필연적인 일이었다. 나는 작은 본사를 원했고 핵심적인 가치만 제공하는 곳이 되기를 바랐다. 그리고 실제로 그렇게 했다. 우리는 이후 지방에 보바 익스프레스 매장을 하나 더 오픈하고 더 많은 원료 거래처들에 식품 및 용기를 포함한 원자재를 판매했지만 규모에서는 거의 변화를 주지 않았다. 핵심가치를 지킬 수 있는 규모가 아닌 다른 것은 모두 피하거나, 발견하면 잘라내는 것이 우리의 스타일이었다. 우리는 영업이익을 확보해야만 했고 단기 성과를 꼭 거두어야만 했다.

회사가 사는 것은 얼마나 거대한 규모로 투자하느냐가 아니라 얼마나 알짜배기 이익을 거두느냐에 달려 있다. 프랜차이즈 부문에서는 더더욱 그랬다. 나는 본사의 중량을 최소한도로 유지하여 합리적인 원가에 물건을 공급하는 보바 익스프레스의 장점을 계속 살려나가면 영업망이 활발해지는 즉시 가시적인 성과를 거둘 수 있을 것이라고 확신했다. 규모의 확장도 그때부터 고려할 수 있는 옵션이었다.

회사규모 및 운영방식과 본사와 지점과의 관계에 대한 고민은 계속

되었다. 보다 가볍고 합리적인 중량의 활발한 본사를 운영해야 하는데, 프랜차이즈 부문에서 워낙 초짜이다 보니 우리에게 그런 역량이 있을 리 없었다. 게다가 나는 오후 6시에 도서관에서 퇴근해야만 회사일에 관여할 수 있었다.

나는 평소 좋아하던 전투견 아메리칸 핏불 테리어(American Pitbull Terrier, 미국에서 개량된 투견으로 한번 물면 죽어도 놓지 않는 근성으로 인해 미 해병대의 마크로 사용되기도 한다)에 빗대어 회사를 소형 전투 핏불로 키워야 한다고 항상 주장했다. 이는 소형 전투 핏불이 대형 핏불보다 훨씬 더 독하고 강한 것과 마찬가지라는 논리에서 나온 생각이었다. 핏불 테리어처럼 독하게 물고 늘어지지 못하면 그러잖아도 안 좋은 회사사정이 더욱 악화될 수 있었다. 우리는 더 이상 좋은 상황에서 안락한 희망을 이야기할 입장이 아니었다. 오픈한 매장의 운영실적이 한 달이 지나도 나아질 기미가 보이지 않았기 때문에 더 초조했다. 핏불처럼 투견 같은 자세를 유지하지 않는다면 모든 게 수렁에 빠질 수 있다는 생각에 다짐을 거듭했다.

그 와중에 우리는 몇몇 업체 및 개인으로부터 사업을 같이 하자는 제안을 받기도 했는데, 미숙함으로 인해 회사의 영향력을 몇 사람에게 거의 다 빼앗길 뻔한 적도 있었다. 그 사건의 제안 주체는 경상도의 한 백화점에 인맥이 있다는 사람들이었는데 그들은 자신들의 허가하에 백화점에 매장을 입점시키자는 계약을 제의했다. 그것은 원료판매권 및 모든 중간 세일즈에 그들이 관여한다는 것으로, 자칫 본사를 눈 뜨고 코 베는 식으로 넘겨주는 결과가 될 수 있었다. 그들은 우리의 아이템이 매우 좋고 참신하다는 점에 주의를 기울였고, 보바 익스프레스가 나름의 무역 시스템을 통해 좋은 가격에 원료를 판매한다는 것에 큰 욕심을 냈다.

우리는 그들과 건설적으로 협조할 방안을 찾아봤지만 역시 무리라는 생각에 포기했다. 우리는 국내 매장의 영업실적 향상이라는 본래의 과제로 돌아왔다. 그러나 국내 매장실적이 나아지지 않음으로써 단기 수익부진의 늪에 빠지고, 회사설립 2개월 만에 최대 위기를 맞게 되었다.

점점 다가오는 위기상황

회사의 전반적인 전망이 어두워지면서 나와 아버지를 포함한 회사 관계자들의 얼굴도 어두워지기 시작했다. 나는 두 가지 두려움을 가지고 있었다. 하나는 회사의 단기 실적부진에 관련한 우려였고, 또 다른 하나는 아버지를 포함하여 보바 익스프레스에 관련된 사람들이 겁을 먹거나 두려움에 휩싸이지 않을까 하는 것이었다. 게다가 우리가 무역을 통해 확보한 식품 재고량이 감가상각되고 있다는 두려움도 큰 고민이었다.

부정적인 상황인식은 문제해결의 독이다

모든 것이 머릿속에 떠오르는 즉시 고민이 되는 것 같았다. 그즈음 나를 포함한 모두의 머릿속엔 비관적인 분위기가 담배연기처럼 피어오르고 있었다. 연기로 인해 사방이 뿌옇게 변해가는 것을 느끼면서 모두가 그에 중독되어 힘을 잃을까봐 무척 두려웠다. 나의 직·간접 경험을 모두 동원하여 판단할 때 비관적이고 염세적인 분위기에 젖어드는 것처럼 교묘하고 무서운 일은 없었다. 그것은 투지 넘치는 초심이나 열정을 무력화시킬 뿐 아니라 가능한 일을 불가능하게 만들고 애초의 자신감을 자기도 모르는 사이에 땅 속으로 묻어버린다. 더구나 훨씬 좋은 결과가 일어날 수 있다는 사실조차 허공으로 증발시키고 극단적인 경우 자기 자책이나 비하를 유발하기도 한다. 나는 모락모락 피어나는 부정적 분위기로 인해 적지 않은 희망과 꿈이 결국 스러지는 장면을 많이 목격하면서 항상 나만은 그렇게 되지 않기를 바랐다. 그러한 작은 담배연기들은 코끼리도 쓰러뜨릴 만큼 위력적이고 무서웠기 때문이다.

결국 상황을 제대로 이끌어가지 못하여 회사에는 또 하나의 적이 생겨났다. 그것은 다름 아닌 우리 자신의 나약함과 감정이었다. 되돌아보면 우리는 불가능하다고 생각했던 무역을 성공적으로 완수하여 기뻐했지만 이내 영업상의 어려움에 봉착하여 힘들어하는 등 상황에 따라 나약한 감정에 휩쓸려 일희일비하는 어리석음을 저질렀다. 그러한 일이 계속된다면 우리는 일관적이고 이성적인 정신상태를 유지하지 못하게 될 것이다.

나는 이후 더욱 큰 어려움이 닥쳤을 때 우리가 정신적으로 버티지 못하고 무너질 것이라는 두려움마저 갖게 되었다. 감정은 역시 좋은 해답이 아니라는 생각이 들었다. 에픽테토스(로마의 철학자)는 "인간을 방해하는 것은 상황 그 자체가 아니라 상황에 대한 인간의 인식이다"라며 수천 년 전에 현명한 말을 남겼지만, 이미 상황인식이 뿌리박힌 사람들에겐 그런 말이 잘 이해되기 어렵다. 나는 우리 상황에 대한 자신의 인식이 상황 자체를 더욱 비틀고 있는지 여부가 궁금했지만 올바른 판단을 하고 있는지도 알지 못했다. 그렇다고 우리 자신을 대놓고 비난하거나 우습게 보는 것도 해결책이 되진 못했다. 사태를 풀어갈 유일한 사람들이 우리 자신인만큼 스스로를 비난하는 일은 아무런 도움도 되지 않을 것이기 때문이다.

회사의 영업부진으로 인한 위기상황 봉착은 많은 면에서 근본적인 사고의 전환기가 되었다. 대체 무엇이 믿을 만하고 무엇이 안정적인지 알수 없는 상황이 펼쳐지고 있었고, 위기상황에 대한 답은 모든 팀원들이 장기적으로 만들어나가야 했다. 이전에는 목표를 정해놓고 그것을 이루느냐 마느냐를 고민했지만 이제는 수많은 확률과 가능성이 존재하는 무대를 우직하게 헤쳐나가야 한다는 것과, 과정 자체가 게임이고 목적이라는 생각을 하게 되었다.

이론과는 다른 현실의 위기상황

회사의 영업은 여전히 초기의 계획과 크게 동떨어질 만큼 부진했다. 매장의 상황이 가장 심각했는데 우리는 그저 매장 운영비와 인건비 등 본전을 뽑아내고 있을 뿐이었다. 이론적으로는 그러한 상황을 낙관해야 한다는 것을 알고 있었다. 또한 수많은 리더십 서적을 통해 이런 상황에서 어떻게 대처해야 하는지도 알고 있었다. 그러나 마이클 크라이튼(Michael Crichton)의 말처럼 모든 심리학적 지식에 있는 유일한 문제점은 아무도 그것을 자기 자신에게는 적용하지 못한다는 것이다. 그리고 보바 익스프레스에 속한 모든 사람들이 그런 책을 읽었거나 같은 생각을 가진 것이 아니라는 것이 책 속의 리더십이 제시하는 이상과 현실 사이의 크나큰 괴리였다.

그 동안 이론적이고 과학적인, 때로는 수학적이고 논리적인 예측을 통해 모든 것을 이끌어왔으나 이제 그런 것만으로 해결할 수 없는 인간적이고 감성적인 문제에 맞닥뜨렸다는 사실을 확실히 느꼈다. 존 킨의 돛단배 이론(최고의 팀은 배가 출발할 수 있도록 만반의 준비를 해놓았다가 바람이 불기 시작하면 가장 먼저 나아간다는 뜻으로, 조직이 직면한 위기는 오히려 기회가 될 수 있다는 것을 의미하는 이론이다)이나 새클턴 서바이벌 리더십 같은 위기대응법들이 떠올랐지만 초기 매출부진으로 인한 우리의 현실에 적용하기는 역시 쉽지 않았다. 내가 그러한 위기를 많이 경험해보지 못한 초짜라는 것은 더욱 큰 문제였다. 나는 학창생활밖에 겪어보지 않은 사회생활 초보였고, 우리의 초반 매출부진에 따른 위기가 드라마에 나오는 갈등상황처럼 극적으로 반전되거나 해결되기를 바라고 있었다.

우리는 회사의 고용자 및 기타 관련자들과 팀 플레이를 통해 어떤 전략으로 영업에 임해야 하는지 수없이 대화를 나누었지만 갈수록 상황이 어려워질 것 같았다. 당시 나는 모든 회의에서 "만일 아무 문제 없이 모든 것이 잘 되어가고 있다면 당신은 최대 속도로 달리지 않은 것이다"라는 마리오 안드레티(Mario Andretti, 레이서)의 발언을 소개하며 지금의 시련은 어쩔 수 없는 과정이라는 식으로 말했지만, 나 자신조차도 정말 그런 건지 확신하지 못했기 때문에 속으론 한숨을 내쉬었다.

괴로워하고 있던 와중에 다행히도 주변의 지인들이 내게 손을 내밀어주었다. 특히 나를 안쓰럽게 보던 존이 바(Bar)로 나를 초대하여 밤늦게까지 술을 마셨다. 존은 항상 흑맥주인 스타우트(Stout)를 주문하곤 했다. 그는 내가 너무 지쳐 보인다면서 사려 깊은 위로를 아끼지 않았다. 그는 재미있고 흥미로운 이야기를 들려주며 상대를 위로해주는 특별한 능력이 있었다.

당시 나는 심심풀이로 시작했던 타로카드(Tarot Card)점에 관심을 가지고 있었는데, 존은 타로카드에 대해서 웬만한 타로 마스터(Tarot Master)만큼 박식한 지식을 가지고 있었다. 타로카드는 총 78장의 카드로 이루어져 있는데 카드가 역으로 놓일 경우 의미가 또 달라지므로 총

156장의 카드를 다양하게 배열하여 연계해석의 고리를 제공한다. 그것은 주로 오컬틱 초이스(Occultic Choice)나 포러 효과(The Forer Effect)라는 원리로 설명되기도 한다. 오컬틱 초이스란 자신이 선택하는 카드에 이미 자신의 기운이 서려 있다는 이론이고, 포러 효과는 심리학자 B. R. 포러가 주창한 것으로 대부분의 사람들이 막연하고 일방적인 성격 묘사가 다른 사람들에게도 해당한다는 사실을 알지 못한 채 자신에게만 유일하게 맞다고 받아들이는 경향을 의미한다. 그러한 것이 사람들에게 점처럼 작용하고 그들의 과거나 현재를 정확하게 규정하는 듯한 효과로 이어진다는 것이다.

존은 총 156장의 카드, 즉 정방향의 타로카드와 역방향의 카드 내용을 거의 다 알 정도로 해박한데 그 이유가 재미있다. 30년 전 사귄 여자친구가 타로에 미쳐 있었다는 것이다. 내가 태어나기도 전에 존은 타로를 배우고 있었던 셈이다. 그는 중국의 어떤 점술이 타로보다 실제 적중 확률은 더 많다는 것이 30년 전 그녀의 충고였다며 내게도 중국 점술을 연구해보는 게 어떻겠느냐는 조언까지 해주었다. 맥주를 마시며 노자(老子)에 대해 이야기하는 존은 퍽이나 멋있었다. 그에 따르면 노자는 발끝으로 서 있는 사람은 오래 서 있지 못하고 걸음을 크게 내딛는 사람은 멀리 가지 못한다는 명언을 남긴 바 있다. 그것은 적정한 폭에 적절한 속도로 걸어야만 효과적이고 멀리 갈 수 있다는 얘기로도 들렸다.

계속되는 매출부진으로 무기력에 빠지다

바쁜 일상 속에서 시간이 날 때면 나는 틈틈이 외국 드라마를 시청하곤 했다. 당시 인상 깊게 본 일본 드라마 〈롱 버케이션〉에서 마음에 와닿는 말을 들었다. 그것은 "아무리 노력해도 안 될 때, 하는 일마다 도무지 풀리지 않을 때, 그럴 땐 그냥 하늘이 내려준 휴가라고 생각해봐요. 무리해서 달릴 필요도 없고, 자연스러운 흐름에 맡겨두는 거죠"라는 대사였다. 일본 드라마의 약간 가벼워 보이는 톤은 내가 처한 무거운 현실을 보다 편안하게 만들어주는 매력이 있었다. 물론 엽기적인 드라마들도 적지 않았으나 그런 프로그램은 거의 보지 않았다. 드라마 대사처럼 어려운 시간이 오거나 의기소침할 때면 항상 하늘이 내려준 휴가라고 생각하고 싶었지만, 현실은 그런 감상을 허용하지 않는 법이다. 그럴수록 더욱더 동경하고 매력을 느끼게 되는 것이 드라마가 아닌가 싶었다.

현실 속으로 돌아와 회사일을 보는 것은 어느새 심리적으로 압박을 느끼는 일이 되어버렸다. 나는 회사일로부터 약간씩 뒷걸음질하는 자신을 발견하고 맥이 빠지곤 했다. 확실히 우리의 첫 시작은 흑자구조라고 볼 수 없었다. 엄밀히 따지면 초기부터 단기 수익을 끌어내며 장기적으로도 이익을 창출해나가는 것은 매우 어려운 일이었기 때문에 우리의 현실은 어쩌면 당연한 것이었다. 그러나 그것은 모든 과정이 지나간 후 과거를 돌아봤을 때의 이야기이고, 당시에는 앞길을 개척하여 매출과 영업부문에서 확실한 진전이나 반전을 끌어낼 길이 없어 보였다.

우리의 매출부진은 그 여름 유난히 심했던 장마가 겹치면서 더 심해졌다. 매장영업을 이끌던 동생의 고군분투에 나는 마음이 아파서 속이 터질 지경이었다. 우리의 매출실적은 정말 형편없었다. 매장수익은 계속 적자가 났고 외부 유통은 활발한 영업을 하지 못한 탓에 보관하고 있던 식품들의 가치가 감소하는 일이 이어졌다. 그것은 우리가 이익을 내려고 했던 모든 부분이 초기부터 작동하지 않는다는 이야기였다. 아무리 노력해도 매장수익이 향상되지 않는 것은 충격적이었다. 카페형이든 테이크아웃형이든 국내 테이크아웃 시장이 과부하 현상에 휩쓸리고 있다는 것과 우리가 그 안에 포함되어 있다는 것을 인정해야 했다. 생각할

수록 상황은 보통 위기가 아니었다. 나는 항상 강한 체력으로 모든 상황
을 포용하거나 버텨냈지만 결국은 단기 수익부진에 따른 스트레스로 인
해 심하게 몸살을 앓고 식욕도 없어졌다.

실마리가 보이지 않는
프랜차이즈의 꿈

석탄과 다이아몬드는 똑같이 탄소원자로 구성되어 있지만 원자배열 상태의 차이로 인해 땔감과 고급 보석으로 판가름났다. 우리가 어떻게 원자배열을 이끌어가느냐에 따라 결과는 석탄과 다이아몬드 중 하나가 될 것이다.

회사를 위해 작성했던 초기 계획과 영업전략은 결과적으로 단기 수익 부진이라는 현실에 봉착함으로써 우리가 충분히 예측 가능한 상황들에 대비하지 못했다는 것을 말해주고 있었다. 최선을 다했지만 안 됐다든지, 때로는 이기지 못하는 게임도 있다는 식의 말은 그런 상황에서 핑계밖에 되지 못했다. 그러잖아도 나는 그런 말을 끔찍하게 싫어하는 편이었다. 스스로에게 그런 이야기를 하는 것은 상상조차 하고 싶지 않았다.

보통 이러한 상황이 발생하면 나는 처한 상황이나 안건에 더욱 공격적이고 호전적으로 변하는 스타일이었지만, 때로는 신경질적이 되기도 했다. 그러한 과정에서 평정심을 잃을 수 있다는 사실을 알고 나선 최대한 침착하고 냉정해지려는 훈련을 거듭했지만 역시 쉬운 일이 아니었다. 모든 면에서 미숙했던 당시에는 말할 것도 없었다.

비관의 늪에 빠지지 않으려는 몸부림

사업 시작 후 두 달이 경과하고 형편없는 초기 실적이 나타나자 아버지를 포함한 내부에선 사업의 지속성 여부를 재검토해야 한다는 성급한 반응이 나오기 시작했다. 그것은 그 동안 쌓아올렸던 무역 실적과 기타 영업 및 프랜차이즈 운영전략을 모두 포기하는 것뿐만 아니라 모든 투자가 100% 손실로 이어진다는 끔찍한 결과였다. 게다가 우리의 전략은 제대로 테스트되거나 적용될 기회를 아직 맞지도 못했다. 프랜차이즈 시장이 얼어붙고 있었기 때문에 우리가 그러한 불황에 흔들리는 것은 보다 통찰력을 가지고 있었다면 크게 놀랄 일도 아니었다. 오히려 그런 시장상황을 호기삼아 영업 활성화의 기회로 활용하는 전략이 필요하다는 것이 당시의 객관적인 입장이었다.

그럼에도 불구하고 막상 생각처럼 진행되지 않는 현실을 마주하자 나를 포함한 보바 익스프레스 구성원들은 그러한 객관적 대응능력이 현저히 떨어져갔다. 객관적 판단능력이 떨어지기 시작하면 주관적이고 감성적인 영역으로 빠져들어갈 확률이 높아지는데, 여기서도 힘을 내지 못하면 깊은 늪으로 빠지게 된다. 우리는 정확히 그러한 지점으로 빠져들어가고 있었다. 어떤 기업이든 초기부터 단기 수익과 장기 전망을 완벽하게 이끌어가는 것이 어렵다는 사실은 매우 일반적인 이론이었지만, 생각보다 단기 실적이 너무 부진하자 모두가 크게 당황했던 것이다.

나는 모두에게 우리가 앞으로 더욱 나아질 일밖에 남지 않았다는 이야기를 반복하며 우리가 나아질 수 밖에 없는 이유를 여러 가지로 설명하곤 했다. 그런 희망 섞인 이야기는 어느 정도 효과를 발휘했기 때문에 다시 회사의 미래를 낙관하곤 했다. 그러나 상황이 호전되지 않을 경우 또다시 회사의 미래를 비관하는 이야기가 튀어나올 것이 뻔했고, 이후 그런 일은 실제로 일어났다.

안 좋은 예감이나 생각은 현실화될 가능성이나 속도가 긍정적인 생각보다 훨씬 크고 빠르게 마련이다. 우리가 미래를 낙관하면 어려운 현실에서나마 회생의 불빛을 밝힐 수 있겠지만, 부정적인 시각 속에 회사의 미래를 담는다면 회사가 풍비박산나는 것은 단지 시간문제일 뿐이다. 모든 것은 상황에 달린 것이 아니라 결국 우리에게 달린 것이다. 나는 회사 주변에서 포기라는 단어가 나오기 시작하는 것을 매우 치욕적이고 굴욕적으로 받아들였다. 이렇게 쉽게 포기하려고 먼 길을 걸어온 것이 아니었기 때문이다. 그러나 이런 의식을 가지고 있다가는 회사의 숨통이 당장 내일이라도 끊어지는 것이나 마찬가지란 생각이 들었다.

일본 드라마에 자주 나오는 말 중에 '고레데 이이노?(これでいいの)' 혹은 '고노마마데 이이노?(このままでいいの)' 라는 말이 있다. '이대로 좋아' 또는 '이대로 괜찮겠어' 라는 뜻이다. 이 말은 항상 극 중 주인공이 더욱 노력하게 만드는 계기가 되거나 중대한 사건의 반전을 일으키는 주변 사람들의 자극제로 많이 나온다. 일본 드라마에서는 꼭 약속이라도 한 듯 그 말이 빠지지 않는다. 나는 그 대사를 들을 때마다 "뭐야, 또 저 말이야? 재들은 드라마 쓰는 공식이라도 있나"라며 푸념을 늘어놓곤 했지만, 이제 내가 팀원들에게 같은 말을 던져야 하는 상황이 되어버렸다. 처음으로 일본 드라마가 의외로 현실적이라는 생각이 들었다.

결코 쉽게 포기하고 모든 것을 비관적으로 정의해서는 안 된다. 결과가 좋지 않을지라도 그렇게 빨리 모든 것을 내던지는 행위는 근본적으로 이 일을 시작한 우리 자신에 대한 모욕이었다. 우리는 이제 겨우 시작했을 뿐이고 아직 할 수 있는 일이 많았다. 전체적인 과정을 놓고 보면 차라리 오히려 낙관적인 시간이었다. 아무것도 제대로 시작하지 않았다는 것은 오히려 희망적이기 때문이다. 나는 만일 우리 자신이 앞장서서 스스로의 의지를 꺾고 링 안으로 흰 수건을 던지는 행위를 한다면 평생토록 그 일을 저주할 것이라 생각하고 강력한 투지를 다졌다. 어떤 일이 있어도 초기에 명확한 비전을 가지고 시작한 일은 도전할 가치가 있다. 할 수 있는 모든 도전이 결국 소용없는 것으로 판명나면 그때가 후퇴를 위한 최적의 시기인 셈이다.

단기 수익부진이 모든 것을 흐트러뜨렸지만 우리는 그에 상관없이 계속 우리의 게임을 해야만 했다. 당시 나는 사업과 관련하여 비관적인 전망을 제시했던 아버지와 무시무시한 논쟁을 벌이기도 했다. 나는 감성적인 비관의 늪에 빠질 듯한 움직임을 포착하면 상대가 누구이든 무지막지한 공격을 가했다. 단기 수익부진으로 인해 우리의 시력이 흐려지고 자신감이 상실되는 현상은 매우 중독적이고 빨리 퍼지는 일종의 스웜(Swarm, 사람이나 동물의 떼, 무리) 같은 것이었기 때문에, 객관적이고 장기적으로 보다 나은 미래를 만들 수만 있다면 모두 태워 없애야 했다.

매출부진의 원인과 해결책 모색

본점의 초기 매출부진의 원인은 역시 근본적으로 잘못된 위치선정이 가장 컸다. 당시만 해도 그곳은 신축빌딩이었고 유동인구가 걸어서 지나가기만 하는 위치였다. 우리는 유동인구를 자력으로 흡수할 수 있을 거라고 생각했지만 그것은 오류로 판명났다. 아무리 돈을 많이 들여 번쩍거리는 빌딩을 세워놓았다 해도 수십 년간 사람들이 귀가하는 주택단지였던 곳이 하루아침에 훌륭한 상업단지로 변하기는 쉽지 않은 법이다. 그 빌딩에 입주한 다른 사업자들 역시 어려운 위치로 인해 이후로도 오랫동안 고전을 면치 못했다. 불경기로 주변 상권이 모두 위축된 것도 무시할 수 없는 악영향이었다.

물론 가장 큰 책임은 사전에 그곳의 효용성을 제대로 예측하지 못한 우리에게 있었다. 그로 인해 우리는 초기 투자금을 비롯해 매우 큰 피해를 입었다. 첫 매장 오픈 이후 곧바로 후속 매장 수요를 창출하려던 방침에 제동이 걸렸기 때문에 우리가 입은 실제 피해는 겉으로 보이는 것보다 더욱 큰 셈이었다. 그곳을 구하기 전에 좀더 나은 위치에서 사업을 시작할 수 있는 기회를 맞기도 했으나 심사숙고 끝에 지금의 본점 자리를 선택했다. 그리고 잘못된 선택은 우리가 심사숙고에 기울인 노력을 비웃기라도 하듯 엄청난 피해로 돌아왔다.

나는 열심히 노력하는 것이나 오랫동안 생각하는 것이 실제 일의 성과와는 아무런 관계도 없을 수 있다는 사실을 뼈저리게 배웠다. 아이러니였지만 사실이었다. 잘못된 선택은 때로 노력의 정도나 기울인 정성이 무색할 정도로 그와 무관하다. 잘 해내기 위해 열심히 노력하는 것을 성공의 전제조건으로 여기는 것 또한 절대적인 명제는 아니었다. 소로스의 의견처럼 적절하고 영리하게 일한다면 필요없는 노력과 낭비를 줄여나갈 수 있었고, 일의 초점 역시 그런 방향으로 가야 했다. 사고의 방향도 마찬가지이다. 워렌 버핏이 인용한 프로골퍼의 말처럼 연습은 탁월함을 만들어내는 것이 아니라 단지 일정함을 만들어내기 때문이다.

모든 것을 확률화하여 생각할 수 있다면 참 좋겠다는 생각이 들었다. 물론 우리가 각 진행상황 및 해결책에 부여하는 확률이 들어맞을 가능성은 오히려 낮을 수도 있지만 중요한 방향키만 되어준다면 어떤 방법도 시도할 준비가 되어 있었다. 한때 전 세계를 상대로 거대한 머니게임을 벌였던 LTCM(Long Term Capital Management)의 두 리더, 메리웨더와 힐리브랜드는 저명한 학계 교수들과 함께 전 세계 금융시장을 자신들의 공식에 맞추어 매우 복잡한 방법으로 확률화했다가, 인간은 효율보다 나약한 감정에 따라 움직일 수 있다는 본성을 망각하는 실수를 저질러 천문학적인 손실을 입은 적이 있다. 그럼에도 불구하고 나는 LTCM의 경영진들과 교수들의 용기 있고 과감한 태도를 존경하는 편이었기 때문에 가정 가능한 상황을 확률로 정의하는 시도는 여전히 유효하다고 느꼈다. 우리는 어쨌거나 위기상황을 극복할 일종의 알고리듬(Algorithm, 문제를 해결하기 위해 정해놓은 일련의 절차)이 필요한 상황이었다.

나는 우리의 상황을 객관적으로 해부하여 가족들과 주주들에게 보낼 보고서를 작성했다. 다시 아득한 밤을 새는 일이 반복되었다. 몸살에서 회복된 지도 얼마 되지 않은 상황에서 계속 무리했다. 내가 꼼꼼하게 작성했던 보고서에 따르면 우리는 미국이나 타이완의 유명 업체 관계자들로부터 전수받은 매뉴얼로 내부 메뉴를 구성한 만큼 맛이나 조리법에서는 특별한 문제가 보이지 않았다. 겨울에 대비한 신규 메뉴 개발과 타이완측에서 추천한 일부 메뉴 구현 문제가 남아 있었지만 그것은 실행하기만 하면 되는 문제였다.

매장 내부 분위기는 아시아 각국의 음악으로 구성된 다양한 CD들로 해외 보바숍의 분위기를 구현시키려 노력은 하고 있었지만 고객들에게 적극적인 공감이나 이해를 얻고 있다고 보기는 어려웠다. 그리고 무엇보다 매장실적을 바탕으로 프랜차이즈망을 넓혀가려던 초기 전략은 실적부진으로 인해 체인 추진에 차질이 빚어진 상태였기 때문에 차후 전략변경이 불가피했다.

매출부진을 타개하기 위해 초기 전략 수정

우리가 봉착한 가장 큰 문제는 그것이었다. 본점이 안정되기까지 상당한 시일이 걸릴 것으로 예상되는 시점이었고, 지금의 상황을 효과적으로 이겨낸다 해도 가을이 오면 기본적으로 음료가게의 성격을 벗기 힘든 우리의 체인 확장은 사정이 더욱 안 좋아질 것이었다. 결국 원료유통을 매개체로 한 적극적인 마케팅과 영업활동만이 신규 체인을 창출할 수 있는 유일한 아이디어로 생각되었다. 그러기 위해 인터넷 홈페이지를 세밀하게 다듬어 야후와 네이버를 포함한 검색 포털에 등록시키고 한글 도메인도 더 적극적으로 홍보했다. 오프라인에서 신규 체인을 발생시키지 못한다면 온라인에서 더욱 열심히 할 수밖에 없었다.

우리는 전략변경을 꾀한 지 몇 시간도 안 되어 몇 군데의 원료 유통망을 엮어낼 수 있었다. 그들이 적지 않은 양의 원료를 우리로부터 구매했으므로 단기 실적은 조금 상승했다. 또한 큰 폭은 아니었지만 지속적으로 현금수지가 발생했으므로 간접적으로 체인을 창출한 효과도 누릴 수 있었다. 그러한 활동은 회사가 숨을 쉴 수 있도록 해주는 중요한 일이었다. 유통망을 확보하여 물건을 판매하는 것은 체인을 개설하는 것보다 책임이 가벼워서 다양한 곳과 거래할 수 있는 좋은 계기와 경험도 되었다.

온라인에서 상품을 판매하려면 온라인 상거래 허가가 있어야 했고 거래를 이끌어갈 정식 웹마스터가 필요했다. 봉학이가 웹마스터 관련 시험을 아직 치르지 못한 상태였기 때문에 우리는 웹사이트를 단지 온라인 카탈로그로 활용하며 실거래는 오프라인에서 이루어지도록 했다. '대량 판매'를 목적으로 했으므로 우린 도매적인 성격을 띤 유통을 하게 되었는데, 이는 우리에게 구매한 사람이 제3자에게 또 한 번 판매하는 결과로 이어지기도 했다. 한 가지 안타까운 것은 그로 인해 최종 구매자가 결국 우리의 초기 공급가에서 상당히 오른 가격으로 물건을 사야 했다는 것이다. 그것은 우리가 초기에 설정했던 가격 합리화 정책과는 조금 거리가 있는 것이었다. 다만 활발한 영업책을 갖고 있지 못한 우리로선 그나마 중간 영업상들에게 물건을 판매하는 것이 최선의 아이디어였다.

전분성분으로 보바의 가장 중요한 부분인 타피오카 펄(Tapioca Pearl)
은 우리의 영업수단 중 가장 수월하게 팔리는 상품이었다. 타피오카 펄
의 최소 주문량은 100박스 이상으로 적지 않은 물량이었다. 게다가 한
박스당 3kg 분량의 펄 6개가 들어 있으므로 수입 최소량은 1,800개 가
량이 되는 셈이었다. 우리는 초기에 그 많은 양을 어떻게 판매할 수 있
을지 고민했으나 오히려 타피오카 펄은 중간상들에게 많은 주문을 받았
기 때문에 가장 빨리 팔려나갔다. 가끔씩 한 번에 20박스 이상의 주문을
받기도 했는데 그런 주문이 4번만 거듭되면 100박스의 수입량이 곧바
로 없어질 정도였다.

각종 컵과 스트로, 뚜껑을 포함한 플라스틱 제품(PP)들 역시 매우 합
리적인 가격에 대량으로 판매되었기 때문에 우리는 초기에 상정했던 이
익률을 외부 유통을 통해 어느 정도 달성해낼 수 있었다. 또한 용기류는
유통기한이 없기 때문에 식품처럼 급속히 감가상각될 우려 또한 없었다.

나는 어설프게나마 미국의 온라인 증권업체인 찰스 슈왑(Charles
Schwab)의 사내 홈페이지를 모방하여 보바 익스프레스 내부에서 직원
과 주주가 의사소통을 할 수 있는 스마트-넷(Smart-Net)을 만들어 활용
하기도 했다. 나중에 체인이 더 개설되자 우리의 주문은 그곳에서 온라
인으로 이뤄지게 되었다. 동생은 여러 회사의 매뉴얼을 참조하여 전 직
원의 고객 서비스를 규정하는 매뉴얼을 만들어냈고, 각종 메뉴와 조리
법 또한 신속하게 매뉴얼화했다. 우리가 만들어낸 매뉴얼은 처음에는
겨우 몇 페이지에 불과했지만 나중에는 거의 책 한 권이 되었다.

공격적이고 적극적인 마케팅을 통해 발생하기 시작한 현금흐름은 확
실히 경영상황을 향상시켰지만 처음에 기대한 만큼의 목표수치는 아니
었다. 아무래도 외부 유통을 통한 현금수지는 들쑥날쑥한 편이었기 때
문에 우리는 확실한 내부 유통망을 확보해야 했지만, 원래 목표였던 추

가 체인창출은 여전히 오리무중이었다. 그것이 성립되지 않는다면 보바 익스프레스는 단순 유통업체로 전락할 수 있었다. 동생 가영이는 활발한 시음회와 이벤트를 통해 할 수 있는 모든 노력을 다 보여줬지만 안타깝게도 우리의 매장이 눈에 띌 기회는 많지 않았다. 악착 같은 의지가 나 못지않은 동생은 그러한 상황에서도 결코 좌절하지 않았다.

우리는 상황에 대한 빈틈 없는 직시가 필요했다. 보바 익스프레스는 잘못된 지점에서 출발하는 바람에 필연적인 단기 매출부진에 봉착했고 그로 인해 체인창출 부문에서 큰 위기를 맞았다. 그것이 우리가 얻은 결과라는 것을 부인할 수는 없었다. 그러나 단기 수익부진이 우리의 미래적인 가능성까지 훼손하느냐의 여부가 중요한 질문이었다. 나는 결코 아니라고 생각했다. 단기 수익부진은 부진이고, 미래적인 가능성은 여전히 열려 있다는 것이 내 믿음이었다. 문제는 모두가 그렇게 생각하지는 않는다는 것이었고 누가 맞는지 판단하기도 힘들다는 것이었다.

시간이 갈수록 다시금 보바 익스프레스 내에선 사업 시작이 잘못된 것 같다, 비전이 없는 것 같다는 의견이 심심찮게 튀어나왔고 그로 인해 큰 마음고생을 겪어야 했다. 그것은 스스로의 비전을 신성화하려는 본위주의적 사고 때문이 아니라, 단기 수익부진이 사실상 건재할 수도 있는 장기 사업비전을 무참히 훼손하는 것을 목격하는 일이었기 때문이다.

데이트레이딩(Day Trading)의 권위자인 마샤 사르코비치 박사는 "트레이더들이 손실이 발생한 매매 포지션을 붙잡고 그저 주가추이가 반전되기만 바란다면 바로 그때부터가 소규모로 시작된 손실이 크게 확대되는 시점이다"라고 말했다. 더욱 적극적으로 자금을 투입하고 자사 체인망을 개설하기 위해 노력하지 않는다면 당시의 손실은 보바 익스프레스에 괴멸적인 타격으로 이어질 수 있었다. 단기적 수익부진은 우리 상품이나 비전의 잘못이 아니라 판단착오 때문이었고, 장기적 발전 가능성에 대한 인식은 상황이 안 좋을수록 더 열정적으로 이뤄져야 했다. 나역시 내 안의 의심과 싸워야 했다. 그것은 초기에 가졌던 비전을 끝까지지켜내기 위한 싸움이었다. 우리는 감정을 배제하고 이성적이고 냉정하게 현실을 직시하고 행동할 수 있는 깨끗한 시력이 필요했다.

심리적 · 체력적으로 탈진

안타깝게도 그즈음 심리적 탈진으로 인해 나는 의기소침해졌다. 인간적으로 피로함을 보이는 자신이 밉고 싫었지만 정서적으로방황과 고민을 거듭하는 현실을 더 이상 모른 척하기가 힘들었다. 회사를 세우기 이전부터 현재까지 변변찮게 휴식 한 번 취하지 못한 것도 내부에 쌓인 피로를 한꺼번에 폭발시켰다. 점차 나는 매사에 냉정하고 효과적으로 움직이지 못하는 자신을 비판하거나 비난하는 일이 잦아졌고,어떠한 원칙이나 방침에도 따르기 싫어졌다. 단지 몸 가는 대로 놔두고싶은 기분이 들 뿐이었다.

웹사이트를 포함해 그나마 회사를 이끄는 원동력이었던 사고적 진전은 그때를 기점으로 올 스톱 상태로 접어들었고, 정서적인 방황과 자신에 대한 의심은 갈수록 깊어졌다. 나는 원래의 비전 있는 자신과 달리내부에 또 다른 불신의 자아를 잉태한 셈이었다. 내 안에서 무서운 속도로 번식해가던 나태함과 두려움의 세균은 아예 내 꿈을 부식시켜가고있었다. 평소 힘을 얻는 원천이었던 독서도 멈추고 스트레스를 해소하는 건전한 방법이었던 운동도 하지 않게 되었다. 무서운 것은 이런 내상태가 보바 익스프레스의 미래가 형편없을 거라는 주장에 힘을 실어줄수도 있다는 것이었다. 그렇다면 나는 보바 익스프레스의 미래에 먹물을 끼얹는 존재가 될 수도 있었다.

유령에라도 홀린 듯 나는 그러한 불명예스러운 길로 기어들어가고 있었다. 모든 종류의 타성이 내부에서 일어났고, 마치 눈을 뜨고 몽유병을 앓듯 스스로도 알지 못하는 길로 접어드는 것 같았다. 인간의 불안한 감수성에 대해 연구하는 사람이 있다면 잠시나마 내 정신을 기증하고 싶을 정도로 형편없이 나락으로 굴러떨어졌다.

그즈음 도서관에서 빌린 피에르 상소의 《느리게 산다는 것의 의미》를 읽으며 나는 지나치게 자신에게 가혹하게 살고 있다는 느낌이 들었다. 내 수면시간은 4시간 가량이었고 고등학교 3학년보다 더 바쁜 생활을 하고 있었다. 권태와 긴장의 중간 상태에서 어느 쪽에도 치우치지 않아야 했으나 그러지 못했고, 상소가 이야기한 '절제가 상실된 의미 없는 자아의 권태기'로 접어들고 있었다. 그것은 생활을 무디게 만들 뿐 아니라 효율도 상실하게 했다. 바쁜 생활 속에서 스스로에게 건전한 여유와 권태를 부여하지 못한 것이 과부하를 불러일으켜 결국 일부 사고기능이 상실된 것이다. 절대적으로 내면의 안정이 필요했다.

현실이 어려워질 때면 이전에 가졌던 감상이나 꿈과 현재의 상황 사이에 더욱 굵고 명확한 선이 그어진 듯한 느낌이 든다. 내 생활 역시 그와 비슷하게 양분되었다. 이상과 현실이 기름과 물처럼 분리되는 듯한 분위기를 느꼈다. 체력이 급격히 저하되어 나는 다시 몸살로 고생했으며, 이후 장염에 시달리는 바람에 몸무게도 많이 빠졌다.

모두가 스트레스를 받았던 이유는 아무리 상품성이 좋아도 체인이라는 것은 실적이 뒷받침될 경우에만 투자를 이끌어낼 수 있기 때문이다. 그것은 우리가 작성한 시나리오 중 가장 중요하고 전제적인 부분이었다. 그런데 첫 매장이 실적부진에 휘말림으로써 그 전략이 엇나가버린 것이다. 경기 불황기에는 실적만큼 중요한 것이 없다. 그것을 달성하지 못한 우리는 총체적인 위기에 봉착한 것이다. 고민을 하지 않을 수 없는 상황이었다. 물론 외부 유통망을 통한 영업 활성화로 현금수지는 증가하고 있었지만 당초 목표이자 주 수익원으로 설정했던 프랜차이즈는 거의 가동해보지도 못한 상태였다.

이제 포인트는 본점 영업부진에 관계없이 객관적으로 보바의 가능성을 전달하여 체인수요를 창출할 수 있느냐였다. 아무리 머리를 쥐어짜도 실적이 뒷받침되지 않는 상황에서 어떻게 신규 체인수요를 끌어낼지 도저히 알 수가 없었다. 나는 여전히 우리의 상품성을 의심하지 않았지만 그것을 현실 속에서 풀어낼 공식을 찾지 못하고 있었다. 두려운 것은 시간이 흐르면서 우리의 현실이 처음의 가능성과 계속 어긋나는 것이었다.

심한 장염으로 링겔을 꽂으면서도 나는 계속 그 문제에 관해 고민했다. 과거의 경험에 따르면 처한 상황을 두려움 속에서 차분히 해부하다 보면 결국 더 나은 해결책에 도달할 수 있었다. 그러나 때로는 안 되는 게임도 있는 법이다. 이 문제 또한 그럴지도 모른다는 의구심이 이따금씩 들곤 했다.

나는 매일 6시까지 공익근무요원으로 근무하고, 매장에 가서 새벽 2시쯤 집에 돌아왔으니 엄청난 피로에 시달렸다. 돌아와서는 회사 홈페이지 인터넷 업데이트를 했고, 중국어 공부를 하다가 그대로 엎어져 잠이 드는 경우가 허다했다. 워낙 피로에 찌들어 있었기 때문에 식사를 하다가 옆에 놓인 휴지가 김인 줄 알고 밥에 싸먹으려는 실수를 저지르기도 했다. 체력이 위축되자 매사에 자신감도 줄었다. 나는 몸이 피곤하면 크게 위축되는 성격이 징크스였다. "오랜 시간 지평선이 보이지 않는 것을 견디지 않으면 새로운 땅을 발견할 수 없다"던 앙드레 지드의 말이 떠올랐다. 그것이 얼마나 힘든 일인지 알 것 같았다. 심리적으로 무언가 재충전을 하고 싶은 생각조차 사치로 느껴졌다.

위기탈출의 해결책을 찾다

나는 본점의 위치선정에 오류가 있었다는 사실을 우리 자신이 인정해야 한다고 생각하여 모두에게 이야기했다. 그로써 모두가 새로운 사고를 할 수 있는 기회가 되고 모두 문제점을 공감해야만 다시 찾아온 감성적 침체에서 벗어날 수 있었다. 상황을 제대로 파악하는 것만이 타개책을 제대로 찾아낼 수 있기 때문이다. 우리는 자신이 아니라 상황을 탓하거나 어쩔 수 없다는 비관에 빠져 있었다. 그래서 능동적으로 무언가를 할 수 있는 여건이 되지 않았던 것이다. 나 또한 그랬던 것이 확실하다. 근본적으로 사고에 문제가 발생한 것이었으므로 사고를 바꾸는 것만이 유일하고 빠른 해결책이 될 것이라는 느낌이 들었다.

자신의 판단을 방어한다든지 다른 원인으로 돌린다면 상황을 결코 있는 그대로 볼 수 없다. 오류를 범했을 때 그 원인을 먼저 자신에게서 찾아야 하고 곧바로 시정방안과 새로운 전략을 세워야 하는 것이다. 반면에 보바 익스프레스는 대책없이 주변 사람들에게 시달렸다. 그것은 결국 최루탄처럼 비관적인 분위기를 보바 익스프레스 모든 사람들에게 퍼뜨렸다. 리처드 도킨스의 밈(Meme, 유전자처럼 개체의 기억에 저장되거나 다른 개체의 기억으로 복제될 수 있는 비유전적 문화요소 또는 문화의 전달단위)처럼 모두의 마음속에 번져가는 비관적 느낌 내지는 생각이 바로 그것이었다. 거기서 벗어나려면 사고의 전환이 필요하고, 그에 앞서 현실을 제대로 인정해야만 새로이 시작할 수 있다.

대량 유통으로 사업의 방향전환을 모색

나는 우리가 가진 유통망을 확장함으로써 수입상품을 대량 유통할 수만 있다면 체인부분을 다음해 이후로 느리게 진행하거나 포기해버리는 게 좋겠다는 입장을 이야기했다. 회사의 가장 중요한 의사결정권자인 아버지께선 묵묵히 내 의견을 들어주셨다. 대량 유통은 어찌됐든 가장 중요한 열쇠였고, 우리는 이미 주어진 영업망을 통해 그 기회를 가지고 있었다. 당시 대량 유통을 시도하기엔 턱없이 모자란 유통량이었겠지만 오히려 그러한 영업망에 집중력을 모아 확장해나갈 가능성이 있다면 그것은 대량 소비시장을 개척할 수 있는 중요한 열쇠로 보였다.

텔리스와 골더의 《마켓 리더의 조건》에서 볼 수 있듯이 일단 대량 소비시장의 문이 열리면 원가를 낮출 수 있는 규모의 경제가 가능하며, 원가가 낮으면 낮은 단가라 할지라도 어느 정도 마진을 얻을 수 있는데다 이 마진은 대량 소비시장의 규모에 따라 증가하므로 규모가 작은 틈새시장의 최고 마진보다 더 많은 수익을 낳는다. 우리의 유통전략은 초기부터 정확히 그러한 방향으로 설정된 것이었다. 물론 중간상들의 존재로 인해 우리가 설정한 가격이 최종 구매자에게 그대로 전달되진 않았지만 시장을 확장하고 보바 익스프레스 본사와의 거래를 증가시킨다면 이는 달성 불가능한 목표가 아니었다. 그렇다면 우리가 안정적이고 가시적인 사업진행 지표로 삼았던 프랜차이즈를 보다 느슨하게 진행하거나 필요에 따라 포기해버려도 사업 자체는 건강하게 진행될 수 있는 것이다.

나는 곧바로 대량 소비시장 전략을 수행할 경우 틈새시장 전략에 비해 얼마나 높은 수익성을 달성할 수 있는지를 설명하는 간단한 그래프와 차트를 작성했다. 컴퓨터 프로그램을 잘 다루지 못했기 때문에 손으로 그려야 했는데, 오히려 더 자유롭고 간단하게 작성했던 것 같다. 수익성의 증가만 표기하다 보면 그대로 100년 또는 1,000년을 간다고 했을 때 우리나라 경제 전체를 흡수할 정도로 터무니없는 증가 전망이 튀어나올 것을 알고 있었으므로, 우리가 차후 사용할 비용내역과 유통기한 적용, 기타 부문에서 발생할 손실내역을 모두 보수적으로 적용하여 증가율을 산출했다. 이는 나중에 우리가 그 분야에서 성장할 수 있다는 것을 보여주기 위한 수치였을 뿐, 정확한 증가율에 따라 주식이 등락하듯 예측을 증명하겠다는 것은 아니었다. 그랬기 때문에 관련 차트를 작성하면서도 마음이 무겁거나 부담스럽진 않았다.

그즈음 나는 가족들과 보바 익스프레스 출자자들에게 보바 익스프레스가 영속적인 기업이 될 것이라고 생각하진 않는다고 솔직하게 이야기했다. 더 정확히 말하면 영속적인 기업을 추구한다 해도 실제 보바 익스프레스가 그렇게 될 확률은 매우 낮았다. 게다가 나는 아직 학생 신분을 탈피하지 못했고 앞으로 하고 싶은 일들이 많았기 때문에 국내에서 보바 익스프레스의 경영에 매달리고 싶은 생각은 전혀 없었다.

드 귀스의 유럽 기업조사 결과에 따르면 기업의 평균 기대수명은 12.5년이다. 그것도 규모가 크고 제대로 투자를 실시할 수 있는 곳에 한한 것이다. 그렇지 않은 기업은 영속적으로 규모를 확장하거나 수익을 지속적으로 낼 것이라 기대할 수 없다. 물론 GE나 삼성 같은 대기업은 예외일 수 있지만 그들 역시 위기상황에 돌입할 때 극복방안을 제대로 제시하지 못하면 그렇게 되지 않을 것이라고 장담하기는 어렵다. 하물며 내가 세운 작은 회사가 영속적으로 수익을 내고 장기적으로 성장할 것이라는 의견은 지나치거나 성급한 이야기였다. 나름의 큰 비전이 있었지만 우린 그것을 넘어서 대기업이 되겠다는 식의 현실성 없는 비전을 가지고 있진 않았다. 비전은 현실적이어야 하고, 가장 현실적인 차원에서 세워진 비전에 충실히 부응하는 것이 우리의 일이었다.

《마켓 리더의 조건》에서 텔리스와 골더는 '비전(Vision)'은 넓은 의미로 사명감을 뜻하며, 오늘날 비즈니스에서 남용되는 해로운 용어가 되고 말았다고 지적한다. 그들은 비전의 개념이 그런 넓은 의미가 아니라 매우 구체적이고 평가하기 쉬운 성질의 것이라고 이야기한다. 나는 전적으로 공감했다. 끝도 없는 비전을 부흥하고 설파하는 것은 내가 할 일이 아니었다. 구체적인 비전의 지도와 방향을 제시하는 것이 가장 중요한 일이었다.

보바 익스프레스는 다양한 방법으로 초기의 비전을 달성하는 방법을 틀림없이 가지고 있었다. 내 경험으로 보아 비전에는 단지 하나의 길만 있는 것이 아니라 비틀어지거나 휘어져도 결국은 끝으로 통할 수 있는 길이 꼭 있다. 내가 마음속으로 설정한 목표는 보바 익스프레스의 유통량이 증가하고 거래품목과 대상이 넓어져서 이후 회사를 크게 확장해야 할 필요성이 대두되면 좀더 나은 업체에 회사를 매각하는 것이었다. 그것이 우리에게 주어진 가장 가깝고 구체적인 비전이라는 것이 내 의견이었다.

워렌 버핏은 "과도한 생산력이 마침내 자정작용을 마치면 이에 대한 반작용으로 자신도 모르는 사이에 확장을 열망하게 되어 또다시 생산력 과잉이 발생하고 이익을 내지 못하는 환경이 새로 생겨난다"고 지적한 바 있다. 버핏에 대해 저술한 제임스 올러클린(James O' Loughline)은 그것이 바로 기업의 '행동주기(Cycle of Behavior)'를 의미한다고 말했다.

향후 전망을 냉철하게 바라봤을 때 보바 익스프레스는 사업의 안정을 꾀하는 초기 자정작용 단계에 놓여 있었다. 이후 계속 확장을 꾀한다 해도 적절한 투자와 시간 및 전략이 없다면 우리 역시 기업의 행동주기를 벗어날 길은 없었다. 그것을 냉정히 인정하고 보다 나은 유통을 할 수 있는 곳에 적절한 금액을 받고 매각할 수 있다면 그것으로 우리의 비전은 충분히 구체화되는 것이다.

나이젤 니콜슨(Nigel Nicholson)의 말에 따르면 다른 동물들과 마찬가지로 인간 역시 정보를 받아들일 때 감정이라는 선별장치를 가장 먼저 가동한다. 모두가 공유하는 감정이 상황을 받아들일 준비가 되었을 때 우리는 일어서서 달릴 수 있다. 다행히도 보바 익스프레스와 관계된 모든 분들은 짧은 논의 끝에 초기의 비전을 재확인했고, 그것은 확실히 모두에게 힘이 되었다. 외부적으로 아직 보이진 않았지만 내면적으로 우리는 다시 일어설 준비를 하고 있었다. 보바 익스프레스는 비록 들쑥날쑥하긴 했지만 유통망을 통해 실제로 현금흐름을 창출하고 있었다. 엄밀히 말해 흑자라고 볼 수는 없는 구조였지만 게임을 계속 해나갈 수 있는 계기가 된다는 것은 틀림없었다.

우리는 상황을 다시 보게 되었고 앞을 막고 있던 뿌옇기만 한 안개가 걷히기 시작했다. 그리고 그런 안개가 다시 시야를 가리지 않도록 눈을 더 부릅떠야 한다고 느꼈다. 앞으론 더욱 힘겨운 심리적 싸움이 될 것이다. 어쩌면 이번에 이기지 못한다면 더욱 내성이 강해진 비관적 밈(Meme)들의 공격을 받을 것이라는 생각이 들었다. 방향은 정해졌으니 이제 최선을 다해 페달을 구를 차례였다.

지난 시간 동안 우리는 여러 가지 오류를 경험했고 실수를 범했다. 체인협의만 해도 그랬다. 체인유치 관련 분야에서 일이 진행됐다는 것은 체인이 출범하기로 확정되었을 때나 할 수 있는 말이다. 즉 확실한 계약으로 이어지기 전까지 그 계약은 존재하지 않는 것이다. 그러나 우리는 종종 계약으로 확정되지 않은 가계약을 미리 체인이 유치된 것이라고 안심하다가 여러 번 뒤통수를 맞았다. 그것은 전적으로 주어진 상황에 안주했던 우리의 잘못이지만 그런 교훈을 얻는 데는 시간과 비용이 들었다. 우리의 수업비로 쓰인 셈이었다. 아쉽지만 얻은 교훈을 빨리 실천하는 것만이 이후의 대책이었다.

일련의 과정을 거치면서 나는 무슨 일이 성사되는 것은 실제로 그 일이 이루어졌을 때를 의미한다는 사실을 깨닫게 되었다. 생각해보면 그동안 이뤄지지 않은 일을 예단하거나 그럴 거라 믿었지만 실제로는 성사되지 않았던 일이 적지 않았다. 운이 안 좋았다거나 다른 원인에 책임을 돌리기보다는 끝까지 날카롭게 일을 주시하지 못했던 내게 가장 큰 이유가 있었다. 《머니파워》라는 책에서 보았던 "경향은 그것이 멈출 때까진 경향에 그칠 뿐"이라는 구절이 생각났다. 실체가 없거나 확실한 가능성이 없는 것에 대한 논의는 앞으로도 결코 하지 않아야겠다고 다짐했다.

우리의 상황은 인식하기에 따라서 전혀 다르게 해석될 수 있었다. 하지만 이전과 달리 우리는 밝고 나은 쪽의 해석을 택했다. 이제부터 잘 해낼 수 있다면 그 동안의 고민이나 비관은 모두 희망의 빛 속으로 스러질 것이다. 어려웠던 시절의 기억은 이후 상황이 호전되면 너무도 쉽게 잊혀지거나 없던 일이 되곤 하지만, 나는 좀더 좋은 결과를 거둠으로써 과거에 우리가 보다 건설적인 고민을 한 것이길 바랐다.

본점 영업의 새로운 탈출구

본점의 초기 영업부진을 만회하는 방안이 도무지 떠오르지 않았다. 또한 본점의 매출부진이 우리 사업을 이야기하는 데이터의 전부가 되는 것에도 문제가 있었다. 우리는 그 과정에서 한 가지 중요한 사항을 파악했다. 본점이나 보바 익스프레스로부터 매뉴얼과 유통물품을 넘겨받아 영업하는 가게의 고객들로부터 일관된 경향을 발견한 것이다. 미국이나 타이완에서 일어난 일과 동일한 현상이었다. 고객들은 일단 한 번 와서 보바를 좋아하게 되면 그뒤로도 계속 오게 되었다. 그러한 것은 모든 보바숍의 중요한 목표였다. 그런데 우리도 소규모나마 그것을 구현하는 데 성공한 것이다. 물론 우리의 매장은 눈에 띄지 않는 곳, 메인 거리에서 먼 곳에 위치하여 많은 사람들을 끌어들이진 못했지만, 대량 유통을 통한 상업적 가능성과 고객들이 보바를 반복적으로 찾는다는 점에는 변함이 없다는 것을 확신했다. 다른 사람에게까지 그 사실을 확신시키는 것은 쉽지 않았지만 계속 보게 되는 고객들의 얼굴과 꾸준히 들어오는 수입원료 주문이 그것을 증명했다.

해외여행을 해봤다거나 캘리포니아나 뉴욕에 다녀온 사람들은 어김없이 가게를 방문했고 이후 자주 찾아왔다. 우리는 고객들이 즐겨찾는 메뉴와 그렇지 못한 메뉴를 구분지어 수정하는 작업을 시작했고, 외부 유통망에서 판매되는 상품들도 실적별로 분류하여 지나치게 실적이 저조한 상품은 이후 무역에서 제외시켰다.

본점의 영업상황은 점진적으로 나아지고 있었다. 물론 큰 희망을 가질 정도는 아니었고 그것을 바탕으로 신규 체인을 창출할 만큼은 더더욱 아니었다. 그러나 나아지고 있는 것만은 확실했다. 영업전략을 외부 유통 중심으로 풀어간다 해도 본점 매출이 손익분기점만 넘길 수 있다면 그다지 나쁜 시작을 한 것은 아니었다. 우리는 홍보가 터무니없이 부족했을 뿐만 아니라 주변의 말에 휘둘리고 평정을 잃은 탓에 그러한 현실을 일찍 마주하지 못한 것일 뿐이다. 해결책은 우리가 초심을 되찾고 보다 냉정한 태도를 갖춰 스스로가 게임의 주인공이 되는 것이었다.

다행히도 우리는 내실에 만전을 기하는 방법을 통해 어느 정도 활기를 되찾았다. 만일 계속 자신감 결핍에 휘둘렸다면 회사의 생명 또한 그대로 끝장났을 것이다. 우리는 그 와중에 '교차 메뉴 시스템'을 생각해냈다. 그것은 우리의 보바 메뉴를 도입하고 싶다며 접촉해온 업체들이 적지 않았다는 점을 활용한 아이디어였다. 우리는 그들과 메뉴를 교환하여 회사에 도입한다면 힘 들이지 않고 지점에 새로운 메뉴를 제공할 수 있을 것 같았다. 또한 그것은 오리지널 메뉴 제공사에서 원료를 구매하는 효과도 있으므로 상대 업체와 우리 회사는 서로의 원료를 구매하는 고객이 될 것이다. 우리는 몇몇 업체 중 한 업체를 선정하여 빠르게 메뉴 교환을 성사시켰다. 보바 원료는 해외에서 수입하는 상품들이 많았으므로 그들로선 우리와 함께 일하는 것이 가격상으로도 이득이 되었다. 그것은 침체되고 답답했던 보바 익스프레스의 메뉴 운영을 크게 바꿀 만한 아이디어로도 작용했다. 사실 이것은 아버지의 아이디어였다.

메뉴 교차안은 곧바로 어느 정도 효과를 발휘했다. 회사의 매출신장은 물론, 보다 많은 원료 유통망이 확보되었다. 그리고 다른 업체의 원료공급 현황을 알 수 있었으므로 우리가 제공하는 메뉴가 그들에게서 어떻게 운용되는지도 적절히 알 수 있었다. 우리의 원료공급가는 매우 합리적이었으므로 그들이 동일 물품을 판매하는 다른 거래처로 새는 일도 거의 없었다. 그 과정에서 다른 지역에 또 하나의 보바 익스프레스 매장이 출범했다.

처음에 보바는 해외에서 매우 다양한 종류의 과일시럽과 섞어 다양한 주스 형태로 제공되거나 밀크티 계열로 인기를 끌었지만, 국내에선 타피오카 펄만 구입하여 무차별적으로 생과일이나 스무디에 넣는 경향이 짙었다. 그나마 좀더 나은 곳에서도 과일시럽의 국내 유통가가 대단히 비쌌던 터라 시럽을 아주 엷게 섞어 원맛을 훼손시키기 일쑤였다. 그런 점이 전반적으로 보바의 질을 저하시켰다.

그리고 펄을 포함한 고가의 원료를 절약하기 위해 버블티 업자들이 쓰고 남은 펄을 상온 또는 냉동보관하여 다음날 다시 내놓는 일도 있었다. 타피오카 펄은 상온에서 한 번 끓인 뒤로는 사용할 수 없기 때문에 그날 소비하지 못하면 버려야 하는데도 이렇게 제조된 펄이 국내 여기저기에서 버블티란 타이틀을 달고 제공되었다. 그렇게 제조된 펄은 부드럽게 씹히는 느낌이 없어 전체적으로 맛이 탁했고, 몇 번이고 계속 사용된다면 위생상 문제를 일으킬 수도 있었다.

이 모든 것에 대한 우리의 진지한 의문제기는 다른 회사들로부터 "여기서는 외국식이 아니라 한국식으로 해야 된다"는 꼬리말을 달고 합리화된 답변으로 되돌아왔다. 국내식으로 개량하려면 그 질을 높이는 방향으로 이뤄져야 한다. 그런 면에서의 개량은 아무리 한국식이라고 해도 결코 동의할 수 없는 개악이었다. 훗날 알았지만 일부 업체들은 보바의 번거로운 조리과정을 피하기 위해 '한국식'이라는 미명으로 마음대로 보바를 조리하여 제공했고, 그 또한 소비자의 신뢰 실종에 한 몫을 했다. 이 모든 것에는 정직함이 완전히 실종되어 있었다. 그 결과 소비자들은 유행목록에서 오래지 않아 버블티를 해고했다. 그것이 국내 버블티 시장에 대해 가장 '깨끗한 시력'으로 관찰한 결과였고, 보바 익스프레스가 직면한 가장 큰 시련이기도 했다.

우리는 여전히 시장이 어려운 상황에서 승부를 펼쳐야 했고, 교란되고 훼손된 보바시장을 다시 살려내야 할 의무를 갖고 있었다. 어려운 일이었지만 그럴수록 더 해볼 만한 게임이기도 했다.

작지만 알찬 효율을 추구하다

현금흐름이 어느 정도 이루어지면서 우리의 상황은 과거와 확실히 달라졌다. 객관적인 면에서도 확연히 차이가 두드러졌지만 가장 달라진 것은 역시 우리의 마음가짐이었다. 무언가 될 것 같다는 희망과 함께 이전보다 매사에 훨씬 긍정적으로 바뀌었다. 이것은 물질적·금전적 변화보다 훨씬 중요했다. 따지고 보면 우리에게 이러한 변화를 만들어낸 것이 바로 얼마 전의 심리적 변화였기 때문이다. 물질적인 변화는 언제라도 흐름을 타거나 변동할 수 있지만 우리의 심리는 더 이상 그래선 안 되었다.

〈마인드 헌터(Mind Hunters)〉라는 영화에서 주인공이자 안젤리나 졸리(Angelina Jolie)의 전 남편이기도 한 자니 리 밀러(Jonny Lee Miller)는 극 중 다른 이에게 "자신을 괴롭히는 것과 정면으로 맞서는 것은 극도로 어렵지만 계속하여 그것을 끈질기게 직시한다면 결국은 극복할 수 있다"고 말한다. 우리는 다행히 그런 긍정적 사례를 이뤄가고 있었다. 작고 무형적인 발걸음을 내딛었을 뿐이지만, 그것은 앞으로 큰 유형적 발전을 이룩할 수 있는 소중한 진전이었다. 보다 나아진 우리의 정신적 환경을 관리하려면 더욱 강한 위기의식이 필요했다. 마인드 헌터까지는 아니더라도 마인드 컨트롤은 할 수 있어야 했다.

나 또한 그즈음부턴 워렌 버핏이 '쉽게 이해할 수 있는 성격의 기업'이라며 로텍(Low-Tech) 기업들에 자주 투자했던 것을 생각하며, 복잡하지 않고 이해가 가능한 로텍 기업에 참여하게 된 것을 영광으로 생각하게 되었다. 이제 주어진 여건에 최선을 다해 회사가 차츰 수익력 있는 기업으로 발돋움해나갈 차례였으며, 우리는 하나씩 현금흐름을 창출해

나가는 단계로 나아가고 있었다. 나는 시간이 날 때마다 훌륭한 투자기업의 요건을 살펴보며 우리 회사 또한 그렇게 되려면 어떻게 해야 될지 상상하곤 했는데 그러한 일은 실제 일이나 생활에도 큰 도움이 되었다. 나는 앞으로 사업이나 투자를 하더라도 이해하기 쉬운 로텍 기업을 주요 리스트에 포함시켜야겠다는 당찬 포부를 갖기도 했다.

우리는 큰 회사처럼 자본을 갖춘 구조가 아니었으므로 가장 중요한 것은 역시 각종 영업활동을 통해 현금흐름을 창출하는 것이었다. 나는 우리 회사의 향후 수익전망을 비교적 밝게 보았는데 그것은 우리의 비용구조가 매우 좋았기 때문이다. 우리는 각종 쓸데없는 비용을 통제한 결과 사업에 들어가는 비용이 매우 합리적이고 적었다. 아마도 수도권에 위치한 동종 회사들과 비교하면 우리 회사의 체지방률은 거의 제로에 가까웠을 것이다. 눈앞의 이익이 아니라 대량 유통을 통한 소규모 마진을 점차 결집시켜나가는 비전을 가지고 있었으므로 우리는 매사에 느긋할 수 있었다. 다만 현금흐름이 창출되는 것은 피를 공급받는 것과 비슷할 만큼 중요성을 띠었으므로 우리는 이익이 될 수 있는 거래에 되도록이면 최대한 참여해야 했다. 우리는 처음부터 '투입자금에 비해 이익이 나는 구조'를 지향했기 때문에 어떤 영업이든 합리적인 거래를 통해 최대한의 이익을 누리는 방향으로 이뤄지도록 노력했다.

우리에겐 또 다른 중요한 과제가 있었다. 회사를 정식 법인으로 출범시키는 것이었다. 회사가 마케팅을 포함하여 본격적으로 영업에 뛰어들려면 자본이 증강되어야 했다. 물론 신규 투자나 무리한 투자를 할 마음은 없었다. 잘못된 투자는 모두 비용으로 쏟아질 것이기 때문에 우리는 매사 목숨을 위협받는 원시인 같은 태도로 조심스레 그에 대해 고민했다. 소규모 회사인만큼 그러한 고민은 더 중요하다고 생각했다.

당시 식음료 부분은 여전히 성장이 기대되는 업종이라고 언론에 보도

되고 있었고 전체 프랜차이즈 업종 중 16%에 달하는 것으로 알려졌다. 하지만 우리가 봤을 때 테이크아웃 시장은 이미 하향세로 돌아선 것이나 마찬가지였다. 앞으로의 전망을 본다면 테이크아웃 시장 위주로 활동하는 것보다 유통망을 견실히 유지하여 대형 거래망을 엮어나가는 방향으로 나아가는 것이 훨씬 나을 것이다. 우리가 그 문제에 충분히 대비하고 있다고 볼 순 없었지만 적어도 그러한 방향으로 가야 할 것이란 생각은 회사에서 공감을 얻어갔다.

단기적으로 우리가 해야 할 일은 견실하게 지점의 이익을 쌓아가는 방향으로 일하는 것이었다. 미래에 거창한 목표를 두고 있다고 하여 단기적인 실적이 부진한 것은 용납할 수 없었다. 우리는 불과 얼마 전 단기 실적부진으로 인해 얼마나 마음 고생이 컸는지 잊지 않고 있었다.

회사는 갈수록 원료가격의 합리화와 할인을 통한 대량 유통을 놓고 기존 거래망들과 협의를 계속했고, 겨울이 오기 전 최대한도로 많은 거래업체를 엮어내야 했다. 얼마 지나지 않아 기존 거래망 중 한 곳을 통해 다른 도시에 몇 개의 원료공급망을 더 설립할 수 있었다. 특히 대전의 티샵168(Teashop 168)은 매우 많은 양의 원료를 단기간에 소모할 만큼 고객이 많은 업체였다. 테이크아웃 업체 중엔 국내에서 10번째에 들어갈 것이 틀림없었다. 본래 티샵168은 캐나다의 타이완 사람이 설립한 것으로 국내 티샵168의 경영자인 오선호 · 오경호 형제가 도입하여 정착시킨 테이크아웃 업체였다.

그러한 거래업체를 잡는 것은 매우 중요할 뿐 아니라 본사 수익에 큰 도움이 되었다. 우리 회사 유통부문의 목표가 티샵168과 규모가 비슷한 곳을 10군데 잡는 것이었을 정도로 그들은 보바 익스프레스에 큰 활력을 불어넣어 주었다. 그런 좋은 회사들과의 협력을 통한 착실한 성장은 매우 중요했다. 또한 공격적으로 마케팅을 한답시고 일을 마구 벌이는 것보다 수익이 되는 업체 중심으로 실적과 직결되는 거래를 창출하는 것이 우리에게 훨씬 도움이 되었다. 보바 익스프레스는 아주 큰 판매망을 일궈내겠다며 큰소리치던 몇몇 개인사업자들과의 총판거래 요구는 거절했다.

보바 익스프레스의 미래에 대한 구상

우리는 점차 회사의 미래에 대해 자주 논의하게 되었다. 가까운 회사의 미래에 관한 내 의견은 역시 성장 가능성을 확신할 때 신중한 증자를 통해 정식 법인을 출범하고 정확한 성장평가를 바탕으로 적절한 시점에 회사를 매각하는 것이었다. 버블티 쪽의 원료셋업이 해외의 협조로 가능한 점, 그리고 유통망 개척을 통한 현금수지 창출은 확실히 우리 회사가 적은 투입자금으로 이익을 거둘 수 있는 가능성을 보여주었다. 나는 우리의 무역채널과 물건공급 라인이 앞으로 더욱 발전할 가능성이 있다고 생각했고, 이후 원료가 대량 유통되는 거래망을 지속적으로 창출할 수 있는 가능성을 발견한다면 투자가들이 보기에 충분히 매력적인 사업체가 될 것이라는 확신이 있었다.

나는 회사의 모든 분야에서의 비용지출 상황을 보수적으로 설정하여 적용한 향후 수익 전망치를 확보하고 있었다. 나는 원래 기술적으로 미래를 예측하는 데이터를 불신하는 경향이 있었으므로 우리 회사 데이터는 최대한 현실적으로 만들고자 노력했다. 그에 따르면 테이크아웃 업체 이외의 일반 커피숍이나 쇼핑몰 같은 곳에 거래망을 개척할 경우 우리가 지니는 가능성이 매우 큰 것으로 나타났다. 우리가 사용하는 고정비용 역시 셋업된 환경이 워낙 좋았기 때문에 특별한 변수가 없다면 크게 늘어날 일은 없었다. 게다가 보바 익스프레스는 좋은 인터넷 도메인을 많이 확보한 덕분에 국내 테이크아웃 시장에서 상당히 빨리 알려지고 있었다. 부산이나 대구, 서울, 경기지역에서 걸려오는 전화는 갈수록 증가했다(물론 그 중에서 실제 체인거래나 유통망으로 이어지는 확률은 여전히 낮았다).

보바 익스프레스는 미국과 타이완의 회사들을 통해 200개가 넘는 보바음료 메뉴를 확보한 만큼 사이드 메뉴 제공업체로서도 색깔이 분명했기 때문에 유망한 업체와 합병을 시도하는 것도 좋은 아이디어라는 생각이 들었다. 그러한 거래는 틀림없이 우리에게 이익이 될 뿐 아니라 회사를 영속적으로 끌어가기 위해 계속 매달리지 않아도 된다는 것이었다. 나는 회사의 매각을 고려할 수 있을 때까지를 보바 익스프레스의 성장기간으로 보고 있었다. 물론 그것은 전적으로 내 의견에 국한된 것이었다.

만일 보바 익스프레스를 '영속적인 기업'으로 본다면 우리가 져야 할 부담은 굉장히 늘어난다. 본사가 훨씬 큰 규모와 내실을 다져야 함은 물론이고, 나중에 성장동기와 비전 및 각종 방침에 대해 구체적인 태스크를 지속적으로 설정할 훌륭한 경영진이 있어야 했다. 솔직히 그러한 부담을 짊어짐으로써 내 20대를 처음에 꿈꾸었던 모양새에서 변화시키고 싶진 않았다. 그것은 내 진로와도 관계가 있는 일이기 때문이다. 나는 공익근무를 마친 후 일본과 중국에서 6개월씩 연수하여 양국의 언어를 확실히 익혀두겠다는 계획을 세워둔 지 오래였다. 무역거래를 경험하며 그러한 계획의 필요성을 더욱 절감했다.

또한 국내 프랜차이즈 시장에서 영속적인 기업으로 발돋움하는 것은 결코 만만치 않다는 생각이 들었다. 엄밀히 봐서 보바는 내가 신봉하는 상품이지만, 객관적으로는 하나의 유행으로 끝나거나 또는 유행이 되지 않을 수도 있는 것이다. 엄연한 사이클이 예상되는 상품에 개인적인 신봉 내지는 신뢰를 이유로 모든 것을 다 걸고 영원한 기업으로 이끌겠다는 선언을 하는 것은 어리석게 느껴졌다. 국내 프랜차이즈 시장은 소자본 창업 분야 전문가인 박주관 박사가 지적한 바에 따르면 체인본사의 지원 미비, 본사 경쟁업체의 과다 출점 등의 문제에 시달리고 있었다. 그런 문제는 모두 보바 익스프레스에도 다가올 수 있는 일이었다. 그렇게 보면 보바 익스프레스가 장기적으로 2~3년 후부터 맞닥뜨릴 문제는 지금까지 겪은 문제보다 훨씬 많은 셈이었다.

보바사업이나 무역거래 역시 내 입장에서는 힘들게 수행한 것이지만 누군가는 나보다 훨씬 쉽게 할 수도 있다. 내가 힘들게 했다고 해서 객관적인 가치가 올라가는 것은 아니고, 쉽게 이룩했다고 해서 그 일의 가치가 낮아지는 것도 아니다. 객관적인 가치는 언제나 공정하게 평가되어야 하고, 나 또한 보바 익스프레스의 객관적 가치에 대해 심각하게 고민했다.

어쩌면 보바 익스프레스는 보바(버블티)라는 확고한 사이드 메뉴의 제공원으로서의 가치밖에 없을 수도 있다. 만일 그것이 사실이라면 보바 익스프레스는 본사의 외부 유통망을 착실히 살려나가서 (수입품을 국내에서 판매하면서 생기는) 이익을 살림과 동시에, 보바 메뉴를 두고 다른 업체와 아웃소싱하든지, 아니면 합병되거나 매각되는 것이 회사의 확실한 성장방안이었다. 그리고 매각과정에서 초기 투자금을 넘어서는 차익이 발생한다면 회사설립에 관여한 투자자의 몫이 되어야 했다. 나 역시 공익근무가 끝나면 내 길을 찾아 원래의 계획을 추진해야 하는 입장이므로 보바 익스프레스의 미래에 대한 의견은 그렇게 정리하고 있었다.

확실히 우리가 가진 수입물품 공급 및 유통망은 결코 가볍지 않은 것이었다. 나는 타이완과의 확고한 신뢰관계를 맺고 솔직한 의사소통을 할 수 있었고, 그들 역시 그런 나를 좋아했기 때문에 수입물품을 공급할 때 내가 관여되어 있으면 타인이 수입을 할 때도 매우 큰 폭의 혜택을 주었다. 나는 개인적으로 그런 수입망과 인맥을 개척하는 것이 쉽지 않다고 생각했다.

그러한 관점에서 본다면 회사의 미래를 생각보다 간단하게 바라볼 수 있다. 큰 부담을 지고 초기부터 본사에 무리한 자본투입을 해야 할 필요는 애당초 없는 것이다. 우리가 해야 할 일은 훨씬 더 견실해지는 것이었고 지점의 영업에 더욱 신경 쓰며 유통망 개척에 집중하는 것이었다. 계속 양질의 메뉴를 외부에서 받아들여 적용하는 것도 일을 보다 쉽게 만드는 요소였다. 또한 보바는 원료가 생명이었기 때문에 무역을 통해 각지에 공급하는 시스템은 진입장벽이 생각보다 낮긴 하지만 일반사업자들이 마음대로 모방하기가 쉽지 않았다. 수입을 시도하다가 포기한 사람들도 많았다. 우리는 확실히 나름의 강점을 소유하고 있었고 그러한 것을 인식하는 것은 회사의 객관적 평가를 위해 중요했다.

여러 차례의 회의를 거쳐 우리는 회사에 장기적이고 무리한 투자를 하기보다 현재의 유통망과 영업망을 키워나가 건강하게 다진다는 간단한 목표를 설정했다. 우리는 매우 솔직하게 논의과정에 참여했기 때문에 스스로의 장단점을 확실히 인식할 수 있는 계기가 되기도 했다.

회사의 진로를 놓고 고민하는 시간 동안 나는 많은 사람들에게 전화를 걸거나 받았다. 주위 사람들의 의견을 묻는 습관은 미국에서 선과 함께 스윔웨어네이션을 운영할 때나 지금이나 마찬가지였다. 많은 사람들이 내게 끊임없이 격려를 해주었음은 물론, 보다 나아진 회사 사정과 나의 새로운 도전을 축하해주었다. 학위를 마치고 한국에 돌아와 아버지께서 경영자로 계시던 부산의 대림기업에 합류할 예정이던 이태훈 형은 항상 도움이 되는 중요한 조언을 아끼지 않았다. 그는 내게 기업경영과 관련하여 처음으로 중요한 영감을 주었던 사람이다. 그즈음 웬쥐

샹(文菊香)이라는 좋은 중국인 친구도 알게 되었는데, 그녀는 한국에서 돈을 모아 중국에서 친구와 공동으로 병원을 개업하려는 계획을 가지고 있는 의학 전공자였다. 웬쥐샹은 모자라는 내 중국어를 성실하게 도와주었다.

또한 미국의 라피더스 부인은 항상 그렇듯이 "하나님이 함께 하시니까 걱정 말고 포기하지 말라"고 따뜻한 조언을 해주셨다. 라피더스 부인은 내게 얼마나 자주 기도하느냐고 묻곤 하셨는데 내 입에서 나오는 횟수가 마음에 들지 않으면 10분도 넘게 훈계를 하셨다. 더 자주 기도하는 것이 신앙생활을 실천하는 길임을 왜 모르냐는 것이었다. 라피더스 부인은 유명한 신앙서적을 추천해주시기도 했다. 충분히 기도하지 않았던 탓인지, 이후 회사의 진로는 큰 변화를 겪게 되지만 그것이 꼭 좋은 길로 이어진 것은 아니었다.

보바 익스프레스의 위기와
아쉬운 결별

회사의 진로를 어느 정도 잡아갈 계기를 확보하고 있다고 생각되자 이제 아버지를 포함한 회사 관계자들에게서 보바 익스프레스의 정식 법인 출범을 논의할 때가 되었다는 이야기가 나왔다.

정식 법인 설립의 필요성 제기

우리는 아직 개인회사였으나 이후 진지하게 진로를 생각하려면 법인으로 출범할 필요가 있었다. 창업 희망자들이 체인본사를 고를 때 가장 먼저 고려하는 것이 바로 본사의 안정성이었고, 해외 업체들과도 더 많은 신뢰를 주고 받기 위해서 보바 익스프레스가 정식 회사로 거듭나야 한다는 것은 분명해졌다. 문제는 어떻게 이를 진행하느냐였는데 나는 그러한 논의가 약간 성급하다고 느꼈다. 왜냐하면 그런 논의는 우리가 더 착실한 성장을 통해 건강한 현금수지를 창출할 때 이뤄져야 한다고 생각했기 때문이다.

아버지나 주변 조언자들은 그러한 상황에 대비해서라도 더더욱 서둘러야 한다고 생각하셨다. 세부적으로 약간 다른 의견을 가지고 있었지만 큰 취지로는 모두가 법인출범의 필요성에 공감했으므로 이제 출범일정과 관련된 논의가 시작될 것이다.

회사가 법인화되면 작더라도 사무실을 오픈하고 직원을 고용하여 서비스 제공 업체로서 면모를 갖출 계획이었다. 물론 그만큼의 비용이 소모되려면 그를 뒷받침하기 위해 현재 보바 익스프레스의 영업부터 안정되어야 한다는 것이 내 의견이었고 모두의 의견도 되었다. 우리는 이제보다 섬세하고 철저하게 보바 익스프레스를 데뷔시킬 준비를 해야 했으며, 더 많은 사람들의 좋은 의견을 들을 수 있어야 했다.

회사의 위기극복 노력과 결별

이후 우리는 회사의 정식 법인 등록과 경영의 안정화를 꾀하기 위해 수많은 논쟁을 거쳐 동반자 관계의 새로운 경영자를 영입하고 본사도 서울 강남으로 옮겼다. 합작 형태로 우리와 손을 잡은 새 경영진은 투자유치에 적극 나서는 한편 본격적인 영업활동을 벌여나갔다. 그 과정에서 나는 공익근무요원이라는 신분상의 제약으로 경영자가 아닌 주주로 한발 물러서서 회사의 경영상황을 지켜보는 입장이 되어 아쉽기도 했지만, 정신적으로는 한결 여유를 찾게 되었다.

그러나 나와 가족, 그리고 주주들의 기대와는 달리 새로 출범한 회사는 얼마 지나지 않아 삐걱거리기 시작했다. 무엇보다 신규로 영입된 전문 경영진측에서 약속했던 자본금 유치가 실패로 돌아가는 바람에 심각한 경영상의 문제가 발생했다. 이러한 경영난을 타개하기 위해 회사 경영진과 나를 포함한 주주들은 너나 할 것 없이 머리를 맞대고 토의도 하고 때로는 격렬한 논쟁도 벌였다. 그러나 우리의 필사적인 노력에도 불구하고 수익창출의 부족과 자본유치의 실패라는 결정적인 두 가지 요인 때문에 서울에서의 기반잡기는 끝내 실패로 끝나고 말았다.

회사의 갑작스런 좌초로 인한 후유증은 관계된 모든 사람들에게 큰 실망감을 안겨주었지만, 창업 멤버들은 이대로 물러설 수는 없다는 각오로 재기의 꿈에 도전하기로 결의했다. 우리는 첫 출발을 했던 근거지에 보바 익스프레스 매장을 새로 개설하고 모든 직원들이 일당백의 투지로 재건작업을 도모했다. 자금난이라는 장벽 앞에서 속수무책이었던 우리는 한때 회사매각을 시도하기도 했으나 곧 이를 철회하고 어렵지만 어떻게든 회사를 살려나가는 방향으로 다시 뜻을 모았다.

그러나 회사에는 경영상의 성격이 아닌 다른 양상의 문제들이 이미 불거지고 있었고, 노력으로 극복할 수 있는 한계를 넘어서고 있었다. 나는 이 무렵 회사와 결별을 준비했다. 피와 땀이 녹아 있는 회사를 두고 그런 결정을 내리는 것은 결코 쉽지 않은 일이었지만, 정신적·육체적으로 너무 지쳐 있었고 공익근무요원이라는 신분으로 과거와 달라져버린 양상의 회사를 원활히 꾸려간다는 것은 사실상 불가능하다는 결론을 내린 것이다.

보바 익스프레스와 완전한 이별

여러 가능성을 검토한 끝에 나는 회사에서 하차하겠다는 의사를 조심스럽고 확실하게 내부에 전달했다. 다행히 회사는 유통업무 중심으로 구조를 변경한 상태였기 때문에 일 자체는 어렵지 않게 바뀐 상황이었다. 수익상황 역시 이전에 비해 크게 나아지고 있었으므로 나와 동생의 하차는 모두가 섭섭하지 않게 헤어지는 결과로 이어질 수 있다고 생각했다. 또한 나와 동생은 다시 원래의 생활을 되찾을 수 있었으므로 그것도 돈으로 추산할 수 없는 귀중한 일이 될 수 있다.

비록 규모는 작지만 자신이 설립한 회사를 떠나는 것은 묘한 느낌이었다. 그러나 합리적인 이유를 가지고 더 나은 미래를 위해 떠나려는 것이므로 마음은 후련했다. 자신이 설립했다는 명분에 매달려 회사에 몸 담을 수는 없는 일이다. 끝까지 회사를 위해 최선을 다한 동생에게도 더 나은 미래를 선사해줄 의무가 있었다. 동생에게는 절대적으로 휴식이 필요했다.

보바 익스프레스와 관련된 모든 사람들은 우리의 뜻이 확고하다는 걸 알게 되었고, 우리는 시작부터 함께 했던 회사와 작별하게 되었다. 매우 아쉬울 것이라 생각했지만 많이 지쳐 있던 탓인지 동생과 나는 아무런 후회도 아쉬움도 뒤에 남기지 않은 채 회사를 떠났다.

수많은 일을 거쳐 원점으로 돌아온 것은 미국에서 갓 귀국했을 때와 비슷한 느낌이었다. 타임머신을 타고 짧은 시간여행을 경험했다고 생각 하고 싶었지만 지난 기억이 워낙 생생한 탓에 그런 느낌은 들지 않았다. 특히 양재동에서의 실패로 인한 충격은 아직도 가시지 않은 상태였다. 기억하고 싶은 부분과 잊고 싶은 부분이 모호한 경계를 사이에 두고 모 두 선명하게 떠오르곤 했다. 잊고 싶은 것에 대해선 '그런 일이나 결과 가 모두 나를 규정하는 것은 아닐 거야' 라는 생각으로 스스로를 위로했 고, 아쉬웠던 부분은 이후 같은 경우가 발생할 때 더욱 잘 할 수 있는 초 석으로 활용하자는 다짐으로 바꾸려고 노력했다.

과거에 계속 매달리는 것은 할 일이 아니라고 생각하면서도 나와 동 생은 회사를 떠난 후 그 동안 우리가 겪었던 모든 일을 되돌아보는 시간 을 자주 갖곤 했다. 문득 회사의 모든 상황을 함께 헤쳐온 동생이 지나 간 과거를 어떻게 생각하고 있을지 궁금하기도 했지만 동생은 말없는 미소로 응수할 뿐이었다. 동생의 미소는 마치 5지선다 객관식 문제처럼 알쏭달쏭했지만, 그 덕에 나는 처음으로 미소에 담긴 의미가 웃음만은 아니란 걸 알게 됐다.

무슨 일로도 과거를 바꿀 순 없지만 과거를 더욱 가치 있게 만들 수 있는 방법은 얼마든지 있다. 역시 그것은 더 나은 미래를 갖는 일이다. 나는 골드만 삭스의 존 와인버그의 말을 되새겼다. "역사는 역사가들에게 맡기고 앞으로 나아가자."

실패로부터 깨달은 교훈, 그리고 휴식

회사 하차 이후 휴식기간을 통해 나 자신에 대해서도 많은 것을 뒤돌아볼 수 있었다. 과거 미국에서 알던 친구들이 찾아와 서해안으로 MT를 가기도 했고, 평소 친분이 두터웠던 핏불 사육가 황규홍 사장님으로부터 미국에서 한때 투견 그랜드 챔피언에 등극했던 핏불 테리어 '반조'의 손자인 '폴'을 선물받기도 하는 등 좋은 일도 많았다. 또한 지난 3년의 과정을 통해 이기는 것에 대한 정의를 새로이 배웠다는 생각이 들기도 했다.

승리의 진정한 의미를 깨닫다

과거의 나는 무엇에든 지기 싫어하고 악착같이 뛰어드는 성격이었다. 그러나 회사운영 경험을 통해 그것은 내게 정말 어울리는 스타일이 아니라고 믿게 되었다. 지는 것이 죽기보다 싫다는 식의 태도는 생판 관련 없는 남의 이야기라 해도 듣기에 불편함이 느껴졌기 때문이다. 물론 그것이 하나의 다부진 각오나 강인한 정신력을 의미할 수도 있지만 상대를 지게 만들어야만 한다는 것은 누구에게든 불편한 심기를 안겨줄 수 있는 이야기임에 틀림없다.

결과적으로 승리나 성공을 이룩하더라도 과정상의 생각이나 의도는 조금 달라야 한다는 것이 내가 배운 교훈이었다. 나는 스스로를 위해 최선을 다하는 것이 지기 싫다거나 승부욕으로 상대를 꺾는 것보다 훨씬 낫다는 것을 알게 되었다. 스포츠나 선거가 아닌 이상 이기기 위해 이기는 것이라는 승리의 정의는 다소 편협해 보였기 때문이다. 그런 승리보다 크고 멋진 승리의 이유는 찾기에 따라 어디든 있었다. 적어도 더 많은 사람들이 함께 기뻐할 수 있는 승리의 이유라면 일상에서 거두는 작은 성취마저도 큰 의미로 받아들일 수 있는 것이다. 지난 3년간 내가 배운 승리의 정의는 화려하고 거창한 것이 아니라 오히려 일상적이고 범위가 넓은 것이었다.

보바 익스프레스에서 내가 배운 또 하나의 교훈은 스스로의 약한 점을 인정하는 것이 결코 자신과의 싸움에서 지는 것이 아니라는 것이다. 세상에 나보다 뛰어난 사람은 너무도 많을 뿐더러 겉보기에 좀 못해 보이는 사람이라도 나보다 나은 면이 있을 수 있다. 자신의 약점을 인정하는 것은 자존심을 접는 것이 아니라 사실을 인정하는 것뿐이다. 그런데 이 작은 인정이 모든 것을 편안하게 만들 뿐 아니라 더욱 현명한 처신의 기회를 제공한다. 또한 자아도취에 빠져 스스로를 과신하는 사람은 자신의 방식으로 좁게 정의된 세상 속에 갇히게 되며, 아무에게도 뒤지지 않는다는 것은 사기에 가깝다.

그런 점을 인정하고 나서 나는 이전보다 훨씬 더 편안한 마음을 갖게 되었다. 이제 무엇이든 마음 편히 배울 수 있기 때문이다. 다른 누군가가 나보다 더 뛰어나다든지 어떻다든지 하는 것에 관심을 갖는 소모적 경쟁에서 완전히 자유로워졌다. 그가 뛰어나다면 나는 배우면 된다. 그로 인해 나는 최고의 사람(The Best One)은 아니더라도 보다 유일한 사람(The Only One)이 될 수 있기 때문이다. 이것이 훨씬 정직한 자세로 느껴졌다. 또한 허영심을 버리고 객기 대신 겸손하게 자기 일에 최선을 다한다는 마음은 그 자체로도 너무나 소중한 것이다. 내게 있어 그것은 지기 싫어 이기는 것과는 다른 진짜 승리의 동기이기도 했고, 매번 직면한 도전의 진짜 의미를 설명해주는 근거였다.

오랜 시간 동안 나는 정말 원하는 것은 주어진다고 믿어왔다. 인디언 속담처럼 원하는 바를 만 번 정도 말하면 이루어진다는 것은 아무래도 사실 같다. 물론 짝사랑하는 사람이 다른 이에게 마음이 있다면 만 번이 아니라 10만 번을 말해도 쇠 귀에 경 읽기 꼴이 되겠지만, 그렇지 않은 경우 진심을 불어넣으면 그 일은 거의 이루어지거나 목표에 근접할 수 있다. 만일 그래도 안 된다면 정성이나 열정이 부족한 것이거나 내적인 부분에 이유가 있을 것이다. 무슨 수를 써도 가능성이 없는 일이라면 효율성의 원칙에 따라 현명하고 깨끗하게 포기하는 것이 낫겠지만 정말 혼신의 힘을 기울인다면 이뤄지지 않을 일은 거의 없을 것이다.

원하는 것을 갈망하는 것은 모든 일의 진정한 시작이다. 원하는 것을 당당히 말할 수 있다는 것만으로도 나는 항상 만족스러웠다. 지난 3년 간의 경험은 속으로만 희망을 감추고 살던 내게 희망에 당당해지는 법을 가르쳐주었다.

Part 5

어제의 내가
오늘의 나를 만든다

새로운 도전

일상생활은 전반적으로 만족스러운 편이었다. 창업했던 회사의 지분을 포기한 후 내게 찾아온 여유는 오히려 매우 가치 있는 것이었다. 독서와 운동만으로도 충분히 생활을 즐길 수 있었기 때문에 내게는 부족한 것이 없었다. 그럼에도 불구하고 무역을 꿈꾸는 지인들로부터 걸려오는 전화는 새로운 기회가 찾아오고 있다는 뜻이기도 했다. 이것이 의미하는 바 역시 결코 적지 않을 것 같다는 생각이 들었다. 어쩌면 내 경험과 능력이 그들의 꿈을 이루는 데 도움이 될 수도 있을 것이기 때문이었다.

나는 이미 많은 전화통화를 통해 그들의 지난 삶에 대한 이야기를 들으며 성실한 그들의 노력에 감화되어 있었고, 제대로 궤도를 잡기만 한다면 그들이 앞으로 더 많은 일을 해낼 거라고 믿고 있었다. 결국 나는 일부 회사의 제의를 받아들여 그들이 무역거래를 창출하는 데 도움을 주기로 했다. 집에는 개들의 장난감 뼈다귀를 더 많이 사기 위해 아르바이트를 할 것 같다고 말했다.

다시 무역거래를 주도하다

내게 함께 일할 것을 제의한 회사는 훌륭한 유통망을 소유하고 있거나 신규 판매망을 개척할 가능성이 높은 업체들이었다. 그것은 경영자를 포함한 전체 직원들이 소규모이지만 매우 성실하고 신속하기 때문에 가능한 일이다. 나는 그런 점이 매우 마음에 들었고 그런 사람들이라면 목표가 무엇이든 결국 탁월한 결과를 성취할 거라는 생각이 들었다. 내가 가지고 있던 단순한 호감도 어느새 확실한 예감으로 바뀌었다.

일련의 과정을 거치며 내가 알게 된 것은 무역을 꿈꾸거나 하고 싶어 하는 사람들이 적지 않다는 것이다. 무역은 쉽지 않은 주제였기 때문에 많은 사람들에게 멀게 느껴졌고 확실한 수익률을 달성하는 무역기업을 소유하는 일 또한 보통 사람들에게 쉬운 일이 아니었다. 그럼에도 불구하고 무역의 진입장벽은 과거에 비해 획기적으로 낮아졌다.

《렉서스와 올리브나무》에 나오듯, 특정 상품이나 서비스가 혁신제품에서 양산품으로 전락하는 속도가 가속적으로 빨라지면 각 기업은 자신의 경쟁우위와 이윤을 지켜내기 위해서라도 더 빨리, 더 크게, 또는 더 총명하게 뛰어야 한다. 이것은 작은 규모의 회사라도 신속하고 영리하게 뛸 수만 있다면 큰 회사 못지않게 이익에 접근할 수 있다는 것을 의미한다. 나는 파트너 회사로부터 그러한 잠재력을 목격했다. 그들은 끊임없이 움직이고 거래를 창출하기 위해 노력하는 사람들이었다. 그들이 사전 계획대로 무역을 통해 취급 아이템을 다양화하고 최종 소비자에게 전달되는 가격을 합리화한다면 틀림없이 잘 해낼 것이다. 나는 왠지 정말 잠재력을 갖춘 기업에 투자할 기회를 얻은 듯한 기분이었다.

미국의 경영학 신조어 사전에 'Dunlap' 이라는 단어가 있다. 앨버트 J. 던랩(Albert J. Dunlap)이라는 미국의 세계적 구조조정 전문가의 이름에서 따온 것인데 워낙 가혹한 구조조정 전문가였기 때문에 '전기톱'이라는 별명이 따라다녔던 사람이다. Dunlap의 뜻 역시 '가장 잘 하는 것에 집중하고 그밖에 최선이 아닌 것은 모두 털어낸다'는 것을 의미한다. 새로운 파트너들과 나는 이런 과정을 통해 서로가 잘 하는 것에 집중하기로 합의했다. 내가 그들의 사업을 가능하게 해주는 대신 그들은 확실한 성과달성을 위해 열심히 뛰는 것이다. 축구로 치면 나는 미드필더를 담당하게 될 예정이었다. 내가 중원까지 볼을 몰고 와서 상대 골키퍼 문전에 크로스를 올리면 국내의 회사들이 덤벼들어 확실한 골(판매량)을 기록하는 구조였다.

내게 함께 일할 것을 제의한 사람 중에는 다른 나라 업체와 매우 비싼 기계분야 계약을 원하는 분도 있었다. 나는 그런 과정에는 단호히 개입하지 않기로 결정했다. 나는 덩치가 가볍고 고급 서비스로 이익을 내는 사업이 좋았다. 지나치게 많은 현금이 묶이는 관계는 그만큼의 부담을 짊어지게 될 것이다. 또한 내가 알아본 바에 따르면 국내에서 기계공장을 운영하는 사람들은 다른 회사 제조업체를 위해 영업하는 일에 그다지 적극적이지 않았다. 예전에 부산의 엔지니어 전문가들과 함께 식사할 기회가 있을 때 그러한 것에 대해 자세히 질문한 적이 있는데 그들은 국내 공장들을 해외 제조업체의 영업망으로 활용하는 것은 부적절한 시도라는 충고를 해주었다. 또한 나는 개인적으로 큰 현금흐름이 아니더라도 높은 회전률에 활발한 현금흐름이 창출되는 가벼운 아이템을 좋아했기 때문에, 만일 파트너들이 수입물품 중 국내 회사의 현금흐름을 저해하는 아이템을 리스트에 포함시킨다면 그것을 철수할 것을 권유할 생각이었다. 현금흐름을 만들지 못하는 하나의 아이템은 수입 포지션 전체의 이익률을 저하시킬 위험이 크기 때문이다.

나와 파트너 사이에서 가장 중요한 것은 나중에 창출될 거래가 계속 합리적인 가격에 기반을 두고, 공급자부터 최종 소비자까지 모두에게 이익을 안겨줄 수 있어야 한다는 것이었다. 그것이 이 거래의 목적이고 생명이었다. 또한 모든 과정이 정직하고 투명해야 할 뿐 아니라 국내 소비자가 그런 과정을 통해 이익을 누릴 것이 확실해야 했다. 일반적으로 수입을 추진하는 업체는 '3배수 법칙'이라 하여 수입가의 최소 3배 이상의 가격을 매기는 관행이 있는데, 우리는 그러한 원칙에 매달리기보다는 회사의 충분한 이익과 소비자의 혜택을 동시에 만족시키는 가격 포인트를 찾아내는 데 주력하기로 합의했다. 중요한 것은 시장이 원하는 가격을 찾아내는 것이지, 우리가 원하는 가격을 찾는 일이 아니다. 그러기 위해 내 파트너들은 무역이 이뤄지기 전부터 철저히 국내 시장 조사를 해야 했다. 우리의 무역이 제대로 수행되리라고 장담할 순 없지만 준비 가능한 일은 모두 시작해야 했다.

친구들이 큰 힘이 되다

항상 나는 중화권에 좋은 친구들이 많은 편이었다. 미국에서 알고 지낸 많은 중화권 친구들은 내가 군복무를 마치는 동안 학교를 졸업하고 본국으로 귀국한 상태였다. 그들은 모두 일자리를 찾고 있거나 취직한 상태였지만 생각보다 취업 현실이 녹록지 않아 낙담하는 친구들도 많았다. 항상 나와 메신저나 전화를 통해 근황을 교환해왔기 때문에 그들은 내 상황을 비교적 잘 알고 있었고, 내가 회사를 그만두자 누구보다도 안타까워했던 사람들이다.

나는 무역대상 아이템에 따라 그들을 모두 규합하여 유동적인 조직을 구성했다. 이제부터 해외 거래는 영어로 시작될 것이지만 중국어 부문으로도 강력한 대응조직을 구성해놓지 않으면 안 된다고 생각했기 때문이다. 내 중국어 실력으로 전 과정의 일을 진행하기엔 역시 모자란다고 생각했기에, 이전과 달리 중국어를 모국어로 사용하는 친구들의 도움을 가능한 한 많이 받기로 했다. 계약단계는 특히 신중해야 하므로 작은 단어에서의 실수도 발생해선 안 되었다. 친구들은 오히려 나를 도울 기회를 갖게 된 것을 기뻐해주었다.

그들에게 일괄적으로 한국에서의 사업개요와 중화권 기업과의 협력방안, 그리고 그 과정에서 그들이 기여해줬으면 하는 사항을 조목조목 작성하여 파워 포인트 파일로 전송했다. 친구들은 대부분 나보다 1~2살 어렸는데 그들은 무역거래에 개입할 기회를 갖게 된 것에 매우 흥분했고, 나는 나대로 그들의 열기어린 반응이 반가웠다. 일부 친구들은 무역대상 기업 후보군을 작성하여 미리 전화도 해보는 등 열의를 보였다. 아마도 전화를 받은 회사들은 한국에 있는 우리가 현지인을 고용할 만큼 큰 회사라고 착각했을지도 모른다.

그들은 일이 신속하게 성사되는 데 중요한 역할을 했다. 특히 내가 요청한 품목별로 유명한 자국 기업 리스트를 작성하여 웹사이트와 전화번호, 임원급 상담자의 연락처를 수록한 이메일을 보내왔다. 그것은 잘 만들어진 펀드 평가서처럼 훌륭하게 구성되어 있었다. 이미 내가 파워 포인트 파일과 많은 이메일을 통해 국내 회사의 사업전개 비전을 구체적으로 수록하여 그들에게 보내주었기 때문에, 그들은 리스트에 있는 회사들과 통화하며 국내 회사의 정보를 실감나게 전달할 수 있었다. 나 또한 그들이 소개한 회사 관계자들과 통화하며 무역경험을 교류하고 국내 회사와 관련된 여러 정보를 전달했다.

과거의 경험을 토대로 시행착오를 줄이다

과거 보바 익스프레스 시절 이미 많은 시행착오를 범하며 시간을 지연시킨 경험이 있으므로 이번만큼은 그러한 실수를 저지르지 않기로 마음 먹었고 모든 일은 일사천리로 진행되었다. 다행히도 나는 과거에 범했던 실수의 내용을 모두 수첩에 기재해두었기 때문에 협상단계와 계약단계부터 차후 무역이행 과정까지 발생할 가능성이 있는 실수를 이미 알고 있었다. 이제 과거의 경험이 오늘의 발전에 사용될 차례였다.

나는 수출실적 및 여러 측면에서 친구들과 함께 각 수출업체에 관한 평가작업을 단행했다. 수출실적이 뛰어나다 싶은 곳도 알고 보면 저품질에 싼 가격으로만 돈을 버는 곳인 경우도 있고, 지나치게 고가에 물건을 공급하면서도 그 사실을 계약 전까지 숨기려는 업체도 있었다. 가격협의를 가장 마지막에 하려는 전략이었다. 일부 업체는 한국 내수시장의 동일 아이템 판매가격을 알고 전략적으로 자사의 마진율을 높인 가격을 수출가에 반영하기도 했다. 우리는 6~7개의 회사와 협상을 거쳤다. 판단기준은 품질과 대량 수출능력, 동종 중소기업 분야에서의 평판과 가격의 합리성에 맞춰 이루어졌다. 우리는 각 회사에 던진 질문내용을 모두 숙지했고 그에 따르는 답변의 평가기준 또한 명확했기 때문에 일은 굉장히 신속하게 추진되었다. 며칠이 지난 후 3개 회사가 우리의 리스트에서 최종 아웃되었고, 총 4개의 회사를 상대로 무역협의를 벌이게 되었다. 이틀 후에는 그 중 하나의 회사가 아웃되고, 최종 협의대상 회사는 3개로 확정되었다.

나는 국내 회사의 시장전개 비전 및 정책을 매우 솔직하게 그들에게 전달했다. 무역 초기부터 대량으로 물량을 구매하는 일은 쉽지 않기 때문에 실제 무역거래에 앞서 우리의 비전을 전달하는 것이 중요했다. 이 역시 과거의 경험에서 나온 교훈이었다. 나는 그들이 우리에게 진정으로 동참할 준비가 되어야만 정말 합리적인 거래를 할 수 있다는 것을 알고 있었다. 나는 그들이 던진 모든 질문에 하나도 빼놓지 않고 정말 솔직한 답변을 내놓았다.

그 과정에서 일부 대목을 중국어로 설명하기도 하고 서면질의나 답변은 영어로 하는 등 다각적인 노력이 들어갔다. 내 목소리는 항상 열의에 차 있었기 때문에 한 회사 관계자는 "당신은 내가 매우 좋아하는 타입의 젊은이다"라는 칭찬을 해주기도 했는데 그럴 때면 기분이 묘했다. 아닌게아니라 그들에게 있어 나는 국내 사업자를 대표하는 존재나 다름 없었기 때문에 나는 전화통화를 할 때의 말투나 어법까지 세심하게 신경을 기울였다. 상대의 신뢰에 따라 우리가 제공받는 물건과 가격여건이 좌우될 것이기 때문이었다.

내게 기대를 걸어준 무역 희망자들의 꿈이 내 손에서 잉태되고 있었기 때문에 협상과정에서 짜증나는 일이 생기더라도 과거처럼 겉으로 표현하는 것은 금물이었다. 행동이 느리거나 제대로 된 답변을 보내주지 않는 직원과 전날과 같은 내용의 통화를 하게 될 때면 짜증이 나기도 했지만, 감정을 표현하는 일은 거래의 생산적 출발을 훼손할 우려가 있다. 내가 할 일은 일이 제대로 성사되도록 하는 것이므로 오직 성과에 집중해야 했다.

다행히도 우리 회사의 비전이 높게 반영된 덕에 나는 갈수록 각 회사의 고위직 인물들과 직접 협의하게 되었다. 의사소통의 상대자가 많은 힘을 가지고 있을수록 대화는 수월해졌다. 질문에 대한 답변과 결과가 매우 빠르고 확실했기 때문이다. 우리는 회사끼리 서로를 이해하기 시작하는 초기 단계를 잘 거치고 있었다. 나는 처음에 친구들을 통해 받았던 팜플렛에 적힌 물건가격보다 갈수록 나아지는 수치의 가격들을 이메일에서 발견하기 시작했다.

무역거래의 시작 : 계약서 작성

　　무역거래의 시작단계에서 가장 중요한 것은 역시
'계약서 작성'이다. 계약서는 수출업체와 수입업체의 관계를 규정하는
공식적 서류 이상의 의미를 갖는다. 계약서에 명시된 사항은 서로의 관
계에서 가장 구속력을 발휘하므로 계약서를 통해 확실한 관계가 성립된
업체일수록 향후 변수에 휘말리지 않을 가능성이 크다. 만일 계약내용
이 불분명하거나 비합리적이라면 불확실한 조항에 속하는 분쟁이 유발
될 경우 결과를 장담하기가 매우 힘들다. 계약서에 명기된 조항을 서로
자신에게 유리한 방향으로 해석할 것이기 때문이다.

계약서 작성은 시간을 두고 신중하게

　　계약서를 가지고 사전논쟁을 벌이는 것은 아무리 해도 지
나치지 않다. 오히려 심사숙고는 계약서를 더 가치 있게 만들어준다. 특
히 중화권 업체들과 계약서를 작성할 때 수출업체가 내놓는 계약서에
대뜸 사인하는 것은 절대 금물이다. 일부 회사는 중국어 계약서를 내놓
기도 하지만 영어로 계약하는 것이 훨씬 낫다. 나중에 세관이나 관세사

에 무역거래 계약서를 제출할 일이 생겼을 때 한문으로 가득 찬 계약서를 내는 것은 일을 복잡하게 만들 수 있기 때문이다.

최대한 국제관행에 원만하게 부합하는 언어와 형식의 계약서를 작성하는 것이 좋다. 중국어 계약서에 사인할 것을 요구받는다면 영어 계약서도 작성하기로 하여 양측 내용을 일치시키는 작업이 중요하다. 영어 번역방법도 때로 한국어와 중국어 사이에 차이가 있을 수 있으므로 독음이 같다고 하여 동일한 의미로 이해하는 것은 바람직하지 않다. 믿을 만한 영어실력을 갖춘 중국인 조언자를 통해 단어의 모든 잠재적 의미까지 파헤쳐보는 태도가 필요하다. 나와 친구들은 수출업체의 계약서를 포함하여 중국어로 이뤄진 문서를 토씨 하나까지 다 파헤치고 모든 잠재적 의미를 검토했다.

계약서 작성은 최대한 간결한 문구로 이뤄져야 한다. 간단하고 명확한 의미를 띠는 단어만이 쓸데없는 논쟁을 방지할 힘을 가지고 있다. 물론 큰 회사간의 거래는 매우 긴 계약서로 이뤄지기도 하지만, 각 조항을 구성하는 문장이 간단하고 확실하다는 점에는 변화가 없다. 계약서 작성 언어가 영어일 경우 모든 단어와 문장에 대해 서로가 같은 이해를 공유하고 있다는 점 역시 확인해야 한다. 그렇지 않을 경우 계약서 내용을 무시하는 행동이 발생할 수 있다. 수입업체는 수출업체에 비해 상대적으로 입지가 약한 만큼 계약서 작성에 더욱더 노력해야 한다. 정형화된 무역서식을 따르는 것이 가장 간단하지만 양측의 특이한 반영사안이나 A/S 부분은 따로 합의해야 한다. 기계 거래를 앞둔 경우 A/S 관련 조항은 합의를 도출하기가 쉽지 않은데 최대한 성의를 다해 토론하고 계약서 항목에 확실히 반영하는 것만이 유일한 해결책이다.

계약을 통해 일에 대한 책임소재를 명확히 하는 것도 빠뜨릴 수 없다. 일반적으로 거래가 두리뭉실한 계약서에 기반을 두고 있을 경우, 향후 발생할 무역오류로 인한 클레임을 어디에 제기해야 할지 불분명해질 우려가 있기 때문이다. 일부 회사는 심지어 운송업체(Shipping Agent)나 무역회사에 모든 책임을 떠넘기기도 하는 것이 현실이다. 이러한 일을 방지하기 위해 할 수 있는 최선은 책임소재지를 분명하게 명시하고 기준이 될 만한 선례를 참고하거나 확보해나가는 것뿐이다. 일반적으로 생산 및 운송과정까지 수출업체가 책임지고 수입업체는 정확한 송금 등의 책임을 분담하지만, 보다 리스크를 헤지하고 일을 완벽하게 진행하려면 논쟁의 우려가 있는 부분의 책임소재를 분명하게 적시해야 한다.

계약사항에는 수출품목 및 가격정보 수록과 양측 은행정보, 그리고 운송방법과 대금지불 방법에 대한 합의사항 등이 명기되는데, 이것은 정형화된 무역거래 서식의 가장 기본적인 요소에 해당한다. 상식에 어긋나긴 하지만 중소기업간의 계약시 이러한 기본 요소들이 누락되거나 분명히 표시되지 않는 경우도 있는데, 그것은 수출자와 수입자 양측에게 좋지 않은 일이다. 계약사항의 일반 요소는 모두 명확해야 하고 철저히 명시되어야 한다.

계약을 앞두고 수출업체의 공식 카탈로그나 상품 관련 각종 설명서도 수입자측에서 보내달라고 하여 모두 가지고 있는 편이 좋다. 향후 세관이나 소비자측에서 카탈로그를 요청할 가능성이 있기 때문이다. 나 역시 각종 상품 관련 사진뿐 아니라 출시되는 신상품들까지 디지털카메라 촬영 파일로 보내달라고 요청하여 정기적으로 정보를 업데이트받고 있다. 내가 자료를 정기적으로 요청하는 바람에 내 별명은 윈도 업데이트 (Window Update)가 아니라 내 이름을 따서 문도 업데이트가 되어버렸다. 어쨌거나 무역거래에 포함될 가능성이 있는 상품자료나 사진은 모두 소지하고 있는 것이 좋다. 이것은 향후 수입 가능 품목을 발견하는 데 유용한 데이터 베이스로 작용하기도 한다.

지급보증과 대금지불 방식

무역관계에서 근본적으로 중요한 장치 중 하나로 '지급보증' 기능도 빠질 수 없다. 지급을 보증하는 주체의 존재는 거래성립 기반과 곧잘 직결된다. 중화권에서는 아는 현지인이나 회사가 거래를 주선할 경우 친분에 의해 수출업체와 수입업체 사이의 지급보증인 기능을 하기도 하지만, 일반적으로는 신용장(L/C) 거래를 통해 은행간 지불 시스템을 구축함으로써 지급보증 기능을 대신한다. 나는 무역거래시 현금거래(T/T)를 이용하는 편인데, 중화권 현지의 아는 회사들이 서로 보증을 서주고 있기 때문에 원활하게 지급보증 장치를 설정할 수 있었다. 이번 무역거래망 설정에도 그러한 방식이 유효했다.

무역에 따르는 대금지불은 일반적으로 제작 전 착수금과 중도금, 그리고 잔금결제로 나뉘는 것이 관행이다. 이것 역시 신용도에 따라 달라질 수 있다. 예를 들어 결제가 확실한 업체는 착수금 30%, 중도금 40%, 잔금결제 30% 순으로 지불을 하지만, 대금결제 부문에서 말썽을 일으키거나 경영상태가 의심스러운 업체는 수입국으로 물건을 운송하기 전 100% 완불을 요청받기도 하는 것이 현실이다. 일반적으로 그러한 진단은 금액송금 타이밍이 늦어지거나 액수가 정확하지 못할 경우 이뤄진다. 나는 해외 업체로부터 충분한 신뢰를 받고 있음에도 송금이 하루라도 늦어지면 직접 전화를 걸어 상대가 미안하게 느낄 만큼 사과하곤 했다.

대금지불 방식은 일반적으로 수출업체가 관행적으로 가지고 있는 사내 정책이 있으므로 그것을 준수하면 된다. 만일 착수금과 중도금, 잔금을 통합하여 50%씩 앞뒤로 송금한다고 할 경우 받아들여지기도 한다. 그러나 결국 중요한 것은 약속한 대금지불 타이밍을 준수하는 것이다. 50% 착수금과 물건제작 및 운송 이후 잔금을 지불하기로 해놓고 20%

와 30%씩 나누어 내겠다는 식으로 말을 바꾸면 수출업체측에서 껄끄러워하거나 자사 신용도에 무리를 줄 수 있다. 수입업체가 신용을 지킬 수 있는 최상의 방법은 대금지불과 관련하여 최대한 원칙을 지키는 모습을 보여주는 것이다. 그것이 스스로의 지급을 가장 확실하게 보증하는 방법이기 때문이다. 삼성의 이건희 회장이 이야기했듯이 때로는 달라는 대로 주는 태도가 필요하다.

타이완은 특이한 국가적 상황으로 인해 한국에서 직접 송금이 불가능하다. 알다시피 타이완은 우리나라와 정식으로 수교를 맺지 않았다. 타이완으로 송금하는 돈은 일반적으로 미국 은행을 거쳐 들어가는데 이 과정에서 추가적인 수수료가 또 부과된다. 미국 은행에서 부과되는 수수료는 대략 20달러 정도로 알려져 있지만, 경험으로 보아 타이완에 도착한 이후 별도로 떼인 수수료는 원화로 3만 원 가량 되는 경우가 대부분이다. 큰 액수는 아니지만 이 수수료 문제가 의외로 뜨거운 감자로 부상하곤 한다. 큰 업체는 이것을 대수롭지 않게 여기기도 하지만 작은 업체는 항상 20~30달러가 모자라는 송금액에 불만을 표출하기도 하기 때문이다.

과거에 나는 이런 상황을 예상하지 못했기 때문에 이 수수료를 두고 타이완의 업체들과 힘겨운 자존심 줄다리기를 벌였던 경험이 있다. 그러나 이제는 같은 상황을 방지하기 위해 모든 회사들과 수수료를 반씩 부담하기로 사전합의를 마쳐놓았다. 이렇게 비용상의 모든 사항에 대해 사전합의책을 세워놓으면 나중에 쓸데없이 논쟁을 벌이지 않아도 되므로 편리하다. 실제로 나와 일하는 회사들은 치밀한 사전합의책에 의해 움직이기 때문에 얼마나 마음이 편한지 모른다. 나와 수출업체들간의 거래계약서에는 이런 작은 부분들에 대한 계약조항이 모두 매겨져 있고 퍼센트별로 빠짐 없이 합의가 이루어져 있다.

운송방법과 가격조건

그밖에 확인해야 할 계약조건으로는 운송방법과 가격조건 등이 있다. 운송방식은 일반적으로 수출업체측에서 미리 가지고 있는 방침이 있게 마련이므로 수입업체에 유리한 방향을 고집한다고 하여 쉽게 바꿀 수 있는 것은 아니다. 일반적으로 FOB 방식이 많이 쓰이는데, 이것은 수출업체가 판매하는 상품이 운송 이전까지 수출자의 책임 하에 놓여 있는 것을 의미한다. 자연스럽게 상품이 수출국을 떠난 이후부터의 일은 수입업체의 책임이 된다.

중화권 기업 중에는 가끔 수출업체가 세금 명목으로 별도의 돈을 요청하는 경우도 있는데 그런 것은 심사숙고하여 수입자의 책임에 해당하지 않는다는 판단이 서면 적절한 이유를 밝히고 거절하면 된다. 황당한 경우지만 수출기업이 세금을 대신 내줄 것을 요청하는 명목으로 그만큼의 액수를 할인해주기 때문이라는 이유를 내세울 때도 있다. 이것은 할인되는 액수만큼의 금액을 더 내라는 것이기 때문에 결과적으로 아무런 할인도 받지 못한다는 것과 같은 논리이다. 지불가격의 구조를 정확히 이해하는 것은 그래서 중요하다. 이상하다고 생각되는 논리로 추가되는 금액이 기존 지불가격에 악영향을 미친다면 정확히 따져서 설명을 받아야 한다.

나는 수출업체의 독단적인 행동으로 인해 아무런 조치도 취하지 못하는 경우에 대비하여 미리 수출업체를 3~4개 라인으로 다변화해놓았다. 단일 수출업체와 일하게 될 경우는 그쪽에서 해괴한 논리를 내세우더라도 대응하기가 힘들어지기 때문이다. 설령 그 업체를 거래라인에서 잃는다 해도 무역거래가 가능할 수 있도록 수출라인을 다변화하는 것이 중요하다. 물론 한 회사에서만 만드는 특이한 상품이나 특허권을 취득한 업체와는 그런 거래대상 다변화 전략이 불가능하다. 그러나 회전율이 높고 생필품에 가까운 아이템들은 상표등록이나 독점이 되어 있지 않은 제너릭 브랜드(Generic Brand)일 경우가 많기 때문에 얼마든지 거래대상 다변화가 가능하다. 내가 제너릭 브랜드를 선호하는 것도 바로 그러한 이유 때문이다.

계약서에는 이외에도 필요한 모든 사항을 옵션화하여 기록하고 합의해 두어야만 향후 변수가 발생할 때 원만하게 해결할 수 있다. 설사 꼭 명시하지 않더라도 계약서 작성단계에서는 많은 논의가 가능하므로 가능한 한 수출업체와 많은 이야기를 나누는 것이 중요하다. 일을 빨리 성사시킨답시고 적당히 넘어가는 태도는 바람직하지 않다.

외국어 능력은 무역의 필수조건

무역에 있어서 외국어는 필수다. 외국어 없이 임하는 무역은 비용의 소모로 이어진다. 해당 국가의 언어를 구사하는 사람을 고용한다 해도 비즈니스 지식이 없는 경우 별도 교육을 시켜야 하고, 그렇다 해도 그가 뛰어난 재능으로 최고의 거래를 창출할 것이라고는 기대할 수 없다. 협상력이나 업무력이 언어구사력과 꼭 일치하는 것은 아니기 때문이다. 상황을 정확히 파악하고 엄격하게 통제하려면 직접 해당 외국어를 숙지하는 것이 가장 낫다. 특히 영어는 필수다.

수출업체 직원이나 임원과의 관계는 업무주제뿐 아니라 친구나 동료처럼 많은 것이 성립될 수 있는 다이내믹한 관계이다. 그렇게 생각하면 상대로부터 더 많은 것을 얻어낼 공간이 생긴다. 수출을 담당한 직원이 수입업체를 판단하는 근거에는 판매수치뿐 아니라 인간적으로 느껴지는 활력, 열의 같은 것도 영향을 미치기 때문이다. 무미건조한 업무 중심적 관계는 이후 분쟁이나 오류가 발생했을 때도 수출업체측의 적극적인 협조를 얻어내기가 어렵다. 수출업체와 이익을 두고 힘겨루기를 벌일 때는 더더욱 그렇다. 그러므로 수출업체 직원이나 임원, 그리고

CEO와 이야기할 때는 정확한 요점을 말하되 친밀하고 인간적인 열의와 관심을 보여주는 것이 좋다.

나는 이러한 교훈을 항상 실천하려고 노력하는 편이다. 돈을 두고 클레임이 벌어질 경우 수출업체는 배짱으로 버티고 수입업체는 계속 불평을 늘어놓는 상황이 연출되는 경우가 많은데 다행히도 내가 주도했던 거래에서 그런 일이 드물었던 것도 그 덕분이었다. 현지 회사의 직원들은 매번 내 문제를 자신의 일처럼 도와주었다.

젊은 직원들과 친구처럼 좋은 사이가 되는 것은 즐거운 일이다. 특히 중국이나 타이완에서는 한류열풍이 여전히 거세기 때문에 현지에서 히트친 한국 드라마나 영화 이야기를 꺼내어 처음부터 충분히 수다스러운 관계를 시작할 수 있다. 한국인으로서 중화권 지역과 직접 무역을 하는 것은 매우 유리한 문화적 입지를 바탕으로 하고 있기 때문에 언제든지 다채로운 대화가 가능하다.

물론 배용준이 단지 인기가 많다는 이유로 타이완에서 욕을 먹은 경험이 있듯이, 한류에 대한 역풍이 있는 것도 사실이다. 내가 미국에 있을 때 나온 MC HOTDOG라는 타이완 힙합가수의 노래에는 당시 자국에서 인기를 끌고 있던 클론과 HOT를 욕하는 것은 물론, 한국 가수들과 함께 노래를 부른 '유키'나 '아메' 같은 자국 가수까지 싸잡아 비난하는 노래도 있었다. 또한 어떤 수출회사의 남성 직원이 중국 여성들에게 지나치게 인기를 끄는 한국 남자가 싫다며 술자리에서 화를 내는 것을 목격한 적도 있으니, 상대에 따라 문화적인 코드를 잘 맞추는 것이 단순히 한류에 편승하는 것보다 나은 선택일 것이다.

무역과 관련한 대화는 계약서 작성과 마찬가지로 요점 중심적이고 확실하게 진행되어야 한다. 물론 저변에는 친밀한 뉘앙스와 신뢰감, 그리고 비전이 담긴 말투가 배경을 이루어야 한다. 비즈니스 대화에는 지나치게 장황한 어휘를 사용할 일이 드문데다 업무가 익숙해질수록 대화도 그만큼 간단해질 수 있으니 제한된 언어능력으로도 주어진 상황을 지배할 수 있다. 물론 숫자나 가격, 계약사항을 포함한 민감한 부분에서의 실수는 용납될 수 없다. 그리고 실력이 모자란다면 항상 현지의 동료나 친구, 해당 외국어 능통자의 지원사격을 받을 준비가 되어 있어야 한다.

간명하고 포인트 있는 외국어 구사는 아무리 어려운 문제에도 맞설 수 있는 중요한 해결책이 된다. 물론 그보다 더 중요한 것은 수출업체와의 돈독한 관계설정이다. 메신저에서 만나든 정기적으로 전화를 하든 항상 안부를 묻고 사업현황에 대한 설명을 청취한다. 나는 무역과 관련된 해외 현지 직원들과 틈나는 대로 안부인사를 주고 받는 편인데 재미있는 에피소드도 많다.

대표적인 예로 HD그룹의 크리스는 구사하는 영어가 거의 무역 실무 영어식이다. 예를 들어 한국의 내게 갑자기 전화를 걸어 "한 시간 전에 내게 전화했어?(Did you call me an hour ago?)"라고 물은 적이 있다. 내가 "아니(No)"라고 답했더니 "오케이. 확정됐음(Ok. You're confirmed)"이라고 말하는 것이었다. 고개를 갸우뚱거리며 내가 "뭐가 확정되었다는 거야?"라고 묻자 그는 "네가 전화하지 않았다는 것"이라고 대답했다. 모르는 사람이 들었다면 내가 수출이 확정(Confirm)된 무역용 컨테이너인 줄 알았을 것이다.

외국어는 인생행로에 엄청난 기회를 제공한다

외국어는 정말 굉장한 기회다. 그것은 없던 기회도 만들어낸다. 물론 이는 외국어를 실제로 사용하는 사람들에게 한한 이야기다.

외국어를 학습대상이나 취직수단으로만 인식하는 사람들은 별도로 노력하지 않는다면 그 진미(眞味)를 맛볼 기회를 잡기 어렵다. 나는 영어와 일본어, 중국어에 끊임없는 관심을 가지고 있었는데 항상 놀이처럼 여긴 덕분에 취미로 공부하는 것에 익숙해 있었다. 영어 이외의 언어는 전문적이거나 학문적인 관심을 통해 깊이 공부하진 못했지만 흥미 위주로 5년 이상 해왔기 때문에 꽤 많이 익숙해진 편이다. 내 생각으로는 그런 흥미 위주의 방법이 다른 문화나 국가에 대해 지속적으로 관심을 충족시켜가며 언어를 공부하기에 제격인 것 같다.

나는 아직도 일본어나 중국어를 의사소통 가능한 수준으로 구사할 뿐이기 때문에 매일매일 실력을 향상시키기 위해 노력하고 있다. 끊임없이 공부할 수 있다는 것이야말로 외국어의 진짜 매력이다. 계속 공부할 수 없다면 오히려 재미가 없어진다. 외국어는 하루에 한 문장을 배우거나 외우더라도 매일 실력이 는다.

경험으로 보아 외국어는 확실히 투자하는 마음으로 임해야 한다. 외국어는 투기적인 발상으로는 절대 불가능하다. 많은 서적과 참고서들이 투기를 조장하고 있는데다 심지어 24시간 내에 영어실력을 교정해준다는 책도 있으나 외국어는 근본적으로 투기를 용납하지 않는다. 오히려 부족한 부분을 정직하게 메워나가고 체면에 신경 쓰지 않는 착실한 투자만이 외국어 공부의 가장 빠른 지름길이다. 돈 버는 일에 지나치게 여러 가지를 고려하면 잘 되지 않듯이, 외국어 역시 모르는 부분을 채워나가는 데 부끄러운 마음을 가질 필요가 없다. 나는 외국어를 마구 쓰다가 망신당할 지경까지 간 적이 많았고, 엄습하는 창피함에서 벗어나기 위해 망신과 친해지려고 노력하기도 했다. 무엇이든 처음부터 잘 할 수 없기에 창피함을 당하거나 어색함을 느끼는 것은 너무도 당연하다.

외국어는 적립식 펀드처럼 매일 꾸준히 불입해야 한다

나는 모국어가 아닌 외국어를 누구도 그 나라 사람만큼 구사할 수는 없다고 생각한다는 전성철 변호사의 말을 믿는다. 따라서 어느 정도 능통하게 해나가며 쉬지 않고 계속 수련하는 것이 외국어 공부의 가장 올바른 투자법인 것 같다. 외국어는 공부해나가는 과정과 지속적으로 획득되는 성과 자체에 의미가 있는 것이지, 현재 얼마나 완벽하게 하고 있는지는 직접적으로 성장을 이끄는 기준이 되지 못한다.

또한 외국어는 장기 투자형 펀드처럼 하는 것이 좋다. 역시 가장 중요한 것은 컨디션(장세)이 좋을 때나 나쁠 때나 최소 일정한 양의 노력을 외국어 수익계좌에 꾸준히 불입해야 한다는 것이다. 이것은 적립식 펀드의 원리와도 같다. 펀드에 지속적으로 자금을 불입할 경우 장기적으로 수익증권을 저렴하게 구매하는 결과가 되는 것처럼 외국어에 계속 적립되는 노력은 더 나은 결과를 보다 쉽고 빠르게 성취할 수 있는 구조로 이뤄져 있다. 이 구조는 매우 정직한데다 효율적인 복리구조로 형성되어 있으므로 장기 투자를 수행하는 학습자는 100% 향상된 실력(수익)을 거둘 수 있다.

시험을 보기 위해서나 짧은 시간에 실력을 끌어올리려는 행위는 1년이나 6개월의 단기 차익을 노리고 덤벼드는 행위나 마찬가지이므로 결코 좋은 방법이 아니며 장기적으로 아무런 이익도 가져다주지 못한다. 그런 경우 실제 외국어 증시에서 학습자가 소유한 증권은 펀드가 아니라 복권이 된다. 하늘에서 별이라도 떨어지지 않는 한 결코 말하기와 쓰기를 제대로 해낼 수 없을 뿐더러 외국어와 직접적 인연도 맺을 수 없다.

또한 단기적인 스파르타식 노력으로 거둔 결과는 매우 급속히 감가상각되므로 좀더 나은 외국어 실력을 잠시 비싼 가격의 사채로 빌렸다가 얼마 후 상환하는 것과 다를 바 없다. 잠시 원하는 것을 얻을진 모르지만 이런 게임은 결국 손해가 될 뿐이다. 단지 시험점수를 획득하기 위한 외국어 공부가 대부분 그렇다. 기업들도 갈수록 신규직원을 채용할 때 그런 식의 사채성 외국어 공부로 얻은 결과는 지양하는 경향이 생겨나고 있다.

외국어 공부는 혼합형 펀드(여러 형태의 투자기법을 혼합한 펀드, 예를 들어 채권 50%, 주식 50%) 못지않게 다양한 요소로 구성될 수 있다. 혼합형 펀드의 근본 원칙인 분산투자 기법으로 문법과 회화, 쓰기 등을 계획하는 것은 실제 투자 포트폴리오 작성과 다를 것이 없다. 투자계획에는 리스크가 따르고 그것을 분산할 책임이 따르지만, 외국어 포트폴리오에는 그러한 리스크가 적거나 아예 없다. 이것은 수익이 매우 확실하다. 모든 시황이나 장세 또한 자신에게 달려 있다.

일례로 내가 타이완과 무역을 하게 된 것 또한 7년 전 중국어에 대해 가졌던 작은 관심이 그 시작이었다. 아무리 작은 관심이라 해도 결국은 거대한 투자수익으로 이어질 가능성이 높은 것이 외국어이다. 특히 학생에게 외국어만큼 강력한 투자처는 거의 없다. 그리고 부족한 부분의 비율을 유동적으로 조절하여 효과적인 포트폴리오를 구성한다면 목표치에 보다 빠르게 다가설 수 있는 것도 외국어이다. 학원에 등록한다든지, 영문 원서를 읽는다든지, 드라마를 시청한다든지, 미국 흑인들의 힙합 동작을 따라하며 정서적으로 동기를 얻는다든지 하는 모든 일이 외국어 포트폴리오에 포함시킬 수 있는 요소들이다.

만일 냉정한 평가기준을 두고 스스로의 진척상황을 진단할 수 있다면 포트폴리오가 지향하는 발전의 정도를 역동적으로 업그레이드해나가는 것도 가능하다. 이런 식으로 포트폴리오가 더 큰 지향점을 향해 회전할수록 전체적인 외국어 숙련도는 그에 비례하여 발전한다. 많은 학습법들은 이러한 개인 외국어 포트폴리오를 구성하는 하나의 안내서에 불과할 뿐이다. 자신의 포트폴리오는 스스로 인식하고 이끌어가야 한다.

영어 선생님의 강의를 듣는 것만으로 영어를 할 수 없듯이, 뚜렷한 목표의식 없이 책 속의 영어를 배우기만 한다면 확실한 결과를 얻을 수 없다. 특히 가르치는 사람이 실제로 그 외국어를 구사하지 못하는 경우는 더욱 그렇다. 그러므로 투자자(학습자)는 확실한 목표점을 가진 포트폴리오를 확보하지 않으면 안 된다. 외국어를 펀드식으로 운용하는 것은 포트폴리오 성격에 따라 적용되는 비용과 시간이 다를 수 있는데 이것은 모두 펀드의 기본 운영비나 수수료라고 생각하면 된다.

또한 단기적인 상황이나 나태함에 젖어 포트폴리오를 버려두는 일이 없도록 단단히 각오하고 시작하지 않으면 안 된다. 어떤 일이 있어도 일정한 노력을 매일 불입해야 한다. 나는 중학교 3학년 때부터 하루에 50개의 영어 문장을 외우는 노력을 기울였는데, 펀드의 가격이 시황에 상관없이 장기적으로 매입할 때 평균적으로 저렴해지는 효과가 나타나는 것처럼 나중에는 200문장을 외우는 것도 그다지 어렵지 않은 일이 되었다. 누구나 갈수록 능력이 발전하기 때문이다.

그러한 방식의 학습은 나중에 거대한 이자소득까지 불러왔다. 단지 외운 문장들로만 대화하는 것이 아니라 문장들 사이에 활발한 M&A가 이뤄진 덕분에 보다 다양한 문장들을 구사할 수 있게 된 것이다. 결국 나는 고등학교 2학년 때 미국으로 전학가서 랭귀지 스쿨을 거치지 않고 정규 학년에 입학하여 공부할 수 있었다. 물론 시행착오가 없었던 것은 아니지만 한국에서부터 쌓아온 영어계좌가 아니었다면 매우 긴 시간을 ESL(English as a Second Language, 외국인 영어공부 코스)에서 보내야 했을 것이다.

나는 듣기 부문이 충분히 숙달되어 있지 않았기 때문에 이후 영어 포트폴리오에선 듣기 부분에 보다 많은 비중을 할애했다. 만일 한국에서 꾸준히 부족한 부분을 찾아 유동적으로 비중을 할애해가며 영어실력을 쌓아갔더라면 더 빠른 시간에 더 나은 성과를 얻었을 것이다. 나는 부족한 부분을 알고도 재빨리 대처하지 못해 짧지 않은 기간 동안 적지 않은 대가를 치러야 했다.

두 개 이상의 외국어를 함께 공부하는 것 또한 매우 좋은 혼합형 외국어 펀드 구성이 된다. 헷갈리지 않느냐고 걱정하기도 하지만 실제로 공부해보면 그럴 우려가 전혀 없다는 걸 알 수 있다. 오히려 매우 다양한 관심사들이 떠올라 생활의 컬러가 더욱 다양해지고 바빠진다. 이러한 것은 외국어 성과보다는 포트폴리오 운영자의 생활 전반에 영향을 미치며 다른 국가나 세계에 더 많은 관심을 갖도록 독려한다. 특히 한 가지 언어의 학습경험이나 구사능력이 풍부한 경우에는 두 개 이상의 새로운 외국어를 공부하는 것이 그다지 어려운 일이 아니다. 이것 역시 꾸준한 달러 코스트 애버리징(Dollar Cost Averaging, 단순하고 장기적인 적립투자 방식으로, 장기 투자를 통해 주식의 평균 매입단가가 감소하여 일정 금액을 일정 기간 투자할 경우 상대적으로 좋은 수익을 얻는 투자방식) 투자의 원리로, 매일 또는 포트폴리오에 지정된 일수만큼 일정하고 지속적인 노력을 불입할 때만 제대로 된 운용이 가능하다.

그리고 외국어를 구사하기 시작했거나 이미 구사하고 있다는 자긍심을 갖는 것도 매우 중요하다. 조금밖에 하지 못한다거나 아예 못 한다는 생각은 유창한 외국어 구사자가 될 가능성을 스스로 틀어막는 일이다. 힐러리 상원의원의 말처럼 아기를 낳아야 할 적절한 타이밍이란 존재하지 않듯이, 외국어를 어느 정도 구사해야 꽤 잘 한다고 말할 수 있을지 그 적절한 시점은 누구도 판단할 수 없다. 조금이라도 할 줄 안다면 그 언어를 구사하고 있다는 다소 과신 섞인 자신감이 필요하다.

주식이 기대심리에 의해 상승세를 보이듯 외국어 또한 그러한 기대심리가 필요하다. 그러한 기대심리를 갖는 방법은 외국어를 실제로 구사하는 자신의 모습을 상상해보는 것이다. 상하이의 빌딩숲을 거닐며 비즈니스를 논의한다든지, 일본 요코하마의 회사 입사 인터뷰를 앞두고 있다든지, 인도네시아의 큰 투자유치 현장에서 통역을 한다는 등……

외국어는 결코 노력을 배신하지 않는다

지질학자인 사나야 로만과 듀엔 패커가 이야기하듯 자신의 꿈은 정신세계에서 이미 실재하고 있는 것이다. 왠지 모를 기대감과 흥분 섞인 느낌만큼 미래를 강하게 잡아당기는 동력은 없다. 그에 반해 목표의식과 다짐만으로는 사람이 가진 잠재의식까지 깨우긴 힘들다. 일본 교세라(Kyocera)사의 이나모리 가즈오는 사람의 잠재능력이 깨어 있을 때의 능력인 의식능력보다 훨씬 우수하다고 이야기한 바 있는데, 외국어는 그러한 의식이 극대화된 영향력을 행사할 수 있는 분야이다. 끊임없이 문화를 접하고 외국어의 관점에서 생각하려고 노력하지 않으면 그러한 잠재의식은 결코 외국어와 한 몸을 이룰 수 없다. 외국어와의 관계는 실로 백년가약과도 같기 때문에 외국어와 진정으로 한 몸을 이루기 위해 노력하지 않으면 제대로 가약을 맺을 수 없다. 오히려 잘못하면 소박맞고 쫓겨나는 수가 있다.

그리고 시중에 나온 이런 방법이 좋다, 저게 좋다는 식의 카더라 학습방식에 이끌려 외국어 투자방법을 자주 바꾸는 것보다 스스로가 독자적으로 믿는 성과를 향해 묵묵히 정진하는 것이 확실히 낫다. 실제 펀드의 수익률 역시 미래에 발생할 사건들로 인해 결정되는 것이므로 타인의 외국어 공부방법을 일방적으로 따라함으로써 그의 경험과 동일한 결과를 얻는 것은 시험점수밖에 없다. 스스로의 포트폴리오와 비전을 바탕으로 이끌어가는 외국어 수련은 그러한 소규모 성과에 비해 훨씬 더 거대한 성장의 세계로 인도한다. 해외 거래처를 직접 개척하는 등의 큰 일부터 길거리의 외국인과 한국에 대해 대화를 나누는 일까지, 외국어로 거둘 수 있는 투자수익은 무궁무진하고 계속 노력하는 한 반영구적으로 성장할 것이다.

외국어로 설정할 수 있는 목표 역시 한계가 없다. 모리타 아키오(盛田昭夫, SONY의 창업주)의 말처럼 모든 사람이 창조력을 가지고 있지만 단지 목표의식이 부족하여 자신이 가진 능력을 발휘하지 못하는 경우가 많다. 외국어는 새로운 삶을 가능케 할 뿐 아니라 다른 언어를 통해 발견할 수 있는 새로운 자아를 선물한다. 외국어로 대화할 때마다 왠지 자신이 아닌 새로운 사람 속에 들어와 있는 듯한 경험을 한 사람이 실제로 적지 않다.

외국어 공부를 펀드 조합형으로 풀어가면서 맞닥뜨리게 되는 주식시황이 있다면 그것은 다름아닌 스스로의 내부에 존재한다. 슬럼프나 나태함에 젖으면 정신불황으로 인해 포트폴리오 전체가 위험으로 빠진다. 이런 흐름으로 인해 늪에 빠지면 기대심리에 의해 공중누각만 형성하고 곧잘 무너지는 성장주(Growth Stock) 투자가 될 위험이 높기 때문에 일찍부터 이러한 심리적인 파도를 타지 않도록 조심해야 한다. 피곤하다든지 안 좋은 일이 있었다고 하여 일정한 주기의 노력 불입을 중단하거나 밀리면 언제든지 발전목표에 치명적인 타격이 발생할 수 있기 때문이다. 하루쯤 넘어가는 식의 태도는 겉으론 별 표시가 안 날 수도 있지만 긴 시간이 지나면 큰 위기를 유발하는 나비효과로 드러날 수 있다. 자신의 생활을 외국어 투자 스케줄에 고정적으로 활용하는 것이 필요하며, 평정심을 가지고 끊임없이 주어진 관문을 넘어가야 한다. 6개월에서 1년이 넘어 확실한 신장이 결과로 드러난다 해도, 그에 만족하지 않고 미래의 발전이익으로 유보한 채 다시 앞으로 나아가는 노력이 필요하다.

포트폴리오를 발전적으로 유지하는 것은 결국 외국어 계좌에서 큰 부자를 만들어낼 뿐 아니라, 그로 인해 돌려받는 배당수익은 생활 전반에 파급을 미친다. 주변에서 선망의 목소리가 들리기 시작하는 것은 매우 작은 변화에 불과하다. 외국어 원문서적 중 진흙 속 진주 같은 책을 찾아 번역하는 것부터 업무실적에서 타인보다 크게 앞설 기회를 부여받는 것, 또는 해외출장을 자주 가는 등, 꿈과 외국어 실력만 확실하다면 타인보다 목표에 도전할 기회를 훨씬 많이 부여받을 수 있다.

외국어 포트폴리오를 효율적으로 운영하는 사람이 책상에 앉아 시험 공부를 하는 사람에 비해 훨씬 거대한 결과를 이룩할 수 있다는 것은 당연한 일이다. 물론 외국인들과 자주 만나 대화하고 진척도를 평가한다든지, 듣기 프로그램을 일정하게 가동한다든지, 문장을 쉴새없이 외우고 다니는 등의 활동은 필수다. 외국어는 훌륭한 운동선수를 내부에 영입한 것이나 마찬가지이므로 처음에 약속한 대우를 계속 해주면 20년이고 30년이고 계속 팀(영입자)을 위해 죽을 힘을 다해 뛸 테지만, 약속을 어기거나 관리가 느슨해지면 당장 팀을 떠날 것이다.

외국어는 채권보다 확실하고 주식보다 높은 수익을 자랑하는 최고의 투자이다. 외국어 계좌에 쏟아붓는 노력은 환경이나 기분에 상관없이 계속 증가해야 한다. 꾸준함과 영리함만 더해진다면 자신의 내부에서 주변 시황 따위에 휘말리는 일은 없을 것이다. 주변의 말에 흔들리지 않고 스스로의 포트폴리오를 고집할 수 있는 근성도 필요하다. 외국어는 장기 투자이고 스스로가 펀드매니저를 맡고 있는 큰 일인만큼 쉽사리 흔들린다면 불안정한 시황에 주도권을 넘겨주고 무너질 위험이 높다. 외국어 포트폴리오를 운용하는 사람은 외국어 발전과정에 해를 끼칠 만한 일을 효과적으로 방지해야 한다. 또한 그 외국어를 실제로 하게 됐을 때 자신의 모습을 끊임없이 상상하는 것 또한 목표를 재인식하는 좋은 방법이다. 긍정적인 몽상은 외국어 공부 효과를 배가시킨다.

외국어는 시야를 넓혀주고 꿈을 이뤄준다

외국어 공부는 학습적인 차원과 생활적 차원으로 나뉘는데 학습적 차원은 말 그대로 문법이나 어휘(Vocabulary)를 보충하거나 시험을 준비하는 등의 부분이고, 생활적 차원은 영화를 보거나 게임을 하는 등 수많은 영역의 활동을 내포한다. 생활적 차원의 수련은 단지 여가활동으로 재미를 누리는 일뿐만 아니라, 관련 활동이 자신이 배우는 외국의 문화에서 비롯되었다는 것을 인식함으로써 무의식적으로 그 문화에 어느 정도 동화되는 경험을 의미하기도 한다.

생활적 차원으로 외국어를 소유하는 일은 매우 중요하다. 결과적이고 최종적으로 외국어의 숙련도를 결정하는 것은 참고서에서 소개하는 기술적이고 세부적인 차원의 방법들이 아니라 오히려 불분명하고 추상적인 외국에 대한 '동기'나 '희망' 같은 것이기 때문이다. 우리나라 국민은 전 세계 60억 인구의 0.08%에 그칠 뿐이므로, 영어를 사용할 경우만 해도 접할 수 있는 무대는 엄청나게 확장된다. 이러한 잠재력을 지닌 외국어를 단지 세계 면적의 0.07%에 불과한 한국(South Korea) 내부의 시험에서 좋은 성적을 얻거나 취업을 위해 이용하는 것은 형편없는 수익률의 투자에 불과하다. 생활적 차원에서 재미를 위해 소유하는 외국어 문화는 다른 나라 사람의 느낌이나 경험을 체험할 수 있는 기회를 제공하기 때문에 참고서에서 제공하는 중요 단어모음보다 훨씬 더 크고 분명한 길을 제시할 수 있다.

이러한 것이 학구적인 차원으로 회전하여 객관적으로 외국어 실력을 향상시키고 계속하여 생활적 차원으로 회귀하여 다른 나라 문화를 실질적으로 배우는 계기가 되는 것이 핵심적인 외국어 습득과정이다. 이 과정의 톱니바퀴가 돌기 시작하여 습관화되면 이후부턴 일부러 돌릴 필요도 없이 생활 속에 외국어가 고착된다. 이후 외국어가 기여하는 바는 엄청나기 때문에 그러한 혜택을 누리려면 더욱더 외국어와 놀아야 한다. 그러한 놀이는 모두 외국어 학습의 연장선상에 위치하며 무궁무진한 아이디어의 창고가 된다. 게임, 영화, 음악 등 목표 외국어가 속한 모든 부분에 이러한 놀이가 존재한다. 이것보다 완벽하고 재미있고 수익력 있는 내적 사업은 없을 것이다.

외국 문화를 즐기고 언어를 배우는 것은 젊은 나이에 할 수 있는 최고의 경험이고 취미이다. 외국어가 내게 가져다준 다양한 기회와 잠재력은 그 동안 들인 돈이 전혀 아깝지 않을 정도로 충실하다. 처음에 영어를 회화 중심으로 독학하는 과정은 아주 고통스러웠지만 언젠가는 하게 될 수 있을 것이라는 기약 없는 희망이 오히려 모든 것을 분명하게 만들어주었다. 자식은 나이 먹어 배신할 수 있어도 땅은 배신하지 않는다는 부동산 업계의 말이 있듯이, 외국어 역시 그를 길러준 주인을 결코 배신하지 않는다. 물론 그 결과는 큰 꿈을 가지고 끊임없이 노력을 기울인 소수에게만 돌아간다. 외국어는 공부가 아니라 투자이고, 길게 봤을 때 적지 않은 돈이 걸려 있다. 이렇게 보는 것이 머리 싸매고 공부하는 것보다 훨씬 나은 수익을 가져다줄 수 있다.

중장기 투자식 펀드가 주식·채권시장을 안정화시키는 경향이 있듯이, 외국어에 대한 장기 투자는 생활을 매우 발전적이고 일관적으로 이끄는 동력이 된다. 게다가 갖가지 모험이 기다리고 있기 때문에 더없이 흥미롭다. 무역이나 해외 통상업무에서의 중요성은 말할 것도 없고 여행할 때도 훨씬 많은 것을 안겨줄 수 있다. 비주얼(Visual)한 여행뿐 아니라 링구얼(Lingual)한 여행을 즐기는 사람이 현지인에게서도 많은 것을 듣고 배울 수 있기 때문이다.

〈반지의 제왕〉의 장대한 여행 길은 영화 속에서만 존재하는 것이 아니라 외국어 학습 길에도 분명히 실재한다. 이는 결국 자신과의 싸움이 아니라 자신과의 여행인 셈이다.

어느새 평범한 일상으로 다가온 무역

아프리카의 독수리는 온·난기류를 타고 비행하기 때문에 날갯짓 한 번으로도 하루에 320km를 날 수 있다. 아시아의 초원 독수리 역시 별다른 날갯짓 없이 기류를 타고 멈추지 않은 채 6,400km까지 비행할 수 있다. 나는 오랜 시간 참새처럼 파닥거리다가 시간과 경험이 쌓인 후 비로소 기류를 타고 비행하는 기분이었다. 과거에 힘들게 마련했던 시스템들이 보다 수월하게 준비되었고, 그 이행과정 또한 효율적인 온·난기류처럼 우리의 계약이 비상하는 데 훌륭한 배경이 되었다.

거래선 다변화와 정보전달 체계 구축

나는 우리가 선정한 회사들과 비슷한 양식으로 계약을 맺었고 세일즈 계약서(Sales Contract) 작성을 마무리지었다. 이제 양측이 서명만 하면 계약이 실질적으로 효과를 발휘할 것이다. 우리는 현금거래(T/T)와 착수금 30%, 중도금 40%에 잔금결제 30% 방식으로 합의했고, 무역의 전 과정에 수입업체의 의사가 적극적으로 반영되는 시스템을 구축하여 어렵지 않게 계약을 마무리지을 수 있었다. 나는 계약을 앞두고 이메일과 전화를 통해 우리가 맞닥뜨릴 수 있는 상황에 대해 생각할 수 있는 모든 아이디어를 가지고 수출업체들과 사전논의를 거쳤으며, 그들 역시 내 머릿속에 어떤 생각이 있는지 대략 알게 되었다.

나는 한국 회사가 매우 치밀한 사람들로 이뤄져 있다는 인식을 주기 위해 애썼다. 또한 우리의 계약서가 충분히 간결하고 명확하게 조항별 메시지를 전달하고 있는지 여부를 세심하게 검토했다. 수출업체측 사람들은 신뢰할 수 있었기 때문에 우리는 미리부터 다양한 가정을 통해 예상 가능한 문제들을 검증해볼 수 있었다.

우리는 합리적인 계약과 좋은 가격조건을 배경으로 수출라인을 3개 이상으로 다변화하고 있었기 때문에 과거보다 훨씬 좋은 무역환경에 놓여 있었다. 거래속도를 확실히 검증하고, 모든 활동내역이 매뉴얼화되어 가동되기만 한다면 나와 파트너십을 체결한 회사는 훌륭하게 기업활동을 위한 준비를 마칠 수 있었다. 과거에 저질렀던 수많은 실수들이 오늘의 길을 완벽하게 인도하고 있었기 때문에 수년 전처럼 불안해하지 않아도 되었다.

우리는 수출업체들과 품목별로 유리한 계약조건을 맺고 있는데 그것을 간단히 차트로 정리하여 평균 거래단가를 예측해보니 거래라인의 모든 수출업체들이 대부분 비슷한 가격선에서 아이템을 공급하고 있다는 사실을 발견할 수 있었다. 우리는 설령 한 기업을 거래처에서 잃는다 해도 전체 거래에는 손상을 입지 않을 것이다. 이것은 좋은 가격으로 거래를 진행하면서도, 수출업체의 사정에 따른 변수 발생을 틀어막는 안정적인 거래라인이 조성되었다는 의미이다. 그러한 안정도는 무역거래에서 매우 중요하다. 이제부터는 거래라인에 속한 수출업체들 사이에서 발생할 은근한 경쟁을 통해 나올 수 있는 가격상의 혜택을 효과적으로 관리해나갈 차례였다.

우리의 초기 발주량은 결코 적지 않았다. 물량부문에서 발생한 첫 주문은 내 예상을 뛰어넘는 것이었다. 파트너는 생각보다 많은 양을 영업준비량으로 책정해두고 있었다. 금액은 다른 큰 회사들이 행하는 대형거래에 비해 작았지만 그래도 첫 시작 물량으로는 적지 않은 양을 주문했다. 나는 그 동안 심혈을 기울여 마련한 시스템에 우리의 첫 주문을 넣었고, 곧이어 빠른 속도로 물량이 준비되는 것을 지켜보았다. 품목별 제작현황에 대해서도 메신저나 전화로 보고받을 수 있었다.

진척상황을 살펴보는 것은 해외에서 한국으로 물건을 실은 컨테이너가 운송될 날짜를 미리 예상하는 데 큰 도움이 되었다. 만일 금요일에 컨테이너를 실은 배가 한국으로 출발할 예정인데 일이 토요일에 끝난다면 그들은 속도를 앞당겨 수요일~목요일 사이에 일을 마치고 컨테이너 적재작업을 마쳐야 했다. 나는 이런 아슬아슬한 상황이 벌어지면 담당자에게 전화를 걸어 직접 압력을 넣었다. 결과를 책임지고 소유하는 사람들에게 이야기하면 실제 결과가 바뀔 확률이 높았다.

그 와중에 나는 해외의 우리 거래라인에 소속된 회사들에게 품목별 영업전략을 포함하여 전반적인 영업 예측상황을 짜임새 있게 전달했다. 국내 파트너들은 훌륭한 유통망을 소유하고 있었고 이전 사업에서도 좋은 현금흐름을 얻고 있었는데 이러한 부분에 대한 설명도 빠질 수 없었다. 국내 회사에 대한 정보를 자주 전달한 것은 여러 가지 목적이 있었다. 나는 과거 타이완을 몇 번 방문하면서 수출업체가 수입업체의 현황에 대해 생각보다 모른다는 사실을 알아차렸다. 그들이 수입업체를 평가하는 방법은 오직 수출물량이나 금액 같은 단일 기준에 근거를 두고 있었다. 나는 해외 회사들과 진정한 파트너십을 체결하려면 국내 사업자에 관한 정보를 지속적으로 줘야 한다고 판단했고, 국내 회사에 좋은 일은 마치 주가호재처럼 즉시 수출업체에 전달했다.

또 하나의 중요한 목적은 바로 가격할인폭을 넓히려는 것이었다. 한국에 대한 시장정보가 없는 수출업체는 특수한 사정이 발생하여 한국에서 소비자가격 인하의 필요성이 대두되더라도 수입업체에 원 공급가를 그대로 고집하는 경향이 있다. 할인을 해주면 이후 더 깎으려 들지도 모른다는 생각 때문이다. 대량의 물량이 거래되는 경우는 더더욱 그렇다. 나와 해외 회사들은 국내 시장과 회사에 대한 이해도를 함께 높여감으로써 이러한 갈등을 효과적으로 없앴다. 그로 인해 내 파트너가 얻는 가격상의 혜택이 증가했음은 물론이다.

물론 그냥 넘어갈 수도 있는 일이지만 나는 거래가 합리적이고 안정화되어야 할 책임을 지고 있었다. 무역라인을 대표하며 주도하고 있는 나는 팀의 투수 역할을 맡은 것이므로 최선을 다해 경기를 안정적으로 이끌어야 할 책임이 있다고 생각했다. 나와 함께 한 팀원들은 최상의 결과를 소유해야 하고, 오직 그것이 내 가치를 가장 확실하게 증명하는 일이었다. 운좋게도 내 주변에는 삶에 강한 열정과 의지를 가진 강타자들이 많았기 때문에 상대적으로 부담을 덜 수 있었다. 당장은 아니더라도 그들은 끈질긴 노력을 통해 언젠가는 중요한 홈런을 쳐낼 수 있을 것이 확실하다.

환율에 관한 노하우

'환율'도 과거의 시행착오를 통해 개선된 일 가운데 하나이다. 해외 업체에 대금을 지불할 때는 환율이 의외로 뜨거운 감자가 되곤 한다. 그러나 수많은 실수를 이미 경험해본 나는 과거와 달리 뜨거운 감자를 맛있는 감자로 삶아먹는 노하우를 배운 상태였다. 이런 경우 타이완의 회사들 중에는 외환거래 화폐로 자국 통화를 반영해야 한다는 곳이 적지 않다. 이런 경우 타이완은 자국 통화인 TWD 대비 달러의 변동비율이 큰 편이기 때문에 해외에서 송금한 돈이 며칠만 늦어져도 보낸 측의 계산과 실제 수출업체 계좌로 입금되는 돈 사이의 간극이 적지 않게 벌어지는 일이 생긴다.

또한 국내 은행이 당일 공시한 원화(또는 달러) 대비 TWD 매매기준율은 정작 타이완 본국의 은행이 공시한 매매기준율과 차이가 날 때가 있기 때문에 분명히 맞는 액수를 보냈는데도 틀린 액수를 받았다고 수출업체가 항의하는 해프닝도 일어난다. 그런 경우는 보통 송금 당일 오전 양측 은행의 매매기준율을 교환하고 일반적으로는 수출업체의 사정에 맞추어 돈을 보내주는 경우가 많다. 때로는 타이완의 매매기준율이 낮기도 하므로 금액을 보내는 사람에게 약간의 환차익이 돌아가기도 한다.

당연한 이야기지만 달러와 TWD, 그리고 원화의 움직임에 따라 지불가격은 소폭이든 큰 폭이든 달라진다. 지불할 액수가 결정된 후 송금을 앞둔 상황이라면 환율보다 중요한 것은 없다. 일반적으로 수출기업과 달리 수입기업에는 요즘 같은 달러하락 추세가 큰 도움이 되는 편이다. 다만 타이완과 거래할 경우 TWD와 원화가 중국의 위안화 평가절상 전망과 맞물려 서로 비슷하게 움직이는 양상을 띠므로 단지 달러 대비 원화가격이 높아졌다고 좋아할 일은 아니다.

TWD가 원화와 동반 상승하거나 그 폭이 더 크다면 오히려 지불비용이 증가할 수 있다. 예를 들어 2003년에 1,200원을 지급하여 1달러를 구매했다면 그것으로 살 수 있는 TWD는 34였다. 그러나 이듬해에는 1달러에 1,100원을 내고 살 수 있는 TWD의 양은 32.89로 줄었기 때문에 보다 많은 달러를 지불해야 한다. 결과적으로 더 많은 원화를 지출해야 한다는 이야기가 된다. 타이완에선 이런 경우 달러로 결제받는 기업들이 아예 가격을 상향조정하고, TWD로 결제받는 기업들은 자국 환율이 제대로 존중되는지 여부를 세심히 관찰한다.

첫 수입물량을 앞두고 내가 파트너를 통해 해외로 돈을 송금했을 때 미국의 부시 정부가 자국 경기부양을 위해 지속적인 달러약세 전략을 쓸 것을 암시한 이후 원화 대비 달러가격이 계속 하락하며 1,100원 붕괴설이 현실화되었다. 당시 환율하락 이유로는 미국의 달러 약세를 포함하여 중국의 변동환율제 적용으로 인한 위안화 절상 전망, 그리고 우리나라 원화가 1997년 이전처럼 원래의 가치를 찾아가는 과정이 복합적으로 나타났다. 이러한 기조가 계속된다면 수입기업의 해외 비용지출 상황이 개선될 것이므로 내 파트너의 해외 지출내역은 앞으로 더욱 좋아질 가능성이 있다.

물론 더욱 중요한 것은 송금을 받는 해외 국가의 사정에도 달려 있지만 결과적으로 환율에 얽매이거나 지나치게 고민하는 것은 오히려 불필요한 일이었다. 거대한 거래를 하여 별도의 외환헤징이 필요한 입장은 아니기 때문이다. 우리가 할 수 있는 일은 해외 회사들과 제대로 된 가격을 놓고 계속 협상을 벌이고 국내에서의 전량 판매를 통해 거래 자체의 효율을 극대화하는 것이었다.

원가계산은 꼼꼼하고 정확하게

내가 파트너를 위해 해주는 무역부문 업무는 원가계산과 각종 예상이익률 산출, 차후 영업 관련 상의로 끝나곤 했다. 단순히 외국에서 물건을 구매하는 것으로 수입이 완성되는 것이 아니듯, 차후 전략을 충실히 세우고 시나리오를 수립한 상황에서 바통을 터치하듯 자연스럽게 수입한 무역 포지션을 파트너와 내가 이해하고 활발하게 영업을 전개하는 것이 중요하다.

우리는 한 달에 2~3번 가량 수입이 가능한데 이 경우 처음에 수입하는 상품들의 집합을 A포지션이라 정의하고, 두 번째와 세 번째를 B포지션, C포지션이라 정의할 경우 컴퓨터로 각 상품의 판매현황을 정확히 파악하지 않으면 무엇을 언제 수입한 것인지 알기가 힘들다. 그러면 A포지션으로부터 발생하는 수익률과 B포지션으로부터 발생하는 수익률이 뒤섞여 어디에서 얼마만큼 이익이 나는지도 파악할 수 없다. 나는 A포지션의 무역이 완료될 즈음 품목별 원가계산과 총 지출내역을 세밀하게 계산했다. 여기서 한 건에 할애되는 총 업무시간 5시간 중 70%에 해당하는 3시간 반 가량이 소요되었다. 이것은 절대 실수가 있어선 안 되는 일이므로 매우 세심해야 했다. 모든 지출 관련 서류를 갖춘 후 관세·부가세 내역이 매겨진 세금계산서와 수입신고 필증, 그리고 해외에 지출한 돈이 기록된 전신환과 수수료 부과 내역 등 필요한 모든 종목을 챙기는 것이 일의 시작이다. 운송료나 창고료 등 누락되는 비용이 하나라도 있다면 그것은 여지없이 잘못된 원가계산으로 이어진다.

관세율은 너무도 다양하여 인터넷이나 세관에 전화하여 문의해야 했다. 정확한 분류를 맞춰 물건을 통관시키지 않으면 나중에 세관에서 세율을 변경하여 부과하는 경우가 있다. 그럴 때는 그 동안 물지 않았던 세금을 모두 물어야 할 우려가 있기 때문에 관세사에게 잘 물어봐서 확인해야 한다. 그와 반대로 세율이 잘못 매겨져 추가로 지출된 금액은 나중에 세율이 제대로 수정될 경우 지불자에게 환급되기도 한다. 그러나 환급된 세금이 유·무형적 영업손실까지 보전해주진 않기 때문에 세율정보는 미리 정확하게 챙겨야 한다.

또한 수입한 물품에 하자가 있어 본국으로 돌려보내야 할 경우 역시 들여올 때 지불했던 세금을 환급받을 수 있다. 다만 이 경우에는 단순반품이 아니라 수출에 해당되므로 관련 절차를 잘 따져보아야 한다. 그로 인한 비용이 발생하는데 이 부분에 대해선 수출업체가 부담하도록 확실하게 따져놓아야 한다. 예를 들어 수출절차를 마친 후 해외로 반품할 물건들을 20ft 컨테이너에 실어 해상으로 보낸다고 할 경우 중화권은 운송비 내역으로 50만 원 가량 발생하므로 해당 청구서를 수출업체에 보내도록 조치를 취하는 일이 그에 해당한다.

나는 도서관에서 읽은 몇몇 회계서적 중 가장 좋아 보이는 방법을 채택하여 수입하는 포지션의 원가를 계산했다. 물건가격과 기타 부대비용 적용률을 비례시켜 계산하는 보바 익스프레스의 원가계산 방법을 그대로 유지했다. 예를 들어 수입한 컨테이너에 총 100만 원의 부대비용이 발생했다면 이를 포지션 내의 상품들이 차지하는 가격비율로 나누어서 적용시켰다. 전체 포지션이 1,000만 원이라면 이 중 600만 원 가량을 차지하는 물건이 있을 경우 총 포지션의 60%를 차지하는 고가의 물건인 만큼 60%의 부대비용을 적용시킨 것이다.

그러한 과정을 거쳐 상품별로 매겨진 세금을 적용하고 기타 비용을 각 물품이 포지션 내에서 차지하는 비율에 따라 적용시키면 대략의 원가분포도가 나왔다. 이 계산과정을 일반적인 하나의 공식으로 풀어 쓰면 '제품비＋관세＋부가세＋해외 운송비＋국내 창고료＋통관 수수료＋관세사 수수료＋보세운송비＝지출 총액'이 된다. 물론 이것은 하나의 예에 해당할 뿐이다.

이와 달리 세금을 제외한 기타 보세운송료를 임의로 책정하여 상품에 적용시키는 사람도 있다. 비싼 물건을 보다 저렴한 원가로 돋보이게 하기 위해 부대비용을 상대적으로 수량이 많고 싼 물건들로 분산시켜 적용시키는 방법 등이 그럴 때 쓰인다. 계산방법은 자유지만 그 기준만은 이후에도 일관적으로 유지하는 것이 좋다. 계산기준이 바뀌는 것은 이전과 다른 방법으로 원가가 계산된다는 것을 의미하기 때문이다. 그러면 이익의 내용까지 바뀔 수 있으므로 일관적인 계산기준 적용은 필수이다.

포지션을 세부적으로 해부하여 종목별로 부과한 원가와 실제 판매가 사이의 차액은 내 파트너가 영업을 통해 포지션의 물건을 모두 판매했을 경우 차지할 금액이 된다. 물론 매출이익과 영업이익으로 나눠지는 결산과정에서 파트너의 최종 영업이익은 보다 작아질 것이고 세금을 제외하면 가처분 소득은 더욱 줄어들 것이다. 그럼에도 불구하고 파트너가 벌어들일 수 있는 돈은 매우 컸고 수익률 또한 높았다. 나는 그에 비하면 그저 작은 이익의 한 부분을 공유하는 수준에 그칠 뿐이다.

포지션이 계속 쌓이기 시작하면 나중에는 그에 대한 개념이 없어지는데 나는 이에 대해 파트너에게 자주 주의를 주는 편이다. 무엇이든 뭉뚱그려서 생각하면 결국 대충 생각할 수 있다. 하지만 비즈니스에서 세심함을 잃는 것은 충실함을 잃는 것과 같다. 물건이 대량으로 뭉쳐 있다 해도 포지션별로 나누어 인식하는 것이 판매전략에도 좋다.

각 포지션이 창출한 수익률을 감독하는 일은 더더욱 좋다. 나는 포지션별 수익률을 제각기 주시하고 그것을 따져나가는 것이 훨씬 더 무역거래에 충실한 방안이라고 믿고 있다. 게다가 한 포지션을 성공적으로 청산한다는 의식은 더 많은 뿌듯함과 앞으로의 각오를 다져주는 일이기도 하다. 이것은 결국 생각에 달린 일이지만 경우에 따라서는 다른 결과를 야기할 수도 있다. 그래서 A포지션과 B포지션, C포지션의 수입 아이템들이 모두 맞물려 같은 창고에 있다 해도 각 포지션별로 영업현황이 어떻게 되고 있는지 파악하는 일이 중요하다. 이것은 위험을 방지하기 위한 분산투자임과 동시에 집중투자이기도 하다. 모든 포지션에 주의를 기울임으로써 수익률을 보다 집중적으로 관리할 수 있고, 뭉뚱그려 생각함으로써 발생할 수 있는 관리 부주의를 방지하고 긴장감을 줄 수 있는 분산적 사고이기도 하기 때문이다.

또한 각 포지션에 속한 물건이 같다 해도 적용된 부대비용이나 원가 사정에 따라 가격차이가 있기 때문에 형태는 같지만 엄밀히 보면 다른 수익률을 지닌 같지 않은 물건으로 볼 수도 있다. 채권이나 주식의 포지션을 관리하는 일은 관련 시황을 비롯한 경제여건의 영향을 받으므로 다소 수동적인 면이 있지만, 우리의 경우는 각 포지션을 다양한 영업활동을 통해 더욱 능동적으로 관리할 수 있기 때문에 주변 환경에 따라 각 포지션의 이익률이 등락을 거듭하진 않는다.

헬스클럽에 가서도 무거운 중량으로 적은 횟수만 대충 거듭하면 체격만 불어날 뿐이지만, 부위별로 구체적인 계획을 짜서 다양하게 운동하면 근육의 선명도(Definition)까지 갖출 수 있다. 포지션별로 신경을 쓰고 수익률을 적극적으로 관리한다면 근육의 크기뿐 아니라 선명도까지 향상시킬 수 있다. 단순히 크기만 한 근육으로는 보디빌딩 대회에 나갈 수 없듯, 그러한 관리방법의 차이는 나중에 엄청난 결과적 차이로 나타난다. 특히 식품부분 영업은 유통기한이 있으므로 더더욱 각 포지션별로 영업현황을 감독하는 일이 필요하다. 제조회사와 지속적인 연락을 하며 자체적인 품질검증을 계속 수행하는 일도 빠뜨릴 수 없다. 잘못된 식품이 수입되어 말썽을 일으키는 일은 형사처벌로 직결될 수 있기 때문이다.

지나친 자신감은 오히려 일을 그르친다

사업을 하다 보면 가장 위험한 것이 지나친 자신감의 태동이다. 때론 자신감만큼 위험한 감정도 드물다. 지나친 자신감은 실패로 가는 지름길이 되기 때문이다. 마이클 크라이튼의 지적처럼 우리는 자신이 하는 일을 잘 알고 있다고 생각하지만 과거에도 저지른 잘못을 미래에도 저지를 수 있다는 것은 좀처럼 인정하지 않을 뿐 아니라, 선대의 실수를 그저 머리가 좀 모자라는 사람들의 실수로 생각하고 자신만만하게 새로운 실수를 저지른다. 대량 수입 및 유통에 따른 각각의 포지션 설정과 수익률 달성 여부를 체크하는 것은 그런 쓸데없는 자신감의 태동을 어느 정도 방지하는 데 도움이 된다.

A포지션의 최종 수익률로 처음 목표대로 40%를 달성했다면 B포지션과 C포지션에서도 당연히 그만큼의 확률을 달성하기 위해 최선을 다해야 한다. 한 달에 세 번 치르는 모의고사에서 단 한 번 좋은 결과를 얻었다고 최종 성적 또한 좋은 결과가 나올 것이라고 장담할 순 없기 때문이다. 포지션별 관리는 활발한 영업을 통해 이익을 올리려고 노력하는 것 이상으로 이익의 내용과 양을 파악하도록 도와준다. 이는 결국 영업에 임하는 국내 사업자의 몫이지만 그것을 독려하고 강조할 책임은 파트너인 내게 있다고 생각한다.

또한 사업이 잘 되어 실적이 나기 시작하면 갑작스레 큰 투자욕심이 날 수 있는데 보다 냉정하게 그 투자가 향후 수익률에 어떤 영향을 미칠 것인지 고려하지 않으면 안 된다. 투자를 두려워하지 않는 자신감은 현재의 현금흐름을 훼손하는 가장 큰 독약으로 작용할 수 있기 때문이다. 드러커가 지적했듯이, 투자가 진전되고 고도화되면서 생산성을 올리고 성과를 올리기까지는 갈수록 시간이 걸리고 비용도 증가한다. 장기적으로 향후 성과에 대한 확실한 비전 없이 함부로 투자를 확장하는 것은 결과적으로 비용지출로 판명날 확률이 높으므로, 사업자는 매번 투자결정에 주의해야 할 뿐 아니라 착실히 현금흐름과 이익을 관리하는 것이 필요하다. 만일 누군가와 함께 무역회사를 세우거나 자신이 무역중개 거래를 할 것이라면 파트너가 꾸준히 단기 실적을 이룩해가며 장기적인 비전을 유지하도록 도와야 할 것이다.

수입은 철저한 사전작업이 필수

품질이나 가격상 확실한 우위를 점할 수 있는 제품을 수입하여 국내에서 대량 유통시킬 수 있다면 매우 경쟁력 있는 사업분야가 될 것이다. 이는 젊은 사람들 사이에서 보다 대중화될 필요가 있는 분야이다. 외국어 구사능력과 열정을 지닌 세대라면 효율적인 무역거래를 창출하거나 그 과정을 충분히 도울 수 있기 때문이다.

수입은 사전준비에 의해 모든 것이 이루어진다. 시험지를 풀고 나서 답안지를 보고 고치는 행위는 이 분야에서 용납되지 않는다. 물건이 국내에 도착한 후에는 후속조치나 예기치 못한 일에 대비하기가 어렵기 때문이다. 모든 것은 사전에 준비해야 하고, 사전준비대로 이루어지도록 만전을 기해야 한다. 특히 대량 수입일 경우에 이러한 단계를 관철시키는 것은 치명적일 만큼 중요하다. 수입거래를 원하는 국내 고객의 지출금액 예상과 실제 편성, 그리고 환율에 대한 인식 등 모든 것을 사전에 파악하고 계획된 대로 움직여야 한다.

무역에서의 변수는 정말 무서운 결과를 초래할 수 있기 때문에 더욱더 철저한 사전준비로 대응하는 것만이 유일한 위험방지 방법이다. 예를 들어 이전에는 각 상자마다 라벨을 부착했지만 법안이 바뀌어 이번 달부턴 상품마다 라벨을 붙이고 원산지를 표기해야 한다는 변화가 있다고 가정해보자. 사전준비를 철저히 하지 않으면 이 과정을 예상하거나 통지받지 못해 이전과 같은 방식으로 물건을 들여오게 된다. 그런 후 새로운 법칙에 따라 각 상품마다 라벨을 부착하고 원산지를 표기한다면 적지 않은 컨테이너 하역 적출비용이 들어간다. 이런 경우 수입자의 예산계획에 악영향을 미치지만 이는 그나마 양호하고 괜찮은 예에 해당한다.

더 나쁜 변수로 인해 물건을 해외로 반송해야 하거나 국내에서 판매할 수 없다는 판정이 나오면 향후 회사운영에 엄청난 부정적 영향을 미칠 수 있다. 이러한 모든 위험은 더욱더 철저한 사전준비 및 파악을 통해서 방지해야 한다. 만일 충분히 파악 가능했던 정보를 알지 못해 파트너나 회사가 비용을 지불한다면 그것은 무역을 주도한 사람이나 회사의 꼼꼼하지 못한 성격 때문에 거액이 낭비되는 것이다.

위에서 예를 들었던 것처럼 수입을 하다 보면 각 상품이나 품목별 묶음에 대해 국내 법에 따라 한글표시 사항이나 라벨을 부착해야 하는 경우가 있는데, 이러한 것은 웬만하면 국내에서 미리 제작하여 해외 회사로 보내 부착하도록 하는 것이 편하다. 국내에서 제작하면 충분히 그 내용을 사전에 검증할 수 있기 때문이다. 물론 배송비가 들어가지만 전체 원가에 미치는 영향은 미미하기 때문에 국내에서 제작하여 전송할 수 있는 것은 그렇게 하는 것이 바람직하다. 해외 업체가 완전히 숙달된 회사가 아니라면 그들에게 모든 것을 맡기는 것은 위험하다.

운송일자를 어느 정도 조절하는 법 또한 사전작업을 통해 가능하다. 일반적으로는 수출업체가 자체 운송을 담당하는 에이전트 회사에 전화를 걸어 자의적으로 스케줄을 정하는 경우가 많지만 이런 경우는 수입자가 물건운송 스케줄에 영향을 미치기가 어렵다. 수출업체가 알아서 잘 해주면 상관없지만 중화권 기업들은 지연되는 스케줄로 인해 문제를 일으키기도 하므로 수입자가 운송 스케줄에 개입하는 것은 중요하다. 그 방법 중 하나는 해외의 운송 에이전트에게 직접 전화를 걸어 예상 운송 스케줄을 미리 알아본 후 수출업체가 일을 시작할 무렵 전화를 걸도록 하여 한국의 수입자가 희망하는 운송 스케줄을 알려주도록 하거나 재확인해주는 것이다. 별것 아닌 것 같지만 나는 이런 방법으로 처음에 수출업체가 이야기한 운송날짜보다 실제로 물건을 빨리 받은 적이 있다.

　더 쉬운 방법으로는 해외 운송 에이전트와 사업 제휴관계에 있는 국내 운송업체에 전화를 걸어 이 날짜 정도에 꼭 받아야 한다면서 신경 좀 써달라고 부탁하면 해외 운송업체로 전화를 걸 것이기 때문에 같은 효과가 발생할 수 있다. 그것은 운송 스케줄에 신경 써달라는 신호를 보내는 것이며, 운송 스케줄과 관련하여 수출업체뿐 아니라 운송업체로부터도 정보를 얻게 되므로 전반적인 운송과정에 보다 능동적으로 임할 수 있는 계기가 된다.

상품통관의 노하우

　　　세관을 통해 세금계산을 했다고 하여 수입한 상품통관이 완료되는 것은 아니다. 예를 들어 식품 같은 경우는 통관 전 식약청에서 무작위 검사를 하는데 어떤 식품이든 이때 걸린 대상은 다시 정밀검사를 받아야 한다. 이는 수입했다고 신고하는 서류에 명기된 제품과 다른 식품이 들어오는 것을 막기 위해서이다.

　무작위 검출이 지나면 통관에 임박하여 또다시 세관이 실시하는 사전검사와 사후검사 제도가 있다. 만일 사전검사에 걸렸다면 통관이 예정된 시점에서 3~4일 가량 지체되며, 검사대상으로 지정된 물품에 대한 성분과 세율이 세관 자체 기준에 의해 검토된다. 검사과정에서 의문점이 발견된다면 세관은 해당 식품 사업자에게 관련 서류나 카탈로그를 요청할 수 있다. 사후검사 역시 샘플을 세관에 제출하는 등 해야 할 일이 많지만 전체 물량이 며칠간 묶이는 사전검사보다는 낫다. 이러한 일은 국가에서 실시하는 정책이므로 준수하는 것 외에 다른 대응방안은 없다.

　또한 식품을 수입하는 경우라면 미리 실험용 수입을 해보는 것이 중요하다. 서류상 검토만 믿고 대량으로 수입했다가 막상 식약청 정밀 테스트에 실패하면 전량이 본국으로 돌아가야 할 뿐 아니라, 수출업체와의 지난한 클레임이 기다리고 있기 때문이다. 이 과정의 책임공방은 끔찍하다. 수출업체는 수입업체의 불충분한 사전조사 탓으로 책임을 돌릴 것이고, 수입업체는 무역거래의 실패를 들어 수출업체에 배상을 요구할 것이기 때문이다. 더욱 철저한 사전준비를 통해서 이런 일을 미리 방지하는 것이 최선이다.

지속적으로 많은 양의 식품을 수입할 경우에는 100kg 이상으로 수입을 시작하는 것이 바람직하다. 100kg 이하로 검사를 통과하다가 100kg 이상으로 수입되면 '재검사' 대상이 되기 때문이다. 이것 또한 사전조사를 통해 미리 파악해두지 않으면 비싼 돈 내고 같은 상품을 두 번이나 같은 검사대에 올려놓는 번거로운 일이 생긴다. 생각 가능한 모든 것에 대해서 귀찮더라도 치밀하게 사전조사를 해두는 것이 결국엔 가장 마음 편한 일이다.

무역에서도 인간관계가 중요하다

해외 회사의 유능한 직원들은 언제나 내게 좋은 친구임과 동시에 선생님이었다. 나는 그들을 통해 정말 많은 것을 배웠다. 각 상품별 가격구조를 포함하여 그들의 영업전략과 해외 시장현황에 대해서도 재미있는 이야기를 많이 들을 수 있었다. 그들과 깊이 있게 대화를 나누는 것은 기쁜 일이었다. 대량 수입을 통한 무역 노하우 역시 그들이 아니었다면 배우지 못했을 것이다.

해외 업체 직원들은 좋은 친구이자 선생님

우리가 수입하는 상품의 가격구조에 대해 배우는 것은 매우 흥미로운 일이다. 또한 국내 회사에 좋은 영향을 미칠 수 있는 일이기도 하다. 상품은 보통 원자재 가격에 따라 유동적으로 움직이거나 소폭으로 등락을 거듭하는데, 이 과정은 선물시장이나 원유가격 등락폭에 영향을 받는다.

예를 들어 타이완의 플라스틱 마켓은 원유와 환율 등의 여건에 따라 등락을 거듭한다. 원자재 가격이 변화할 경우 상품에 상승·하락분을 반영할 날짜를 미리 예고하는 경우가 많다. 원자재 가격변동분을 적용하기 이전에 구매계약서나 주문시트(Order Sheet)를 체결할 경우는 변화된 가격을 적용하지 않은 원래의 가격에 물건이 수출된다. 그러나 한때는 원자재 가격이 올랐음에도 불구하고 경쟁업체들로부터 워낙 물량이 많이 쏟아져서 처음에 예고했던 바와 달리 상품의 최종 출시가가 하락한 경우도 보았다. 전혀 예상하지 못한 상황이지만 그런 경우는 원자재 가격상승분 반영을 피하기 위해 미리 주문을 넣고 대금을 지불한 수입업체가 오히려 손해를 보기도 한다.

이렇듯 가격구조에 관한 이야기를 듣거나 논의하는 것은 재미있는 일이지만 복잡한 선물시장에 대해서까지 파헤치거나 원유시장의 투기세력까지 연구할 필요는 없다. 그런 과정을 거쳐 확보된 결과물이 중요하므로 단지 그것을 설명하거나 이해할 수 있기만 하면 된다. 물론 지속적인 비용압박형 인플레이션(Cost-Put Inflation, 수요는 변화가 없는데 국제유가가 급등하거나 임금이 많이 올라 물건값에 비용이 전가되는 인플레이션 유형)이라도 발생하여 수입원가와 이익률에 계속 이상이 발생할 징후가 보인다면 수입업체측에서도 신속히 대책을 세워야 할 것이다.

중화권에는 무역과 관련한 에이전트들이 매우 많다. 그들은 수출업체에 귀속된 일종의 프리랜서 같은 존재이기도 하고 외부 영업원의 역할을 하기도 하는데, 물량판매를 창출할 때마다 커미션을 받는 경우가 많다. 내게도 그런 유혹이 있었다. 그러나 그것은 결국 돈을 지불하는 수입자나 소비자에게 원가상승을 유발하는 행위이다. 은행거래를 통해 정확한 금액 송신현황이 드러나는데다 복잡하게 수출업체와 커미션 거래를 맺는 일 따위는 애당초 내 머릿속에 들어 있지도 않았다.

수출업체가 중간에 끼어 있는 인물에게 지급하는 커미션을 비용지출이나 판매손실로 계상할 경우 자칫 수입업체가 그만큼의 비용을 지불해야 할 위험이 생기기 때문이다. 그런 경우 수출업체는 수입업체에게 줄 수 있는 혜택도 축소하려 들게 마련이다. 나는 애당초 모든 혜택이 국내의 내 파트너에게 돌아가야 한다고 주장했기 때문에 우리의 수출업체들은 나를 두고 전혀 그런 걱정을 할 이유가 없었다. 실제로 파트너와의 일에서 도덕성보다 중요한 것은 아무것도 없다.

약간의 돈을 깎기 위해 큰 소리로 수출업체와 싸움을 벌인다든지 품위 없는 행동을 벌이는 일은 스스로의 평판을 깎아내리고 거래 자체의 신뢰도를 하락시킬 수 있다. 무역거래의 중심에 위치한 인물은 아무리 화가 나는 상황이 발생해도 이성적이고 객관적으로 대처해야 한다.

나는 항상 해외 공급자들에게 그들을 신뢰하고 있다는 사실을 이야기하는데 이러한 태도는 문제가 발생했을 때 해결하는 데도 큰 도움이 되곤 한다. 그것은 초기 보바 익스프레스에서 가격문제로 HD그룹이나 기타 회사들과 대립하고 자존심을 세우다가 결과적으로 거래 자체를 지연시켜 국내 영업에 지장을 초래했던 경험에서 나온 교훈이다. 필요할 때는 화를 내는 것도 중요하지만 거래가 손상을 입거나 신뢰도가 하락할 만큼의 싸움은 피해야 한다. 당장은 거래에 별 영향이 없어 보이지만 심한 논쟁을 벌인 대상이 가격결정권에 영향을 미칠 수 있는 인물이라면 나중에 충분히 받아야 할 혜택을 받지 못할 수도 있다.

무역주기 확보는 중요한 철칙

또 하나 수입에 있어 매우 중요한 것은 일정한 무역주기 확보다. 이것은 항상 눈을 부릅뜨고 있지 않으면 안 되는 부분이다. 개인적으로 내가 가장 예민하게 신경 쓰는 일도 바로 이 부분이다. 수입은 일정한 주기를 두고 이뤄져야 한다. 그 이유는 국내 사업자가 원활히 사업을 할 수 있기 위해서이다. 만일 재고량이 고갈될 것이 확실한 상황에서 국내 수입주체가 적정한 무역주기, 즉 수입 타이밍을 제대로 맞추지 못한다면 그 회사는 제대로 사업을 할 수 없다.

무역주기란 국내 사업자가 주문을 한 이후 물건이 인도되기까지의 기간을 뜻한다. 수입은 각종 변수가 자리잡고 있기 때문에 확실한 주기를 보장하기가 어렵다. 그러나 어느 정도의 주기를 확보하여 국내 사업자의 영업 사이클에 도움을 주지 못한다면 그 무역은 오히려 독이 될 수도 있다. 다소 부담스럽더라도 수출업자가 무역주기를 지키도록 계속 독려하고 때로는 괴롭혀야 한다.

예를 들어 나 같은 경우는 무역주기를 2주~2주 반으로 잡고 있는데, 한번은 수출업체의 사정으로 무역 컨테이너가 한국의 국내 파트너에게 전달되는 데 총 4주 가량 걸린 일이 있었다. 국내 파트너는 밀린 주문을 처리하느라 고심했는데 이것은 결국 무역주기를 보장하지 못한 나와 수출업체의 책임이었다. 나는 2주 반으로 잡혀 있던 주문을 효율적으로 다루지 못한 탓에 두 번의 주문물량이 가동될 시간에 단 한 번만 주문을 성사시킴으로써 다른 한 번의 주문기회와 적지 않은 액수의 돈을 잃었다. 무역주기의 확실한 확보가 철칙이라는 사실을 비싼 돈을 주고 깨달은 셈이다. 나는 보다 빠르고 일정한 주기를 확보하기 위해 사전에 더욱 열심히 뛰어야 한다는 사실을 뼈저리게 절감했다. 이 분야는 약간의 방심도 허용하지 않는다는 것 또한 절실히 깨달았다.

비즈니스에서 가장 중요한 일은 좋은 사람을 만나는 것

무역중개에서 좋은 국내 파트너를 얻는 일은 무역거래 자체보다 훨씬 중요하다. 꿈만 크거나 현실성이 결여된 파트너는 실격이다. 신뢰하기 어려운 사람 역시 탈락이다. 좋은 사람을 만나는 것은 세상에서 가장 어려운 일 중 하나지만 비즈니스에서 그보다 더 중요한 것은 없다. 언젠가 새벽에 국내 파트너에게서 전화가 걸려와 눈을 부비고 받은 적이 있는데, 상기된 목소리로 "전 이 분야에서 국내 최고의 회사를 소유하고 싶습니다!"라며 씩씩하게 포부를 밝히는 것이었다. 루퍼트 머독은 새벽에 실적이 부진한 임원에게 전화를 걸어 해고를 통지한다던데 내 파트너는 새벽에 전화를 걸어 포부를 밝혔기 때문에 나는 루퍼트 머독의 임원보다는 운이 좋은 셈이었다. 어쨌든 그의 박력 있는 목소리를 듣자 유쾌한 기분과 함께 잠이 모두 달아났다. 그런 파트너를 가진 것만으로도 이미 절반은 성공했다는 생각이 들었다. 그를 위해 내가 할 일은 역시 그의 비전을 독려하고 더욱더 예측 가능한 좋은 거래를 선사하는 것이다.

좋은 파트너는 무역이나 사업보다 훨씬 앞서는 중요한 존재다. 물론 그와의 관계 역시 의리나 우정보다는 계약으로 맺는 것이 더욱 좋다. 사업에선 계약을 통해 우정을 보장하는 것이 의리에 모든 것을 맡기는 것보다 훨씬 낫기 때문이다. 확실한 계약 없이 일에 임하다가 국내 파트너와 갈등이라도 빚게 되면 그가 다른 거래처를 선임하여 일할 경우에도 마땅히 대응할 수 없다.

내 경우는 해외 수출업체들이 나를 통해 거래할 경우에 한하여 혜택을 주겠다고 앞서서 약속하고 서류에 명문화해주었기 때문에 각종 서류에 내 사인이 없다면 국내 파트너들이 내 라인의 회사들과 거래할 수 없다. 그것은 해외 회사들이 간결하고 분명한 내 의사소통 방식을 신뢰해줬기 때문이다. 나는 이러한 신뢰까지 빠짐없이 계약조항에 포함시켰다. 계약서는 지정된 기간 동안 적어도 명시된 부분에서는 불확실성을 제거해주므로 국내 파트너와도 확실한 계약을 통해 관계를 맺는 것이 중요하다. 좋은 파트너는 최신형 쾌속함정과도 같기 때문에 좋은 모델과 엔진을 갖춘 사람과 함께 한다면 돈 버는 것은 오히려 부수적인 일이 된다.

일본 아키요시 그룹의 총수 시마카와 다케오가 이야기했듯이 월급에는 눈에 보이는 월급과 보이지 않는 월급이 있다. 좋은 파트너와 일하는 것은 눈에 보이지 않는 월급을 통해 일의 즐거움이나 스릴을 한껏 즐길 수 있는 것을 의미한다. 대부분의 경우 좋은 파트너는 일 자체보다 중요하다. 아무리 멋진 거래를 창출했다 해도 파트너로부터 신뢰를 얻지 못하거나 제대로 보수를 지급받지 못한다면 그 일은 할 가치가 없다. 만일 그런 관계에 있다면 보다 어울리는 자리를 위해 과감히 물러나는 것이 낫다.

무역부문을 전담하여 좋은 거래를 이끄는 한편, 국내 영업을 맡고 있는 파트너와 자주 사업 이야기를 나누는 것도 좋은 수업이 될 수 있다. 가장 기본적인 사항은 역시 자신이 무역을 통해 창출한 거래를 국내 파트너가 얼마의 가격에 팔고 있는지, 사업현황이 어떤지 정확히 파악하는 것이다.

마케팅이나 회계서적을 읽는 것도 많은 도움이 된다. 나 역시 파트너의 사업을 보다 객관적으로 볼 수 있는 입장인만큼 마치 사외이사처럼 회사에 관해 여러 가지 질문을 하는 편인데, 때로는 파트너가 미처 보지 못한 실수도 우연찮게 지적해주기도 한다. 이 모든 것은 결코 어려운 일이 아닐 뿐더러 20대 초반의 젊은이라도 자각만 있다면 할 수 있는 일이다.

고소득과 만족감을 동시에 주는 일

새로 시작한 무역일은 처음에 우려했던 바와 달리 생활에 큰 활력을 불어넣었다. 사실 이것은 직업이라고 보기에는 무리가 있었다. 한 거래가 끝나는 동안 내가 관여하는 시간은 불과 5시간 남짓이기 때문이다. 한마디로 짧은 시간에 꽤 괜찮은 액수를 벌어들이는 지적 아르바이트인 셈이다. 그리고 파트너 회사에 지분형으로 참여하고 있으니 회사가 존속하는 한 나 역시 앞으로도 계속 돈을 벌 것이다. 금액이나 시간으로 보아 이보다 나은 아르바이트는 드물 것이다.

적은 시간을 투자하여 큰돈을 벌다

파트너 회사로부터 돈을 지급받는 조건은 내 스타일대로 간결하게 작성되었다. 일반적으로 무역에 소요되는 금액은 작은 규모가 아니다. 물론 다양한 아이템을 조금씩 소량 수입하는 사람들도 많지만, 대량 유통을 목표로 회전율이 높은 물건을 구매하는 경우도 많다. 만일 소량 수입을 목표로 하고 있었다면 우리는 거래처들로부터 지금의 대우를 받지 못했을 것이다.

우리가 해외에서 물건을 구매하는 데 지불한 금액은 일을 시작한 첫 회에 미화 3만 달러 정도로 원화로 환산하면 3,200만 원 정도 된다. 내 조건은 해외에 지급되는 금액의 15%를 수수료로 지급받는 것이었다. 그렇게 해서 첫 회에 내가 올린 수입은 500만 원이 조금 못 되었다. 5시간 일한 대가치곤 큰 금액이었다. 또한 회사가 야심차게 영업을 시작하는 단계라는 사실 역시 향후 회사의 수입전망을 밝게 만들었다. 앞으로 영업이 불안정해질 수도 있겠지만 나는 파트너들의 능력을 신뢰했기 때문에 회사에 다소 어려움이 있다 해도 계속 승리해나갈 것이라고 믿고 있다.

지급받는 금액을 15%로 설정한 것에는 이유가 있다. 다른 무역회사는 10% 이하를 받기도 하지만 내가 받는 돈은 단순히 무역거래를 창출함으로써 받는 수수료의 의미가 아니라고 생각했다. 당당히 파트너로서 참여하는 것이므로 내가 회사의 한 부분으로서 이익을 공유할 자격이 있다고 믿었기 때문이다.

미국의 친구들에게 이메일을 보내 조언을 구했는데, 한 변호사 친구는 내가 20%를 징수해도 괜찮을 것이라는 답변을 보내왔다. 적극적으로 고려해보기도 했지만 20%는 적절하지 않은 수치라고 결론내렸다. 무역거래에서 발생하는 해외 지급액의 20%는 매우 큰 액수이므로 개인적 욕심이 반영된 수치라고 판단되었기 때문이다. 큰 거래의 경우 1%만 해도 수십만 원이 오가므로 합리적인 비율을 설정해야 했다. 결국 나는 10%의 단순 수수료와 20%의 큰 지급액 사이에 위치한 15%를 내 몫으로 선택했다. 그것은 내가 들여오는 무역 포지션의 이익을 확실히 공유하겠다는 의지를 보여줌과 동시에 수입 아이템의 국내 출시가격에 큰 부담을 주지 않겠다는 뜻을 동시에 표현하는 수치라고 생각했다. 또한 국내 파트너가 내게 돈을 지급하는 만큼 더욱 확실하고 강력하게 영업에 임해야 할 것이라는 메시지를 자각시키는 효과도 있었다.

우리의 거래는 객관적으로 소액 무역거래에 해당했지만 내게 적지 않은 이익을 주는 규모의 거래였다. 어찌 보면 대량 수입이라고 부르기도 힘들고 국제무역 기준에 비춰보면 소량 수입에 가까울 수도 있다. 그럼에도 모두에게 이익을 창출하는 거래라는 점은 분명하다.

보수책정도 신뢰를 바탕으로

회사가 이제 겨우 모든 것을 시작해나가는 차원인만큼 향후 무역 거래액의 규모는 더 증가할 것으로 예상되었다. 아이러니하게도 해외에 지급하는 액수의 15%를 내게 지급한다는 것은 해외에서 수입하는 상품의 가격이나 환율이 상승할수록 내가 받는 돈도 늘어난다는 것을 의미한다. 내게 배당되는 액수와 해외 지급액의 규모가 정비례하기 때문이다. 이것은 국내 파트너가 우려할 수 있는 문제였다. 나는 어느 날 넌지시 파트너에게 이 얘기를 들려주었는데 그는 내게 "당신을 믿기 때문에 그런 걱정은 해보지 않았다"는 답변을 주었다. 우리는 그만큼 서로를 신뢰하는데다 수입하는 상품의 가격결정 구조를 완벽하게 공유하고 있기 때문에 그럴 걱정은 없었다.

또한 수출업체로부터 오는 이메일 중 가격과 관련하여 변동이 있거나 새로운 가격을 통지하는 이메일은 나뿐만 아니라 함께 일하는 파트너들에게도 전달되도록 했다. 그들은 내가 거래에 적합한 협상을 하는지 감독할 권리가 있다고 생각했기 때문이다. 한 수출업체는 별도 커미션 제의를 내가 거절했다는 사실을 수입업자에게 이메일로 보내어 감동을 주기도 했다. 나는 그 말을 전해준 수출업체 임원에게 술을 사기로 했으므로 별도 커미션은 내가 지불하는 셈이 되었다.

파트너에게서 내게 지급되는 금액의 비율은 이후 다시 한 번 수정을 거쳤다. 나는 각 상품별로 구매가격과 출시가격, 그리고 각종 감가상각률을 적용하여 매출이익과 영업이익을 파악했고, 상품의 특징에 상관없이 일률적으로 15%의 수수료를 적용하는 것은 수입업자의 수익에 좋지 않은 영향을 미친다고 판단했다. 아버지께서는 상품별로 마진비율을 고려하여 내 보수를 보다 세분화하는 것이 어떻겠느냐는 좋은 충고를 해주셨다. 나는 각 상품의 마진구조에 따라 일부 품목은 수입가의 12%, 그리고 일부 품목은 17%와 10%로 나누었다. 퍼센티지가 낮을수록 대량 유통이 가능하고 가격이 싼 상품들이었다.

확실히 내 생활은 회사시절에 비해 재미있고 여유가 있었다. 파트너들 역시 훌륭한 영업라인을 가지고 있고 매우 열심히 일하는 사람들이므로 나는 그들의 게임을 가까이에서 지켜볼 수 있는 관람권도 가진 셈이었다. 정기적으로 그들로부터 전달받는 열기에 찬 비전은 가끔 날씨가 흐리거나 컨디션이 둔화되었을 때도 기분을 좋게 해주었다. 좋은 사람들과 사귈 수 있다는 것이 너무도 행복하다는 것을 느꼈다.

일에 소요되는 시간은 짧았지만 각종 가격구조와 관련한 업데이트나 해외 회사들과 연락을 취하는 것은 일주일에 2~3번 이상은 해줘야 할 일이었다. 다행히도 그런 것은 전혀 일이라고 느껴지지 않았다. 나는 단지 전화를 걸고 안부를 묻고 새로운 무언가를 배울 뿐이었다. 또한 경제서적과 금융·기업서적을 읽는 활동 또한 과거와 다를 것이 없었다. 독서수치는 군복무 때보다 오히려 떨어졌지만 도서관이 이사를 간 건 아니기 때문에 양질의 책을 접할 수 있는 환경에는 변함이 없었다. 내 일역시 한 달에 보통 두 번 정도 하는데 내게 지급되는 보수는 업무시간에 비해 아주 좋았기 때문에 뿌듯함도 느낄 수 있었다. 결과적으로 내 생활은 과거의 아픈 경험들로 인해 오히려 윤택해졌다.

따지고 보면 나는 특정한 보수나 대가를 바라고 일이나 공부에 매달린 적이 거의 없었다. 희미한 목표를 설정하고서라도 죽을 힘을 다해 내달리는 일이 지난 시간 동안 계속 반복되었다. 단지 영어를 유창하게 해보고 싶어 힘들게 영어에 도전하여 미국의 고등학교로 전학갔던 일이나, 무언가 거대한 일의 주인공이 될지도 모른다는 상상을 하며 동참했던 미국 스윔웨어네이션이 떠오른다. 나는 좌충우돌식으로 많은 일에 부딪쳐가며 싸웠던 지난 과정들이 진정으로 의미 있는 시간이었다는 사실을 확신하게 되었다.

무역은 새로운 기회를 제공한다

현재나 미래의 소비자 기호에 꼭 맞출 자신이 있다면 어떤 것이든 훌륭한 사업 아이템이 될 수 있다. 물론 보전산지(개발이 불가능한 부동산)처럼 상업적인 개발이 불가능하고 가격만 싼 아이템은 건드려선 안 된다. 모든 아이템 검토는 상업성에 초점을 맞추고 이뤄져야 한다. 무역시장에서 유망한 상업적 아이템을 찾는 것은 보물을 찾아 바닷속을 탐사하는 것과 비슷하지만 보물을 찾다가 익사할 일은 없으니 훨씬 쉬운 일임에 틀림없다. 또한 높은 관심과 뜨거운 열정이 있다면 물속으로 들어가지 않고도 얼마든지 보물을 찾을 수 있다.

설령 그 분야에 이미 국내 개척자가 들어온 상황이라 해도 상관없다. 가격과 품질, 서비스에서 개척자가 범한 실수를 따라잡고 보다 나은 활동을 펼칠 수만 있다면 개척자의 존재는 거의 없는 것이나 다름없다. 제러드 텔리스와 피터 골더의 조사에 따르면 개척자의 실패율은 적어도 64퍼센트 이상이며, 개척자의 시장점유율은 겨우 4~6퍼센트에 달할 뿐이다. 개척자가 오히려 후발주자의 실수를 미리 대리 경험해줌으로써 후발주자의 발전에 기여하는 경우도 적지 않다.

국내 시장에 이미 누군가가 자신이 꿈꾼 무역 아이템을 들여놓았다

해도 그가 국내 시장을 소유한 것은 아니므로 후발주자로서 적절한 공격으로 시장을 공략할 수 있다면 적극적으로 진입을 고려해야 한다. 만일 개척자나 선발주자가 틈새시장에서 높은 가격으로 영업을 하고 있다면 텔리스와 골더의 조언처럼 품질이 좀 떨어지더라도 처음부터 낮은 가격에 대량으로 시장에 진입하는 것이 바람직하다. 만일 선발주자들의 가격이 대량 시장에서 요구하는 가격이 아니라는 확신이 서면 가장 적정한 규모의 가격을 갖춰 시장공략에 들어가야 한다.

또한 선발주자들이 비싼 가격으로 높은 마진을 추구하며 소비자에게 무역에 따른 고비용을 전가하고 있다면, 보다 저렴한 가격의 제품을 출시하여 선발주자의 뒤통수에 강편치를 날릴 수도 있다. 인터넷과 통신수단이 워낙 발달되어 있기 때문에 보다 나은 조건의 물건공급이라면 단시간에 적지 않은 수의 구매자를 모을 수 있을 것이다. 물론 이는 향후 선발주자들이 가격을 인하할 가능성도 염두에 두고 수출업체들과 충분한 전략적 협의를 거쳐 어떤 경쟁에도 지지 않을 만큼의 전력을 갖춘 후의 이야기이다.

나 역시 활발한 의사소통을 통해 해외 업체들과 국내 회사의 비전과 전략을 공유하고 있기 때문에 해외로부터 품질 및 가격에 많은 혜택을 받고 있다. 또한 내 국내 파트너들은 더욱더 공격적인 영업과 서비스로 해외 업체들의 협조에 화답한다. 이러한 것은 결국 해외 수출업체와 수입업체, 그리고 가운데에서 관계를 리드하는 내게도 금전적으로나 정신적으로 큰 이익을 안겨주는 일이다.

무역중개 거래를 맡음으로써 생겨나는 소득은 매우 가치 있다. 외국어와 다른 나라에 관심을 가진 사람이면 누구나 이 일을 할 수 있다. 물론 사업에 따르는 비전과 감각, 지식은 꼭 있어야 하지만 그것은 후천적인 노력으로 충분히 얻을 수 있다. 누구든 상업성 있는 아이템을 발견하여 해외 회사와 협상하고 좋은 가격으로 국내 시장에 들여와 영업을 할 수만 있다면, 그 사업을 벌이는 당사자가 아니라 거래중개자로서도 적지 않은 돈을 벌 수 있다.

나는 개인적으로 외국에 나가더라도 전화와 인터넷을 사용하여 한 달에 두 거래씩 10시간 이상 꼭 투자하여 이 일을 계속할 생각이다. 무역중개 거래가 매력적인 이유 중 하나는 전화와 인터넷만으로도 기본적인 사무실 환경이 만들어진다는 것이다. 자신의 생활을 그대로 영위할 수 있다는 것 또한 최고의 행복이다. 그 시간을 투자하여 원하는 일을 마음껏 할 수도 있다. 학생이라면 학교를 다녀도 되고, 직장인은 부업으로 무역중개를 할 수도 있다. 물론 중요한 것은 외국어와 경제부문으로 부단히 노력하여 계속 실력을 쌓아나가는 것이다. 가능하면 해외여행을 통해 견문을 쌓는 것도 좋다. 경제적으로 다양한 경험을 해보는 것도 필요하고, 돈을 많이 벌어본 사람들과 적극적으로 이야기를 나누고 무언가를 배우는 것도 좋다.

만일 거대한 무역거래를 중개하거나 주도할 수 있다면 한 달에 웬만한 사람의 6개월 이상 수입을 올리는 것도 가능하다. 나도 그런 사례를 실제로 본 적이 많다. 그 중에 1년에 두세 번만 일하는 사람도 있었는데 그는 국내 농작물 수입분야에서 해외의 거대 곡물회사와 계약을 맺은 사람이었다. 그는 어마어마한 양의 수입을 중개함으로써 엄청난 중개수수료를 받았고 최신형 BMW를 타고 다녔다. 부지런히 외국을 돌아다니거나 커넥션을 쌓다 보면 그런 것이 결코 놀라운 일은 아니다. 결국 일의 원리는 내가 일하는 방식이나 그가 일하는 방식이나 똑같다. 단지 대상으로 삼은 상품의 규모나 상업성에 따라 지급받는 보수가 다른 것뿐이다.

무역중개 거래나 수입상품 영업을 통해 거둘 수 있는 가능성은 무한하다고 생각한다. 시장이 매번 진화하고 있기 때문에 다른 사람들이 이미 할 수 있는 건 한 자리씩 다 차지하고 있다는 식의 패배적인 사고방식은 적절하지 않다. 비전과 노력만 있다면 얼마든지 거액의 거래를 창출하여 큰돈을 벌 수 있다. 해외여행도 단지 놀러 가는 것이 아니라 확실한 견문쌓기라는 목적을 부여하고, 거리를 돌아다니며 구경하는 상품들에도 이전보다 많은 주의를 기울인다면 진흙 속에서 진주를 발견하는 일도 가능할 뿐 아니라 여행의 가치도 높일 수 있다.

도서관에 가서 무역이나 회계·경제서적을 찾아 읽는 일 또한 미래의 무역행위를 창출하는 첫 단추가 될 수 있다. 어쩌면 신문을 읽으며 시장 개척 여부를 고민하는 것이 그 시작이 될지도 모르겠다. 그렇게 보면 무역은 다른 곳에 있는 것이 아니라 바로 우리의 생활 속에 숨어 있는 셈이다.

성공에 대한 인식의 변화

새로운 파트너들과 함께 일하며 해외 회사들과의 거래를 주도하는 아르바이트는 과거 회사경영에 실패했던 내 경험을 훌륭한 투자로 바꾸어주었다. 지나고 보니 과거의 실패처럼 가치 있는 경험이 없었다.

나는 오히려 더 많은 분야에서 실패를 경험해보지 않은 것이 후회스러웠다. 그것은 용기가 부족한 삶을 뜻할 수도 있기 때문이다. 모든 일은 시작이 어려울 뿐이지 막상 시간이 지나면 어려웠던 단계를 잊거나 일이 쉬워졌다고 느낀다. 에머슨의 말처럼 일이 쉬워진 것은 정작 우리의 능력이 개선되었기 때문임에도 불구하고 말이다. 보바 익스프레스 시절 HD그룹 및 타이완의 식품회사와 수없는 다툼을 거치며 더없이 어렵게만 느껴졌던 무역이 지금은 평범한 일상생활이 되었기에 과거의 어려웠던 시간이 마치 신기루같이 느껴진다.

처음으로 타이완에 가서 미숙한 눈빛을 부릅뜨고 더듬거리는 중국어로 미팅에서 만난 회사 관계자들에게 내 비전을 설명하던 때가 가끔 떠오른다. 그때 나는 오직 우리의 힘을 보여줘야 한다는 일념으로 장황한 일장연설을 늘어놓곤 했다. 어떤 회사 관계자에게는 위압적인 어투의 영어로 장시간 이야기하기도 했는데, 결국 그들을 압도하거나 우리의 뜻을 전달하는 일 모두에 실패하곤 했다. 상당수 사람들이 영어를 못 했을 뿐 아니라 당시 허겁지겁 준비해간 어설픈 내 중국어 연설 또한 제대로 알아듣지 못했기 때문이다.

나는 그들과의 미팅을 위해 며칠 밤을 샜는데도, 그 노력의 결과는 "저 친구 꽤 용감한데" 정도의 평판뿐이었다. 며칠간의 노력으로 해외까지 건너가서 몇 시간을 떠든 끝에 얻어낸 성과가 겨우 그것이었던 셈이다. 지금 생각해보니 당시의 나는 거래를 하기 위해서가 아니라 기가 죽지 않기 위해 애를 썼던 모양새였다. 물론 그런 어리숙함과 미숙함이 좋은 경험으로 쌓여 오늘날의 내가 있을 수 있기에 당시의 추억은 너무도 소중하다.

성공은 결과가 아닌 과정에 있다

지난 시간의 경험은 성공에 대한 내 인식도 크게 바꾸어주었다. 오랜 시간 동안 나는 성공을 결과물로 정의해왔다. 목표하는 결과가 이뤄질 때까지 죽을 힘을 다해 뛰는 것이 성공으로 가는 길이라고만 생각했다. 보바 익스프레스는 그런 나를 편협하게 정의된 성공 속에서 벗어나도록 해주었고, 성공이 과정 속에 이미 존재하고 있다는 교훈을 주었다. 성공이 단지 한 순간에 그칠 뿐이라면 그것은 실상 존재하지 않는 환상을 향해 달리는 것과 무엇이 다를 것인가.

하나의 과정이 엮어낸 성과가 성공이라는 결과로 묶이면 그뒤로는 그 결과물을 어떻게 관리해나갈지 애매하고 쉽지 않다. 또한 결과로서의 성공은 포만감을 제공하기 때문에 탁월한 성과를 통해 쉬지 않고 앞으로 나아가야 한다는 사실을 잊게 만든다. 이것은 결과물로서의 성공이 장기적으로는 실패의 지름길로 이어지는 과정을 보여준다. 실패는 성공의 어머니지만 성공 역시 실패의 할머니인 셈이다. 실패와 성공 사이를 적절히 관리하지 않으면 이도 저도 아닌 상태로 사이클 내부를 계속 회전하는 결과를 얻을 뿐이다. 이러한 경우 성공은 과거의 지나간 이벤트에 불과하다.

회사창업을 통해 많은 좌절을 경험하면서 나는 성공과 실패 사이의 거리가 매우 좁다는 사실을 배웠다. 실상은 모두가 마음속에 존재하는 것이었다. 남들이 지정한 개념의 성공을 위해 달리는 것은 끝도 없는 탑을 오르는 것과 같다는 생각도 들었다. 오히려 남들이 비판하더라도 스스로가 좋아하는 결론을 얻기 위해 노력할 수 있다면 그것이야말로 이미 성공을 향한 길이라고 생각된다. 결과물로서 얻은 성공을 유지하라는 발상 또한 허구라는 생각이 들었다. 탁월한 노력으로 거둔 성공을 대체 무슨 수로 관리하듯 유지한다는 것인가. 성공은 자동차가 아니기 때문에 카센터에 맡겨서 수리할 수도 없다. 나는 오직 더 큰 성공으로 거듭날 때에만 비로소 이전의 성공이 유지될 수 있다는 것을 깨달았다.

도요타의 CEO인 오쿠다 히로시(奧田碩)의 지적처럼 지금껏 잘 해왔다면 앞으론 더 잘 하는 것만이 성공을 유지하는 유일한 방법이다. 그러한 생각을 하자 결과물로서의 성공에 대한 잘못된 정의가 진정으로 성공할 수 있는 많은 사람들의 발목을 잡아 실제로는 성공하지 못하게 붙잡는 장면도 여럿 목격할 수 있었다. 유명한 투자은행 라자드 프레리스(Lazard Freres)의 파트너인 마이클 웨일은 다음과 같이 말했는데, 이는 내 생활에서 중요한 경고등의 역할을 해주고 있다. "개인도 그렇지만 기업도 성공한 후에 오히려 망하는 일이 많습니다. 왜냐하면 사람들이 거만해지기 때문입니다. 사람들은 자신이 똑똑해서 성공했다고 생각하면서 무엇이든지 할 수 있다고 착각하기 시작합니다."

회사운영을 경험하고 나서 나는 앞으로 노력해나가는 과정 자체를 성공으로 믿기로 결심했다. 과정을 성공으로 보는 것은 훨씬 혁신적이다. 그것은 성공을 일상생활처럼 편하게 느끼게 해줄 뿐 아니라 보다 가까운 개념으로 전환시켜준다. 내 경험에 따르면 성공은 오히려 일상에서 느끼는 작은 즐거움이나 사업에서의 재미를 넓게 포함하는 공집합에 해당한다. 성공이 꼭 대박을 의미하는 것은 아니다. 성공을 결과로서만 인식하는 것은 오히려 성공에 대한 보수적이고 비효율적인 개념이다.

주식투자 개념으로 본다면 성공에 대한 인식은 분명 저평가되어 있다. 워낙 잘못 평가된 탓에 성공은 대부분의 사람들에게 그저 먼 저편의 이야기처럼 인식되고 있다. 진짜 묘미는 과정 속에 이미 실재함에도 불구하고 말이다. 열심히 노력하여 이뤄낸 결과는 타인의 갈채를 받더라도 실상은 성공이 아니라 도출된 '성과'에 불과하다. 국회의원 선거에 당선되어 세상을 다 거머쥔 듯 주먹을 흔들어대고 내일 당장 대통령 선거에 나갈 것처럼 위세를 부리다가도 4년 후 떨어지면 의원나리 시절은 지나간 추억에 그칠 뿐이다. 감독으로서 야구나 축구리그에서 우승을 했다가도 이듬해 성적이 부진하면 곧바로 퇴진 요구를 받는 것이 현실이다. 결국 성과를 계속 발전시켜나가는 과정 자체가 '성공'으로 이해되어야 한다는 것이 지난 경험을 통해 내가 배운 교훈이다.

이러한 사실을 알게 됨으로써 내 삶이 성공의 수렁 속에서 구원받았다고 믿게 되었다. 무언가 의미 있는 일을 해내더라도 성공에 다가서고 있다는 생각 따위는 하지 않게 된 것이 그로 인해 얻은 가장 직접적인 성과였다. 오히려 평정심을 찾고 일상생활을 보다 즐기게 된 것이 성공이라면 성공이었다. 이룩한 성과를 자기 개인의 성공으로 돌리고 스스로를 과신하는 일은 자신의 생명을 위협하는 위험한 일로 느껴졌다. 크라이슬러의 전설적인 경영자 리 아이아코카를 몰락시킨 원인 중 하나도 바로 아이아코카 자신의 자만심이 아니었던가. 지난 3년간의 경험을 통해 성공에 대한 환상을 바로잡음으로써, 나는 스스로가 원하는 것을 위해 최선을 다할 수 있는 지금이 가장 행복한 시간이라는 확신을 갖게 되었다.

'깨끗한 시력'을 확보

결과물로서의 성공에 대한 오해를 버림으로써 나는 부가적인 성과로 '깨끗한 시력' 도 확보하게 되었다. '깨끗한 시력' 은 한마디로 명확한 포커스를 의미한다. 그것은 목표에 대한 한결 같은 집중이고 주변의 루머성 발언이나 의견에 쓸데없이 휘둘리지 않는 것을 의미한다. '깨끗한 시력' 은 확실한 비전을 바탕으로 한 확고한 자세를 뜻하기도 한다. 그것은 초심에서 벗어나지 말자는 의지의 표현이기도 하고 미래에 도움이 되거나 진전될 모든 가능성을 정확히 포착할 수 있는 상태를 의미하기도 한다.

'깨끗한 시력' 을 갖추려고 노력하는 과정에서 나는 이전보다 심리적으로 편안한 상태를 누릴 수 있게 되었다. 또한 과거보다 남을 의식하지 않기 때문에 평판에 집착하지 않게 되었고, 내 판단의 주체를 실체도 없는 대상에 양보하는 일도 줄어들었다. 과거처럼 외부의 평판을 위해 명확하지 않은 이유나 동기로 행동하는 일은 없어야 한다는 사실 또한 그것을 통해 배운 것이다.

유학에 대한 환상도 버리게 되었다. 과거 미국 고등학교로 유학할 때만 해도 유학이 무언가 자동적으로 보장해줄 것이라는 사회적 환상이 환각제처럼 퍼져 있었는데, 그러한 환각은 이미 시대적으로도 걷힌 상태였다. 나 역시 유학의 동기 중 하나로 그러한 환상에 젖어 있었던 것이 사실이다. 그러나 군복무를 위해 한국에 귀국한 이래 다행히도 환상을 벗고 눈앞에 놓인 실제 현실을 마주하게 되었다. 그런 내게 유학 자체가 보장해주는 것은 거의 없다는 생각이 들었다. 유학은 그저 다른 환경을 의미할 뿐이다. 유학생이 발전했다면 그것은 유학 자체가 아니라 주어진 환경을 활용하여 그 학생이 개인적으로 기울인 노력 여하에 달린 것이다. 한마디로 국내에서 공부하는 사람과 유학생 사이의 근본적인 차이는 보다 나은 외국어를 배울 수 있는 환경을 제외하면 거의 없다. 만일 유학생이 거액을 들여 외국어조차 제대로 하지 못하고 국내에 돌아와 평범한 취업대열에 합류한다면 그에게 투자된 금액 대비 효용가치는 터무니없이 낮은 것이다.

피터 드러커나 소이치로 혼다(本田宗一郎, 혼다사의 창업자)의 지적처럼 학위가 있다는 것은 단순히 학교 의자에 오랫동안 앉아 있었다는 표시에 지나지 않기 때문에, 배운 것을 이용해서 무엇을 할 수 있느냐는 전혀 별개의 것이다. 이는 국내파와 해외 유학파 모두에게 해당하는 것으로, 결국 문제는 국내파든 누구든 스스로의 발전을 위해 얼마나 환경을 효율적으로 이용하느냐에 달린 셈이다. 나는 그런 사실을 깨닫게 된 계기가 3년 전 군복무를 위한 귀국이었기 때문에 군복무가 해외 유학자들에게 더욱 필요하다는 생각을 하곤 했다.

필 하킨스에 따르면 우리 모두는 항상 반대하는 사람들로 둘러싸여 있으며, 자신감과 낙관주의, 비전을 보이는 사람으로부터 에너지를 빼앗아버리려는 것은 인간 본성의 일부이다. 그럼에도 불구하고 스스로의 뜻을 꺾으려 들거나 반대하는 사람들을 탓하는 것은 성숙한 자세가 아니다. 내면적으로 안정적인 환경에서 스스로의 뜻을 개진해나갈 수 있다면 결국 자신에게 박수를 쳐줄 사람들 역시 주변 사람들이기 때문이다.

또한 탐 피터스의 주장대로 우리 모두는 급속도로 감가상각되고 있는
자산이다. 가만히 있을수록 우리 자신의 경제적 가치는 하락하거나 제
자리걸음이다. 그러한 것은 우리가 스스로와 더욱 긴밀한 유대관계를
맺으며 지속적으로 맡은 일에 최선을 다해야 한다는 것을 의미한다. 그
런 것을 생각하면 대체 멈출 겨를이 언제인지 모르겠다.

더 나은 미래를 향한
끊임없는 날갯짓

인생은 놓칠 뻔한 순간의 연속이라고 했던가. 가족의 사랑이 없었다면 나는 많은 것을 놓쳤을 것이다. 가족과 사업을 같이 하며 좋은 판단과 그렇지 않은 판단을 함께 내렸고, 비즈니스 동료로서 서로를 경험하기도 했다. 아들이라는 위치를 무시한 채 옳다고 생각하는 판단을 밀어붙였던 것이 부모님께 상처를 주지 않았나 싶어 당시 기분 나쁘지 않으셨냐며 여러 번 여쭈어보았지만, 부모님은 예나 지금이나 부드러운 미소로 화답하실 뿐이다.

부모님의 사랑은 여전한 내 삶의 전제조건이자 존재근거이다. 그분들이 기뻐하시는 걸 보는 것보다 좋은 일은 없다. 함께 일하며 끊임없는 성실성과 영리함을 보여준 동생 또한 내 삶의 중요한 원동력이다. 그 동안 동생이 보여주었던 성숙함을 생각하면 동생을 누나라고 불러야 할 것 같은 기분이 들곤 한다.

아버지의 권유에 따라 귀국한 후의 3년은 내 인생에서 가장 많은 교훈을 안겨준 시간이었다. 나는 미래 진로마저 수정했다. 군복무 이후 남은 학년을 새 대학에 편입하여 마친 후 직업을 갖겠다는 발상을 버리고,

대학편입 이전에 실질적으로 준비할 수 있는 사안을 먼저 챙겨야겠다고 생각하게 되었다. 지금 나는 어설픈 일본어와 중국어를 확실하게 익히기 위해 일본과 중국에서 6개월간의 연수를 준비하는 방안을 포함하여 다양한 옵션을 고려하고 있다. 무엇이든 최상의 결과를 창출할 일부터 진행할 것이며, 대학부터 마쳐야 한다는 고정관념에 편승하는 일은 없을 것이다. 중요한 것은 대학졸업 후 내가 어떤 모습으로 다시 태어날 것인지이지, 타인들의 관념에 따르는 것이 아니다. 내 꿈은 아시아를 어우르며 활동하는 기업인이기 때문에 대량 소비시장을 열어젖히는 소비자들의 가격이 따로 존재하듯이 나 역시 스스로의 꿈이 직접 요구하는 일들을 이뤄나가야 할 의무가 있다.

변화를 두려워하지 않고 꿈을 키워간다

인생은 그 자체로 거대한 증권거래소이며 모든 부문에 쉴 새없이 판단을 요구하는 주식이 거래된다. 수많은 카더라 발언들이 어딘지도 모르는 진원지에서 솟아나와 많은 사람들의 증권거래를 뒤흔들거나 무리를 이끄는 일이 매일 반복된다. 판이 엉망이 되거나 어지러워질수록 참여자가 잘못 판단한 주식거래를 바로잡는 일은 쉽지 않다. 돈과 시간이 투자되다 보면 누구든 그것이 세상에 단 하나뿐인 유일한 길로 느껴질 수도 있다.

버크셔의 현명한 투자가 찰리 멍거에 따르면 이 과정은 다음과 같다. "무언가에 대해 굉장히 많은 헌신을 바쳤다고 치자. 한마디로 돈과 노력을 쏟아부었다. 하지만 돈과 노력을 많이 쏟아부을수록 '이제 잘 될 거야. 조금만 더 노력하면 잘 될 거야' 라는 완전히 굳어버린 원칙이 머릿속을 점점 지배해버린다. 그렇게 하다가 파산한다. 잠시 멈춰 다시 생각하면서 '망상에 사로잡혀서 이걸 굳이 추구할 필요가 없어' 라고 말하지 못하기 때문이다." 이러한 일은 누구에게나 일어날 수 있다. 미래에 나쁜 영향을 줄 것이 뻔한 판단도 돈과 시간이 투자되는 등의 숙성과정을 거치면 발을 빼기가 어려워진다. 전반적인 누적손실이 나고 있다 해도 삶을 두고 법적인 파산선언이나 자산매각을 할 수는 없기 때문에 결국 그러한 것을 탈피하는 길은 '변화' 와 친해지는 것뿐이다.

수많은 변화를 시도하고 경험하며 나는 변화하지 않고 발전한다는 것은 뜬구름 잡기에 불과하다는 사실을 가슴 깊이 숙지하게 되었다. 실제로 지금의 나는 과거 꿈꾸었던 자신의 모습과는 조금 다른 양상으로 성장하고 있지만 스스로 변화해왔다는 사실은 오히려 자랑스럽게 느껴진다. 시대가 변하고 있는데 나만 고리타분하게 변하지 않는다는 것은 악보가 바뀌었는데도 머릿속에 외워둔 과거의 곡을 연주하겠다는 것과 같기 때문이다. 어쩌면 변화야말로 삶에서 나쁜 변화를 맞지 않을 수 있는 마지막 보루인지도 모른다. 아무것도 개선하지 않고 가만히 있다면 시대적인 변화에 휘둘려 강제적으로 변화를 맞아야 할 것이기 때문이다. 나는 앞으로도 삶의 다양한 면에서 내 자신이 진화적으로 변해갈 수 있기를 간절히 바란다.

나는 고교시절부터 아시아 문화에 관심을 가져왔고 일본과 중국 문화에 미쳐 있지 않았던 적이 없었다. 기업이나 투자를 한다 해도 아시아에서 할 것이란 확신이 있었기에 미국에 가서도 동아시아에 대한 관심을 더욱 키워왔다. 젊은 시절부터 경험하는 무역활동은 이러한 내 개인적인 관심을 극대화시켜줄 뿐 아니라 돈도 벌게 해주고 있다.

겉모양새는 아르바이트 같지만 정당하게 한 회사의 지분을 소유하여 거래가 이뤄질 때마다 돈을 받는 계약조건은 정말 환상적이다. 한 달에 겨우 몇 시간만 일하고 사생활을 완벽하고 자유롭게 영위할 수 있다는 점은 더욱 매력적이다. 사랑하는 개들과 더 많은 시간을 보내는 것 역시 빠질 수 없다. 외국에 나가거나 여행을 간다 해도 전화와 인터넷만 접할 수 있다면 일은 얼마든지 가능하다. 개인적으로 오랜 관심분야인 아시아 문화에 대해 폭넓은 경험과 학습을 쌓아가며 돈까지 벌 수 있다는 것 역시 축복임이 틀림없다.

또한 나는 주어진 현실에 충실하며 더 많은 일을 진정으로 즐기는 것이 삶에 멋진 열쇠를 제공하는 계기가 될 수 있다는 믿음을 갖게 되었다. 중요한 것은 역시 자신의 내면이 제공하는 목소리에 적극적으로 화답하느냐의 여부이다. 스스로를 깨우고자 은은히 울리는 목소리는 다른 사람들이 아니라 오직 자신에게만 들리기 때문이다.

미국의 시인 T. S. 엘리엇은 "모든 탐구의 최종 목적은 우리가 출발했던 곳에 도달하는 것이며, 바로 그 장소를 새롭게 인식하는 것"이라는 명언을 남겼다. 나는 보바 익스프레스와 여러 가지 무역 경험을 통해 스스로에 대해 더 새롭게 인식하는 소중한 경험을 할 수 있었다. 이제 또다시 지금의 경험이 나와 가족의 미래에 기여하도록 할 시간이다. 우리는 앞으로도 더욱 긴 여행을 떠날 것이다.